David Quammen
Die zwei Hörner des Rhinozeros

David Quammen

DIE ZWEI HÖRNER DES RHINOZEROS

*Kuriose und andere Geschichten
vom Verhältnis des Menschen zur Natur*

Aus dem Englischen
von Ulrich Enderwitz

Claassen

Die Originalausgabe erschien 2000 unter dem Titel
The Boilerplate Rhino. Nature in the Eye of the Beholder
bei Scribner, a division of Simon & Schuster Inc., New York

Der Claassen Verlag ist ein Unternehmen
der Econ Ullstein List Verlag GmbH & Co. KG

ISBN 3-546-00241-5

Für Renée

Inhalt

EINLEITUNG

Fünfzehn Jahre lang war es meine Aufgabe, über die Natur und das Verhältnis der Menschen zur Natur nachzudenken, und zwar so, dass ich bei den 500 000 Lesern einer gewissen Zeitschrift auf Resonanz stieß. Die meisten dieser Leser waren Leute, die weder etwas davon wussten noch sich groß dafür interessierten, was eine Entenmuschel von einer Napfschnecke, eine Wiese von einer Savanne, ein Ökosystem von »der Umwelt« (was für ein unpräziser, irreführender Ausdruck!) oder den Menschen Henry Thoreau vom kultisch verehrten Literaten Henry David Thoreau unterscheidet. Bei der Zeitschrift handelte es sich um das Magazin *Outside*, eine treffliche Publikation, die sich hauptsächlich den Themen Reisen, Abenteuer und Freiluftsport widmet; die Palette der Sportarten umfasst Bergsteigen, Kajakfahren, Radfahren, Bergwandern auf Skiern, Triathlon, Segeln, Höhlen erforschen, Sporttauchen, mit dem Fallschirm von hohen Gebäuden springen, auf Rollerblades durch enge Stadtviertel flitzen und aus sumpfigen Wasserläufen in Louisiana mit bloßen Händen Katzenwelse rausfischen. Ich zählte zu den Kolumnisten der Zeitschrift und war gehalten, jeden Monat einen Essay von rund dreitausend Wörtern zu liefern, der sich zumindest entfernt mit Naturwissenschaft oder Natur beschäftigte.

Meine Kolumne trug den Titel »Natural Acts« (Naturvorgänge). Einschließlich Titel ging sie auf eine Idee der Gründer und ursprünglichen Herausgeber der Zeitschrift zurück; in den ersten vier Jahrgängen (von 1977 bis 1981) wurde sie von einer fähigen Essayistin namens Janet Hopson verfasst. Ich übernahm sie Mitte 1981 und brachte während der folgenden anderthalb Jahrzehnte meine Stimme, meine Sicht und meine spezifischen Interessen darin zu Gehör. Als ich der Einladung folgte und die Kolumne übernahm, meinte ich, über genug Ideen und Energie zu verfügen, um ein oder zwei Jahre lang durchzuhalten. Der Ideenfluss hielt indes an, und die Zeit verging wie im Flug.

In ihrer gesegneten Großzügigkeit ließen mir damals die Chefredakteure von *Outside* (genannt seien hier John Rasmus, Mark Bryant, David Schonauer und Greg Cliburn) unvorstellbar freie Hand, mich mit einer breiten Palette von ausgefallenen Theorien, abgelegenen Orten, absonderlichen Fakten und unpopulären Ansichten auseinander zu setzen und mich weit von den Formen zu entfernen, in denen üblicherweise über Natur geschrieben wird – Formen, die ich weder als Leser noch als Autor schätze. Auch die hehre Redaktion legte auf solch konventionelle Naturbeschreibungen keinen Wert: Einfühlsame Schilderungen von Wildblumen oder rauschenden Bächlein, Hohelieder auf die Waldesherrlichkeit, atemlose Stille in Gegenwart von Meister Reineke oder Frau Eule waren ihre Sache nicht. Ich durfte über das geheime Liebesleben von Spulwürmern tratschen, Geschmackloses über Wanzen äußern, in Geschichte und Kultur abschweifen, die neuesten wissenschaftlichen Befunde über Monogamie, Erdbebenvoraussagen und Penisse ausbreiten (um Missverständnissen vorzubeugen: Bei letzteren handelt es sich um verschiedene Themen, nicht um ein logisch zusammenhängendes Triptychon). Ich durfte mich als Literaturkritiker versuchen, Lobeshymnen anstimmen, wenn mir danach war, über das Ende des Lebens, soweit wir davon wissen, salbadern. Den einen Monat durfte ich herumalbern und den nächsten ein Klagelied auf die Welt anstimmen. Die einzige – nicht einmal ausdrücklich vereinbarte, sondern nur stillschweigende – Bedingung war, dass jeder Beitrag, mochte er auch noch so weit vom Wege abirren, an irgendeiner Stelle die Erwähnung eines Tieres, Naturforschers oder Baumes enthalten musste; außerdem hatte jeden Monat bei Redaktionsschluss *irgendetwas* vorzuliegen. Mein erster Beitrag zur Kolumne »Natural Acts«, eine Betrachtung über die versöhnlichen Aspekte der Moskitos, die den Titel »Sympathy with the Devil« (Sympathie für den Teufel) trug, wurde im Juni 1981 gebracht. Mein letzter Beitrag, der sich unter dem Titel »Superdove on 46th Street« (Supertaube in der sechsundvierzigsten Straße) mit der Evolutionsgeschichte und den bedrohlichen Seiten der Stadttauben beschäftigte, erschien im März 1996. (Keiner der beiden Essays hat Aufnahme in das vorliegende Buch gefunden, da beide bereits in früheren Büchern nachgedruckt wurden.) Zwischen Teufel und Tauben schrieb ich ungefähr hundertfünfzig weitere Beiträge. Vor Redaktionsschluss fertig zu werden gelang mir nie, und meist wusste ich wenige Tage vorher noch nicht, in welches Thema ich mich dieses Mal stürzen würde. Fünfzehn Jahre lang geriet ich einmal monatlich in Raserei.

Für einen Autor wie mich, der zu hemmungsloser Neugier neigt, den Ungeziefer fasziniert und der einen gesunden Appetit für Bibliotheksrecherchen (besonders wenn es darum ging, wissenschaftliche Zeitschriften zu durchstöbern) und für Feldforschung (vorzugsweise in Regenwäldern, Sümpfen, Gebirgsregionen und Wüsten), nicht hingegen für jene Art von telefonischen Erkundigungen mitbringt, bei denen Experten um Nullachtfünfzehn-Stellungnahmen ersucht werden und die nur zu oft das tägliche Brot des Wissenschaftsjournalismus sind – für einen solchen Autor war die Kolumne das ideale Vehikel. Sie gab mir Gelegenheit zu etlichen Essays, mit denen sich ein freischaffender Journalist, der seine Arbeiten Stück für Stück an den Mann bringen musste, zu weit außerhalb des Marktgängigen bewegt hätte. Sie vermittelte mir auch ein ausgeprägtes Gefühl für die kostbare, bereichernde, wechselseitige Beziehung zwischen Autor und Leserschaft.

Ich erwähne diese Beziehung und das Gefühl für sie, weil sich meiner Ansicht nach eine Kolumne von anderen Formen der Mitarbeit an einer Zeitschrift unterscheidet. Zum Teil besteht die besondere Aufgabe des Kolumnisten darin, eine lieb gewordene Gewohnheit zu werden, dabei aber gut für Überraschungen und hinlänglich provokativ zu bleiben, um für den Leser die Gewohnheit nicht zur bleiernen Routine verkommen zu lassen. Das lässt sich unter anderem dadurch erreichen, dass man exotisches Material in nettem, umgänglichem Ton präsentiert. Man spricht mit den Lesern wie mit guten Bekannten und erzeugt so eine Illusion, die im Laufe der Zeit immer mehr an Realität gewinnt. Auch wenn sich die Fakten und die Ideen von einem Monat zum anderen drastisch verändern – eines bleibt sich immer gleich: die Beziehung selbst. Ich liebte das spezielle Publikum, zu dem mir *Outside* Zugang verschaffte. (Ich tue das nach wie vor, vorausgesetzt allerdings, ich kann mich diesem Publikum in Featureform mitteilen und mich auf ein paar Male jährlich beschränken.) Am Ende beschloss ich dann doch, zum Wohle aller Beteiligten mit der Gewohnheit zu brechen. Nach fünfzehn Jahren gab ich den Kolumnistenjob auf, weil ich es müde, schrecklich müde, war, mir Monat für Monat solch kurze Beiträge aus den Fingern zu saugen, und weil ich nicht anfangen wollte, mich zu wiederholen oder mein eigener Epigone zu werden.

Jetzt sind mein Publikum Sie, die Leser dieses Buches, das eine Sammlung einiger eng zusammenhängender Beiträge von (wie ich hoffe) bleibender Bedeutung enthält, die ich während meiner letzten acht Jahre als Kolumnist schrieb. Anders als die drei früheren, aus meiner Arbeit für die Zeitschrift hervorgegangenen Bücher – *Natural Acts* (1985), *The Flight of the Iguana* (1988) und *Wild Thoughts from Wild*

Places (1998) – besteht das vorliegende Buch ausschließlich aus Essays die in der Kolumne »Natural Acts« erschienen, ohne Ergänzung durch längere Arbeiten, die ich für *Outside* oder andere Zeitschriften verfasste. Diese Selbstbeschränkung entspringt freier Entscheidung und hat ihren Grund nicht etwa darin, dass meine Schubladen leer wären. Ich wollte ein Buch herausbringen, das den Umfang und die Stoßrichtung der Fragestellungen deutlich macht, mit denen ein bestimmter Kolumnist ein bestimmtes Publikum über Jahre hinweg konfrontierte. Auch wenn die Leserschaft einer Zeitschrift normalerweise viel größer ist als die eines Buches (es sei denn, es handelt sich um einen Bestseller), dürfte die Beziehung zwischen dem Autor des Zeitschriftenbeitrages und seinen Lesern in den meisten Fällen eher flüchtig und oberflächlich bleiben. Wer hingegen ein Buch liest, geht eine ebenso ernsthafte wie kontinuierliche Verbindung mit dessen Verfasser ein. Und das Band, das im Laufe der Jahre zwischen einem Kolumnisten und seiner Leserschaft entsteht, ähnelt – so meine Vermutung – eher dieser durch ein Buch gestifteten Verbindung. Themen kehren wieder. Auf Ideen wird wiederholt angespielt, sie müssen ihre Zeitbeständigkeit unter Beweis stellen, werden vertieft, schrittweise vorgetragen. Steckenpferde werden geritten, abgesattelt und bei anderer Gelegenheit erneut aus dem Stall geholt. Bestimmte Charaktere tauchen wiederholt auf. Der Kolumnist kann gar nicht umhin, das eine oder andere von sich preiszugeben, sodass auch er allmählich als Charaktertyp erkennbar wird. Passt er nicht auf, muss er unter Umständen nach einer Reihe von Jahren feststellen, dass seine Folge von Beiträgen, zusammengenommen, den Tatbestand nicht bloß eines Manifests, sondern einer Autobiografie erfüllen. Auch das gehört dazu. Eine Kolumne bietet dem Journalisten die beste Möglichkeit, Zwiesprache mit dem Leser zu halten, damit es aber wirklich zu einem Zwiegespräch kommt, muss der Kolumnist seine Persönlichkeit einbringen und darf nicht einfach nur Experte sein. Ein gut geschriebener Text klingt wie eine Unterhaltung, nicht wie ein Monolog.

Bei der Auswahl der in diesem Buch versammelten Essays konzentrierte ich mich auf einen grundlegenden Gesichtspunkt: Wie betrachten Menschen – in all ihrer Verschiedenartigkeit – die natürliche Welt – in ihrer ganzen Vielgestaltigkeit – und wie reagieren sie auf sie? Aus dieser Fragestellung folgt, dass ich mich in den Essays gleichermaßen für Leute interessiere, die mit Klapperschlangen hantieren, und für die Klapperschlangen selbst, für Spinnenphobie und für Spinnen, für die Zubereitung von Flederhunden und für ihre Erhaltung, für die Fotos von Trilobiten und für deren Entwicklung zu einer Kunstform, für Gottes Liebe zu den Käfern und für die Begeisterung, die sie in Tom Lovejoy wecken, oder auch für das berühmte Nashorn, das Albrecht Dürer nur vom Hörensagen kannte. Diese Konzentration auf menschliche Wahrnehmungen und Einstellungen entspringt keiner abgehobenen erkenntnistheoretischen Perspektive und auch keinem gewissenlosen Kokettieren mit dem Narzissmus des lesenden Publikums. Sie ist Ausdruck eines wirklichen Interesses – das der Leser hoffentlich mit mir teilt. Selbst ein dilettierender Menschenhasser wie ich muss zugeben, dass unter allen absonderlichen Arten, die diesen Planeten bewohnen, wenige eine tiefere und schrecklichere Faszination ausüben als *Homo sapiens*. Auch wenn ich die Überzeugung hege, dass die Menschheit als Ganzes eine durch ihr entfesseltes Wachstum ökologisch vernichtende Population von beispielloser Durchschlagskraft darstellt, würde ich doch nie bestreiten, dass wir als Einzelne manch faszinierende Geschichte schreiben. Shakespeare drückte es diplomatisch aus: Welch ungeheuer Gebild!

Neben diesem Thema komme ich wiederholt auf zwei weitere zu sprechen: 1) auf die Grenzen wissenschaftlichen Erkennens und 2) auf die simple Wahrheit (also gut, es ist ein Gemeinplatz, aber wie so viele Gemeinplätze gerät auch er nur zu oft in Vergessenheit), dass sich die Wirklichkeit stets als unendlich komplizierter herausstellt, als auf den ersten Blick oder bei der ersten Annäherung vermutet. Ich hatte reichlich Gelegenheit, Naturforscher zu beobachten, während sie die Natur beobachteten, und habe feststellen können, dass Wissenschaft ein für Irrtümer anfälliges menschliches Tun und keine maschinelle Prozedur des Geistes ist; so leicht sich Methodik und Messgenauigkeit erreichen lassen, so schwer sind Sachhaltigkeit und Sinn zu gewährleisten. Die Unvollkommenheiten und Beschränkungen, denen die wissenschaftliche Erkenntnis ausgesetzt ist, gemahnen uns an die Grenzen anderer – noch wackligerer – Arten des Erkennens, einschließlich der Erfahrung, die uns die eigenen Augen vermitteln. Die Moral der Geschichte: Wir leben in einer vertrackten Welt, und es steht uns gut an, unseren Überzeugungen nicht gar zu dogmatisch anzuhangen. Dass ich mich einen solch großen Teil meines Berufslebens hindurch ebenso intensiv wie kurzfristig in die verschiedenartigsten Themen habe einarbeiten müssen, hat mir auch zu der Einsicht verholfen, dass man normalerweise nicht etwa größere Gewissheit gewinnt, wenn man seine Nachforschungen ausdehnt, sondern sich im Gegenteil zunehmende Kompliziertheit, Vieldeutigkeit und Verworrenheit einhandelt. Die beiden Themen Grenzen der Erkenntnis und wachsende Kompliziertheit in der Sache bilden einen Zusammenhang; in dem Essay »Gottes Schwäche für Käfer« fast am Ende des Buches, verknüpfe ich sie in der Parabel von den Coleoptera: Unbekannte Käfer des Amazonasgebiets dienen als Zeichen dafür, wie ungeheuer vielfältig die Natur und wie begrenzt das menschliche Wissen ist. Natürlich legte ich es nicht bewusst darauf an, diese beiden Themen in meinen monatlichen Miniaturen zu beackern, wenn ich mich über die Muskatnuss als Wirtschaftsfaktor, die Genetik der Schimpansen, Forschungen über Eidechsen in Baja, fliegende Katzen, Riesengesichter auf der Oberfläche des Mars, Hühnerfarmen, ausgefallene tropische Früchte, den Lebensraum von *Tyrannosaurus rex* und dunkle Materie, durchs Fernglas betrachtet, verbreitete – aber es ergab sich halt. Dass sich mir diese Themen so aufdrängen, mag eine Spätfolge meiner jahrelangen Versenkung in die Romane William Faulkners sein. Die Parabel der Coleoptera hat schließlich erkennbare Ähnlichkeit mit der Parabel von Thomas Sutpen.

Ich sollte allerdings betonen, dass die drei wiederkehrenden Themen dem vorliegenden Buch nur ein lockeres Organisationsschema bieten und kein striktes Programm vorschreiben. Einer Vielzahl anderer Ideen wird nachgegangen, viele andere Themen werden angeschnitten; jeder Artikel hat sein Eigenleben. Und da ich schon einmal dabei bin, möchte ich auch gleich noch anmerken, dass die Beiträge zwar eine sich in gewisser Hinsicht kontinuierlich entwickelnde Abfolge bilden, dass aber für den Leser keine Notwendigkeit besteht, diesen Fortgang mitzumachen. Er kann ebenso gut nach Lust und Laune in dem Buch herumschmökern. Um ihm das Schmökern zu erleichtern, habe ich die in Zeitschriften übliche Praxis beibehalten, die Kapitelüberschriften durch Untertitel zu ergänzen.

Die Kolumne »Natural Acts« war beruflich eine wichtige Etappe für mich, aber sie gehört der Vergangenheit an. Die Leser-Autor-Beziehung die mich jetzt interessiert, stellt sich durch Bücher wie das vorliegende her. Als ich noch mit jenem früheren Zwiegespräch befasst war, wusste ich schon, dass daraus später einmal ein Buch hervorgehen könnte. So schrieb ich also auch damals bereits für meine neuen Leser und nicht nur für meine lieben Bergsteiger, Radfahrer und Katzenwelsgreifer aus der Leserschaft der Zeitschrift *Outside*. Beim Durchsehen der Massen ungeordneter Beiträge, aus denen ich gerade einmal fünfundzwanzig Stück zur Überarbeitung auswählte, die ich in dieses Buch aufnehmen wollte, sortierte ich aus, was mir überholt vorkam, und auch, was in meiner weit gefassten Thematik keinen Platz zu finden schien; die fünfundzwanzig Artikel habe ich aus ihren damaligen Kontexten und Zeitbezügen herausgelöst, ohne aber den Anspruch auf ihre absolute Aktualisierung zu erheben. Sie sind nun einmal nicht heute, sondern damals entstanden. Was ich dem Leser mit diesen Artikeln präsentieren möchte, ist ein Sammelsurium wundersamer Geschöpfe, eine Zusammenstellung unziemlicher Ansichten, eine Galerie angestrengt spähender menschlicher Gesichter. Ich biete dem Leser ein Fenster und einen Spiegel.

I

Unfalltote auf der Zeitautobahn

KLAPPERSCHLANGENPASSION

Auf der Zeitautobahn im Herzen von Texas

Die Welt ist ein wandelbarer Ort, und Texas gehört, auch wenn manche Leute das nicht glauben mögen, zur Welt. Es sind siebzehn Jahre vergangen seit meinem Besuch der Schlangenfarm in New Braunfels.

Ich erinnerte mich nur noch an ein Drehkreuz und eine Reihe von Käfigen, eine Grube voller Texasklapperschlangen, einen Typ namens John Deck und den eingeschrumpften Kadaver eines zweiköpfigen Affen. Bei dem zweiköpfigen Affen handelte es sich wahrscheinlich um ein Hirngespinst – so der Verdacht, den ich mittlerweile hegte –, um eine Ausgeburt meiner Einbildungskraft, die sich der ständig wiederholten Erzählung einer spektakulären Geschichte verdankte. Es klang zu märchenhaft. Es war exakt die Art von Detail, die jemand für einen Schauerroman ausbrüten würde. Dieser zweiköpfige Affe vor meinem inneren Auge, dieses jämmerliche Ding, war eingetrocknet wie ein Stück Pökelfleisch. Ach ja, und dann gab es da noch eine Gemüsewaagschale – eine Blechpfanne unterhalb einer Federwaage –, die über der Grube hing. Ob die Gemüsewaage ein Produkt der Einbildung oder des Gedächtnisses war, hätte ich nicht mehr sagen können. Mochte sie nun dem Gedächtnis oder der Einbildung entsprungen sein – ich rechnete nicht damit, sie vorzufinden, als ich vor kurzem an einem

Frühlingstag wieder nach New Braunfels kam. Ebenso wenig erwartete ich, einen zweiköpfigen Affen zu Gesicht zu bekommen. Wahrscheinlich, dachte ich, ist sogar die Schlangenfarm verschwunden.

Ich stellte mir vor, wie sie schon vor langer Zeit Bankrott gemacht oder am Pokertisch den Besitzer gewechselt hatte, wie sie allmählich verfallen und zu einem gespenstischen Etwas aus zerbrochenen Fensterscheiben, löchrigem Maschendraht und verblichenen Aufschriften geworden war, ein Opfer gewandelter Interessen und neuer Formen, sich zu vergnügen. Ich stellte mir dutzendweise Schlangen vor, die man in ihren Käfigen zurückgelassen und einem Hungertod überantwortet hatte, der so langsam eintrat, dass nicht einmal sie selbst den Zeitpunkt ihres Todes mitbekamen, stellte sie mir vor, wie sie durch die texanische Hitze zu Erscheinungsformen verbrutzelt waren, die sogar einen zweiköpfigen Affen an makabrer Schrecklichkeit übertrafen. In meiner Erinnerung war das Ganze in gleichermaßen eindringliche und unwirkliche Farben getaucht, wie bei einem Fiebertraum oder einer in unheilschwangeren sepiafarbenen Tönen gehaltenen Horrorfilmsequenz. Ich musste mir ins Gedächtnis rufen, dass es neben der Autobahn bei New Braunfels in Texas tatsächlich eine Schlangenfarm gegeben und dass ich mich tatsächlich dort aufgehalten hatte. Höchstwahrscheinlich hatte man sie inzwischen mit dem Bulldozer abgeräumt und das Grundstück zwecks Neuverwendung planiert. Höchstwahrscheinlich war mittlerweile eine Gokartbahn oder ein Videoshop daraus geworden. Die Welt ist ein wandelbarer Ort. Damals, im Jahre 1973, als ich durch das Drehkreuz schritt, war es offenbar noch möglich, aus einer Schlangenmenagerie am staubigen Rand einer Autostraße genug herauszuschlagen, um sein Leben zu fristen. Wozu ist die Waagschale da?, hatte ich John Deck gefragt.

Um Klapperschlangen zu wiegen, gab er mir zur Antwort. Wir kaufen sie nach Gewicht.

John Deck war ein junger Mann mit einem besonderen Verhältnis zu Schlangen. In Texas, wo es immer noch mehr Giftschlangen als Menschen und Rinder und japanische Autos gibt, trifft man die unterschiedlichsten Einstellungen gegenüber Schlangen an. Manche Menschen verabscheuen sie schlicht und einfach. Mit blinder Wut und mit der ganzen Kraft ihrer schrumpligen, verbitterten Herzen hassen sie die armen Geschöpfe. Der Hass dieser Leute konzentriert sich auf die im Land verbreitete Texasklapperschlange, *Crotalus atrox*, ein großes und halbwegs gefährliches Tier. Die Schlangenhasser machen sich ein Vergnügen daraus, *Crotalus atrox* um die Ecke zu bringen. Sie morden die Schlangen mit einem selbstgerechten Fanatismus, dem in ihren Augen etwas Religiöses oder Patriotisches oder zumindest Menschenfreundliches anhaftet. Sie bringen Texasklapperschlangen gewohnheitsmäßig um. Alljährlich versammeln sie sich zu großen Bürgerfesten, die unter dem Namen Klapperschlangenrazzien bekannt sind und sich durch Hetzplakate, Gemetzel und hingebungsvolle pubertäre Hasstiraden auszeichnen. Nicht selten übernehmen örtliche Jungunternehmer die Schirmherrschaft. Die Schlangen werden nach Gewicht eingekauft. Gewöhnlich gibt es eine Geldprämie für die längste Schlange, für die Schlange mit den meisten Rasseln und für das größte Gesamtgewicht an Schlangenfleisch, das eingeliefert wird. Es werden Eintrittskarten verkauft, die Leute strömen zusammen, und an Buden kann man Cola, Mixed Drinks und Happen gebratenes Texasklapperschlangenfleisch bekommen. Natürlich ist das Ganze, oberflächlich gesehen, eine ebenso wohlmeinende wie harmlose Veranstaltung. Sie dient dazu, Geld für das Krankenhaus oder die Feuerspritze zusammenzubringen. Unter der Oberfläche indes tobt ein Sturm des Hasses von geradezu mittelalterlicher Heftigkeit, vergleichbar dem Aufruhr, den in frühen Pestzeiten ein Ausbruch der Krankheit in einem bayrischen Dorf entfacht haben mag. Ungeachtet dessen, was T. S. Eliot über den April zu sagen weiß, ist der März der bevorzugte

Monat für solche Aktivitäten. Im März sind die Schlangen noch vom Winter erschöpft und liegen träge in ihren unterirdischen Höhlen herum, von wo man sie leicht mit einem Guss Benzin herausscheuchen kann. Im April dürften sie sich schon zerstreut haben. Oder sie könnten sich wehren.

Eine kleine Minderheit von entgegengesetzter Art hat demgegenüber an Schlangen, wie man so sagt, einen Narren gefressen. Diese Schlangenliebhaber kaufen und verkaufen ihre Lieblinge, sie handeln mit ihnen und sammeln sie. Ihnen gelten Schlangen als ein kostbares, übersinnliches Gut – so, wie sich andere, ähnlich Verrückte auf entwertete Briefmarken, alte Packards oder Autogramme von Filmstars kaprizieren. Schlangenbegeisterte sind stets über die Katalogpreise der verschiedenen Arten informiert. Die mexikanische Dreiecksnatter *(Lampropeltis triangulum annulata)* ist eine ziemlich kleine und nicht giftige Schlange mit herrlicher gelb-rot-schwarzer Ringzeichnung, die stark an das Aussehen der Korallenschlange erinnert; sie bringt deshalb einen hohen Preis. Die im Westen der USA beheimatete Peitschenschlange ist ein Bild von einem Tier, aber zu verbreitet, um einen Schlangenfan zu interessieren. Die kalifornische Königsnatter, die man in Texas nicht antrifft, kann als Jungtier fünfzig Dollar erzielen. Die Texasklapperschlange hingegen wird bei Schlangenliebhabern wie bei Schlangenschlächtern nach Gewicht verhökert. Alles eine Sache von Angebot und Nachfrage.

John Deck war in Schlangen vernarrt. Von Klapperschlangen gebissen worden war er nur ein paar Mal. Schon in früher Jugend hatte er seine eigene Grube voller Texasklapperschlangen, einen Sperrholzverschlag draußen neben der Garage. Einige der Schlangen pflegten sich entlang der Bretterwände senkrecht aufzurichten, und John, der Großkotz, pflegte sie mit seiner schnellen Rechten durch einen leichten Klaps gegen den Hinterkopf zu deckeln, bis er eines Tages gegen eine Schlange antrat, die schneller war als er und ihm ihre Giftzähne in die Handfläche schlug. Am Ende seiner Leidenszeit in Vietnam kam er von dort mit einem Korb voller Kobras zurück, die er auf seinen Patrouillengängen eingesammelt hatte, wobei er den Kolben seiner M-16 dazu benutzte, die Tiere festzunageln. Als ich John kennen lernte, war er Vollzeitangestellter auf der New-Braunfels-Schlangenfarm – Traumjob eines jeden Lausbubs, stimmt's? – und immer noch in seiner Freizeit auf Schlangenjagd, um seine Privatsammlung zu vervollständigen. Ich war fasziniert. Klar, sagte er, kommen Sie her, wenn Sie wollen. Wir fahren dann runter zum Terrell County.

Terrell County kam ihm nicht von ungefähr in den Sinn. Dort musste man hin, dort spielte die Musik, wenn man sich ernsthaft für die Herpetofauna von Texas begeisterte. Texasklapperschlangen ließen sich überall finden, aber die Chance, auf eine Felsenklapperschlange oder eine Mojave-Klapperschlange, einen Transpecos-Kupferkopf oder gar auf eine so erlesene Rarität wie eine Blair'sche Königsnatter zu stoßen, die hatte man drunten in der von tiefen Senken durchzogenen Hügellandschaft des Terrell County. Wir fuhren also in Johns Kleinlaster einen ganzen heißen Nachmittag und warmen Abend lang, bis wir diese paradiesische Wüste auf der anderen Seite des Pecos-Flusses erreichten, unmittelbar nordwestlich einer Grenzstadt namens Langtry. Im Lebensmittelladen von Langtry verproviantierten wir uns mit Sardinen und Wiener Würstchen. In der Nacht fuhren wir auf den unbefestigten Straßen hin und her und leuchteten auf der Suche nach nachtaktiven Schlangen die Wegränder mit dem Fernlicht ab; nach ein paar Stunden Schlaf brachen wir dann im Morgengrauen auf, um durch die tiefen Senken zu klettern.

Irgendwann erwischten wir eine Tarantel, die John in eine braune Papiertüte steckte und die mich mit ihrem unablässigen Bemühen, sich den Weg freizukratzen, um den Schlaf brachte (ich schlief hinten im Kleinlaster und teilte mir das Lager mit der Spinne, während John zwischen Skorpionen auf der Erde schlief). Während wir im Land herumfuhren, nutzte John die Abgeschiedenheit der Fahrerkabine, um über den Jedermann-Funk mit anderen Schlangenjägern zu quatschen. Beim Thema Vietnam hielt er sich mit Äußerungen mir gegenüber zurück – wenn man für hochgiftige Schlangen schwärme, sei man dort richtig. Er erzählte mir Klapperschlangengeschichten – wie er in die Handfläche gebissen worden war, wie eine leicht erregbare Krankenschwester in der Notaufnahme losgerannt und gestolpert war und sich den Arm gebrochen hatte, als er Hilfe suchend reinkam und das Wort *Schlangenbiss* aussprach, wobei sich schließlich herausstellte, dass bei dem Biss gar kein Gift transportiert worden war, und die Krankenschwester also mehr abgekriegt hatte als er. John erklärte mir, welche Arten selten waren und hoch gehandelt wurden, und welche nicht. Dann wieder trat er voll auf die Bremse und hechtete aus dem Auto, um sich eine Gelbbäuchige Schwarznatter, *Coluber constrictor flaviventris*, zu schnappen, eine nicht giftige Schlange, die wahrscheinlich zu den gängigeren Arten in Texas zählte. Aber Seltenheitswert hin oder her – diese Schwarznatter war groß und schön, und er musste sie unbedingt haben; da er es zu eilig hatte, um sich eine Schlangengabel zu holen, hätte sie ihn fast aufgemampft, ehe er sie mehr schlecht als recht niederrang, indem er ihr seinen Hut über den Kopf stülpte. John Deck war von einer Leidenschaft für Schlangen, egal welcher Art, erfüllt, die ein ökologisch gesinnter Mensch unmöglich gutheißen und der sich kein Mensch mit Herz entziehen konnte.

Er tötete sie nicht. Er briet sie nicht. Er trieb keinen Missbrauch mit ihnen, um staunenden Menschenmassen die Klopffestigkeit seines Testosterons vorzuführen. Er entriss sie ihrem Lebensraum – das stimmt. Manchmal verkaufte er sie oder trieb Handel mit ihnen – auch das stimmt. Hauptsächlich aber war er in sie vernarrt.

In seiner Gesellschaft genoss ich zwei Tage hellen Wahnsinns. Und unsere Suche nach herpetologischen Kostbarkeiten wurde belohnt. Wir fingen ein hübsches kleines Exemplar der Felsenklapperschlange. Wir fingen einen Transpecos-Kupferkopf, der mit seinen rot- und gelbbraunen Streifen hoch elegant aussah. Damals war so ein Irrsinn legal. Man hielt ihn sogar für etwas Sinnvolles. Die Blair'sche Königsnatter ging uns Gott sei Dank durch die Lappen.

Einen Monat später verließ ich Texas. Ich befand das Land für zu trocken und zu heiß; Forellen gab es dort nicht annähernd genug. John Deck habe ich nie mehr wieder gesehen. Aber er blieb mir unvergesslich.

Folgendes kann man bei einer Klapperschlangenrazzia in Texas oder Oklahoma zu sehen kriegen:

Man erlebt, wie Tausende von Texasklapperschlangen pfundweise vermessen werden und auf die Waage kommen. »Am ersten Tag waren bereits vor Mittag fünftausend Pfund Schlangen hereingekommen«, berichtete nach der Sweetwater-Klapperschlangenrazzia des Jahres 1988 ein Schlangenwieger dem Reporter der Zeitschrift *Time*. »Sie werden in geschlossenen Miettransportern gebracht, damit sie nicht vor Kälte erstarren. Tote Schlangen kaufen wir nicht.« Das Gesamtgewicht der Sweetwater-Ausbeute betrug damals 11 709 Pfund, und Sweetwater ist nur eine von dutzenden solcher Razzien. Auch wenn keine toten Schlangen gekauft werden, sterbende werden genommen, und schaut man genau hin, sieht man, dass viele nicht gerade bei blühender Gesundheit sind. Manchen hat die rohe Behandlung mit der Zange das Genick gebrochen. Manche sind halb verhungert und verdurstet, weil sie Monate zuvor gefangen und in Erwartung des Razzienereignisses auf Halde gelegt wurden. Ein texanischer Herpetologe schätzt, dass fünfundneunzig Prozent der bei einer Razzia eingelieferten Klapperschlangen nicht an dem betreffenden Wochenende beziehungsweise in der betroffenen Gegend gefangen wurden. So viel zur Klischeevorstellung von solchen Razzien, es handele sich bei ihnen um festliche Veranstaltungen mit dem Ziel, den jeweiligen Landstrich von Schlangen zu säubern.

Man bekommt eine kunstgewerbliche Verkaufsschau geboten. Zu kaufen gibt es Gürtel und Cowboyhüte aus Schlangenleder, Plastikbriefbeschwerer mit dem Kopf einer Texasklapperschlange, Ohrringe aus Rasseln und vielleicht als Krönung des Ganzen einen Klodeckel aus durchsichtigem Plastik, in den neu geschlüpfte Klapperschlangen eingelagert sind. Ob der Klodeckel (Einzelhandelspreis um fünfundsiebzig Dollar) in diesen Orten als Kunstobjekt oder einfach nur als Gebrauchsartikel firmiert, weiß ich leider nicht zu beantworten.

Man kann Kinder und ganze Familien sehen, die sich mit einer lebenden Klapperschlange in Händen fotografieren lassen – Leutchen, denen zwar nicht ganz wohl in ihrer Haut ist, die aber dreist feixen, weil sie wissen, dass diesen Tieren das Maul zugenäht worden ist. Man kann Eltern sehen, die fünf Dollar berappen, damit ihre Kinder mit einem Beil eine Schlange enthaupten dürfen. Mit Sicherheit wird man Zeuge eines Wettkampfs, bei dem es darum geht, gegen die Stoppuhr zehn Texasklapperschlangen in einen Sack zu stopfen; jeder Biss, den der Stopfer sich einfängt, wird mit fünf Strafsekunden geahndet. Den Weltrekord im Einsacken von Klapperschlangen hat wiederholt ein Texaner namens Cotton Dillard gehalten – das jedenfalls behauptet besagter Mr. Dillard. Im Jahr 1984 erreichte er in der Stadt Taylor eine Zeit von 18,6 Sekunden. In einem späteren Jahr fiel er dank Strafzeit auf vierunddreißig Sekunden zurück.

Man erlebt einen Klub von unerschrockenen Burschen, die sich die Erztexanischen Schlangenbändiger nennen, alle in den gleichen T-Shirts auftreten und groteske Großtaten vollbringen. Man sieht sie beim Kung-Fu-Todesmarsch, wie sie barfuß durch Texasklapperschlangen Spießruten laufen und die Tiere mit Tritten zur Seite schleudern. Man sieht sie zusammengerollte Klapperschlangen auf ihre Köpfe stapeln. Man sieht sie reglos in Schlafsäcken voller Klapperschlangen liegen, angeblich, um vorzuführen, wie ungefährlich Campen ist. Manche Jungs haben Motorräder, andere spielen

Golf, wieder andere besaufen sich jeden Freitagabend und schlagen mit Billardstöcken Leute zusammen; die Erztexanischen Schlangenbändiger aber haben ihre Schlangen. Und dass sich die Burschen damit etwas ganz Besonderes haben einfallen lassen, steht außer Frage.

Kurzes Geständnis: Ich habe mich zwar mit John Deck durch Terrell County geschlängelt, aber an einer Schlangenrazzia teilgenommen habe ich nie. Auch wenn ich im Laufe der Jahre immer wieder einmal im Rahmen meiner journalistischen Projekte diese bedrohliche Möglichkeit ins Auge gefasst habe, konnte ich mich doch nie aufraffen, meinen Beitrag zu der Atmosphäre manischer, mediengeiler Paranoia zu leisten. Einen großen Teil meiner Informationen über die Razzien verdanke ich einem Texaner namens A. J. Seippel, einem leitenden Angestellten aus der Computerbranche und Amateurherpetologen, den seine zivilen Umgangsformen nicht daran hindern, in dieser Sache eindeutig Position zu beziehen. »Handelte es sich um Kaninchen oder irgendein anderes Tier, die Geschichte wäre längst unterbunden«, meint er. Er und andere setzen sich dafür ein, dass endlich Schluss damit ist.

Demonstranten mit Plakaten und Flugblättern, zu denen auch Jim Seippel zählt, protestieren gegen die Razzien. Naturschützer, Tierschützer, »Earth-First«-Anhänger, Ortsgruppen der Gesellschaft zur Verhinderung von Grausamkeiten an Mensch und Tier, angesehene Herpetologenvereinigungen – mehr als zwei Dutzend Organisationen haben sich zusammengetan und die lange überfällige Parole ausgegeben, dass Klapperschlangenrazzien rückständig und sittenwidrig sind. Jim Seippel ist ein beredter Fürsprecher. In nüchternem Ton, aus dem sich höchstens ein leiser Anflug von Empörung und Sarkasmus heraushören lässt, berichtet er über das Zusammenpferchen von Schlangen, über den Kung-Fu-Todesmarsch, das Zunähen der Mäuler, die Enthauptungen nur so zum Zeitvertreib (»Sie bringen den Kindern bei, mit der Tierwelt Schindluder zu treiben«) und über das gewinnträchtige Sammeln von Gallenblasen, die in Whiskey eingelegt und als Aphrodisiakum in den Orient ausgeführt werden. »Die meisten dieser Leute interessieren sich eigentlich gar nicht für Schlangen«, erklärt er mit tiefer Missbilligung. »Sie wollen Profit aus ihnen schlagen.«

Seippel trägt einen blauen Nadelstreifenanzug. Er opfert kostbare Arbeitszeit, um sich mit mir zu treffen – angesichts der Tatsache, dass seine Gruppe bei IBM in dieser Woche eine neue Produktfamilie auf den Markt bringen will, ein Akt wahrer Großzügigkeit. Wir sitzen in einem Yuppie-Restaurant in Austin und essen einen Spinatsalat. Die Zeiten haben sich geändert.

Mein Besuch gilt in erster Linie Jim Seippel, aber natürlich muss ich auch New Braunfels wiedersehen. Als Begleitung nehme ich meine liebe, respektable ältere Schwester mit, die seit meinem letzten Besuch zwei Kleinkinder ins College expediert und noch selbst eine Computerkarriere angefangen hat. Na bitte, die Schlangenfarm gibt es nach wie vor. SPANNENDE UND LEHRREICHE UNTERHALTUNG verheißt das Schild. Für Besucher geöffnet, auch wenn wir, wie sich zeigt, die einzigen Kunden sind. Wir zahlen und gehen vorbei an dem Kassentisch, auf dem getrocknete Schlangenköpfe und Skorpione als Briefbeschwerer und Brieftaschen aus Schlangenleder auf ihre Käufer warten. Meine Schwester wirft einen Blick in die Vitrinen, während ich mich darum bemühe, im Raum-Zeit-Kontinuum Halt zu finden.

»Arbeitet John Deck zufällig noch hier?«

Nein. Der jetzige Wärter kennt keinen John Deck. Im Übrigen ist er ein liebenswürdiger, korpulenter alter Bursche in Jeans und weißem T-Shirt. Ich gestehe ihm, dass vor langer Zeit Deck und ich einen Ausflug ins Terrell County gemacht haben.

»Jagen Sie immer noch?«, fragt er.

»Äh, nein, nicht mehr.«

Ich erwähne, dass wir hinter einer Blair'schen Königsnatter her waren. Wahrscheinlich, sage ich, ist jeder, der runter ins Terrell County fährt, scharf auf eine Blair. Er lässt mich wissen, dass die Blair'sche Königsnatter nicht mehr diesen Namen führt; »Graugebänderte Königsnatter« sagen heute die Naturführer. Und hier, in einem der Glaskästen, ist ein Exemplar, eine hinreißende, kleine Schlange, schwarz, orange, weiß und grau gefärbt, scheu hinter ihrem Wassertrog versteckt. »Diese Graugebänderten kosten heute bis zu dreihundert Dollar«, sagt der Wärter. »Ich für mein Teil kann mir so etwas nicht leisten.« Wie anderswo hat auch im Herzen von Texas die Inflation die arbeitende Bevölkerung aus allen Luxusgüterträumen gerissen.

»Was haben Sie drunten in Terrell gefangen?«, will er wissen. »Sie und der alte Deck.« Ach, wir erwischten einen Transpecos-Kupferkopf und eine kleine bissige Felsenklapperschlange. Weiß der Kuckuck, warum ich mich nach fast zwanzig Jahren an solch winzige Details erinnere. Das Gedächtnis funktioniert halt so und kennt wie die Liebe keine Logik.

»Also, das sind zwei Schlangen«, sagt er, »die findet man heute gar nicht mehr. Sind unbezahlbar.«

Vielleicht sieht er in mir einen potenziellen Käufer für irgendein kostbares Geschöpf, das er unter dem Ladentisch hat. Vielleicht hält er mich für einen verdeckten Fahnder der staatlichen Fischerei- und Wildschutzbehörde, der ihn beim Handel mit geschützten Tierarten erwischen will. Höchstwahrscheinlich ist er einfach nur ein unschuldiger, harmloser Bursche, der gern über Schlangen plauscht. Ich überlasse es meiner Schwester, die Unterhaltung fortzuführen, und schlendere davon. Ich suche nach der großen Klapperschlangengrube, finde aber keine Spur von ihr. Vielleicht habe ich mir das nur zusammenfantasiert. Auch von der Gemüsewaage keine Spur.

Die hintere Reihe von Glaskästen entlangwandernd, bewundere ich diese einmalige Sammlung verhasster Tiere. Da gibt es eine Levante-Otter, einen Kaiserskorpion, eine Tarantel mit orangen Beinen, einen Blauen Bungar. Ein strammer Gliederfüßer firmiert einfach nur als »vogelfressende Spinne« und war vermutlich auf irgendeiner von Lianen umrankten Urwaldlichtung am Amazonas beheimatet. Eine Albino-Monokelkobra ist dort zu sehen. Ein Transpecos-Kupferkopf, eine Mexikanische Königsnatter, eine Schwarzschwänzige Klapperschlange. Eine Gefleckte Klapperschlange, eine Panamint-Klapperschlange, eine Gehörnte Klapperschlange aus der Gegend von Sonora. Es fällt mir schwer, zu verstehen, wie jemand so herrliche Tiere verabscheuen und mit seinem Hass verfolgen kann. Diese Art von verquerer Leidenschaft entstammt sicher derselben Quelle wie die abergläubische Angst vor dem schwarzen Tod. Plötzlich fällt mein Auge auf eine verstaubte Glasglocke, die auf einem Regel direkt vor mir steht.

Darin ist der Kadaver eines Affen mit zwei Köpfen zu sehen, trocken wie Dörrfleisch. Wenn sich Dinge ändern, ist das immer eine Überraschung. Und wenn sie gleich bleiben, staunt man.

IMPERIUM ALS RAUSCHMITTEL

Muskatnusswirtschaft und der Vertrag von Breda

Die Seelandschaft der südlichen Molukken ist weit, traumhaft und warm. Die Sonnenuntergänge sind gigantisch: hohe Baldachine aus Zirruswolken, in rosa- und pfirsichfarbenes Licht getaucht. Die Morgendämmerung dagegen bricht in gespenstischer Reglosigkeit an. Inseln gibt es viele und weit verstreute. Jede wirkt auf ihre besondere Weise idyllisch und fesselt so die Aufmerksamkeit des Betrachters. Ich hatte diese Inseln bereits zuvor von einem niedrig fliegenden Flugzeug aus bewundert, aber jetzt sah ich sie aus einer traditionelleren Perspektive – von Deck eines holländischen Schiffes. Am Vormittag unseres zweiten Tages auf See erspähte ich steuerbord am Horizont einen kleinen Landknubbel. Er war weit weg und grün, flach wie ein Pfannkuchen, geschmückt mit Palmwald; von menschlicher Besiedlung war aus dieser Entfernung nichts zu erkennen. Die Insel hieß Run. Ich hatte von ihr schon gehört.

In der langen, traurigen Geschichte nationalistischer Hybris und imperialistischer Habgier, die auch unter dem Namen politische Geschichte bekannt ist, nimmt dieses Run seinen kleinen, besonderen Platz ein. Geografisch liegt es am äußersten östlichen Ende des heutigen Indonesien. Bezogen auf seine nächsten Inselnachbarn, gehört es zur Bandagruppe, einem winzigen Archipel mitten in der tiefen Bandasee, schnurstracks westlich von Neuguinea, schnurstracks südlich von Seram und eine Schiffstagereise nördlich von überhaupt nichts. Die Bandainseln einschließlich Run waren zusammen mit ein paar anderen Klumpen außerordentlich fruchtbaren Bodens im Gebiet der Molukken (zu nennen sind hier vor allem Ternate, Tidore und Ambon) den frühen Chronisten unter dem Namen Gewürzinseln bekannt. Christoph Kolumbus hatte sie sich zum Ziel erkoren, wobei ihm allerdings Amerika den Weg verlegte. Magellan umrundete die Welt, um sie zu finden. Dafür, dass sie so winzige, wilde Orte waren, genossen sie damals unglaublichen Ruhm und übten eine sagenhafte Anziehungskraft aus. Und Run, das zu den Kleinsten der Kleinen zählte, gewann eine Bedeutung, die in schlechterdings keinem Verhältnis zu seiner Größe stand. Als eine Kultfigur internationalen Handels und Wettstreits gehört Run zu jener exklusiven Gruppe von Provinznestern, die dank ihrer strategisch wichtigen Naturschätze Weltgeltung erlangten – man denke etwa an Joachimsthal in der Tschechoslowakei mit seinen Uranbergwerken, an das norwegische Rjukan mit seinem schweren Wasser und an die Erdölfelder von Kuwait. Der Naturschatz der Insel Run war Muskatnuss.

Jawohl, Muskatnuss! Um das zu verstehen, muss man allerdings die historischen und ökonomischen Zusammenhänge kennen. Auch der geografische Kontext ist wichtig, und in ebenden fuhr ich auf meiner Schiffsreise gerade ein.

Ich wandte mich an Piet, einen Künstler holländischer Abstammung, der sich jüngst in Bali niedergelassen hatte und dessen wenig beneidenswerte Aufgabe darin bestand, mich und die anderen Mitreisenden auf unserer großen Schleife durch die Molukkensee als Reiseführer zu betreuen. Steuerbord über die Reling deutend, fragte ich Piet, welche Insel der grüne Knubbel da draußen sei.

Jawohl, das ist Run, bestätigte er. Der strohblonde, hagere Piet führt außerhalb der Reisesaison ein Einsiedlerleben und bringt seine Zeit damit zu, schöne, abstrakte Acrylbilder auf

Seide zu malen. Auch wenn er an Bord unverwüstliche Liebenswürdigkeit ausstrahlte, hatte ich doch den Verdacht, dass er die Stunden bis zum Ende der Saison zählte.

Fahren wir dorthin?, wollte ich wissen.

Vielleicht war er in Gedanken über seine künstlerische Arbeit versunken oder ging im Geiste das touristische Wahnsinnsprogramm für diesen Tag durch, das er gerade erst mit Kreide auf das schwarze Brett in der Kombüse geschrieben hatte, wie er das auf der endlosen Reise allmorgendlich tat. *Schnorcheln. Strandpicknick. Hafenbesuch in Bandanaira, anschließend zeremonielle Kanurennen, Eingeborenentanz und Gelegenheit zum Kauf von Souvenirs. Danach wieder Schnorcheln.* Wer konnte angesichts dieses drei Wochen währenden Schwachsinns Piet verübeln, dass er einen Augenblick nicht bei der Sache und desorientiert war.

Fahren wir *wohin*?, fragte er.

Zur Insel Run, sagte ich. Dem Flecken da. Gleich dort drüben. Zu dem unscheinbarsten und gleichzeitig viel sagendsten Symbol der Veränderlichkeit von Marktwerten und der Kurzsichtigkeit der Diplomatie. In einem Reiseführer mit dem Titel *Spice Islands: Exotic Eastern Indonesia* (Gewürzinseln: Das exotische Ostindien), Verfasser Kal Muller, hatte ich über Run nachgelesen. Zitat Muller: »In dem Vertrag von Breda aus dem Jahr 1667 wurde die vormals in britischem Besitz befindliche Insel Run den Holländern überlassen, im Austausch gegen eine Insel auf der anderen Seite des Erdballs, die sich bis dahin in holländischer Hand befunden hatte – Manhattan.« Run spielte nun mal in der holländischen Außenhandelspolitik, die auf eine Monopolisierung des Muskatnussmarkts zielte, eine wichtige Rolle, und die *andere* Insel bei dem Tauschhandel erschien nicht entfernt so viel versprechend oder wertvoll. Neuamsterdam, wie sie sich damals großkotzig nannte, war nichts weiter als eine frostige Granitplatte an der Mündung eines schlammigen Flusses und versprach nicht einmal eine gute Kartoffelernte.

Nein, sagte Piet. Warum sollten wir nach Run fahren? Es ist nur eine winzige waldbestandene Insel mit ein paar Fischerdörfern. Besondere Gelegenheiten zum Schnorcheln bietet der Ort nicht, Schnitzereien oder Krimskrams gibt es ebenso wenig, und auch gefällig aufbereitete alte Eingeborenenrituale sucht man vergebens. Warum sollten wir hinfahren?

Für mich lag der Grund auf der Hand: um das in Muskatnüssen gemessene merkantile Gegenstück zum Bezirk Manhattan in Augenschein zu nehmen. Aber die Idee zündete offenbar nicht.

Der Muskatnussbaum, *Myristica fragrans*, ist ein auf den Molukken heimisches Gewächs und war bis vor etwa zweihundert Jahren nirgends sonst zu finden. Der breitblättrige immergrüne Baum bevorzugt feuchte, flache, tropische Regionen und gedeiht am besten auf den fruchtbaren vulkanischen Böden äquatorialer Inseln. Er erreicht eine Höhe von ungefähr dreizehn Metern und trägt hängende, an eine Avocado erinnernde Früchte mit aprikosenfarbenem Fruchtfleisch. Das reife Fruchtfleisch ist nicht schmackhaft und wird auch nicht kommerziell genutzt, wenngleich sich daraus ein interessant schmeckender Gelee kochen lässt, der entfernt an eine bestimmte Steaksoße erinnert. Im Innern der Frucht befindet sich ein brauner Kern von der Größe eines Wachteleies, der von einem glatten scharlachfarbenen Samenmantel umhüllt ist; man stelle sich einen Tintenfisch vor, der einen Fußball umklammert. Der Samenmantel bildet das Mazis, auch Muskatblüte genannt, das eine der zweierlei Gewürze, die dieser Baum liefert. In der dünnen Außenschale des Kerns steckt ein einziger Same: die Muskatnuss.

Eine ganze Muskatnuss wirkt hart und hölzern, aber jeder, der schon einmal eine Eierstichsuppe damit gewürzt hat, weiß, wie leicht sie sich raspeln lässt. Im Querschnitt zeigt sie das Netz von dunklen Adern, die aussehen wie Wurmgänge und die das ätherische Öl enthalten, das der Nuss ihr Aroma und ihre Duftnote gibt – und das ihr in früheren Zeiten geopolitische Bedeutung verlieh. Zu den Faktoren, die es der Muskatnuss erlaubten, weltweit Anziehungskraft zu erlangen, zählte ohne Frage dieser Zufall der natürlichen Verpackung ihres Wirkstoffs. Als ganzer Same konnte sie weite Strecken zurücklegen, ohne ihre Frische zu verlieren. Sie war ihre eigene praktische Frischhaltedose. In den Zeiten vor Erfindung der Konserven, Einschweißungen und Tiefkühlverfahren konnte sie hunderte von Kilometern auf einem Kamelrücken oder Tausende im Laderaum eines Schiffes reisen. Sie war fast so nützlich wie Geld.

Kein Wunder, dass sie das Zeug dazu hatte, Unheil zu stiften.

Heute denken wir bei Muskatnuss an ein süßes, übertrieben aromatisches, ganz und gar unbedeutendes Gewürz, das selten aus dem Gewürzschränkchen geholt wird, außer vielleicht für ein Weihnachtsgebäck oder ein besonderes Dessert. In früheren Zeiten wurde es vielfältiger verwendet. Gegen Ende des 12. Jahrhunderts zum Beispiel, als Kaiser Heinrich VI. zu seiner Krönung in Rom einzog, waren die Straßen der Stadt mit Räucherduft von der Muskatnuss erfüllt. In den *Canterbury Tales* erwähnt Chaucer die Muskatnuss als Würze für Ale, und ein Kochbuch aus dem 15. Jahrhundert sieht Muskatnuss (ebenso wie Safran, Zimt, Pfeffer, Nelken und andere kostbare Importe aus Ostindien) für Kaninchen- und Hühnerfleischrezepte vor. Das Mittelalter war ein gewürzhungriges Zeitalter, das mehr dem Übermaß als der feinen Dosierung zuneigte, jedenfalls in den Küchen des Adels und der Geistlichkeit. Von den Banketten weiß ein Sozialhistoriker namens Wolfgang Schivelbusch zu berichten: »Die Speisen verschwinden regelrecht unter den Gewürzen; die Lebensmittel sind nicht viel mehr denn Vehikel für die Gewürze, die in heute fremdartigen Kombinationen eingesetzt werden.« Manchmal wurde sogar eine Platte mit Gewürzen wie ein Tablett mit Erfrischungen am Tisch herumgereicht. »Man bedient sich, um die bereits gewürzte Speise noch einmal nachzuwürzen, oder man benutzt sie wie eine Käse- oder Dessertplatte. Man genießt Pfeffer, Zimt, Muskat wie man heute eine Delikatesse, ein Glas Sherry, eine Tasse Kaffee zu sich nimmt.« Wenn Schivelbusch in diesem Zusammenhang Sherry und Kaffee erwähnt, dann verweist er andeutungsweise auf eine umfassendere Problematik: Tatsache ist nämlich, dass Muskatnuss, wenn sie in solchen Mengen genossen wird, die Funktion eines Rauschmittels erfüllt.

Die empirischen Belege hierfür hat vor drei Jahrzehnten Andrew T. Weil in einem Artikel zusammengefasst, der unter dem Titel »Nutmeg as a Narcotic« (Muskatnuss als Rauschmittel) in der Zeitschrift *Economic Botany* erschien. Abgesehen davon, dass Weil die berauschende Wirkung der Muskatnuss und ihre Verwendung als Narkotikum beschreibt, bietet er auch einen sachkundigen Überblick über die wichtige Rolle, die das Gewürz bis ins 19. Jahrhundert in der Volksheilkunde in Indien, in der arabischen Welt und bis ins 19. Jahrhundert auch in Europa spielte. Er zitiert aus einer sechzigseitigen Dissertation über die Arzneikunst auf Muskatnussbasis, die 1681 erschien, und aus einer neunhundert Seiten starken Abhandlung über die Muskatnuss, die eine Generation später dem Druckstock entquoll. Dieser Wälzer sieht Muskatnuss für die Behandlung von sage und schreibe 138 Erkrankungen vor. Eine Erklärung für die Popularität, die das Gewürz einst in der Heilkunst genoss, dürfte darin zu sehen sein, dass eine große Dosis Muskatnuss, auch wenn sie ein bestimmtes Leiden – Gicht, Blähungen, Ekzeme, Würmer, Asthma, Impotenz, Tuberkulose oder was sie sonst noch alles heilen sollte – nicht wirklich kurierte, doch jedenfalls dem Patienten zur Wohltat eines betäubenden Rauschs verhalf. Das schaffte die Muskatnuss höchstwahrscheinlich dank einer organischen Verbindung namens *Myrisiticin*, einer der wirksamen Bestandteile im Muskatnussöl. Weil, der eine Reihe von Fallberichten zitiert, kommt zu dem Schluss: »Die Samen und Samenmäntel von

M. fragrans« – das heißt Muskatnuss und Muskatblüte – »besitzen hochwirksame narkotische Eigenschaften. Beim Menschen haben sie nicht selten zu ernsthaften, wenn auch fast niemals tödlichen Vergiftungen geführt.«

Ein weniger streng wissenschaftlicher Text, der im Jahre 1969 erschien, drückt die Sache anders aus: »Im Bemühen, der Wirklichkeit zu entfliehen, nehmen Beatniks und Hippies auf ›Muskatnusspartys‹ gelegentlich ein oder zwei Löffel Muskatnusspulver als halluzinogene Droge zu sich und holen sich auf diese Weise ihren ›Kick‹.« Noch so eine elementare Erfahrung der Sechzigerjahre, die mir offenbar entgangen ist, weil ich von der Wirklichkeit unheilbar gefesselt war.

Von den großen Handelsimperien, die im Gefolge der Magellan'schen Weltumseglung entstanden, stürzte sich das holländische am eifrigsten auf *M. fragrans*. Die holländischen Bemühungen um die Muskatnuss begannen im Jahre 1599, als Jacob van Neck auf seiner Expedition die Bandainseln erreichte und eine gewinnträchtige Ladung Muskatnüsse aufnahm. Van Neck legte wahrscheinlich an der zentralen Insel mit ihrem Handelsplatz Bandanaira und ihrem guten Naturhafen an. Ob er auch die Insel Run aufsuchte, darüber berichten die mir bekannten Quellen nichts.

In der Anfangszeit verkauften sich Gewürzladungen in Amsterdam mit bis zu zweiunddreißigtausend Prozent Preisaufschlag; die holländischen Bürger, die diese Expeditionen finanzierten, hatten es deshalb eilig, diesen Handel vollständig in ihre Hand zu bekommen. Um sich nicht intern Konkurrenz zu machen, vereinigten sie sich im Jahre 1602 zur Holländisch-Ostindischen Kompanie. Die auswärtige Konkurrenz schalteten sie aus, indem sie sich darauf verlegten, den anderen europäischen Nationen vor Ort das Leben schwer zu machen: den Portugiesen, die als Erste die Molukken erreicht, den Spaniern, die auf den Philippinen Fuß gefasst, und den Briten, die eine eigene Ostindische Kompanie gegründet hatten. Die Holländer konzentrierten sich auf die Bandainseln, wo die anderen Kolonialmächte noch keine beherrschende Stellung errungen hatten, und bauten im Jahre 1611 oberhalb der Ortschaft Bandanaira eine Festung. Unterdes hatten die Briten auf der nur ein paar Kilometer weiter östlich gelegenen Insel Run einen bescheideneren Handelsposten errichtet. Wenn man Mullers Darstellung glauben darf, boten die Briten bessere Kaufpreise für die Muskatnuss als die Holländer. Und die holländische Kompanie machte sich bei den Bewohnern der Bandainseln noch zusätzlich durch die Forderung unbeliebt, ihr ein Monopol auf den Muskatnusskauf einzuräumen. Es kam zu Aufständen, Morden, Repressalien, kriegerischen Auseinandersetzungen – zwischen Holländern und Bandanesen, zwischen Holländern und Briten. Irgendwann in der Anfangszeit folterten und köpften die Holländer achtzehn (oder, nach anderen Quellen, acht) britische Untertanen, die sie beschuldigten, sich zum Sturz der holländischen Kolonialverwaltung verschworen zu haben. In England machte das böses Blut, aber die Hauptleidtragenden waren die Bandanesen.

Die Beamten der holländischen Kompanie waren streitsüchtig, knochenhart und blindwütig, wie das Imperialisten jeglicher Coleur gemeinhin sind. Unter einem blutrünstigen Generalstatthalter namens Jan Pieterszoon Coen begannen sie seit 1621 damit, die bandanesische Bevölkerung abzumurksen. Eine andere Maßnahme war ebenso barbarisch, wenn auch weniger blutig: Sie zerstörten Muskatnussbäume. Sie taten alles, was in ihrer Macht stand, um *M. fragrans* im größten Teil des Verbreitungsgebiets der Spezies auszurotten – und den Baumbestand auf die paar Inseln zu beschränken, die fest in holländischer Hand waren, nämlich auf Ambon und die größeren Bandainseln. Die kleineren Außeninseln des Bandaarchipels waren laut Muller nicht sicher genug, um sie zu verschonen: »Weil die östlichen Inseln Run und Ai weniger zuverlässig von den Holländern kontrolliert werden konnten, fällten diese sämtliche Muskatnussbäume, die sich dort befanden.« Binnen weniger Jahrzehnte hatten sie drei Viertel der Muskatnussbäume in den Molukken (und also des gesamten Bestandes weltweit) zerstört, nur um ihr Monopol zu sichern und die Preise künstlich hochzuhalten.

Nachdem die meisten Bewohner der Bandainseln umgebracht oder ins Exil getrieben waren, machte sich Jan Pieterszoon Coen daran, das System der Muskatnusswirtschaft umzumodeln. Er teilte das ertragreiche Land in dutzende von *perken*, drei Morgen umfassende Parzellen, auf und übertrug die Lizenz zu ihrer Bewirtschaftung holländischen Pflanzern, den so genannten *perkeniers*. Zusammengenommen, trugen die *perken* vielleicht eine halbe Million Bäume. »Da es keine Bandanesen mehr gab, die man hätte arbeiten lassen können«, berichtet Muller, »wurden Sklaven eingeführt.« Die Kompanie machte riesige Gewinne, während die *perkeniers* nur einen Bruchteil des Verkaufspreises erhielten, den die Muskatnuss in Europa erzielte. Aber der ländliche Luxus, den die Molukken zu bieten hatten, kostete nicht viel, und die *perkeniers* führten wahrscheinlich die gleiche Art von bequemem, geruhsamem Leben wie die Sklaven besitzenden, kolonialen Pflanzer an anderen Orten und zu anderen Zeiten – etwa George Washington und Thomas Jefferson in Virginia. Fast zwei Jahrhunderte lang mussten Menschen überall in der Welt ihre Muskatnüsse bei der Holländisch-Ostindischen Kompanie kaufen, oder sie gingen leer aus. Und wenn das Angebot die Nachfrage zu übersteigen drohte, vernichtete die Kompanie absichtlich Tonnen ihrer Muskatnussernte, um die Preise wieder hinaufzutreiben.

Als Handelsstrategie funktionierte das, allerdings nicht für alle Zeit. Ende des 18. Jahrhunderts war das Monopol gebrochen und die Holländisch-Ostindische Kompanie tot. Was hatte ihr den Garaus gemacht? Erstens der Schmuggel: Abenteuerlustige Franzosen hatten es geschafft, Muskatnusspflanzen heimlich aus den Molukken herauszuschleusen und im Indischen Ozean auf anderen tropischen Inseln blühende Plantagen anzulegen. Ein zweiter Faktor war die wachsende britische Seemacht – holländische Häfen in Ostindien wurden mit einer Blockade belegt, und anschließend ergriff Großbritannien kurzerhand von holländischen Kolonialgebieten Besitz. Die Briten bauten sich ein eigenes Imperium auf. Ein dritter Faktor wird in historischen Quellen erwähnt, ist aber nicht empirisch belegt, und deshalb halten ihn einige Autoren unserer Zeit für unglaubwürdig: Fruchttauben hätten Muskatnüsse gefressen und auf anderen Inseln (entweder durch Auswürgen oder durch Darmentleerung) abgelegt, wo die Samen gekeimt seien, ohne auf holländische Erlaubnis zu warten.

Ich persönlich finde den dritten Faktor sowohl überzeugend als auch ansprechend. Seine Überzeugungskraft verdankt er *Ducula concinna*, einer hübschen Taube, die auf den Bandainseln heimisch, als Fresserin von Muskatnüssen bekannt und imstande ist, von einer Insel auf die andere überzuwechseln. Mir gefällt die Vorstellung, dass ein Imperium durch Vogelkacke zu Fall gebracht wurde.

Als ich mit Piet und den anderen auf Bandanaira an Land ging, konnten wir die Wundmale der Vergangenheit noch sehen. Jeder Laternenpfahl auf der Hauptstraße ragte aus einem Betonsockel empor, der die Form einer Muskatnussfrucht hatte. Ich sah einen kleinen bandanesischen Jungen mit einem T-Shirt, auf dem ICH ♡ MUSKATBLÜTEN stand. Am Kai sah man ein verfallenes Lagerhaus mit einem Schild, das die indonesische Aufschrift Banda-Muskatnussanbaugesellschaft trug. Die holländische Festung am Berghang über der Stadt war zur Erbauung der Touristen kürzlich restauriert worden und stellte sogar mit einer Besatzung, die höchstens noch aus Gespenstern bestand, eine einschüchternde Präsenz dar. Dann besuchten wir eine halb verfallene Muskatnussplantage am Waldrand, wo uns ein Mann holländisch-molukkischer Abstammung sein Herz ausschüttete und auf

Holländisch erklärte: »Der Muskatnussanbau auf Banda ist ein elendes Geschäft.«

Der Mann hieß Mijnheer van der Broeke. Er hatte ein paar Pfund Muskatblüten in flachen Körben zum Trocknen ausgebreitet. Er nannte sich »den letzten *perkenier*«.

Wir unternahmen auch einen Ausflug zu einer alten holländischen Kirche, die etwa um dieselbe Zeit gebaut worden war wie die Festung. Es war ein schlichter, kleiner Bau mit einem wackligen Glockenturm, einer von Hand geläuteten Messingglocke, die nicht viel größer als eine Tischglocke war, und ein paar Reihen grob gehobelten Gestühls. Der Altar stand kahl da. Kein Kruzifix, keine Statuen, keine Kerzenleuchter; eindeutig keine katholische Missionsstation. Im Kirchhof von Unkrautranken überwucherte Grabsteine. Einer von ihnen bedeckte die sterblichen Überreste eines gewissen Heer van der Broeke, der bis zu seinem Tod im Jahr 1754 *perkenier* war – wie sein Nachkomme zweihundert Jahre später. Während ich zwischen den Gräbern umherging, unterhielt ich mich mit Annelies und Max, zwei Mitreisenden, in denen ich eine Gesellschaft gefunden hatte, wie man sie sich für die Reise auf einem langsamen Kreuzfahrtschiff nicht trostreicher wünschen konnte.

Max ist ein angesehener holländischer Romancier. Annelies ist eine Frau mit Verstand und einem Anflug von boshaftem Humor. Während wir uns am Rand der Gruppe herumdrückten, gestand mir Annelies leise, dass sie sich bei dieser touristischen Besichtigung eines Schauplatzes nationaler Untaten sehr unbehaglich fühle. Sie sprach von den tausenden toter Bandanesen, die holländische Imperialisten hingeschlachtet hatten, um den Welthandel mit überteuerten Muskatnüssen zu sichern. Max, der unser Gemurmel mitbekam, pflichtete ihr bei. Die Holländer hätten während ihrer imperialistischen Zeit hier draußen furchtbar gewütet, meinte er. Schlimmer als die Portugiesen oder die Spanier zu ihrer Zeit? Ja, Tatsache, schlimmer! Warum? Weil wir keine Priester mitnahmen und es keinen mäßigenden Einfluss durch Männer gab, die zumindest vorgaben, christliche Gesinnung und Barmherzigkeit zu ehren. Holland war bereits protestantisch, und beim Kolonialismus handelte es sich einfach um ein geschäftliches Unternehmen ohne jeden missionarischen Vorwand. Den Holländern ging es ausschließlich ums Geld. Deshalb, versicherte Max, begingen wir schlimmere imperialistische Missetaten.

Ich verstand seine Argumentation, sein Urteil und seine Zerknirschung nötigten mir Achtung ab. Dennoch war ich nicht überzeugt davon, dass sich das holländische Imperium wesentlich vom portugiesischen, spanischen oder britischen unterschieden hatte – ebenso wenig übrigens wie vom akkadischen, ägyptischen, hethitischen, assyrischen, persischen, makedonischen, parthischen, römischen, mogulischen, napoleonischen, zaristischen, sowjetischen oder amerikanischen.

Am nächsten Tag sonderte ich mich von der Gruppe ab und charterte ein Boot für eine Fahrt zurück zur Insel Run. Der Handel von Breda beschäftigte mich immer noch, und ich wollte mir genauer besehen, was den holländischen Unterhändlern so wertvoll erschienen war, dass sie Manhattan dafür eingetauscht hatten. Mein Bootsführer, ein junger molukkischer Angestellter vom Hotel in Bandanaira, setzte mich in einer Bucht an der Nordküste der Insel gegenüber einem Dorf an Land und donnerte davon. Er sah keinen Grund, vor Ort auf mich zu warten, versprach aber zurückzukommen.

Eine Hand voll einmastiger Praus lag in der Bucht vor Anker, unter ihnen keine einzige motorisierte. Einen Kai gab es nicht und ebenso wenig eine Straße jenseits des Strands. Allem Anschein nach existierte auf der Insel kein einziger Verbrennungsmotor. Durch das Dorf führte eine Gasse, deren harten Lehmboden eine jahrhundertlange barfüßige Benutzung geglättet hatte. Begleitet von einem Schwarm neugieriger Kinder, ging ich die Gasse entlang zwischen blechgedeckten Häusern aus Gips und Stroh, die in Reih und Glied hinter Zäunen aus Bambuslatten standen. Die Kinder bombardierten mich fröhlich mit ihren zwei Wörtern Englisch – »Hallo meester!« –, die sie unablässig wiederholten, und ich antwortete mit meinen paar schwachsinnigen Brocken Indonesisch. Meinem ersten Eindruck nach war dieser Ort sauberer und freundlicher als Manhattan. Und garantiert weniger gefährlich.

Ich nickte höflich den Frauen zu, die in den Türen standen und mich musterten, einige lächelnd, andere ausdruckslos; sie alle fragten sich, woher ich kam und was zum Teufel ich hier wollte. »Dimana?«, johlten die Kinder – Wo gehst du hin? –, worauf ich nichts Vernünftiges zu antworten wusste. Zu sagen: »Ich bin einfach nur gekommen, um herumzuschlendern und zu glotzen«, dafür war mein Indonesisch nicht gut genug. Ich kam an einem großen, halb fertigen Boot vorbei, das in der Nähe des Strands auf einem Trockendockgerüst aufgebockt war. Die Bootsplanken hatte man mit dem Breitbeil gefertigt; dennoch machte das Boot insgesamt einen eleganten Eindruck. Im Weitergehen tauschte ich Grüße mit einem Mann in einem Hof aus, blieb aber stehen, als ich sah, dass der Boden neben ihm mit kleinen braunen, eiförmigen Dingern bedeckt war. Die kannte ich.

Von meinem Interesse geschmeichelt, lud mich der Mann ein, hinter den Zaun zu kommen. Auf einem Gerüst lag aufgeklappter Fisch zum Trocknen. Auf Sägeböcken stand eine Tafel mit Solarzellen, von der ein merkwürdig deplatziert wirkendes Verlängerungskabel durchs Fenster in sein Haus führte. Ich war neugierig, was das Kabel wohl mit Elektrizität versorgte. Glühbirnen? Einen Kühlschrank? Einen Macintosh? Einen Dialyseapparat? Aber noch mehr interessierten mich die eiförmigen Dinger. Der Mann war so zuvorkommend, eines mit den Zähnen zu knacken, und zeigte mir den Samen. »Pala«, sagte er. »Muskatnuss?«, übersetzte ich und erwartete, dass er mir das bestätigte. Kein Zeichen des Wiedererkennens. Er hatte das Wort noch nie gehört. »Pala«, wiederholte er mit pädagogischem Eifer.

»Ada banyak?«, fragte ich. Gibt es hier viel davon?

»Ya. Banyak.« Er wies hinauf zur bewaldeten Höhe über dem Dorf. Und versicherte noch einmal genussvoll: *»Ada banyak.«*

Dies war ein offenkundig reich gesegneter Ort. Ich fragte mich flüchtig, ob wohl die Holländer die Bäume auf die Insel gebracht und wieder Plantagen mit *M. fragrans* angelegt hatten, nachdem in Breda ihre Ansprüche auf die Insel anerkannt worden waren. Oder hatten es unternehmende Runianer getan, am Leben gebliebene Einheimische (wenn es denn welche gab), die das holländische Kolonialregiment überdauert hatten? Vielleicht die Vorfahren ebendieses Mannes? Oder waren dafür die Tauben verantwortlich, die sich um menschliche Grenzen, Verträge oder Handelsstrategien nicht scheren und auf imperiale Träume scheißen?

Auch wenn es biologische Beweise in diesem Fall nicht gibt – die Geschichte, meine ich, lehrt uns, auf die Tauben zu setzen.

FESTE TEILE

*Trilobiten und andere Kunstobjekte
als Skelett betrachtet*

Man erlaube mir eine zudringliche, aber nicht zudringlich gemeinte Frage: Wenn Sie, lieber Leser, aus diesem Leben scheiden, was wird von Ihnen bleiben? Und erzählen Sie mir nicht, dass Sie der Gedanke noch nie beschäftigt hat.

Werden Sie Kinder zurücklassen, deren Erbmaterial jeweils zur Hälfte aus einer Zufallsauswahl Ihrer Gene besteht und die sich (wenn Sie liebevoll waren und Glück haben) mit ungehälfteter und nicht zufälliger Zuneigung Ihrer erinnern? Werden Sie ein Haus zurücklassen mit zwei schuldenfreien, voll getankten BMWs in der Garage? Wird Ihr Name einen marmornen Grabstein und zwei ressentimentgeladene Exfrauen zieren? Jeder von uns sehnt sich danach, irgendeine Art von Denkwürdigkeit zu schaffen, die noch lange nach unserem Abgang als etwas, in dem wir fortleben oder das von uns zeugt, die Stellung behauptet. Unterschiede in den Neigungen und Begabungen sorgen allerdings für eine Vielzahl verschiedener Formen, in denen sich dieses Bedürfnis verwirklicht. Werden Sie Ihre Augen einem blinden Mitmenschen, Ihr Gehirn der Wissenschaft (falls sie interessiert daran ist), den restlichen Kadaver den Würmern und Ihr Geld der Kirche hinterlassen? Wird von Ihnen die Neugier und der Lerneifer bleiben, die Sie einer Hand voll Studenten eingepflanzt haben? Werden Sie einen Meter gewichtiger

Werke mit Ihrem Autornamen auf dem Buchrücken oder, besser noch, ein einziges vollkommenes Gedicht zurücklassen? Wird Ihre Hinterlassenschaft ein hochragendes Gebäude aus Granit sein, das Sie entworfen haben, ein gutes, ehrliches Holzboot, das Sie mit eigenen Händen gebaut haben, ein einzelnes zartes Aquarell, das Sie gemalt haben? Werden Sie der Nachwelt vier Minuten eines fröhlichen Saxophonsolos auf Kassette vermachen? Werden Sie ihr Ihre Säuglingsschuhe in Bronze und die Plastiktrophäen hinterlassen, die Ihnen Siege im Softball eingetragen haben? Was immer Sie zurücklassen, wird es gleichermaßen Anspruch auf Schönheit und auf Dauer erheben können?

Aber vielleicht sollten wir dieser Frage auch gar nicht so viel Aufmerksamkeit schenken. Die Trilobiten des Kambriums haben sich keinen Deut um sie gekümmert, und doch ist alles bestens für sie gelaufen. Sie haben nichts als sich selbst hinterlassen – in Steinformationen verwandelt und auch noch nach fünfhundert Millionen Jahren schön.

Der bezaubernde Anblick eines gewöhnlichen Trilobiten ist, wie ich zugeben muss, eine Glückserfahrung, in deren Genuss die wenigsten von uns gelangen dürften. Schwerlich wird man der Schönheit des Trilobiten in der kargen Federzeichnung eines paläontologischen Textes gewahr, die nur die grundlegenden Tatsachen der trilobitischen Anatomie vorführen soll – den hufeisenförmigen Kopf, den vielfach unterteilten Mittelleib, den Schwanz und die drei in Längsrichtung verlaufenden Lappen (einer in der Achse, zwei an den Seiten, wie bei einer Raupe mit überkandidelten Flanschen), die diesen ausgestorbenen Gliederfüßern ihren Namen gegeben haben. Blättert man indes durch ein gewisses Buch, das ein ungewöhnlicher Mann namens Riccardo Levi-Setti unter dem schlichten Titel *Trilobites* herausgebracht hat, drängt sich einem die ästhetische Dimension dieser Wesen garantiert auf.

Levi-Setti ist ein angesehener Physiker an der Universität Chicago. Seine berufliche Tätigkeit schließt die Leitung des

Enrico-Fermi-Instituts ein; seine Freizeit widmet er zu einem großen Teil der Aufgabe, fossile Trilobiten zu sammeln, zu untersuchen und zu fotografieren. Sein Buch *Trilobites* ist wie geschaffen für den Kaffeetisch von Leuten mit ausgefallenem Kaffeegeschmack. Es umfasst einen bescheidenen wissenschaftlichen Kommentarteil und eine Reihe taxonomischer Anmerkungen, stellt aber in der Hauptsache eine Galerie von Fotos dar – von anbetungswürdig großformatigen schwarz-weißen Porträts, die *Olenoides superbus*, *Elrathia kingii*, *Calymene celebra* und andere Arten zeigen. Da gibt es zum Beispiel *Paradoxides davidis* aus einem Sediment in Neufundland, das dem mittleren Cambrium entstammt, ein grandioses schlaksiges Etwas mit zwanzig Mittelleibsegmenten, die an den Brustpanzer eines mykenischen Kriegerkönigs gemahnen. Oder *Isotelus maximus* aus der Zeit des Ordoviziums, glatt und symmetrisch wie eine Mahagonischale. Oder *Phacops rana* aus dem Devon mit zusammengerolltem Leib und glotzenden Facettenaugen. Oder auch *Dicranurus monstrosus*, ebenfalls aus dem Devon, ein gefährlich aussehendes, kleines Biest, das aus langen, drahtigen Stacheln besteht und so unheimlich wirkt, dass man bei seinem Anblick zusammenzuckt. Auch wenn die Formen aus den späteren Perioden kunstreicher sind (ein anderes fantastisches Gebilde aus dem Devon stellt *Psychopyge elegans* dar, das wie eine in Eisen gegossene Distelblüte anmutet), beeindrucken doch die ältesten Formen aus dem Kambrium besonders nachhaltig. Man stelle sich nur vor, dass dreihundert Millionen Jahre, ehe sich der erste Dinosaurier entwickelt hatte, ebendieser *Olenoides superbus*, der auf einer Seite von Levi-Settis Buch abgebildet ist, auf dem Grund eines Meeres herumwuselte, das sich an der Stelle des heutigen Utah befand.

Ich mag noch so wortreich über diese Fotos plaudern, ihre bizarre Vielfalt und die Wirkung, die sie in ihrer Gesamtheit ausüben, lassen sich nicht in Worte fassen. Ich kann also den Leser nur bitten, mir zu glauben, wenn ich versichere, dass die Trilobiten in Levi-Setti ihren Richard Avedon, ihre Annie Leibowitz, ihre Diane Arbus, kurz, ihren Meisterfotografen, gefunden haben. Er hat sie mit so einfühlsamem Blick und so sachkundig fotografiert, dass er diese Gliederfüßer in Kunst verwandelt hat.

Aber halt, das stimmt nicht ganz! Nein, er hat sie nicht in Kunst verwandelt. Er hat schlicht und einfach kunstreich wahrgenommen und fotografiert, was bereits da war – was die Trilobiten selbst hinterlassen haben. Evolutionsgeschichtliche und geologische Kräfte haben diese eleganten Formen geschaffen, nicht Levi-Setti. Ich schmälere seine Leistung nicht, wenn ich daran erinnere, dass vor dem Hintergrund all der Äonen des Lebens- und Anpassungskampfes, den die Trilobiten bestehen, und all der weiteren Äonen, die sie als Fossilien eisern durchhalten mussten, ihre schließliche Abbildung als ein Kinderspiel erscheint.

In der Geschichte des Lebens nehmen die Trilobiten eine Sonderstellung ein. Denn sie verkörpern (im buchstäblichen Sinne) erstmals und mit großem Erfolg eine sinnreiche Neuerung in der zoologischen Anatomie, deren Bedeutung kaum hoch genug zu veranschlagen ist: das Skelett.

Fünfzehnhundert Gattungen der Klasse Trilobita, die ungefähr zehntausend Arten umfassen, sind uns in Form von Fossilienfunden erhalten. Sie lebten während eines Zeitraums von dreihundertfünfzig Millionen Jahren, angefangen vom Kambrium (das fast sechshundert Millionen Jahre zurückliegt) bis zum Ende des Perms. Angesichts solcher Zeitspannen kann man ihnen wohl eine erfolgreiche Existenz attestieren; auf dem Höhepunkt ihrer Entwicklung, im späteren Kambrium, stellten sie in den Milieus der flachen Meeresgewässer einen dominanten ökologischen Faktor dar. Levi-Setti erhebt in *Trilobites* keinen Anspruch auf eine enzyklopädisch vollständige Behandlung des Themas. Bei seiner Auswahl sei es ihm, sagt er, eher um rein visuelle Wirkungen gegangen.

»Es macht mir Spaß, nach Trilobiten zu graben«, gibt er offen zu. Er fing damit an, um Distanz von der Physik und seiner zwanghaften Beschäftigung mit ihr zu gewinnen. »Ich fotografiere auch gern, und die Trilobiten bieten eine unerschöpfliche Fülle von Formen und Gestaltungen.« Mittlerweile ist er schon seit mehr als dreißig Jahren ein ernst zu nehmender Amateur auf dem Gebiet der Trilobiten. Ein Stückchen weit hat er Beruf und Hobby miteinander verknüpft: Als Mitautor von Fachbeiträgen wie »Trilobitenaugen und die Optik von Descartes und Huygens«, die in der Zeitschrift *Nature* erschienen sind, hat er auf seine Fachkenntnisse in Physik zurückgegriffen. Aber in der Hauptsache war seine Beschäftigung mit den Trilobiten eine Art »Zeitreise«, wie er es ausdrückte – eine Reise in Zeitalter, die weitaus ferner liegen und merkwürdiger anmuten als das 17. Jahrhundert eines Huygens oder Descartes. Wie er mir anvertraut, verfolgte er dabei unter anderem die Absicht, zu zeigen, dass »Dinosaurier nicht die einzigen prähistorischen Tiere sind, die Ehrfurcht wecken und Faszination erregen können. Trilobiten berichten uns von einer noch früheren, vielleicht weniger bedrohlichen Welt, in der das Leben auf Erden frisch genug war, um sich explosionsartig in eine unendliche Mannigfaltigkeit von neuen, nie da gewesenen, unüberschaubaren Formen mit je eigenen Überlebensstrategien auseinander zu falten.«

Der letzte Satz ist wissenschaftlich hoch bedeutsam. Der die Welt verändernde Ausbruch neuer Entwicklungen, auf den er anspielt, ist die so genannte kambrische Explosion, die sich nicht auf die Trilobiten beschränkte. Es handelt sich dabei um den gewaltigsten biologischen Diversifizierungsprozess aller Zeiten – oder, um es mit Levi-Setti zu sagen, »um das umwälzendste und weit reichendste Ereignis in der Geschichte des Lebens«. Zu dem neuen Überlebensinstrumentarium, das in dieser Zeit entstand, gehörte die bereits erwähnte, ingeniöse anatomische Erfindung des Skeletts, das den verschiedenartigsten Tieren mehr Beweglichkeit,

Leistungskraft und Stärke, mehr Sicherheit gegen Fress-
feinde und infolgedessen mehr Erfolg im evolutionsgeschichtlichen Prozess verschaffte. Durch die Erfindung von
festen Gehäusen und Knochen veränderte sich das Leben
auf der Erde unwiderruflich.

Vor der kambrischen Explosion, in präkambrischer Zeit,
waren alle Tiere weich und pappig wie Quallen. Keines besaß ein Skelett – weder das ausgeklügelte äußere (Exoske-
lett), das später die Gliederfüßer entwickelten, noch das
simplere äußere (Schalen) wie bei Schnecken und Muscheln,
noch das innere (Endoskelett), das wir Wirbeltiere und ein
paar atypische Wirbellose wie etwa Tintenfische besitzen. In
engem Zusammenhang mit dem Fehlen von Skeletten stand
die Tatsache, dass die animalische Evolution noch nicht weit
gediehen war – wobei unklar bleibt, was von beidem als Ur-
sache und was als Wirkung anzusehen ist. Es gab aber vor
sechshundertdreißig Millionen Jahren bereits eine interessante Gruppe von flachen Geschöpfen mit weichen Kör-
pern, die eine zusammengesetzte oder blattförmige Anatomie aufwiesen und die man heute unter dem Sammelnamen
Ediacara-Fauna kennt. Ihren Namen hat diese Fauna von
den Ediacara-Bergen in Südaustralien, wo 1946 erstmals fossile Überreste von ihr gefunden wurden. Aber so faszinierend die Ediacara-Fauna auch ist, nirgendwo war sie so vielfältig oder erfolgreich wie spätere Entwicklungsstufen der
Tierwelt, und einen wichtigen Stammbaum, der die folgende
halbe Milliarde Jahre verbreitet gewesen wäre, scheint sie
nicht hervorgebracht zu haben. Ein Fachmann auf dem Gebiet, Stephen Jay Gould, äußert den Verdacht, bei den Tieren
der Ediacara-Fauna handele es sich »möglicherweise um ein
gescheitertes, eigenständiges Experiment im Bereich des
multizellularen Lebens, nicht um eine Gruppe von primi-
tiveren Vorfahren späterer Geschöpfe mit festen Bestand-
teilen«. Das Scheitern dieser Gruppe können wir nicht mit
Sicherheit dem Fehlen von Skeletten zuschreiben, aber plau-
sibel ist die Vermutung schon.

Die Zeit der festen Bestandteile begann vor ungefähr sechshundert Millionen Jahren, und selbst die Fachleute wissen immer noch nicht, warum. Richard Fortey vom Britischen Museum drückt sich folgendermaßen aus: »Die Erwerbung von Schalen und Skeletten stellt einen der großen Meilensteine in der Geschichte der Biosphäre dar; die Schwierigkeit, eine einzige einfache Erklärung dafür zu finden, macht die Sache nur noch faszinierender.« George Gaylord Simpson, ein angesehener amerikanischer Paläontologe, spricht von einem »Mysterium, das zum Spekulieren einlädt: Warum und wie fingen zu Beginn des Kambriums manche Tiere plötzlich, wie es scheint, an, feste Bestandteile auszubilden?« Die frühesten Tiere, die ein Skelett besaßen, scheinen winzige Dinger gewesen zu sein, die auf dem Meeresboden ein unauffälliges Leben führten und mit kleinen, verkalkten Teilen ausgestattet waren, die Gott weiß wie funktionierten. In der Fachsprache bezeichnet man diese Geschöpfe mit dem Begriff tommotianisch, weniger förmlich spricht man auch von kleiner Schalenfauna. Gould meint, die Tommotianischen Geschöpfe könnten die Vorfahren von tierischen Stammbäumen sein, die uns vertrauter sind; sie hätten »noch keine vollen Skelette ausgebildet, sondern nur an kleinen und getrennten Stellen überall auf dem Körper stückchenweise verkalkte Materie abgelagert«. Allerdings, fügt er hinzu, sei es auch möglich, dass es sich bei ihnen nur um ein weiteres fehlgeschlagenes Experiment handele, auf das sich keines der Wesen, die wir kennen, zurückführen lasse.

Relativ bald nach dem Aufkommen der Tommotianischen Fauna, vor etwa fünfhundertsiebzig Millionen Jahren, erschienen erstmals Trilobiten auf der Bildfläche, wie durch die fossilen Funde belegt. Das Skelettprinzip hatten sie damals bereits weit fortentwickelt – ihre Schalenpanzer wiesen kunstvolle Unterteilungen auf, bildeten ein gegliedertes Ganzes und waren (außer bei wenigen Arten) mit Kalziumkarbonat gehärtet. Kraft dieser Vorzüge schafften die Trilobiten, was der Ediacarischen und der Tommotianischen

Fauna nicht gelungen war – sie erzielten einen durchschlagenden Erfolg, was die Häufigkeit ihres Auftretens, ihre Vielfalt, ihre geografische Verbreitung, ihren Bestand als Klasse und (für uns das Maß aller Maße) ihr reichhaltiges fossiles Vorkommen in Sedimentgestein betrifft. Als weiteres Kriterium ihres Erfolgs kann meines Erachtens die Attraktion gelten, die sie auf uns ausüben. Niemand hat bislang einen hübschen Bildband mit dem Titel *Die Tommotianische Fauna im Glanze ihrer klitzekleinen Schälchen* herausgebracht.

Die Trilobiten waren indes nicht die einzige Gruppe, die während des frühen Kambriums einen festen Körper ausbildeten. Verschiedene Stämme von Mollusken, Armfüßern und korallenähnlichen Lebewesen taten das ebenfalls. Einige bevorzugten als Härter für ihren Skelettaufbau offenbar Kalziumphosphat, während andere (zumal die Trilobiten) Kalziumkarbonat verwendeten. Die ungefähre Gleichzeitigkeit, mit der sich bei diesen ganz verschiedenen Stämmen feste Bestandteile entwickelten, und die rasche evolutionsgeschichtliche Diversifizierung, die diese festen Bestandteile ermöglichten, waren für die kambrische Explosion – die demnach eher als ein Bauboom denn als eine Detonation erscheint – von ausschlaggebender Bedeutung. Kehren wir zu dem Mysterium zurück, von dem George Gaylord Simpson spricht: Warum *gerade damals*? Was löste diese Revolution in der Skelettbildung zu Beginn des Kambriums aus?

Auch wenn, worauf Richard Fortey warnend hinweist, eine einzige, einfache Erklärung ein Ding der Unmöglichkeit ist, deutet nach Ansicht einer Schulmeinung doch vieles auf Veränderungen der Milieubedingungen. Dazu zählen die Episoden der Vergletscherung und des Abschmelzens, die den Meeresspiegel abwechselnd sinken und steigen ließen, die Überspülung beziehungsweise Freilegung der Kontinentalsockel, sooft das Meerwasser im Zuge der Vergletscherungs- oder Schmelzprozesse zurückwich beziehungsweise vordrang, die Verluste oder Gewinne an Lebensräumen in den flachen Meereszonen je nach Vordringen oder Zurückweichen des Wassers, sowie – das Spannendste von allem – die Zunahme im Sauerstoffgehalt der Luft, die eine biochemische Voraussetzung für den Aufbau der Kalkstrukturen der Skelette gewesen sein könnte. Nach Fortey gibt es gewisse Hinweise darauf, dass »Kalziumkarbonat (oder vielleicht andere für den Skelettaufbau taugliche Mineralien) erst dann von lebendem Gewebe abgelagert werden konnten, als der Sauerstoffdruck in der Atmosphäre einen kritischen Punkt überschritten hatte«. Wachsende Verfügbarkeit von Kalziumkarbonat erwies sich nicht nur für die frühen Meeresgeschöpfe, sondern auch für die späteren Paläontologen als ein Segen, weil das Mineral ideal für hübsche Versteinerungen ist.

Welche Kombination von Faktoren die revolutionäre Skelettbildung auch immer ausgelöst haben mag, diese Revolution war jedenfalls unendlich folgenreich. Ohne das Auftreten von festen Körperteilen im frühen Kambrium und die anschließenden Wirbeltierskelette, die im Ordovizium in Erscheinung traten, gäbe es keine Fische, keine Amphibien, keine Reptilien, keine Vögel, keine Säugetiere, keine Menschen, keine Paläontologie, keine Kunst, keine Fotografie, keine Fußballbundesliga, kein Fernsehen, keinen Rock'n' Roll und keine Telefonzellen. Eine Welt ohne Fernsehen und Telefonzellen könnte ja ganz nett sein, aber um das Übrige wäre es doch sehr schade.

Vor ungefähr acht Jahren stattete ich einem kleinen Privatmuseum in einem Dorf in Süddeutschland einen Besuch ab, das in der Nähe einer Reihe von Steinbrüchen liegt, die für ihren hochwertigen Schiefer aus der Jurazeit berühmt sind. Das Dorf heißt Holzmaden und liegt in Baden-Württemberg, nicht weit von Stuttgart in südöstlicher Richtung. Der Schiefer ist in Paläontologenkreisen als Posidonienschiefer bekannt, weil er als Hauptfossil *Posidonia bronni*, ein kleines schalentragendes Meeresgeschöpf, enthält, das seinerseits nach dem griechischen Meeresgott benannt ist. Der Schiefer war aus feinkörnigen Sedimenten entstanden, die sich vor etwa hundertsiebzig Millionen Jahren auf einem schlammigen Meeresboden abgelagert hatten, und bildete glatte, dunkelgraue Steinplatten. Neben ihren Einlagerungen von *Posidonia bronni* bargen die Platten auch etliche sensationell detaillierte Fossilien von anderen Meeresgeschöpfen aus der Jurazeit – von Ichthyosauriern und Plesiosauriern (zwei Gruppen von Meeresreptilien, die mit den Dinosauriern nicht zu verwechseln sind), Ammoniten (Mollusken mit spiralförmigem Gehäuse, ähnlich einer Nautilus mit ihrem Kammergehäuse, aber ausgestorben), Seelilien (pflanzenähnlichen Tieren, die mit dem Seestern verwandt sind) und vielem anderem mehr. Das kleine Museum mit seiner Werkstatt wurde von einer Familie Hauff betrieben, die sich die Bergung und Ausstellung dieser Fossilien zur Aufgabe gemacht hatte. Die Hauffs waren Perfektionisten, mit einem Gefühl sowohl für die reine Schönheit der Fossilien, die sie bearbeiteten, als auch für deren wissenschaftliche Bedeutung. Wegen der Feinkörnigkeit des Steins und der idealen Konservierungsbedingungen, die auf dem Meeresgrund geherrscht hatten, und dank der akribischen Präparierarbeit, denen die Fossilien in der Werkstatt der Hauffs unterzogen worden waren, konnte man erstaunliche Ergebnisse bewundern. In einigen der Ichthyosaurier befanden sich offenbar Embryonen, zarte, kleine Skelette innerhalb des skelettierten Hinterleibs des Muttertiers. Bei anderen waren nicht nur die festen Bestandteile zu sehen, das für die Fortbewegung durch Schwimmen gestaltete Reptilienskelett, sondern auch der schwache Abdruck weichen Gewebes, der an die Form eines Delfins denken ließ. Abgesehen davon, dass die Hauff'schen Präparate die Wände dieses kleinen Museums zieren, hängen auch welche wie präraffaelitische Gemälde in einigen der großen öffentlichen Museen der Welt.

Mich hatte eine wenig bekannte, aber sehr finanzkräftige Zeitschrift nach Deutschland geschickt – eine Automobilzeitschrift mit besonderer Hochachtung für deutsche handwerkliche Tüchtigkeit jeglicher Art –, für die ich einen Artikel über das Museum Hauff schreiben sollte. Ich verbrachte einen Tag dort, staunte die großen dunklen Schieferplatten an und besuchte einen aufgeweckten, umgänglichen Mann namens Rolf Bernhard Hauff, der bereits in der dritten Generation mit Ichthyosauriern handelte. Er zeigte mir die Werkstatt. Wir aßen gemeinsam zu Mittag und tranken ein paar ausgezeichnete Biere. Er erzählte von seinem Urgroßvater, der als Industriechemiker nach Holzmaden gekommen war, von seinem Großvater, der mit der Bearbeitung von Fossilien auf geschäftlicher Basis angefangen, und von seinem Vater, der bis vor kurzem noch das Museum geleitet hatte; schließlich erwähnte er, dass er selbst eine Doktorarbeit in Geologie abgebrochen habe, um das Familienunternehmen fortzuführen. Er sprach auch mit merklicher innerer Bewegung über das Aussterben von Arten – wobei er nicht nur Ichthyosaurier und Ammoniten im Auge hatte, sondern auch die zahllosen anderen Spezies, denen in den letzten paar Jahrhunderten die Menschheit den Garaus gemacht hat. Er vertrat eine Ansicht, der ich nur zustimmen konnte: dass die Menschheit derzeit ein Massensterben unter den Arten verschuldet, wie es seit dem Tod des letzten Dinosauriers katastrophaler nicht mehr vorgekommen ist. Aber das ist eine andere Geschichte – die weder in den Artikel für die Automobilzeitschrift gehörte noch eigentlich zu der Geschichte passt, die ich gerade erzähle.

Ich flog heim und nahm zwei Souvenirs aus dem Laden des Museums mit: eine kleine Schieferplatte aus der Jurazeit und ein Buch. Die Schieferplatte enthielt ein Ammonitenfossil. Das Buch, das den Titel *Holzmadenbuch* trug, hatte viele große Schwarzweiß-Fotos, die mit einmaliger Detailgenauigkeit Ichthyosaurier, Plesiosaurier und Seelilien aus dem Hause Hauff zeigten.

Das *Holzmadenbuch* ist auf Deutsch geschrieben. Ich verstehe nicht einen Satz darin, aber das spielt keine Rolle. Es gehört zu den schönsten Sachen, die ich besitze.

Der Ammonit war ein Geschenk für die Biologin, mit der ich verheiratet bin. Sie hat ihn ihrer Sammlung anderer biologischer Kostbarkeiten einverleibt. Liebevoll auf einem Streifen roten Samtes drapiert, thronen all diese Schätze in einem trockenen Aquarium, das ein Bücherbrett in unserem Esszimmer füllt. Da gibt es den Schädel eines Graufuchses, den Schädel eines Bibers, das Gehäuse einer Nautilus, den Unterkiefer eines Piranha aus dem Quellgebiet des Amazonas, den Schädel eines Kojoten aus den Außenbezirken von Los Angeles, ein Dreiendergeweih, einen beigefarbenen Felssplitter mit einem fossilen Fisch, den Rückenwirbel eines asiatischen Büffels, einen Seeigel von der Sorte, die man Sanddollar nennt, ein paar Kaurimuscheln, einige Kegelschnecken, ein Brustbein, das vermutlich zu einer Kanadagans gehörte, sowie eine Anzahl anderer Schädel, Kieferknochen, Wirbel, Panzer und Fossilien. All die dazugehörigen Tiere starben, soweit wir wissen, eines natürlichen Todes, bis auf den Piranha, den ich gegessen habe. Das weichste und vergänglichste Stück der Kollektion ist die abgelegte Haut einer Klapperschlange.

Gesammelt und aufgehoben hat sie diese Stücke aus zwei Gründen: weil sie wild lebende Geschöpfe liebt und weil sie anmutige Konturen mag. Wie Levi-Setti empfindet sie ästhetisches Vergnügen beim Anblick der Formen, die in Reaktion auf funktionelle Anforderungen evolutionsgeschichtlich entstanden sind. Die Sammlung besteht fast ausschließlich aus festen Teilen, nicht nur, weil ein Aquarium voller kleiner Kadaver in Formaldehyd unser Esszimmer verstänkern würde, sondern wichtiger noch, weil feste Körperteile eine strukturelle Bestimmtheit und Haltbarkeit verkörpern, die fleischliche Partien (und sei's selbst gedörrtes Rindfleisch) niemals aufbringen.

Die Biologin, mit der ich verheiratet bin, ist zufällig auch Grafikerin. Zeitweilig hat sie als wissenschaftliche Zeichnerin gearbeitet. So hat sie zum Beispiel an einer Monografie des Paläontologen Jack Horner über Hadrosaurier (entenschnäbelige Dinosaurier) der späten Kreidezeit mitgearbeitet. Ihre Aufgabe bestand unter anderem darin, dutzende von genauen, reich strukturierten Zeichnungen von Schädelfragmenten anzufertigen – Zeichnungen, die andere Paläontologen in Stand setzen sollten, sich ein Bild von den Fossilien zu machen, ohne sie selbst in Händen zu halten. Das Buch erschien schließlich unter dem Titel *Cranial Morphology of Prosaurolophus (Ornithischia: Hadrosauridae), With Descriptions of Two New Hadrosaurid Species and an Evaluation of Hadrosaurid Phyolgenetic Relationships* (Schädelmorphologie von Prosaurolophus [Ornithischia: Hadrosauridae], Nebst Beschreibung zweier neuer Hadrosauridenspezies und einer Bewertung Phylogenetischer Beziehungen der Hadrosauridengruppe) – ein hübscher Band, den man bei Hugendubel nicht finden wird. Obwohl die Arbeit sie viel Mühe gekostet hatte und sie froh war, fertig damit zu sein, konnte sie doch nie ganz ihre leise Verwunderung darüber loswerden, dass es jemanden gab, der sie für das Zeichnen von Knochen bezahlte. Eine Reihe von Jahren hatte sie genau dies aus schierer Freude an der Sache als Hobby betrieben.

Man lud sie ein, einige dieser Prosaurolophidenzeichnungen im Rahmen einer Kunstausstellung in einer Galerie in Butte, Montana, zu präsentieren. Sie ordnete die Zeichnungen in Gitterform an, vierundzwanzig kommentarlos dargebotene organische Konturen, und überließ es den Besuchern, sich auf die Bilder einen Reim zu machen.

Geradeso überlasse ich es auch den Lesern, sich auf die hier dargebotenen Fakten und Anekdoten einen Reim zu machen.

Ich selbst neige dazu, sie nicht groß zu hinterfragen. Die Vorstellung ist faszinierend – und was kann der Mensch mehr verlangen als eine faszinierende Vorstellung!? –, dass während der vergangenen fünfhundertsiebzig Millionen Jahre die Evolutionsgeschichte der Tierwelt Skelettstrukturen geschaffen hat, in denen menschliche Beobachter – zumindest manche von ihnen – Eigenschaften entdecken, die wir normalerweise in der Kunst zu finden hoffen: Harmonie, Schönheit, Großartigkeit, Überraschung, Wahrheit. Der Beweis dafür, dass es sich so verhält, liegt vor mir auf meinem Schreibtisch: Das *Holzmadenbuch*, *Cranial Morphology* und *Trilobites*. Dem Regal dieser Bildbände hinzufügen würde ich noch Ernst Haeckels klassische Sammlung von Litografien *Die Natur als Künstlerin – Formenschatz der Schöpfung* und ein überwältigendes Buch mit elektronenmikroskopischen Fotos, das den einnehmenden Titel *Identification Guide to the Ant Genera of the World* (Bestimmungshandbuch für die Ameisengattungen der Welt) trägt und bei Harvard University Press erschienen ist. Diese Bücher sind dazu da, nicht gelesen, sondern betrachtet, mit den Augen verschlungen zu werden. Sie sagen mehr aus über das Abenteuer zoologischer Diversifizierung, das unseren Planeten eine halbe Million Jahre lang in Atem gehalten hat, als sich auf tausend Seiten gestochener Prosa darlegen ließe. Und sie tun das im Großen und Ganzen dadurch, dass sie die festen Bestandteile zeigen, die vielfältige (*unendlich* vielfältige) Geschöpfe hinterlassen haben.

Hinterfragen wir diese Darstellungen aber doch, dann drängt sich uns eine weitere Frage auf: Was werden *wir*, was wird unsere Spezies hinterlassen?

Rolf Bernhard Hauff hatte sich dazu geäußert. Ich notierte damals, was er sagte, fand aber, dass die Äußerung in dem Artikel für eine Automobilzeitschrift, an dem ich schrieb, fehl am Platz war. Acht Jahre lang dachte ich nicht mehr daran, bis ich kürzlich das Notizbuch wieder herauszog. Nachdem er seine Sorge über das von Menschen verursachte Massensterben bekundet hatte, stellte Herr Hauff die Frage in den Raum, wie sich wohl die Ära der modernen Zivilisation – er sprach spitz von »unserer Coca-Cola-Kultur« – in einer fernen Zukunft aus der Sicht paläontologischer Beobachter ausnehmen werde. Wenig ruhmreich seiner Ansicht nach. »Unser Kennzeichen werden die Coca-

Cola-Dosen sein.« Dann, als ihm einfiel, dass ich den Artikel für das Mercedes-Benz-Unternehmen schrieb, fügte er entgegenkommend und mit einem kleinen ironischen Glitzern in den Augen hinzu: »Und vielleicht ein paar Autos.«

Vermutlich unbeabsichtigt, bezog sich Herr Hauff damit auf die berühmte Passage aus T.S. Eliots Gedicht »The Rock«, das, überschattet von einer gewissen spätmodernen Melancholie, vor sechzig Jahren entstand:

Und der Wind wird verkünden: »Hier waren brave gottlose Menschen:
Als Mahnmal blieb nur der Straßenasphalt
Und eintausend verlorne Golfbälle.«

Was mich betrifft, so bin ich ein kleines bisschen optimistischer. Ich hege die Hoffnung, dass wir auch ein paar Bibliotheken hinterlassen, voll mit Dichtung und Wissenschaft und den großen Kunstformen – die des Lebens eingeschlossen.

II

ZWEIFELHAFTE GEWISSHEITEN, UNERSCHROCKENE THEORIEN

Gewissheit und Zweifel in Baja

Wissenschaftliches Gottvertrauen in südlichen Gefilden

Zwei Männer und zweiunddreißig Eidechsen sind in einem mexikanischen Motelzimmer bei der Arbeit. In der Anstrengung kommen sie überein, in den Motiven hingegen unterscheiden sie sich. Einer der Männer ist Biologe. Er bemüht sich um wissenschaftliche Erkenntnis von scheinbar paradoxem Charakter, nämlich um eine Erkenntnis, die der Vielfalt von Lebewesen gerecht wird, sich dabei aber als ein simples Zahlenschema präsentiert. Der andere Mann ist Journalist. Er ist auf Dramatik aus, auf eine simplifizierte Einsicht in einen unvorstellbar komplizierten Sachverhalt und natürlich auf billige Komik. Worum es den Eidechsen wohl geht, darüber darf gerätselt werden.

Dieses Motelzimmer befindet sich eine lange Tagereise südwärts auf der Halbinsel Baja. Das Motel liegt am Rande eines kleinen Dorfs, das den Golf von Kalifornien überblickt und von kahlen Felsbergen und den als boojum-trees bekannten Dornsträuchern aus der Familie der Fouquieriacea umgeben ist. Kein Telefon. Keine Elektrizität zwischen Mittag und Sonnenuntergang. Das Zimmer ist voll gestopft mit Verlängerungsschnüren, Isolierband, Hochleistungsbatterien, Alkohol zum Konservieren, Schokoladenplätzchen, Sezierbesteck, Tortillas, die einen Tag alt sind und aussehen, als hätte ein Nager heimlich auf ihnen herumgekaut, sowie einer ins Kraut schießenden Population von Wollmäusen. Im Badezimmer wurde ein Skorpion gesichtet. Einen Laptop gibt es ebenfalls.

Das Ganze macht einen äußerst verdächtigen Eindruck. Eine kleine Kokainproduktionsstätte würde wahrscheinlich weniger verdächtig wirken. Aber die Zimmermädchen des Motels halten sich fern und beschränken sich darauf, jeden Morgen frische Handtücher draußen auf der Veranda zu deponieren; die *policia* ist bislang auch noch nicht aufgetaucht.

Der Laptop ist mit einem Analog-Digital-Umwandler verbunden, der seinerseits mit einem merkwürdigen Gerät von ungefähr der Länge eines Sarges verkabelt ist. Dieses Gerät ist aus Plexiglasplatten, Metallklammern, winzigen Glühbirnchen, lichtaktivierten Transistoren und einer Menge farbenfroher Strippen zusammengeschustert; es sieht aus, als hätte es ein fantasiebegabter Amateur in der eigenen Garage gefertigt. Ins Hotelzimmer gelangte es in Einzelteilen. In montierter Form stellt es sich als eine Reihe hoher Wände dar, die ein langes, von fotoelektrischen Schranken unterbrochenes Gummiband säumen. Kurz, es handelt sich bei dem Gerät um eine tragbare Rennbahn für Eidechsen.

Eine herpetologische Schnellstraße, die modernsten Forschungsansprüchen genügt. Der Eindruck von Amateurhaftigkeit trügt. Eine bessere Anlage gibt es nicht.

Der Journalist greift in den Brutapparat. Ach, Verzeihung, das vergaß ich zu erwähnen – es gibt auch einen Brutapparat. Dorthinein greift der Journalist und hebt vorsichtig einen zugedeckten Plastikbecher heraus, einen von der Sorte, die man für Urinproben benutzt. In dem Becher befindet sich ein Reptil, ein hübsches kleines Exemplar der Spezies *Uta stansburiana*, bräunlich grau, mit orange- und türkisfarbenen Tupfern. Bekannter unter dem Namen Seitenfleckenleguan, ist *U. stansburiana* auf der Halbinsel Baja wie auch auf vielen kleinen Inseln im Golf verbreitet; speziell dieses Exemplar wurde gestern auf einem vor der Küste liegenden verlassenen Felsknubbel namens La Ventana gefangen. Den heutigen Tag hat es bei genau sechsunddreißig Grad Celsius in dem gemütlichen Brutapparat verbracht – für eine Eidechse, die einen Sprint hinlegen soll, sind sechsunddreißig Grad die optimale Körpertemperatur. Wird ein Seitenfleckenleguan von La Ventana genauso schnell rennen wie ein Seitenfleckenleguan vom Festland? Falls nicht, was bedeutet das dann? Gestattet das Fehlen von Fressfeinden auf La Ventana diesen Seitenfleckenleguanen den Luxus größerer Gemächlichkeit? Oder ist es der Evolution egal, wie schnell eine Eidechse sprinten kann? Vielleicht ist die Ausdauer wichtiger? Oder die Wachsamkeit? Fragen dieser Art müsste eine zoologische Feldforschung beantworten können. Das Kunststück ist, sich einen Weg auszudenken, wie man die Fragen praktisch stellen kann. Der Zoologe nimmt den Becher entgegen und kippt die Eidechse auf die Rennbahn.

Er scheucht sie mit der rechten Hand die Bahn entlang. Lichter blitzen, Fototransistoren leuchten auf, der Computer ziept, und der Monitor zeigt an, dass diese Eidechse eine Spitzengeschwindigkeit von 2,38 Meter pro Sekunde erreicht hat. Für eine *U. stansburiana* ist das ganz schön schnell. Dann springt der kleine Dreckskerl aus der Bahn heraus und saust in das Durcheinander unter dem Bett. Fünfzehn Minuten lang krauchen Zoologe und Journalist unter heftigem Fluchen auf dem Bauch herum; von der Brust bis zu den Knien eingestaubt, schaffen sie es schließlich, das Tier wieder einzufangen. Vielleicht sollten wir die Zimmermädchen morgen mal reinlassen, denkt der Journalist insgeheim.

Mit einem Bleistift trägt der Zoologe »2.38« in sein Feldbuch ein. Dieses Feldbuch ist nicht computerisiert. Der Journalist hat keine Ahnung, warum nicht. Es wurde ihm erklärt, aber den entscheidenden Punkt hat er nicht mitbekommen.

Der Zoologe heißt Jon Herron. Er ist ein aufgeweckter, offenherziger Doktorand von der Washingtoner Universität. »Das Einzige, wovon ich mir vorstellen kann, dass es noch langweiliger ist, als was ich hier mache«, erklärt er dem

Journalisten ohne jede provokative Absicht, »ist Ihre Tätigkeit.«

Was der Zoologe macht, nennt sich Wissenschaft. Für das, was der Journalist tut, gibt es keinen ehrbaren Namen.

In der Evolutionsbiologie erschöpft sich Feldforschung leider nicht darin, Gorillas mit dem Fernglas zu beobachten. Sie besteht nicht nur aus Safarikluft und Hängematten, Jaguaren mit Funksignalhalsbändern und Pfaden, die mit der Machete herausgehauen wurden und zu einem Wasserloch führen, wo man bei Einbruch der Nacht das Nashorn zur Tränke kommen sieht. Ein paar andere Sachen gehören auch noch dazu – Monsunregen, Schlamm, Schnaken, Sonnenbrand, Kratzer von Dornen, die heilen oder auch nicht, ungewaschene Kleider, Einsamkeit, Schimmel im Kopfstrahler, Ohrenkneifer im Chlorochinbeutel, Fäule zwischen den Beinen, Zehenfäule, Nescafé, Blutegel, die sich in die Achselhöhlen setzen, Angst davor, auf eine Klapperschlange oder einen Buschmeister zu treten, Angst, dass einen die lokalen Guerillas umbringen, weil sie scharf auf Propangas sind, Sorge, dass die dort ansässigen Dorfbewohner die Bäume fällen oder die Tiere töten, die man erforscht, Leishmaniase, Durchfall, Unterkühlung, Schiffbruch – selbst wenn man das alles hinzunimmt, bleibt immer noch genug unerwähnt. Vor allem zwei weitere Faktoren sind zu nennen. Evolutionsbiologische Feldforschung ist monoton und reduktionistisch.

Ohne Monotonie und Reduktionismus ist sie keine Wissenschaft, sondern Naturforschung. Naturforschung ist ein achtbares Unterfangen, aber von einer anderen Achtbarkeit als die Wissenschaft. Naturforschung interessiert sich für das unmittelbar Gegebene. Wissenschaft nimmt das unmittelbar Gegebene als bloßen Ausgangspunkt für die Suche nach Mustern, die es mit anderem unmittelbar Gegebenen verknüpfen. Da die Natur chaotisch und fast unendlich vielfältig ist, bedeutet die Suche nach Mustern so viel wie Reduktionismus: Komplexe Lebewesen und Systeme müssen auf ein Schattenbild ihrer selbst reduziert werden. In den letzten Jahrzehnten hat sich als das häufigste Reduktionsinstrument die Mathematik bewährt. Beobachtungen müssen quantifiziert, die Vielfalt des Lebens muss in Stellen hinter dem Komma übersetzt werden. Sogar ein Biologe mit der Seele eines Mathematikers – und von denen gibt es heute genug – empfindet es unter Umständen als monoton, Zahlenwerte zusammenzutragen. (Wirklich Spaß macht dem Mathematiker nicht das Sammeln von Zahlenwerten, sondern das Hantieren mit ihnen – weiß der Journalist jedenfalls vom Hörensagen!) Für einen Biologen mit der Seele eines Biologen kann solche Monotonie tödlich sein.

Da ist noch etwas. Neben Monotonie und Reduktionismus, Schlangenbiss und Durchfall droht dem biologischen Feldforscher eine weitere Gefahr. Sie ist so gigantisch und unheimlich, so Schrecken erregend ungreifbar, dass sie sich am ehesten negativ ausdrücken lässt: Mangel an Aussagekraft. Misst man tatsächlich, was man zu messen *glaubt*? Zählt man wirklich, was man zu zählen *glaubt*? Beweist man also wirklich, was man zu beweisen behauptet? Oder am Ende doch nicht? Vielleicht rudert man wie wild, und die Ruder berühren das Wasser gar nicht?

Quantifizierung verlangt nicht nur Exaktheit, sondern auch Sachbezug. Die Annahmen, durch die Zahlen mit biologischen Gegebenheiten verknüpft werden, müssen zutreffen. Wenn das der Fall ist, kann man gleichermaßen Anspruch auf Exaktheit und Aussagekraft erheben. Wenn nicht, verplempert man nur seine Zeit. Entspricht die Anzahl der Ringe eines Baums tatsächlich seinem Lebensalter? In den meisten Fällen verhält sich das so. Gibt die Häufigkeit, mit der im Glacier National Park Wölfe gesichtet werden, tatsächlich Auskunft über die Dichte der derzeitigen Wolfspopulation in dem Gebiet? Möglich. Sagt die Anzahl von UFO-Geschichten in den diesjährigen Ausgaben von *The National Enquirer*, wenn man sie mit der Zahl des letzten Jahres vergleicht, tatsächlich etwas über den Trend der Häufigkeit aus, mit der fremde Raumschiffe die Erde besuchen? Wohl eher nicht! Mathematisierte Aussagen können ebenso trügerisch sein wie Aussagen anderer Art.

Wer wollte ausschließen, dass ein hübsches Zahlenmuster nichts weiter darstellt als eine gewissenhaft vermessene Ente. Wer wollte ausschließen, dass 2,38 Meter pro Sekunde nicht wiedergibt, wie schnell eine Eidechse laufen kann, wenn sie in der Wüste vor Feinden flieht – dass die Zahl vielmehr nur wiedergibt, wie schnell eine Eidechse zu rennen *aufgelegt ist*, wenn sie im Zimmer eines Motels von einer menschlichen Hand ein Gummiband entlanggescheucht wird.

Jon Herron weiß das alles. Er ist mit den meisten Dingen, die biologische Feldforschung schwierig machen, vertraut – mit den Gefahren der Quantifizierung, der Bedrohung durch Überdruss, den anderen Unannehmlichkeiten. Während sie gestern auf Isla La Ventana Eidechsen sammelten, lieferte er dem Journalisten eine plausible Erklärung dafür, warum er mit einer tragbaren Rennbahn nach Süden auf die Halbinsel Baja gekommen war. »Nachdem ich zwei Jahre lang Kaimane in Manu studiert hatte«, sagte er und meinte die großen Krokodile im berühmten Urwaldpark Perus, »fand ich es an der Zeit, mir etwas Kleineres zu suchen, das mir nicht gleich den Arm abreißen konnte, wenn ich mal nicht aufpasste.«

* * *

Der Journalist reicht Jon Herron nacheinander alle zweiunddreißig Plastikbecher. Einer nach dem anderen sausen die zweiunddreißig Seitenfleckenleguane die Rennbahn entlang. Blitz, blink, *ziep*, und schon ist mit dem Bleistift die Spitzengeschwindigkeit ins Buch eingetragen. Anschließend wandert jede Eidechse für eine halbstündige Ruhepause in den Brutkasten zurück. Jede Eidechse wird im Laufe eines

Tages sechsmal getestet. Wiederholung ist für die Wissenschaft lebenswichtig. Wiederholung schafft zunehmendes Vertrauen in die Exaktheit und in geringerem Maße auch in die Aussagekraft der Messungen. Sie bringt allerdings auch Monotonie mit sich. Am Mittag, als die Elektrizität abgeschaltet wird und der Computer ausfällt, sind Jon und der Journalist beide angeödet. Inwieweit das auch für die Eidechsen gilt, lässt sich schwerer beurteilen.

Der Journalist zündet einen gasgetriebenen Coleman-Generator an. Jon hängt seinen Computer an diese Energiequelle, und die Zeittests gehen weiter. Einen Laptop mit einem billigen, lärmenden Generator zu betreiben erscheint dem Journalisten irgendwie komisch, so als fütterte man einen Kakadu mit Schweinefraß. Aber wenn der Computer nicht bockt und Jon nichts dabei findet und es den Eidechsen egal ist – was soll's?

Sechzehn Eidechsen stammen aus La Ventana. Die übrigen sechzehn wurden auf einer anderen Insel gesammelt. Am Ende werden ihre Geschwindigkeiten untereinander verglichen sowie mit den Geschwindigkeiten mindestens einer anderen Inselpopulation und den Werten, die bei *U. stansburiana* vom Festland gemessen wurden. Möglich, dass das Ganze dann einen kleinen, bezeichnenden Einblick in die Spitzenleistungen von Reptilien unter verschiedenartigen ökologischen Bedingungen bietet. Und das wiederum könnte in Anbetracht der Frage, wie die Evolution die Physiologie von Tieren nicht nur auf dem normalen Aktivitätsniveau, sondern auch auf der Ebene extremer Betätigung prägt, einen Fingerzeig liefern. Möglich aber auch, dass gar nichts dabei herauskommt.

Eine Eidechse schafft 2,74 Meter pro Sekunde. Jon murmelt anerkennend, während er mit seinem Bleistift den Wert notiert. Eine andere bringt es auf 1,54. Ein Mittelwert. Eine dritte schafft nicht mehr als 1,15. Langsam. Einige der Eidechsen erzielen bei späteren Durchgängen höhere Geschwindigkeiten, andere verschlechtern sich. Einige Eidechsen von

La Ventana sind schneller als einige von der anderen Insel und umgekehrt. Einige Männchen sind schneller als die meisten Weibchen, aber vielleicht nur, weil sie größer sind. Wenn es signifikante Muster gibt, dann werden sie sich später aus den Zahlen herauslesen lassen.

Ein Weibchen von La Ventana bewegt sich beim vierten oder fünften Versuch nur noch unlustig die Bahn entlang. Schließlich treibt sie die Hand des Zoologen über die Ziellinie. Blitz, *ziep*, und dann zeigt der Computerbildschirm eine sehr niedrige Höchstgeschwindigkeit an, abgerundet auf zwei Stellen hinter dem Komma. Die Rennbahn weiß exakt, wie langsam diese Eidechse gerannt ist. Die Rennbahn ist clever, wenn sie auch keinen Verstand hat.

»Die Eidechse wird müde«, sagt der Journalist.

»Jau«, sagt Jon Herron. »Oder aber sie hat die Sache durchschaut und spielt nicht mehr mit.«

Ehre, wem Ehre gebührt: Im Jahr 1981 veröffentlichte die reichlich unbekannte Schweizer Zeitschrift *Experientia* einen Beitrag mit dem Titel »A Field-Portable Racetrack and Timer for Measuring Acceleration and Speed of Small Cursorial Animals« (Eine feldforschungstaugliche, tragbare Rennbahn nebst Zeitnehmer, um die Beschleunigung und Geschwindigkeit kleiner Lauftiere zu messen). Geschrieben hatten den Artikel Raymond B. Huey und drei seiner Mitarbeiter. Ray Huey ist Zoologe an der Washingtoner Universität; sein besonderes Interesse gilt der physiologischen Ökologie. Die Fragestellungen seiner Untersuchungen lauten etwa: Wie beeinflusst die Evolution die physiologischen Spitzenleistungen bei einem Tier? Welche Bedeutung kommt bei Kaltblütern der Regulierung der Körpertemperatur für die Aufrechterhaltung körperlicher Fähigkeiten zu? Kaltblüter, zu denen auch die Eidechsen zählen, sind Tiere, deren Körpertemperatur nicht durch interne Prozesse auf einem bestimmten Niveau gehalten wird. Da eine kalte Eidechse unfähig zu kraftvollen Aktivitäten ist und da sie sich nur

durch äußere Wärmequellen (gewöhnlich durch Sonnen-
wärme) aufheizen kann, stellt für sie die Regulierung der
Körpertemperatur eine wichtige Aufgabe dar, auf die sie viel
Zeit und Kraft verwendet. Aber wie viel Zeit und Kraft kann
sie sich leisten, zur Aufrechterhaltung der richtigen Tem-
peratur für irgendeine Spitzenleistung – sagen wir, einen
Sprint – aufzubringen, wenn diese Spitzenleistung nur selten
von Nutzen oder erforderlich ist? Damals, als der Beitrag in
Experientia erschien, hatte niemand eine Antwort auf diese
Frage, für die sich unter anderem Huey interessierte.

Während es ein Leichtes sei, die *durchschnittliche* Geschwindigkeit eines rennenden Kleintiers zu messen, hieß es
in dem Artikel, sei die Feststellung von *Spitzenwerten* bei
Geschwindigkeit und Beschleunigung sehr viel schwieriger.
»Die übliche Technik besteht in einer Analyse der Einzel-
bildabfolge bei Filmen oder Videoaufnahmen. Diese Technik ist indes relativ teuer, mühsam und für Feldforschungs-
zwecke ungeeignet. Und was noch wichtiger ist: Die Daten
lassen sich nicht ad hoc ermitteln.« Also machten Huey und
seine Mitautoren detaillierte Vorschläge für ein besseres Verfahren, das kostengünstig, etwas weniger mühsam, im Feld
zu verwenden und geeignet war, sofort Daten zu liefern.
Nur ein physiologischer Ökologe konnte vermutlich ge-
bührend würdigen, was für eine tolle Errungenschaft diese
Rennbahn war.

In den Jahren, die seitdem vergangen sind, haben Huey
und andere Wissenschaftler die Apparatur für eine Vielzahl
von Fragestellungen eingesetzt – so wurden mit ihrer Hilfe
etwa Aspekte der Futtersuche bei Eidechsen in der Kalahari
und des Abwehrverhaltens bei Eidechsen in der Negev untersucht; es wurde untersucht, wie nachtaktive Eidechsen
(zum Beispiel Geckos) mit ihrem speziellen Problem fertig
werden, ohne Sonnenlicht ihre Funktionsfähigkeit aufrechterhalten zu müssen, oder wie weit bei Eidechsenpopulatio-
nen im Südwesten der USA die Sprintgeschwindigkeit eine
Funktion der Intensität der Nachstellungen ist, denen die

Tiere ausgesetzt sind. Mit der letztgenannten Untersuchung sind wir wieder bei *U. stansburiana* und Jon Herron. Professor Huey ist Jons Doktorvater, und die Rennbahn gehörte zu den Forschungsinstrumenten, mit denen Jon zu arbeiten lernte. Als dann ein anderer Wissenschaftler Hueys Rennbahn auf eine Expedition nach Baja mitnehmen wollte, um inselbewohnende Reptilien des Golfs von Kalifornien zu studieren, war es nur logisch, dass Jon Herron das gute Stück begleitete.

Die Apparatur ist ganz schön in der Welt herumgekommen. In Israel, in der Kalahari und andernorts hat sie zuverlässig beantwortet, wonach sie gefragt wurde: Wie schnell rennt eine Eidechse ein Gummiband entlang, wenn sie von einer menschlichen Hand gescheucht wird? Geantwortet hat die Rennbahn rasch und umstandslos, mit einer Exaktheit von zwei Stellen hinter dem Komma. Die Aussagekraft ihrer Antworten steht natürlich auf einem anderen Blatt.

Vielleicht ist die Technik unanfechtbar aussagekräftig. Vielleicht auch nicht. Dies ist keine Frage bloßer Physik oder reiner Mathematik, und sie lässt sich auch nicht mit einer Exaktheit von zwei Stellen hinter dem Komma beantworten.

Nach drei Tagen, die er bei der restlichen Expedition auf einer anderen Insel verbracht hat, kehrt der Journalist ins Motel zurück. Die Wollmäuse haben sich vervielfacht. Einiges von dem Isolierband und sämtliche Schokoladenplätzchen sind verschwunden. Außer um Eidechsen zu sammeln, hat Jon Herron das Zimmer kaum verlassen. Er ist wahrscheinlich blasshäutiger als irgendjemand sonst südlich von Ensenada. »Paar gute Daten gekriegt?«, fragt der Journalist.

Jon seufzt. »Manchmal denke ich beim Eidechsenscheuchen, es ist alles ausgemachter Quatsch. Sie verhalten sich auf der Rennbahn so völlig anders als in freier Wildbahn«, meint er. Die Unsicherheit drückt ihm auf den Magen, als hätte er sich an Tortillas und Bohnen überfressen. »Nimmt man aber die Daten mit und schaut sie sich im Labor an, dann fängt man an, ein Muster zu entdecken. Jedenfalls manchmal.«

Der Journalist legt seinen Rucksack ab. Als eine neue Versuchsreihe startklar ist, reicht er Jon den ersten Plastikbecher. Eine Eidechse rennt die Bahn entlang. Blitz, blink, *ziep*. Soundso viele Meter und Hundertstelmeter pro Sekunde. Auf zwei Stellen hinter dem Komma genau.

Eintrag ins Buch. Später wird jemand aus dem unordentlichen Gewirr krakeliger, kleiner Zahlen etwas herauslesen. Der Journalist hat große Achtung vor Menschen wie Jon Herron, Menschen wie Ray Huey, die diesen heiklen und widersprüchlichen Winkel der Wissenschaft erforschen, wo sich Exaktheit und Unfasslichkeit die Hand reichen. Er weiß, dass ihre Einsichten manchmal trügerisch sind, und bezweifelt, dass irgendeiner von uns besser dran ist.

Phobie und Philie

Psyche barfuß im Wald der Spinnen und Schlangen

Als jemand, der unter einer außergewöhnlichen Angst vor Spinnen leidet, bin ich immer wieder erstaunt festzustellen, wie viele ansonsten vernünftige, beherzte, realitätstüchtige Menschen an einer außergewöhnlichen Angst vor Schlangen kranken. Die müssten sie doch überwinden können. Sie müssten doch erkennen können, dass eine Nordamerikanische Sandboa ein herrliches Tier und, ästhetisch betrachtet, einem Lepoarden oder Kakadu an die Seite zu stellen ist, dass eine Texasklapperschlange ein schönes, redliches Raubtier ist, das keinem, der es nicht reizt, etwas zuleide tut, dass eine sieben Meter lange Anakonda ein Geschöpf von gebieterischer Majestät ist. Aber sie denken nicht daran, diese Leute, die sich vor Schlangen fürchten. Statt gehörig beeindruckt zu sein, finden sie sich von irrationalen Ängsten gebeutelt. Und außerdem verblüfft mich an diesen Menschen, dass viele von ihnen die ekelhafte Widerwärtigkeit von Spinnen völlig ungerührt lässt, dass sie dort, wo sie es *müssten*, nicht mit Angst und Schrecken reagieren.

Entnehmen lässt sich diesen beiden verblüffenden Erfahrungen, dass Tierphobien zu den geheimnisvollsten und von Haus aus unlogischsten menschlichen Verhaltensweisen zählen. Sie sind sogar noch unergründlicher als die Liebe, die Magersucht und die Leidenschaft fürs Golfspiel.

Der Begriff *Phobie* ist ein Fachterminus, den Psychologen eher sparsam verwenden, um mit ihm eine Angst zu bezeichnen, die übertrieben, unerklärlich, unbeherrschbar und lähmend ist; uns Laien mag man es nachsehen, wenn wir ihn großzügiger benutzen und auf die unerklärlichen, aber doch beherrschbaren Regungen des Abscheus anwenden, mit denen wir innerlich zu kämpfen haben. Ein passendes Synonym wäre vielleicht »Zustände kriegen«. Manche Menschen kriegen beim Anblick einer Kakerlake oder eines Pferdes Zustände. Andere kriegen Zustände auf der Aussichtsterrasse eines Wolkenkratzers. Für die Zustände, die man angesichts von Spinnen kriegt, wurde bekanntlich der Begriff *Arachnophobie* geprägt. Und in Bezug auf Schlangen ist es das etwas weniger bekannte Wort *Ophidiophobie*, das sich vom griechischen Wort für Schlange herleitet. Faszinierend an diesen zwei Phobien ist unter anderem, dass sie einander so ähnlich scheinen und doch unabhängig voneinander auftreten.

Was erzeugt den Anschein von Ähnlichkeit? Nun, sie beziehen sich auf zwei Tiergruppen, die zu den weltweit unbeliebtesten zählen. Spinnen und Schlangen sind, gemeinsam betrachtet, die führenden Vertreter einer aus subjektiver Sicht einheitlichen Klasse von Lebewesen, die ohne Rücksicht auf alle objektiven Unterschiede existiert: Sie sind gruseliges Ungeziefer. Skorpione, Tausendfüßer und Blutegel sind zwar nicht ganz so berüchtigt, fallen aber auch in diese Klasse. Geht es dabei einfach um die Anzahl von Beinen? Haben Spinnen (und Hundertfüßer und Skorpione) zu viele Gehwerkzeuge, während Schlangen (und Blutegel) zu wenige haben? All die Gruppen bewegen sich in der Tat außerhalb der normalen Beinzahl, die im Großteil des Tierreiches vorherrscht – nämlich der Zahl vier, die um zwei über- oder unterschritten werden kann. Aber wenn sich das Geheimnis der Arachnophobie und der Ophidiophobie schon darin erschöpft, müssten sich mehr Menschen vor Austern (null Beine), Schnecken (ein schleimiges Bein) und Hummern (zehn Beine plus einem halben Dutzend zusätzlicher An-hänge, mit denen nach allen Seiten gewedelt wird) graulen, und Lokale mit Meeresfrüchten wären undenkbar.

Natürlich beißen oder stechen Austern und Hummern nicht. Moskitostiche allerdings sind weit häufiger als Spin-nenbisse und führen viel öfter zu Krankheit und Tod. In manchen Ländern fordern Bienen- und Wespenstiche weit zahlreichere Todesopfer als Schlangenbisse. Auch Milben setzen den Menschen heftig zu; in Asien übertragen sie eine Krankheit, die unter dem Namen Japanisches Flussfieber bekannt ist. Hinzu kommt, dass eine Milbe von abstoßender Hässlichkeit ist, wenn man sie sich unter dem Mikroskop beschaut. Von Menschen, die unter einer wahnwitzigen Mil-benphobie leiden, ist indes nichts bekannt.

Aus unerklärlichen Gründen rufen Milben, Bienen und Stechmücken einfach nicht den gleichen psychischen Auf-ruhr hervor wie Spinnen und Schlangen. Und das gilt auch für Hundertfüßer, Skorpione oder Blutegel. Die phobische Wirkung, die Schlangen und Spinnen erzeugen, ist ein Phä-nomen, das sich gegen simple Erklärungen sperrt.

Die Ophidiophobie ist sogar noch verwunderlicher als die Arachnophobie, weil es sich bei ihr nicht nur um eine per-sönliche Angst einzelner Subjekte, sondern um eine zutiefst ambivalente, unwiderstehliche Faszination handelt, von der die Volksüberlieferung, die Religion und die Ikonografie weltweit durchdrungen sind. Von den alten Ägyptern bis zu den Hopi Neumexikos, von der Schang-Dynastie in China bis zu den Kgatla-Stämmen im südöstlichen Botswana ha-ben Kulturen überall auf der Erde und zu allen Zeiten Schlangengeister in ihre Metaphysik und Bilder von Schlan-gen in ihre Kunst aufgenommen. Bei den Azteken gab es Xiucoatl, die Feuerschlange, die Ainu in Japan kennen einen Schlangengott namens Kinaschut kamui, die australischen Aborigines haben ihre Regenbogenschlange, die manchmal rachsüchtig, manchmal wohltätig, immer aber ungeheuer groß ist. Bei den alten Ägyptern gab es Netjer-ankh, eine kobragestaltige Gottheit, und die Kgatla verehren Kgwanyape, einen Schlangengeist, der eine entscheidende Rolle bei den Ritualen spielt, die sich ums Regenmachen drehen. In Nordwestkanada, wo Schlangenbisse kein Problem darstellen, kennt die Folklore der Kwakiutl nichtsdestoweniger ein Furcht erregendes Biest mit Namen *sisiutl*, das in Schlangenform mit dem Kopf einer Schlange an beiden Enden dargestellt wird. Die Liste könnte man um dutzende anderer Kulturen, Zeiträume und Regionen erweitern – und genau das hat ein Zoologe und polyhistorisch gebildeter Gelehrter mit Namen Balaji Mundkur getan.

In seinem Buch *The Cult of the Serpent* (Der Kult um die Schlange) legt Mundkur eine riesige Sammlung von Belegen für das Phänomen der Ophidiophobie und ihr komplementäres Gegenstück, die Ophidiolatrie, vor. Er ist der Enzyklopädist der lang dauernden, von Hass und Ehrfurcht geprägten Beziehung der Menschheit zu Schlangen. »In der Ontogenese spezifischer Ängste, gibt es kaum ein Tier, das es mit der Schlange aufnehmen oder die intensive Emotion hervorrufen kann, die wir als Dysthymie kennen«, schreibt Mundkur. Seine »Dysthymie« ist ein anderes Wort für das, was wir oben als »Zustände kriegen« bezeichnet haben. Er fügt hinzu: »Gefährliche Raubtiere wie Tiger, Bär oder Wolf sind zwar Furcht erregend, rufen aber nicht wie die Schlangen Abscheu beim Menschen hervor.« Überall auf der Erde, scheint es, fürchten und verabscheuen die Menschen Schlangen, sind aber zugleich von ihnen fasziniert.

Sigmund Freud machte es sich mit der Erklärung für die Ophidiophobie leicht – er griff auf die gleiche Erklärung zurück, die er auch für praktisch alles andere parat hatte. »Es hat seinen guten sexuellen Sinn«, vermutete Freud in seiner *Traumdeutung*, »wenn die dem Menschen natürliche Furcht vor der Schlange beim Neurotiker eine ungeheuerliche Steigerung erfährt.« Ohne sich mit einer Erklärung für solch »natürliche Furcht vor der Schlange« bei zivilisierten Menschen aufzuhalten, verkündete er, »von den Tieren, die in Mythologie und Folklore als Genitalsymbole verwendet werden, spielen mehrere auch im Traum diese Rolle«, und erwähnte namentlich Fische, Schnecken, Katzen, Mäuse, »vor allem aber das bedeutsamste Symbol des männlichen Gliedes, die Schlange«. Die Psyche bediente sich nach Freuds Überzeugung der Sprache der Symbolik, und das, wovon diese Sprache handelte, war unfehlbar sexueller Natur.

In seinem Eifer, diese Symbolsprache zu entziffern und zu deuten, sah er über die Möglichkeit hinweg, dass manche geträumten Schlangen vielleicht nicht Penisängsten oder heimlichen Winkelzügen des Es entsprangen, sondern echte, beinlose Reptilien der Unterordnung Serpentes darstellten. Aber was wusste Freud auch schon von Herpetologie? Er lebte mitten in der Großstadt Wien, wo ein geschätzter Neurologe leicht vergessen konnte, dass eine Schlange manchmal einfach eine Schlange ist.

Eine weitere Schwäche des Freud'schen Ansatzes bestand darin, dass er wenig oder nichts über Arachnophobie zu sagen hatte. Einige spätere psychoanalytische Theoretiker wie zum Beispiel K. A. Adams haben diese Lücke gefüllt. Vor annähernd zwei Jahrzehnten trug Adams in *Journal of Psychoanalytic Anthropology* die These vor, die Angst vor Spinnen lasse sich auf das kindliche Bestreben zurückverfolgen, der mütterlichen Umgarnung zu entrinnen. Dieser Ansicht zufolge gewahrt sich das Kind als ein Insekt, das sich im Netz von Mamas allumfassender Weiblichkeit und Zuwendung verfangen hat. Offenbar hatte Adams den Eindruck gewonnen, dass dieses Syndrom in der Kultur der Vereinigten Staaten eine größere Rolle spielte als andernorts, denn er gab seinem Artikel den Titel »Arachnophobia: Love American Style« (Arachnophobie: Liebe auf Amerikanisch). Sollte sich Adams Mutter zu seiner These geäußert haben (ich male mir aus, wie sie K. A. mit ebenso zärtlichen wie erdrückenden Gegenargumenten am Boden zerstört), so findet sich darüber jedenfalls nichts in besagter Zeitschrift.

Der Biologe Edward O. Wilson hat eine Reihe eigener Einsichten zu dem Thema beigesteuert, die weniger in der Symbolik als in der Realität verankert sind. In seinem 1984 erschienenen Buch *Biophilia*, einem autobiografischen Essay, der sich um die affektiven Bindungen zwischen Menschen und anderen Tierarten dreht, widmet er ein ganzes Kapitel der Frage, wie Primaten (Affen, Schimpansen, Lemuren und auch Menschen) auf Schlangen reagieren. Interessant ist, dass Affen und Schimpansen des afrikanischen Festlands auf die Anwesenheit von Schlangen mit heftiger Aufregung reagieren, wohingegen Lemuren – die auf der Insel Madagaskar heimisch sind, wo es keine gefährlichen Schlangen gibt – offenbar gleichgültig bleiben. Wilson stellt die Möglichkeit zur Diskussion, dass die Abneigung gegen Schlangen eine angeborene Einstellung ist, die uns im Laufe des Evolutionsprozesses mittels natürlicher Auslese aufgeprägt wurde und die durch die Lernerfahrungen des Einzelnen nur sekundär aktiviert wird. »Es gibt ein folgenreiches Prinzip, das hier berücksichtigt werden muss«, schreibt er, »und das die psychoanalytische Beschäftigung mit Sexualsymbolik entschieden transzendiert.« Gemeint ist die Idee, dass wir Menschen wie andere Primaten, die ihre entwicklungsgeschichtliche Jugend in den schlangenverseuchten Lebensräumen des tropischen Afrikas verbrachten, unter Umständen eine genetische Veranlagung zur Ophidiophobie mitbringen. Daraus würde dann unter anderem folgen, dass wie die Ophidiophobie auch gewisse andere Phobien unserem Erbgut eingepflanzt und genetisch bestimmt sein könnten.

Wilson selbst verbrachte in den schlangenreichen Wäldern und Sümpfen von Alabama und Florida eine ophidophile Kindheit. Schon als Junge erforschte er die Natur und war von Schlangen fasziniert, sammelte sie, verschlang die sie betreffende Volksüberlieferung, brachte sich einige wissenschaftliche Kenntnisse über sie bei und richtete sich einen eigenen kleinen herpetologischen Zoo ein, bis unter anderem der Biss einer Zwergklapperschlange ihn dazu bewog, sein Interesse neuen Spezialitäten zuzuwenden. Als schmächtiger Rückfeldspieler im Footballteam seiner Highschool-Mannschaft trug er immer noch den Spitznamen Schlange. Jahre später trieb er Feldforschung in Neuguinea, als eine kleine braune Schlange die Eingeborenen in große, angstvolle Aufregung versetzte. Wilson sammelte in aller Ruhe die Schlange ein und legte sie für das Harvard-Museum in Alkohol – eine Heldentat, die ihn im ganzen Dorf berühmt machte. Am nächsten Tag brachte ihm eines der Kinder, die ihm folgten, wenn er loszog, um Insekten zu sammeln, »eine riesige Radnetzspinne, die es zwischen den Fingern gepackt hielt und die mit ihren haarigen Beinen herumfuchtelte, während ihre gemein aussehenden, schwarzen Fänge auf- und zuklappten. Ich war außer mir vor Schrecken und von Ekel geschüttelt. Wie es der Zufall will, leide ich an einer milden Form von Arachnophobie. Jedem das seine.«

Wilson nahm Kenntnis von der Frage – warum diese Art von Phobie und nicht jene? –, ließ sie aber unbeantwortet. Dennoch ist für arachnophobische Ophidiophile wie mich sein Bekenntnis zu Angstregungen angesichts der Spinne eine frohe Botschaft. Wir können daraus den Trost ziehen, dass wir uns in guter Gesellschaft befinden, wenn wir eine Gänsehaut bekommen und uns graulen.

Im August 1992 traf sich eine kleine Gruppe von Akademikern und Wissenschaftlern in der Abgeschiedenheit des Ozeanografischen Instituts Woods Hole auf Cape Cod, um über den zentralen Gedanken in Wilsons autobiografischem Buch zu diskutieren: die Biophilie. Man muss sich klar machen, dass Wilsons Idee mehr darstellte als eine vage, romantische Vorstellung von Liebe zur Natur; sein Begriff der Biophilie beinhaltete die streitbare These, dass die Begeisterung für die Vielfalt der Natur unter Umständen zum genetischen Programm der menschlichen Spezies gehört. Genauer gesagt vertrat er die Ansicht, dass Bestandteil des

Erbguts nicht unbedingt die Biophilie als solche, wohl aber eine Veranlagung ist, durch individuelle oder kollektive Erfahrungen biophile Einstellungen und Verhaltensweisen zu erwerben. Darin steckte latent die (später explizit gemachte) Vorstellung von biologisch angelegten Lernprozessen, die in Umrissen bereits in Untersuchungen aus dem Bereich der experimentellen Psychologie entwickelt worden war. Wenn man die Vorstellung von Lerndispositionen einbezieht, dann trägt der Begriff der Biophilie den kombinierten Wirkungen von Genen und Erfahrungsprozessen Rechnung.

Die Gruppe in Woods Hole befasste sich mit Wilsons Idee unter fünfzehn verschiedenen Gesichtspunkten. Ihre Darlegungen und Diskussionen resultierten schließlich in einem Buch, das Wilson und der Soziologe Stephen R. Kellert unter dem Titel *The Biophilia Hypothesis* (Die Biophilie-Hypothese) herausgaben. Ein provokatives Kapitel stammt von dem Psychologen Roger S. Ulrich, der sich lange mit der Frage beschäftigt hat, wie Menschen Landschaften erleben.

Ulrich nähert sich dem Problem der Biophilie auf Umwegen, nämlich über die Vielzahl von Einstellungen und Verhaltensweisen, die er unter dem Begriff Biophobie zusammenfasst. Dreh- und Angelpunkt der Überlegungen Ulrichs ist, dass Erscheinungsformen von *Biophobie* nicht, wie man meinen könnte, der *Biophilie*-Hypothese widerstreiten. Er kommt zu dem gegenteiligen Schluss: Wenn bestimmte Arten von Biophobie eine genetische Fundierung haben, dann verleiht dieser Umstand der Hypothese, dass die Biophilie als solche genetisch fundiert ist, höchstens zusätzliche Wahrscheinlichkeit. Wenn die Gene uns zum Hass gegen Schlangen disponieren können, dann können sie uns auch dazu disponieren, Wälder dem Asphalt vorzuziehen. Wenn die Evolution uns die Angst vor Spinnen als Erbanlage einpflanzen kann, dann kann sie uns auch als Erbanlage die Gewissheit einpflanzen, dass ein vielgestaltiges Ökosystem das angemessene und notwendige Milieu für menschliches Leben ist. Das ist eine raffiniert dialektische Überlegung. Jeder empirische Beleg für genetisch fundierte Tierphobien stützt, so Ulrich, im Zweifelsfall die allgemeinere Biophilie-Hypothese.

Ulrich hat haufenweise solche empirischen Belege zusammengetragen. »Die vielleicht verbreitetsten Ängste in westlichen Gesellschaften betreffen Schlangen und Spinnen«, schreibt er. Deshalb hätten eine Reihe von experimentellen Psychologen Bilder von Schlangen und Spinnen als »angstträchtige Auslöserreize« zusammen mit »neutralen Auslöserreizen« wie etwa geometrischen Figuren für konditionierende Experimente benutzt, bei denen es darum gegangen sei, durch den bloßen Anblick eines der Bilder eine Abwehrreaktion hervorzurufen. Die konditionierende Phase bei diesen Experimenten habe normalerweise darin bestanden, den Versuchspersonen das Bild einer Spinne oder Schlange (beziehungsweise, alternativ dazu, einer geometrischen Figur) zu zeigen und dem armen Teufel gleichzeitig einen elektrischen Schlag zu versetzen. Nach einer Abfolge von Wiederholungen sei die Versuchsperson konditioniert gewesen, beim Anblick sowohl der Bilder von Schlangen und Spinnen als auch der geometrischen Figuren Angstzustände zu kriegen. In einer zweiten Phase seien dann die Bilder ohne begleitende Stromstöße gezeigt worden. Die Überprüfung der Abwehrreaktionen habe ergeben, dass nach der Konditionierung die Angstzustände bei den Schlangen und Spinnen anhaltender aufgetreten seien als bei den geometrischen Figuren.

Ähnliche Experimente haben außerdem den Nachweis erbracht, dass sogar Bilder von Handfeuerwaffen und durchgescheuerten elektrischen Leitungen, Objekte, die für moderne Menschen zweifellos angstbesetzt sind, die konditionierten Gefühle nicht so lange fesseln können wie Spinnen und Schlangen. Das Foto einer Pistole ist für die meisten Menschen einfach weniger Furcht erregend als das Foto von einer Schlange.

Einen weiteren Beleg liefern unterschwellige Darbietungen von Auslöserreizen – also Bilder, die nur für Millisekunden auf eine Leinwand projiziert werden und zu rasch wieder verschwunden sind, um sie mit Bewusstsein wahrnehmen zu können. Die Ergebnisse aus diesen Experimenten deuten darauf hin, dass es sich bei Arachnophobie und Ophidiophobie um blitzartig mobilisierbare Instinkte handelt, die unabhängig vom Bewusstsein und unterschwellig wirksam sind. Auch die Erforschung menschlicher Zwillinge liefert Belege: Bestimmte Tierphobien scheinen Zwillingen gemeinsam zu sein, selbst wenn diese getrennt aufgezogen wurden. Auch das spricht dafür, dass die Gene bei der Unterscheidung zwischen Arachnophoben und Ophidiophoben und bei der Entscheidung darüber, ob jemand phobisch reagiert oder nicht, eine wichtige Rolle spielen.

Auf der Grundlage solcher Belege gelangt Ulrich zu dem Schluss: »Die Befunde, die auf einen massiven genetischen Einfluss bei den Biophobien hindeuten, sprechen zugleich dafür, dass die Biophilie-Hypothese haltbar ist und mehr noch vieles für sich hat.« Das klingt erst einmal paradox, ist aber bei genauerem Nachdenken überzeugend. Unsere Gänsehaut beim Anblick einer Schlange oder einer Spinne bedeutet nichts anderes, als dass wir Menschen tief in unserer Seele, tief in unserer DNS, mit unserer natürlichen Umwelt verbunden bleiben.

Die wissenschaftliche Erforschung der Biophilie hat gerade erst begonnen. Selbst *The Biophilia Hypothesis*, ein dicker, einschüchternder Wälzer, lässt die meisten Fragen unbeantwortet. Unter anderem auch die Frage, die mich immer wieder beschäftigt: Warum ist der eine Mensch anfällig für eine bestimmte Phobie und der andere nicht? Welche Laune des Schicksals – mag sie nun meiner genetischen Ausstattung oder meinen prägenden Erfahrungen oder beidem entspringen – macht aus mir einen Arachnophoben und aus dir einen Ophidiophoben, während wieder andere (selbstgefällige, unsensible oder einfach nur verlogene) Menschen behaupten, an keinerlei ungewöhnlichen zoologischen Ängsten zu kranken?

Ich frage mich das schon seit Jahrzehnten. Mit besonderer Dringlichkeit stellte sich mir die Frage vor einigen Jahren, als ich mir den Weg durch ein Stück tropisches Milieu bahnte, das mir als der Wald der Spinnen und Schlangen unvergesslich geblieben ist.

Dieser Wald befindet sich auf der Insel Guam. Er besteht aus Monsunvegetation – Schraubenpalmen und Brotfruchtbäumen, Sagopalmen und Palmen, Hibiskus und Feigen, verquickt mit Ranken, Unterholz und Farnen – und bedeckt ein höher gelegenes Kalksteinplateau. Der Kalkstein wiederum ist eine zu Stein verdichtete Ansammlung von Korallenskeletten; seine Oberfläche bietet sich ebenso zerklüftet wie scharfkantig dar. In seiner Beschaffenheit erinnert er an versteinerten Meerschaum; die japanische Armee hat ihn durchlöchert von Schützen- und Munitionsgräben zurückgelassen. In Plastiksandalen mit starrer Sohle suchte ich mir vorsichtig meinen Weg. Ich hatte Angst, mir einen Zeh aufzuschlitzen – und war umso ängstlicher, als Fußverletzungen in den Tropen schwer heilen.

Ohne guten Grund hätte ich mich auf dieses zweifelhafte Terrain nicht vorgewagt, aber ich half einem Herpetologen vom U. S. Fish and Wildlife Service auf dem täglichen Rundgang, den er unternahm, um achtzig Schlangenfallen zu kontrollieren. Sie waren in einem weiten Gitter ausgelegt und mit Geckos als Köder bestückt; gefangen werden sollten mit ihnen Exemplare einer schwach giftigen Baumnatter namens *Boiga irregularis*. Die Natter war fremdbürtig und vor ungefähr fünfzig Jahren auf Guam eingeschleppt worden; seitdem hatte sie sich entsetzlich vermehrt und zu einer ökologischen Geißel Gottes entwickelt. Neben anderen Untaten, die sie beging, verursachte sie eine Reihe größerer Stromausfälle (indem sie an Hochspannungsmasten hinaufkletterte und die Leitungen kurzschloss), griff schlafende Kleinkinder an, als wären sie Beutetiere, und mampfte praktisch sämtliche heimischen Waldvögel Guams auf. Der Herpetologe, den ich begleitete, war ein im Feld erfahrener Praktiker, der den Auftrag hatte, die Bemühungen um die Eindämmung der Schlange zu koordinieren; zu diesen Bemühungen zählte das Experiment mit den Schlangenfallen. In diesem besonderen Wald hatte die Schlange eine extreme Populationsdichte erreicht, auch wenn es in jüngster Zeit zu einem Rückgang gekommen zu sein schien. Ich war zuversichtlich, dass wir wenigstens ein paar fangen würden. Besser war natürlich, wenn wir Massen von ihnen fingen.

Als mir auffiel, dass aus dem Boden die rostige Mündung eines Geschützes ragte, das wie ein Mörser aussah, fragte ich den Herpetologen, ob noch gefährliche Munition in der Gegend herumliege. Ja, sagte er, die Gefahr bestehe, und erwähnte zwei Guamesen, die unlängst ums Leben gekommen waren, als sie versuchten, eine Dreizentnerbombe mit Gewalt zu öffnen. Ich machte eine Notiz über den Mörser und die Bombe und vergaß dann die Sache gleich wieder. Was mir an diesem Morgen mehr als die Schlangen in den Bäumen und die Munitionsreste unter meinen Füßen zusetzte, waren die Spinnen.

Der Wald quoll über von ihnen. Sie waren groß. Sie waren lautlos. Sie waren schwarz, gelb, orange, vielfältig geformt, manche knallig, andere fein ziseliert – man erspare mir die Einzelheiten. Vorsichtig geschätzt, mussten es Abermillionen sein. Bei vielen handelte es sich um Exemplare von *Cyrtophora moluccensis*, einer Spezies aus der Familie der Radnetzspinnen, die dazu neigt, sich in labyrinthischen Gemeinschaftsnetzen zusammenzuschließen. Auch sie erlebten eine Bevölkerungsexplosion – möglicherweise, weil die zugewanderten Schlangen ihre natürlichen Feinde, die Vögel, aufgefressen hatten. Die *C. moluccensis* und die anderen Arten hatten sich zu Horden zusammengefunden und die Lücken im Unterholz mit riesigen, dreidimensionalen Netzen ausgefüllt, die dicht waren wie Brüsseler Spitze und groß wie Kuppelzelte und die mir jeden Ausweg abzuschneiden drohten. Mir war bekannt, dass diese Spinnen Menschen nichts zuleide taten, aber das half mir nichts. Ja, sie sind manchmal die Pest, räumte der Herpetologe ein – er hatte deshalb einen kräftigen Stock dabei, mit dem er die Spinnweben aus dem Weg räumte, als bahnte er sich mit der Machete einen Weg durch Bambusdickicht. Für ihn, den von Arachnophobie freien Ophidiophilen, war das offensichtlich kein Problem; ich hingegen bemühte mich nach Kräften, die Gewebe unberührt zu lassen. Ich machte lange Umwege um sie herum oder nahm meinen ganzen Mut zusammen und duckte mich unter ihnen durch. In jedem der Gespinste saßen Dutzende von größeren Spinnen; mich schauderte bei dem Gedanken, sie alle könnten sich auf mich stürzen.

Schließlich tat ich einen Fehltritt. Ich war im falschen Augenblick abgelenkt, machte achtlos einen Schritt nach vorn und vergrub das Gesicht in einem der Gewebe. Kaum spürte ich das seidige Material auf meinen Augenlidern, schrillten in meinem Gehirn die Alarmsirenen, und mein Magen stürzte wie ein Fahrstuhl in die Tiefe. Keine Frage, dass meine galvanische Hautreaktion – was immer das sein mag – auf einen nie gekannten persönlichen Spitzenwert hinaufschnellte. Ich versuchte indes, ruhig zu bleiben. Ich schob mich langsam rückwärts aus dem Netz. Während ich das tat, ruhte mein Blick auf einer einzelnen schwarzen, sehr großen Spinne, die sich unmittelbar vor meinem Gesicht, etwa auf Augenhöhe mit mir, befand.

Sie machte keine Angriffsbewegung. Sie knurrte nicht einmal oder zuckte mit den Beißwerkzeugen. Sie wartete einfach nur Unheil drohend, dass ich meine Fresse aus ihrem Gespinst zurückzog.

Es gibt ein Gedicht von Jim Harrison, das gut hierher passt; es trägt den Titel »Kobra«, lässt sich aber auch ohne weiteres auf alle möglichen anderen unheimlichen Kreaturen beziehen. Es beginnt mit den Worten: »Welch grellfarbene Albträume suchen uns heim?« Nach einigen Zeilen, in denen der Herkunft dieser privatesten Ängste von Menschen nachgeforscht wird, heißt es weiter:

Vor langer Zeit
in Kenia, wo ich akribisch
das Gras durchsuchte, ehe ich mich
zum giftgeschwängerten Mahle niederließ, dacht
ich an Kobras. Vom Wahn geschüttelt, dacht ich
an Kobragift in Major Grey's Chutney.
Ganz einfach so. Dann, im nächtlichen Schlaf ward ich
zur Königskobra und fühlte in des Mittags Glast
das gleitende Gras der Steppe meinen Leib umschmeicheln.

Mit emporgewölbtem, die Vegetation überragendem Haupt musterte er als Kobra das Land um sich her. Dann legte er sich im kühlen Erdloch unter einem Getreidespeicher zum Schlaf nieder. Er hatte die Perspektive gewechselt.

Ich wünsche mir die gleiche Art von karmabedingter Erneuerung. Mein Ziel fürs nächste Leben ist es, als Radnetzspinne wiedergeboren zu werden. Ich möchte groß sein wie eine Pflaume, schwarz, mit gelber Zeichnung. Wenn ich mich in einen Winkel meines Netzes zurückziehe, lasse ich in der Mitte eine in Seide gewirkte Inschrift zurück zum ehrenden Gedenken an ein bestimmtes Buch aus meinen Kindertagen – *Charlottes Spinnennetz*, das großartigste arachnophile Zeugnis unserer Zeit. Statt wie E. B. Whites heroische Spinne die Worte IRGENDEIN SCHWEIN! oder SAGENHAFT zu weben, werde ich mich für BIOPHILIE oder vielleicht einfach für DAVE IST WEG entscheiden. Ich kann nur hoffen, dass mir das Essen schmeckt, dass ich ein paar neue Erfahrungen mache und dass die Menschen bereit sind, mir freundlich zu begegnen.

WER SCHWIMMT MIT DEM TUNFISCH

*Das komplizierte moralische Dilemma,
mit dem uns Dosenfisch konfrontiert*

Der Gelbflossen-Tunfisch ist nicht berühmt für seine Intelligenz. Er ist berühmt für seinen köstlichen Geschmack. Der Fleckendelfin hingegen steht im Ruf eines klugen Kopfes, und niemand weiß, wie er schmeckt. Delfine zu töten ist ein Staatsverbrechen; Tunfische werden ganz selbstverständlich getötet. Ich frage mich, warum das so ist. Wie mir scheint, gibt es dafür ein paar gute und ein paar schlechte Gründe, die niemand genauerer Betrachtung unterzogen, geschweige denn auseinander dividiert hat.

Das eine der beiden Tiere atmet Luft. Das andere tut das nicht. Das eine ist ein Säugetier, das andere nicht. Und so weiter und so fort: Eine ganze Latte solcher denunziatorischen Vergleichspunkte herunterzubeten ist eine, wenn auch nicht die einzige Möglichkeit, Delfine und Tunfische zueinander ins Verhältnis zu setzen. Die eine der beiden Arten zählt zu den Warmblütern, die andere nicht. Die eine verfügt dem Anschein nach über entwickelte Formen von Sozialverhalten, die andere nicht. Die eine hat menschlichen Schwimmern selbstlos geholfen und erstaunliche Rettungstaten vollbracht, die andere wird als Sushi hoch geschätzt. Die eine schreit und jammert, wenn sie Angst hat oder Schmerz verspürt. Die andere wahrt ein unerschütterlich fischiges Schweigen. Hinzu kommt, dass wir auf den Regalen unserer Lebensmittelmärkte Dosen mit Tunfisch finden, auf denen »Garantiert kein Delfinfleisch!« steht. Nicht hingegen Dosen mit Delfinfleisch und der Aufschrift »Garantiert kein Tunfisch!«.

Es gibt noch andere Unterschiede. Ein Delfin, der sich in einem Netz verfangen hat und in Panik gerät, weil er nicht rückwärts schwimmen kann und sein Atemloch nicht mehr an die Wasseroberfläche zu bringen vermag, ertrinkt. Das ist ein Mitleid erregender, grässlicher Anblick – wie ich bezeugen kann, seit ich einmal in einem Videofilm gesehen habe, wie übel Tunfischfänger während eines Fischzugs mit dem Schleppnetz Delfinen mitspielen. Genauer gesagt habe ich den Videofilm nicht nur *einmal* gesehen – ich habe ihn mir im Laufe einer Woche wieder und wieder angeschaut, habe mich in die hässlichen Bilder von ertrinkenden, zerquetschten, blutenden Delfinen förmlich hineingefressen. Ich hielt Einzelbilder an, spulte zurück und drückte immer wieder den Abspielknopf, um die großen Delfinleiber zu sehen, wie sie, zermatscht und trostlos verunstaltet, in den Ozean zurückgeworfen wurden, als wären sie blanker Ausschuss. Dieser besondere Film ist ein wichtiges Dokument, das einen regelrecht verstört und gleichzeitig beredtes Zeugnis davon ablegt, wie Menschen andere Geschöpfe misshandeln, wie sie mit ihnen umspringen. Gedreht wurde der Film von einem jungen Mann namens Sam LaBudde, der sich damit großen persönlichen Gefahren aussetzte; er arbeitete einige Monate lang auf einem Tunfischfänger im Osten des tropischen Pazifiks, in jenem Teil des Ozeans, der die warmen Gewässer vor der Westküste Lateinamerikas umfasst.

In den letzten dreißig Jahren sind unzählige Delfine verschiedener Arten umgekommen, weil es zumindest in der tropischen Region des Ostpazifiks die Tunfischfänger bequem und einträglich fanden, den Fang der einen Tierart in der Weise zu betreiben, dass sie mit ihren Netzen die anderen einkreisen. Nach vorsichtigen Schätzungen hat der Tunfischfang mittels Schleppnetz mehr als sechs Millionen Delfine das Leben gekostet. Die Tunfischfänger aus den USA behaupten zwar, sie seien rücksichtsvoller als ihre Konkurrenten aus anderen Ländern und ließen fast alle Delfine, die ihnen ins Netz gingen, unversehrt wieder frei; gleichzeitig aber kämpfen sie erbittert um ein Gesetz, das ihnen erlaubt, auch weiterhin bis zu 20050 Delfine pro Jahr umzubringen.

Die Delfine gehen in die Netze, weil sie als Markierbeute benutzt werden: Kreist man sie ein, hat man gute Chancen, auch Tunfische zu erwischen. All ihrer Unterschiede ungeachtet, neigen der Fisch und das Säugetier zu einer engen Gemeinschaft. Vielleicht ist diese Gemeinschaft symbiotisch bedingt, vielleicht ist sie auch nur zufällig. Wir Menschen wissen es nicht. Wir sind nicht eingeweiht. In manchen Fällen gelingt es, die Delfine, die zusammen mit ihren Tunfischkollegen in dem riesigen Pferch aus treibenden Netzen in der Falle stecken, unversehrt freizulassen. In anderen Fällen drehen sie durch, oder der Kapitän des Schiffes nimmt auf sie einfach keine Rücksicht; das Netz wird eingeholt, die Delfine verfangen sich in den Maschen und schlagen wild um sich, wie Antilopen, die in eine gigantische Spinnwebe geraten sind: Ein paar werden hochgehievt und in der Motorwinde (der riesigen Rolle) zerquetscht, die das Netz verschlingt, während mehr als nur ein paar, die von dem gerafften Netz unter Wasser gedrückt werden, ertrinken. Ertrinken ist etwas Hässliches; Ertrinken lässt vier Minuten zu einer Ewigkeit werden. Ein Tunfisch ertrinkt nicht; er stirbt einen unauffälligen Erstickungstod, während er sich auf Deck herumwirft.

So wertvoll der Videofilm von LaBudde auch ist – etwas fehlt. Jedenfalls fehlt es bei der veröffentlichten Fassung, die mir das Earth Island Institute zugänglich gemacht hat, bei der LaBudde Mitglied ist. Sie enthält keinerlei Filmmaterial, nicht einmal ein Bitzelchen, das tote oder sterbende Tunfische zeigt.

Um Tunfische geht es nicht, ich weiß. Tunfisch existiert in Dosen; es geht nur darum, ob Delfinfleisch beigemengt ist oder nicht. Dennoch finde ich es komisch, dass die Tunfische als lebende und sterbende Geschöpfe so völlig in der Versenkung verschwinden. Nicht nur auf dem Filmstreifen. Auch in unseren Köpfen.

Geht es uns um das Verhältnis der Menschen zur Natur, oder interessiert uns nur des Menschen bester Freund zur See, genannt Delfin? Das ist zweierlei.

Vor einigen Jahren veröffentlichte Kenneth Brower in der Zeitschrift *The Atlantic* einen langen, ausgezeichneten Artikel über die Vernichtung von Delfinen durch Tunfischfänger im Ostteil des tropischen Pazifiks und über den mutigen Einsatz von Sam LaBudde. Der Artikel quillt über von Fakten und vernünftigen Überlegungen, aber seine wirksamste Waffe ist – seine Perspektive. Er beginnt folgendermaßen:

»Unter den etwa dreißig Arten von Meeresdelfinen präsentiert sich keiner spektakulärer als *Stenella attenuata*, der Fleckendelfin. Unter Wasser erscheinen Fleckendelfine zuerst als weiße Flecken vor blauem Hintergrund. Die Schnabelschnauzen der ausgewachsenen Tiere haben eine weiße Spitze, und von vorne gesehen ist dieser markante helle Fleck vollkommen kreisförmig. Wenn dich die Vorhut des Schwarms per Echolot erfasst – mit Schallwellen untersucht –, schwenken alle die Schnäbel in deine Richtung, und sämtliche kreisrunde Flecke funkeln einer nach dem anderen im Licht.«

Brower schildert den Lebensraum dieser Delfine – den klaren, tiefen tropischen Ozean – und was für ein Gefühl es ist, wenn man darin schwimmt. Er spricht von einem blauen Nichts, das so unfruchtbar wirke wie eine Wüste. Und dann:

»Fünf oder sechs rasche Flossenschläge, und schon umringen sie dich, schlanke, schnelle, anmutige Scharen. Sie scheinen etwas umfänglicher, als sie in Wirklichkeit sind, denn Wasser vergrößert. Sie beleben die Wüste. Mit Salven von Schnalzern und schrillen Pfeifchören, mit Tempo und hydrodynamischer Akrobatik, mit Neugier, Einsatz, Betriebsamkeit und einer Art von Humor füllen sie die blaue Leere.«

Man ist umgeben von Delfinen, findet sich gekost von ihren Schnalzlauten. Und dann: »Der letzte Delfin der letzten Welle schießt vorbei, sieht dich im Vorbeigleiten an, beschleunigt, um nicht den Anschluss zu verlieren.« Kenneth Brower war mit diesen Tieren im Wasser zusammen, das steht fest; und noch ehe Tunfischfänger oder Schleppnetze auch nur erwähnt werden, hat er den Leser bereits geschickt in das Geschehen einbezogen. Er verschafft dem Leser die Gelegenheit, den Delfinen quasi ins Gesicht zu sehen und zu erleben, wie es ist, wenn sie dich mit ihrem Sonar und ihren großen, feuchten Augen prüfen und sich ein Bild von dir machen. Warum tut er das? Weil er möchte, dass wir – du und ich und jeder, der zufällig *The Atlantic* in die Hand bekommt – uns den Delfinen besonders verbunden fühlen; offensichtlich hält er die direkte körperliche Begegnung (oder jedenfalls die verbale Wiedergabe einer solchen Begegnung) für den besten Weg, solch ein Gefühl der Verbundenheit zu erzeugen.

An späterer Stelle im Artikel bekennt er sich ausdrücklich zu dieser Überzeugung. In Anspielung auf das Schicksal, das ein neugeborenes Delfinjunges erwartet, das LaBudde filmte, wie es ins Wasser zurückgestoßen wird, wo es ohne Mutter zum Tod durch Hunger oder durch Haie verurteilt ist, erklärt Brower: »Jeder, der mit wild lebenden Delfinen geschwommen ist, kann sich vorstellen, wie die Sache ausging.«

Ani L. Moss, ein früheres Mannequin, die in Los Angeles lebt und seit einiger Zeit als Naturschützerin aktiv ist, trat etwa um die gleiche Zeit, da Browers Artikel erschien, als

Versinnbildlichung des suggestiven Jeder-der-mit-ihnen-geschwommen-ist in Erscheinung. Wie Brower fühlt auch sie sich den Delfinen innig verbunden. Ein Zeitungsfoto zeigt sie mit Schwimmweste auf dem Wasser treibend, wie sie einen Delfin seitlich auf die Schnabelschnauze küsst. Der Delfin sieht angenehm berührt aus. Dem *San Francisco Chronicle* zufolge ist Ani Moss bereits auf den Bermudainseln, in Florida und auf Hawaii mit Delfinen geschwommen. Dieser Umstand verdient, im Druck festgehalten zu werden, weil Ani Moss zu der Gruppe von Leuten zählt – Sam LaBudde, David Phillips vom Earth Island Institute, Anthony J. F. O'Reilly von der Firma H. J. Heinz und Anis Mann, eine Führungspersönlichkeit aus der Musikbranche namens Jerry Moss, gehören ebenfalls dazu –, die mit dem Kreuzzug zum Schutz der Delfine einen großen Sieg errungen haben. Am 12. April 1999 verkündete die Firma Heinz, dass ihre Tochtergesellschaft StarKist, der weltweit größte Produzent von Tunfischkonserven, keinen Tunfisch mehr kaufen werde, der mit Methoden gefangen wurde, bei denen Delfine zu Schaden kämen.

Hinter dieser Entscheidung verbarg sich eine Kette persönlicher Einflussnahmen, die etwa folgendermaßen aussah: Ani Moss sah den Videofilm von LaBudde und sprach mit ihrem Mann darüber; Mr. und Mrs. Moss sprachen mit Phillips über den Schutz der Delfine und einen Verbraucherboykott gegen die Firma Heinz; Jerry Moss knöpfte sich danach Anthony J. F. O'Reilly vor; schließlich setzten sich Leute der Firma Heinz mit Phillips und sogar, wie es scheint, mit Sam LaBudde in Verbindung. Bei der Firma Heinz kam es hinter verschlossenen Türen zu »einer ausführlichen Debatte, bei der fast schon theologische Töne angeschlagen wurden«, wie O'Reilly später der *New York Times* berichtete. Mit einer Plötzlichkeit, die alle Außenstehenden und wahrscheinlich sogar die meisten Firmenangehörigen überraschte, vollzog Heinz am Ende einen Salto und wechselte die Fronten. Selten in der Geschichte der Naturschutzpolitik hat persönliche Einflussnahme hinter den Kulissen so greifbar Wirksamkeit erzielt.

Die Ankündigung revolutionierte im Nu den internationalen Tunfischhandel. Noch am Nachmittag desselben Tages schworen die beiden Hauptkonkurrenten von StarKist, Chicken of the Sea und Bumble Bee, sich ebenfalls nicht mehr an der Tötung von Delfinen mitschuldig zu machen. StarKist hatte offenbar eine moralisch derart unanfechtbare Position bezogen, mit der sich zudem in der Öffentlichkeit derart gut werben und vielleicht sogar Profit machen ließ, dass Chicken of the Sea und Bumble Bee gar nichts anderes übrig blieb, als dem Konkurrenten hinterherzuhecheln. Es dauerte nicht lange, da machten thailändische, französische und italienische Produzenten von Tunfischkonserven ähnliche Ankündigungen. Einige der amerikanischen Fangschiffe im östlichen tropischen Pazifik ersuchten umgehend um die Erlaubnis, in westlich gelegene Fanggründe zu wechseln, wo Tunfische und Delfine keine Gemeinschaften bilden. Heinz beschriftete von nun an die Dosenetiketten mit »Garantiert kein Delfinfleisch«, während das Earth Island Institute den Kampf für erfolgreich beendet erklärte und Frieden mit dem einstigen Gegner schloss.

Anthony J. F. O'Reilly, der Mann, der diesen Wandel auf See bewirkte (oder jedenfalls hinnahm), ist ein knochenharter irischer Millionär, der für Rennpferde schwärmt. Falls er je in ein Wasserbecken oder ins Meer gesprungen sein sollte, um mit Delfinen zu schwimmen, findet sich in den Zeitungsberichten davon jedenfalls kein Wort. Das Kalkül des Geschäftsmanns hat indes eine eigene herzbewegende Suggestionskraft.

Während der Boykott des Earth Island Institute noch im Gange war und Heinz mit der Kapitulation zögerte, äußerte Sam LaBudde: »Dieses Problem wird bestehen bleiben und sich nicht unter den Teppich kehren lassen, weil eine ganz besondere, verwandtschaftliche Beziehung uns Menschen mit den Delfinen verbindet.« Im Rahmen ihrer Prämissen ist das eine ehrliche, zutreffende Feststellung, mit der sich Anthony J. F. O'Reilly schließlich einverstanden erklären konnte.

Auch wenn man ihn sich wiederholt anschaut, verliert LaBuddes Videofilm nichts von seiner Grässlichkeit. Während man mit seinen inhaltlichen Mitteilungen zunehmend vertraut wird und die Worte und Zahlen vorüberrauschen, treten die aufeinander folgenden Bilder deutlicher ins Blickfeld. Wie der von David Hemmings gespielte Fotograf in *Blow Up* fängt man an, hässliche Details wahrzunehmen, die einem vorher entgangen sind. Man sieht die herumfliegenden Fleischstücke – eine abgerissene Flosse vielleicht oder eine Schnabelschnauze –, Teile einer Anatomie, die zu Bruch geht, wenn ein Delfin aus dem hochgehievten Netz, in dem er sich verheddert hat, plötzlich herausfällt. Man sieht, wie ein Tier durch die Motorwinde wandert, als glitte nasse Wäsche durch eine Mangel, und registriert, dass es nicht mehr um sich schlägt, sondern nur noch leise zuckt. Beim vierten Durchlauf starrt man auf die schlanken, dunklen Schatten in einer Ausbuchtung des straffen Schleppnetzes, große Tiere, die wie Lachse beim Laichen zusammengedrängt sind, und nimmt plötzlich wahr, dass sie mit den Atemlöchern unter der Oberfläche schlaff im Wasser treiben. Man beobachtet die Mannschaft bei der Arbeit und lernt zu unterscheiden, wann die Männer einen lebenden Delfin freisetzen und wann sie Kadaver ins Meer werfen. Meist ist Letzteres der Fall. Dann folgt die Szene mit dem Messer.

Der Kapitän auf LaBuddes Schiff, ein stämmiger Mann, der nur ein Paar durchnässte Shorts trägt, beugt sich über einen Delfinkörper, um ihn mit geübten Handgriffen zu filetieren. Mit raschen Schnitten löst er einen langen Strang Muskeln ab. Er blickt auf und schaut kurz in die Kamera – kehrt zu seiner Arbeit zurück, blickt wieder auf. Dann ist das Filmband zu Ende.

Die Szene mit dem Messer ist ebenso schwer verdaulich wie sinnverwirrend. Sie ist eine Schaltstelle, an der sich (zumindest für einige von uns) eine Kluft zwischen dem emotionalen Gehalt und der philosophischen Botschaft des Videofilms von LaBudde auftut. Das Messer des Kapitäns zerschneidet mehr als nur Fleisch; es trennt zugleich Einstellungen. Meine Haltung ließ es in einer Weise, die ich als klärend empfand, in zwei aufeinander folgende, aber widersprüchliche Reaktionen zerfallen. Erste Reaktion: Um Gottes willen, er zerlegt den Delfin. Um Gottes willen, sie wollen ihn *essen*. Angesichts der Schlächterei fühlst du eine von Grauen begleitete Empörung in dir aufsteigen, zu der du gar kein Recht hast. Ich jedenfalls habe vermutlich kein Recht zu der Empörung, die mich überkam. Schlächterei – nicht in dem übertragenen Sinn, sondern in der buchstäblichen Bedeutung – ist die Tätigkeit, die tierische Körperteile, unter ihnen gelegentlich auch Stücke von Säugetieren, auf meinen Küchentisch bringt. Als Sam LaBudde den Film schoss, war er Vegetarier; er mag also ein Recht gehabt haben, sich zu empören. Vielleicht empfand er auch eine gewisse Empörung beim Gedanken an den Verzehr von Tunfisch. Vielleicht auch nicht. Zweite Reaktion: Wer bin ich, selbst ein eingefleischter Fleischesser, dass ich ihnen *verbieten* könnte, Delfinfleisch zu essen? Wenn das Tier tot ist, tun sie dann nicht besser daran, es zu essen, als es wegzuwerfen? Beide Reaktionen sind, wie ich meine, vertretbar, und die Einsicht in den Widerspruch zwischen beiden kann mithelfen, das Gewirr aus guten und schlechten Argumenten, legitimen Empfindungen und fadenscheinigen Regungen aufzudröseln, in dem sich das Thema »delfinfleischfreier Tunfisch« verfangen hat.

Um zu begründen, warum man sich gegen die Tötung von Delfinen wendet, könnte man anführen, dass es sich bei ihnen um Säugetiere mit großen Gehirnen handelt. Täte ich das, würde ich allerdings auch über die Größe des Gehirns von Rindern mehr wissen wollen, als ich weiß; Berichte über die hohe Intelligenz von Tintenfischen und Schweinen müssten mir dann schlaflose Nächte bereiten. Als Grund ließe sich auch geltend machen, dass Delfine liebenswürdige, umgängliche Geschöpfe sind, die ungewöhnlich enge Beziehungen zu uns Menschen knüpfen können. Wäre das mein Argument, würde ich mich allerdings zu dem Eingeständnis genötigt fühlen, dass diese Sicht der Natur durch und durch anthropozentrisch ist und mir den Blick dafür verstellt, dass ein Hektar Regenwald, in dem es von Käfern wimmelt, unter Umständen wertvoller ist als ein Hektar Reisfeld auf Brandrodungsbasis. Man könnte als Einwand gegen die Tötung auch vorbringen, dass der Tod von sechs Millionen Delfinen binnen dreißig Jahren – als Abfallprodukt des Schleppnetzfangs, nur damit wir billigen Tunfisch kaufen können und ohne dass mit den Delfinkadavern etwas anderes angefangen wird, als sie ins Meer zurückzuschmeißen – eine unverantwortliche Verschwendung darstellt und dass genau diese schmähliche, selbstgefällige Verschwendung die größte Sünde wider die Natur ist, deren sich unsere Spezies schuldig macht. Diese Position *vertrete* ich. Aber wahrscheinlich ist sie nicht schlüssiger als die anderen.

Man könnte auch das von manchen vorgebrachte Argument übernehmen, dass der Tod durch Ertrinken für die Delfine ein langsames und grausames Sterben und viel schlimmer sei als der rasche Tod einer Kuh oder eines Hähnchens im Schlachthof. Verträte ich diese Ansicht, so müssten mich Albträume von erstickenden Tunfischen heimsuchen, von großen Fischleibern, die krampfartig auf Deck hin und her schlagen und durch ihre verklebten, trockenen Kiemen vergeblich der Luft Sauerstoff zu entziehen suchen. Und ich müsste den bei lebendigem Leib gekochten Hummern abschwören.

Werfen wir all diese Argumente in einen Topf, dann erhalten wir keine einheitliche, unanfechtbare ethische Position. Wir erreichen damit nichts weiter als einen erfolgreichen Verbraucherboykott, der sich gegen eine bestimmte Sorte

Dosenfisch richtet. Der Kampf, der zum Schutz der Delfine vor den Tunfischfängern geführt wurde, brachte einen großen Sieg für das Verbundenheitsgefühl mit anderen Säugetieren, aber ein Sieg für klarere Vorstellungen von unserer Verantwortung gegenüber dem weiter gefassten Spektrum animalischen Lebens war das nicht.

Dass *Stenella attenuata* und die anderen Delfine uns Menschen auf unvergleichliche Weise ansprechen, steht außer Frage. Aus menschlicher Sicht handelt es sich in der Tat, wie Sam LaBudde sagt, um eine ganz besondere verwandtschaftliche Beziehung. Die Delfine sind klug, elegant, lustig, großzügig, einfühlsam, liebevoll und dabei geheimnisvoll – was kann man von Freunden mehr verlangen? Sie wirken, als verfügten sie über wichtige Einsichten. Man hat den Eindruck, dass sie die Zuneigung, die wir für sie empfinden, erwidern. Und sie lassen zu, dass wir mit ihnen schwimmen.

Wer aber schwimmt mit dem Gelbflossen-Tunfisch? Ganz einfach: die Delfine.

Reisende in den Tropen

Wie man in Maluku Utara gesund bleibt

In diesem Grauen erregenden Buch, *How to Stay Healthy Abroad* (Wie man im Ausland gesund bleibt), das Dr. Richard Dawood und eine ganze Latte anderer Experten zur Erbauung und Einschüchterung von Reisenden zusammengestellt haben, steht zu lesen, dass, wer auf dem Voltasee Windsurfen betreibt, Schistosomiasis kriegen kann. Nicht weniger riskant ist es, im Euphrat dem Wasserskisport zu frönen. Der Parasit *Schistosoma haematobium* könnte mit dem Spritzwasser auf Ihnen landen, sich durch Ihre Haut bohren und sich in Ihrer Blase häuslich einrichten.

In diesem schreckensvollen Buch steht, dass der Schweinebandwurm *Taenia solium* Epilepsie und zerebrale Degeneration hervorrufen und zum Tod führen kann. Dort steht auch geschrieben, dass der Fugu (Kugelfisch, damit auch nichtjapanische Epikureer wissen, wovon die Rede ist), wenn er falsch zubereitet wird, eine tödliche Dosis des Gifts *Tetrodotoxin* enthält und die letzte Empfindung eines mit Fugu vergifteten Opfers ein leichtes Kitzeln auf den Lippen ist. Ferner steht dort, dass die Frucht des Baumes *Blighia sapida*, die in Jamaika unter dem Namen Aki kredenzt wird, in unreifem Zustand Krämpfe verursachen kann. Und dort liest man, dass einer umfassenden Studie aus dem Jahre 1988 zufolge zwei Drittel der Küchenchefs in taiwanesischen Restaurants Fußpilz haben. Mein augenblicklicher Aufenthaltsort, die kleine Insel im hintersten Winkel des äquatorialen Asiens, wo ich mich in einem von Ratten verseuchten Hotel verkrochen habe, lässt mir diese vier Gefahren, die das Buch an die Wand malt, als eher lachhaft erscheinen, weil Aki und Fugu und Wassersport auf dem Voltasee – ganz zu schweigen von der Versuchung, meine Badelatschen mit einem taiwanesischen Küchenchef zu teilen – Sachen sind, denen ich unschwer aus dem Weg gehen kann. Die Enthüllungen in *How to Stay Healthy Abroad*, die mich eher das Fürchten lehren, betreffen grundlegendere Dinge: trinkbares Wasser, einfache Nahrungsmittel und den unvermeidlichen gelegentlichen Kontakt mit Toiletten, Türknäufen, Matratzen, Insekten, ungesunder Luft oder den ungewaschenen Händen anderer Menschen. Wie konnte ich nur so blöde sein, auf eine Fahrt nach Maluku Utara als Unterhaltungslektüre ausgerechnet Dr. Dawoods makabre Abhandlung mitzunehmen!

Maluku Utara ist eine Region im östlichen Teil Indonesiens, die aus gebirgigen, urwaldbedeckten Inseln besteht. Unter dem Namen Nördliche Molukken ist sie dem Leser vielleicht eine Spur (wenn auch vermutlich nur eine Spur) bekannter. Mein näherer Aufenthaltsort ist ein winziger Vulkanknubbel namens Ternate, unmittelbar vor der Westküste Halmaheras, das wiederum eine Tageschiffsreise entfernt von Sulawesi liegt, das sich nördlich von Flores befindet, der dritten Insel in der Inselkette, die sich von Bali aus östlich erstreckt – falls das dem Leser etwas sagt. Borneo und Neuguinea flankieren diese abgelegenen Inselchen wie Schlackeblöcke, die als Buchstützen dienen. Ternate selbst ist eine so kleine Insel, dass man sie höchstens in den dicksten Atlanten verzeichnet findet. Sie ist ein alter Handelsplatz aus der Blütezeit der Holländisch-Ostindischen Gesellschaft; damals besaß sie als weltweit führendes Exportzentrum für Muskatnüsse und Gewürznelken eine große strategische Bedeutung (siehe »Imperium als Rauschmittel«, S. 33) Aber die ehemals dort heimischen Gewürze sind längst in andere Weltteile verpflanzt worden, und heute werden andere Rohstoffe als strategisch wichtig angesehen; deshalb ist Ternate mittlerweile nichts weiter als ein unbedeutendes kleines Marktzentrum für Fisch, Bananen und Kopra, weit weg von den Schifffahrtsrouten des internationalen Handels und zufrieden mit seinem Los als Provinzhauptstadt von Maluku Utara. Touristen verirren sich nicht hierher. Man kann nicht einmal eine Ansichtskarte kaufen.

Ein kleines Plädoyer zugunsten von Maluku Utara sei mir doch gestattet. Seine Bewohner sind schöne, freundliche Menschen. Seine Atolle sind von strahlendem Türkis. Seine heimischen Säugetiere sind sanfte Wesen wie etwa der Kuskus, ein baumbewohnendes Beuteltier mit Miezekatzennaturell. Seine Wälder zieren außerdem Kakadus, Loris, Spatellieste, großfüßige Laufvögel, die unter dem Namen Großfußhühner bekannt sind und ihre Eier in riesigen Komposthaufen ausbrüten, surrealistische Käfer, gigantische Spinnen und eine bunte Vielzahl tropischer Früchte, unter ihnen die legendäre Durianfrucht. Ihre größten Siedlungen sind kleine Küstenstädte, ihre Dörfer bloße Weiler, und dazwischen gibt es nur wenige Straßen. Sie sind von fast intakter Unberührtheit. Ihr Essen ist exotisch, schmackhaft und fast unanständig billig. Kurz, Maluku Utara zählt zu den herrlichsten Flecken der Erde. Hätte ich allerdings *How to Stay Healthy Abroad* gelesen und mir seine Warnungen zu Herzen genommen, ehe ich aus Amerika losfuhr, ich wäre vermutlich nicht hergekommen.

Denken wir nur an die Gefahren, die durch das Essen drohen. »Falls sie nicht sofort verzehrt wird«, warnt Dr. Dawoods Buch, »muss gekochte Nahrung vor möglichen Verseuchungsquellen geschützt und im Kühlschrank aufbewahrt werden.« Na bitte! Gut gebrüllt, Dr. Dawood! Aus meiner derzeitigen Perspektive klingt dieses Gerede von der Notwendigkeit einer augenblicklichen, sorgfältigen Kühlhaltung wie blanker Hohn.

Gekochtes Essen stellen die Restaurants in Maluku Utara voll Stolz in den von der warmen Sonne beschienenen Auslagen ihrer Straßenfenster zur Schau: Schüsseln mit Bratfisch und Jackfruchtmus, frittierter Tintenfisch und Hühnchen in Kokosnusscurry werden im Schaufenster dargeboten, um die Passanten zu verführen. Das gilt für Indonesien ganz allgemein, jedenfalls was die bescheidenen Essbuden angeht, die unter dem Namen *warung* bekannt sind, und die Restaurants, die eine *padang* genannte scharf gewürzte Büffetküche bieten. Die Auslage im Schaufenster ersetzt bei dieser Gastronomie die Speisekarte. Hier oben in Maluku Utara aber trifft man diese Praxis sogar noch durchgängiger an – oder jedenfalls kommt mir das so vor, zum Teil, weil es in der Region nicht viele Alternativen zu den *warungs* und den *padang*-Lokalen gibt, und zum Teil natürlich auch, weil Dr. Dawood mich so unliebsam mit der Nase auf das Mikrobenproblem gestoßen hat. Menschen schlendern vorbei, Fliegen kommen und gehen, die Tageshitze klettert auf ihren Gipfelpunkt, und die ganze Zeit über steht das Essen da. Ein bestimmtes Fleischstück wird mittags vielleicht an einen Tisch gebracht, beschnüffelt, angehaucht, verworfen und wieder in die Auslage zurückgebracht, um dann zum Abendessen bei jemand anders seine zweite Chance zu erhalten. Kühlschränke – die wenigen, die es in Maluku Utara gibt – erfüllen eine andere Aufgabe, deren vorrangige Wichtigkeit niemand wird bestreiten wollen: Sie kühlen Bier.

Dawood fände das gar nicht lustig. »Eine kleine Anzahl überlebender Bakterien kann sich in einem langsam abkühlenden Medium (sprich, in gerade gekochtem Essen) mit ungeheurer Geschwindigkeit vermehren«, lässt uns das katastrophengeile Buch des guten Doktors genüsslich wissen. Was muss man unter »ungeheurer Geschwindigkeit« verstehen? »Bakterien der hier zur Debatte stehenden Art können sich alle zwanzig Minuten einmal teilen: Eine einzige Bakterienzelle, die ein Millionstel Gramm wiegt, könnte sich (unter optimalen Bedingungen) innerhalb von vierundzwanzig Stunden oft genug teilen, um eine Nachkommenschaft mit einem Gesamtgewicht von rund vier Millionen Kilogramm – ungefähr das Gewicht eines kleinen Schiffes – in die Welt zu setzen.« Sollten Sie also die Bakterien, die auf einem einzigen übrig gebliebenen Makrelengericht sprießen, nicht mittels Vergiftung um die Ecke bringen, dann können sie Ihnen immer noch dadurch den Garaus machen, dass sie vom Regal fallen und Sie unter sich begraben.

Plötzlich kommt mir der Gedanke: Vielleicht sollte ich auf Nummer sicher gehen und nur noch Reis essen. Reis ist natürlich in diesen Weltgegenden das Grundnahrungsmittel schlechthin. Gekochter Reis zum Frühstück, kalter Reis zum Mittagessen, und damit nur ja nichts verschwendet wird, tauchen die Reste beim Abendessen als *nasi goreng* (gebratener Reis) auf. Zum Dessert gibt es etwas, das sich Schwarzer-Reis-Pudding nennt. Stimmt schon, räumt das Buch widerstrebend ein, mit frisch gekochtem Reis ist man im Zweifelsfall auf der sicheren Seite. Aber dann kommt der Abschnitt über *Bacillus cereus*, ein Bakterium, das den Reis vergiftet und das schlau genug ist, hitzebeständige Sporen zu erzeugen. »Zwischen den Mahlzeiten sich selbst überlassen, keimen diese Sporen, und das anschließende bakterielle Wachstum verwandelt den umgebenden Reis in einen tödlichen, Erbrechen hervorrufenden Cocktail, der nur darauf wartet, dass ihn sich ein unachtsamer Konsument einverleibt.« Auch der Reis bietet also keine Sicherheit. Zwischen den Mahlzeiten *sich selbst* überlassen, könnten Konsumenten, die zur Ängstlichkeit neigen, auf die Idee verfallen, den nächsten Flug nach Hause zu buchen.

Aber frisches Gemüse sollte doch wenigstens bekömmlich sein, oder? In meiner paradiesischen Unschuld und Ahnungslosigkeit klammere ich mich für kurze Zeit an diese Hoffnung, bis mich Dawoods Buch durch den Hinweis auf das Phänomen Jauche zur Ordnung ruft. »Die Verwendung menschlicher Exkremente als Dünger (Jauche) – eine in den

Tropen weit verbreitete Praktik – macht den Genuss von Salat und ungekochtem frischem Gemüse riskant, es sei denn, sie wurden sorgfältig mit sauberem Wasser gewaschen.« In der wirklichen Welt, jedenfalls in diesem kleinen Winkel von ihr, ist das »es sei denn« der große Haken an der Sache. Wo findet man das nächste saubere Wasser? Leitungswasser von zweifelhafter Reinheit kann Dawoods Ansprüchen nicht genügen. Untadelig sauberes Wasser liefern einem in Maluku Utara nur Regengüsse, kochende Wasserkessel und teure Plastikflaschen mit der Aufschrift AQUA; keine dieser Wasserquellen dürfte in einer Essbude zum Abspülen von Spinat bemüht werden. Also ist denkbar, dass man sich bei einer kerngesund aussehenden Grünzeugbeilage dank der Jauche, mit der die Pflanzen gedüngt wurden, *Lamblia intestinalis,* Shigellen, *Entamoeba histolytica*, Typhus, Cholera oder Hepatitis holt.

Bleibt noch das Obst. Anders als das Gemüse wachsen Früchte zumeist auf Bäumen – das heißt, sie befinden sich hoch droben und sind außer in absonderlichen Ausnahmefällen dem Dunstkreis der Jauche entzogen. Die Marktstände in Maluku Utara quellen über von herrlichen heimischen Früchten: Man findet dort Durian, Mangostanen, Langsats, Papayas, litschiähnliche Zwillingspflaumen, Ananas, Salaks. Das Problem bei den Früchten besteht darin, dass man sie berühren muss, wenn man sie essen will. Berühren bedeutet Verseuchung. Keime seien überall, versichert mir Dr. Dawood, aber besonders an den Händen. Die Hände zu waschen, ehe man diese Salak schäle oder jenen Batzen Durian in den Mund stopfe, sei deshalb eine gesunde Vorsichtsmaßnahme. Die Hände solle man sich rechtzeitig und oft waschen; tatsächlich solle man aus Prinzip jedes Waschbecken, das einem über den Weg laufe, zum Händewaschen nutzen. Man dürfe dann allerdings nicht wieder die Hähne berühren, um das Wasser abzudrehen, igittigitt; und dürfe kein öffentliches Handtuch benutzen, igittigitt; und dürfe keine Zeitung und kein Geldstück oder sonst etwas anfassen, mit dem alle möglichen unhygienischen Fremden in Berührung gekommen sein könnten. Deshalb dürfe man auch nicht die Mangostanen, die man gerade auf dem Markt gekauft habe, außen anfassen – oder wenn man das getan habe, dürfe man auf keinen Fall die perlartigen, saftigen kleinen Fruchtteile im Inneren anfassen. Und nun, mein armer, in sanitäre Ketten gelegter Houdini, stell deine gastronomische Entfesselungskunst unter Beweis und lass dir's trotzdem schmecken!

Das kann einen in den Wahnsinn treiben. Der logische Endpunkt solch akribischer Hygienemaßnahmen war doch wohl Howard Hughes in seiner abgedunkelten Hotelsuite, mit einer leeren Kleenexschachtel über jeder Hand. (Oder waren es weiße Handschuhe an den Händen und steckten die Füße in den Schachteln?) Ich fühle mich dem irren Mr. Hughes plötzlich wahlverwandt, da mir dank Dr. Dawood klar wird, dass ich eine Durianfrucht oder eine Salak gar nicht essen kann, ohne die essbaren Teile mit den eigenen schmutzigen Fingern zu verseuchen.

Und aus diesem Grund, verkündet das Buch selbstgefällig, gab uns Gott die Banane.

Maluku Utara leidet keinen Mangel an Bananen. Die Region bietet uns so viele Bananen wie der Himmel Sterne. Bananenstauden wachsen hier in jedem Hinterhof und auf jedem unbebauten Flecken. Sie wachsen entlang der Straße und am Flughafen, in den Hügeln oberhalb der Dörfer und vor der Moschee des Sultans. Die heimischen Bananen sind dickschalig und billig, nicht so süß und schmackhaft wie andere Bananen in Indonesien, aber im Überfluss vorhanden. Das ist also wohl eine Möglichkeit, sich zu ernähren. Nennen wir es die Maluku-Utara-Diät des hygienebewussten Reisenden: Bananen, Wasser aus Flaschen und Bier.

Aber eigentlich kann man dann auch ebenso gut das Reisen an den Nagel hängen und daheim bleiben.

Panik ist indes ein ermüdendes Geschäft. Nachdem mich die erste Panikwoge Dawood'scher Provenienz wie ein Anfall von Malariafieber durchflutet hat, orientiere ich mich um. Ich fahre nun ein zweigleisiges Programm. Die eine Schiene besteht darin, dass ich zwar weiter in Dr. Dawoods Buch lese, aber jede Passage überschlage, die einen direkten Bezug auf meine Situation hat, und mich stattdessen auf all die traurigen, unseligen, makaber fesselnden Formen gesundheitlicher Misshelligkeiten konzentriere, die andere Menschen in anderen Weltteilen, schwerlich aber mir in Maluku Utara, zustoßen können.

Da ist zum Beispiel der afrikanische Augenwurm Loa loa. Er gehört zur Familie der Filarien oder Fadenwürmer und ist ein langer, fadenartiger Parasit, der durch Insekten von einem Menschen auf den anderen übertragen wird. Die afrikanische Augenwurmkrankheit (unter dem klinischen Namen Loiasis bekannt), tritt in den Urwäldern West- und Zentralafrikas auf. Sie wird durch Blindbremsen, große, beißende Fliegen der Gattung *Chrysops*, übertragen, die an genau den schattigen Waldtümpeln brüten, an denen ein vom Urwald ermüdeter Wanderer Zuflucht sucht, um sich zu erholen. Die Infektion nimmt gewöhnlich die Gestalt wiederkehrender, juckender Schwellungen unmittelbar unter der Hautoberfläche an. Jeder Anfall dauert nur ein paar Tage, aber die Schwellungen können fünfzehn Jahre lang immer wieder auftreten. Und manchmal, so das Buch, kann man diese spezielle Wanderfilarie über den Augapfel des Opfers kriechen sehen.

Die tropische Rinderbremse ist eine weitere Landplage, die zwischen Menschen und Insekten hin und her wechselt. Wie so viele andere wird auch sie durch Stechmücken übertragen. Der Lebenslauf der tropischen Rinderbremse ist »kompliziert« – wie Dawoods Buch sadistisch feststellt, ohne ins ökologische Detail zu gehen. Mitgeteilt wird nur, dass das Weibchen seine Eier auf dem Bruststück einer Stechmücke ablegt und die Maden aus den Eiern schlüpfen, während die Stechmücke einen Menschen sticht. Die Maden springen von der Stechmücke herunter (die Evolution hat für die nötige chronologische Abstimmung gesorgt) und graben sich in die Haut des menschlichen Opfers ein. Pharmazeutische Mittel gegen den Befall scheint es nicht zu geben. Falls man vorhat, seine Ferien am Osthang des tropischen Teils der Anden zu verbringen, was bei mir glücklicherweise nicht der Fall ist, tut man also gut daran, ein Auge auf die Rinderbremse zu haben.

Auch die Tumbufliege, die in Ostafrika heimisch ist, sucht die Menschen mit ihren Maden heim. Das Weibchen der Tumbufliege legt seine Eier auf Kleidung ab, wobei es eine deutliche Vorliebe für Kleider beweist, die Spuren von Urin oder Schweiß aufweisen; unvollkommen gereinigte Wäsche, die zum Trocken draußen aufgehängt wird, bildet ein besonders einladendes Objekt. Als Schutzmaßnahme gegen die Maden der Tumbufliege schreibt demgemäß das Buch vor: »Alle Kleider, die im Freien getrocknet wurden, müssen mit einem guten, heißen Bügeleisen geplättet werden, um eventuell vorhandene Eier zu zerstören.« Ein heißes Bügeleisen – habe ich recht gehört? Im letzten Winkel der Tropen wartet auf uns ein heißes Bügeleisen? Genauso gut könnte er uns empfehlen, unsere Expeditionshemden regelmäßig stärken zu lassen. An den Rand des Buches neben dem Abschnitt mit dem heißen Bügeleisen habe ich mit Bleistift eine Gegenempfehlung notiert: »Runter von den rosa Wolken!«

Die gegenüberliegende Seite zeigt eine Umrisszeichnung der Made der Tumbufliege; sie erinnert an ein österreichisches Kaffeegebäck, nur dass sie vermutlich nicht ganz so groß ist.

Diese schauerlichen Erkrankungen stellen natürlich allesamt ernsthafte Probleme dar. Und zwar nicht deshalb, weil sie hin und wieder einen Reisenden befallen, sondern weil sie Millionen Bewohnern in ländlichen Regionen der Tropen das Leben schwer und qualvoll machen und in manchen Fällen auch verkürzen. Die Malaria zum Beispiel sucht jährlich immer noch über zweihundert Millionen Menschen heim, und allein in Afrika fallen ihr eine Million Kinder pro Jahr zum Opfer, während wir betuchten Besucher mit unserem Chlorochin, unserem Meflochin und unserer gesunden Ernährung durch die Gefahrenzonen hindurchrauschen. Auch Cholera, Gelbfieber und Typhus bringen nach wie vor Menschen um, hauptsächlich deshalb, weil es an guter medizinischer Versorgung mangelt; ein Amerikaner dagegen führt in seinem Pass die gelbe Zauberkarte mit, die ihm bescheinigt, dass er Impfschutz genießt. Trotz der Ernsthaftigkeit des Themas liest sich indes Dr. Dawoods Buch wie ein Katalog abstruser pathogener Einwirkungen, von denen manche übel ausgehen, während andere nur lästig sind, und bei denen allein schon die Namen unheimlich klingen: Lassafieber, Ebola und Meerkatzenkrankheit; die Chagas-Krankheit, die von kegelförmigen Raubwanzen übertragen wird und an deren Folgen, so vermutet man, Charles Darwin sein Leben lang gelitten hat; Onchozerkose, auch Flussblindheit genannt, Kyasanur-Forest-Krankheit, Hämorraghisches Fieber, O'nyong-nyong-Fieber; Springkrankheit, eine seltene Berufskrankheit bei britischen Schafhirten; Tollwut, Räude und Japanisches Flussfieber; Larva migrans, Larva currens, Gastrophilosis, auch Hautmaulwurf genannt; graus.

Graus ist mein Kommentar, kein geheimnisvoller tropischer Parasit.

So gesehen bietet *How to Stay Healthy Abraod* eine spannende Lektüre, die jedenfalls fesselnd genug ist, um einen Reisenden in einem von Ratten verseuchten Hotel bis spät in die Nacht wach zu halten. Das erinnert mich an die Stunden, die ich einmal im Urwald von Neuguinea, auf einem feuchten Baumstamm sitzend, mit der Lektüre von *Das Schweigen der Lämmer* verbrachte; ich war so fasziniert, dass ich mich bis zur letzten Seite einfach nicht losreißen konnte.

Gleis zwei meines persönlichen Gesundheitsprogramms besteht darin, dass ich mich so verhalte, als hätte ich Dr. Dawood nie gelesen. Während meines ganzen Aufenthalts in Maluku Utara suche ich also unbekümmert die Orte auf, die ich aufsuchen muss, tue, was ich tun muss, und überlasse die Insekten, Mikroben, giftigen Schlangen, Fadenwürmer und tollwütigen Kuskuse, falls es denn welche gibt, sich selbst. Ich beschließe, dass der Vulkan von Ternate nicht ausbrechen wird, weder in dieser Woche noch in der nächsten, auch wenn mir das Rauchwölkchen über seinem Gipfel bedeutet, dass er ohne weiteres ausbrechen könnte. Ich beschließe, dass die Fähre von Ternate nach Halmahera nicht untergehen wird, so seeuntüchtig sie auch ist; Dawoods Rat, mich mit den Einstiegen in die Rettungsboote vertraut zu machen, schlage ich in den Wind, zumal es gar keine Rettungsboote zu geben scheint. Ich bleibe standhaft optimistisch, benutze meine Hände, als wären sie sterile Instrumente frisch aus der Kleenexschachtel, und esse alles, was schmackhaft aussieht oder riecht, egal, wie lange es schon als Nährboden für Bakterienkulturen gedient hat.

Wenn man so will, finde ich für diese Haltung sogar bei Dr. Dawood Unterstützung. »Eine positive Einstellung zur Gesundheit«, erklärt er (wobei ich allerdings eine wenig repräsentative Passage aus seinem durchweg in Molltönen gehaltenen Buch herausgreife), »ist eine machtvolle Waffe in der Hand des Reisenden.«

Ich wähle die gekochten Kokosnusskrabben – *kepiting rebus* heißen sie auf den einheimischen Speisekarten –, für die Maluku Utara zu Recht berühmt ist. Ich esse Jambolangs, die Früchte der Kirschmyrte, die in reifem Zustand vom Baum heruntergeschlagen worden sind und sich nur kurz auf der Erde gesielt haben. Im Wald teile ich mir eine Durianfrucht mit einer Horde unreinlicher kleiner Jungen (siehe »Der große stinkende Schlüssel«, S. 127). Ich verschlinge namenloses Backwerk und in Bananenblätter eingerollte Substanzen, die an Vanillepudding erinnern. Ich verzehre lauwarmen Reis in genügender Menge, um *Bacillus cereus* mit einem Gesamtgewicht zu kultivieren, das der Tonnage eines

Schlachtschiffs entspricht. Ich stelle mein Glück mit Spinat auf die Probe. Nun muss ich zwar festhalten, dass ich nicht aus gastronomischen Gründen nach Maluku Utara gekommen bin. (Historisches Interesse hat mich hergeführt und ein großer Mann namens Alfred Russel Wallace, der während seines Aufenthalts hier auf eine grandiose wissenschaftliche Theorie verfiel, obwohl er – hört, hört! – todkrank darniederlag.) Aber die mit dem Essen verknüpften Freuden und Gefahren stehen stellvertretend für die verschiedenen bescheidenen Herausforderungen, mit denen Reisen uns konfrontiert. Will heißen, wenn das Essen mich nicht schafft, dann vielleicht die Taxifahrer oder die Malaria oder die lokale Befreiungsarmee. Reisen ist kein richtiges Reisen ohne ein gewisses Maß an Ungewissheit, und Ungewissheit wiederum beinhaltet ein Moment von Gefährdung. Für die Illusion, dass man ungefährdet reisen könne, gab uns Gott Imax und Bananen.

Mein kleines Programm unter dem Motto »Erst springen, dann Angst haben« starte ich in dem Bewusstsein, dass zweierlei passieren kann. Vielleicht werde ich todkrank. Vielleicht nistet sich irgendein übles Ungeziefer in meinen Eingeweiden, in meinem Auge oder in meiner Leber ein. Vielleicht verliere ich fünf Kilo Flüssigkeit und muss den ortsansässigen Schamanen konsultieren. Vielleicht bringe ich irgendeine neue Art von Hautentzündung mit nach Hause und mache Brian, meinem stets dankbaren Dermatologen, eine Freude. Vielleicht ziehe ich mir irgendeine Art von ernsthaftem medizinischem Missgeschick zu und verschaffe damit dieser Diskussion über die Gefahren des Reisens in den Tropen einen drastischen Schlusspunkt. Nichts, was man sich wünschte! Aber die Alternative hat auch ihre Schattenseiten.

All meiner Unbekümmertheit zum Trotz kehre ich vielleicht wohlbehalten und gesund an den internationalen Verkehrsknotenpunkt Bali zurück, besteige mein Flugzeug nach Amerika und fühle mich rundum wohl. In diesem Fall hätte ich, Gott bewahre, nichts darüber zu berichten, was es für ein Erlebnis ist, wenn man am eigenen Leib Symptome von Shigella, Kokosnusskrabben-Ptomainen, Brugia malayi oder Mangostanen-Vergiftung verspürt. Ich hätte die kleine Wette verloren, die ich mit mir selbst abschloss, als ich, während ich mich noch in Maluku Utara aufhielt, anfing, darüber zu schreiben, wie es ist, wenn man dort krank wird. Wenn ich etwas in Erfahrung gebracht hätte, dann höchstens dies, dass eine positive Einstellung zwar gut fürs Reisen sein mag, nicht unbedingt aber fürs Schreiben taugt. Was mir fehlte, wäre ein knalliger Schlusspunkt. Dieser Artikel müsste sang- und klanglos aufhören.

SPATULA-THEORIE

*Die Fortsetzung des Liebeswerbens
mit anderen Mitteln*

Sie haben sich im Laufe der Jahre sicher schon oft gefragt, lieber Leser, warum Eulen keine Penisse haben.

Und falls sich das so verhält, ist Ihnen gewiss auch aufgefallen, dass es sich hierbei um eine dieser dummen Fragen handelt, die einen nicht loslassen, weil es keine klare, simple Antwort darauf gibt. Zur Hälfte ist das in einem natürlichen Umstand begründet: Die Hälfte der Eulen ist weiblichen Geschlechts. Die andere Hälfte der Begründung, das andere Geschlecht betreffend, bildet das Problem: Wie erklärt sich, dass männliche Eulen keinen Penis haben? Seien Sie versichert, lieber Leser, dass Sie mit Ihrem Staunen nicht allein stehen. Auch Zoologen, ernsthafte Wissenschaftler ohne einen Hauch von sensationslüsterner Neugier – oder jedenfalls mit nur geringer Neigung dazu –, haben sich darüber den Kopf zerbrochen. Adler haben ebenfalls keinen Penis. Krähen auch nicht. Das ist ein ziemlich merkwürdiges Phänomen.

Die Merkwürdigkeit ist darin zu sehen, dass diese Vögel von einer Kategorie ausgeschlossen sind, die ansonsten den umfassendsten Charakter beweist. Mit einem Penis (seiner strengen Definition nach ist dieser Begriff auf die Klasse der Säugetiere beschränkt) oder einem penisähnlichen Organ ausgestattet zu sein stellt keine sonderlich elitäre entwicklungsgeschichtliche Errungenschaft dar. Männliche

Krokodile haben einen Penis. Männliche Marienkäfer haben einen. Das Gleiche gilt für Wombats, Wale, Nacktschnecken, Schmetterlinge und Schildkröten. Dies gehört zu den wenigen anatomischen Eigentümlichkeiten, die sich ein Mann (darauf könnt ihr stolz sein, Jungs!) mit einem Fadenwurm oder einer Milbe teilt. Dieses vorragende männliche Dingsbums findet man bei einer breiten Palette von Tiergruppen, und zwar in Schwindel erregender Formenvielfalt und unter den verschiedensten Namen. Bei den Insekten lautet der Fachausdruck *aedeagus*. Bei den Tausendfüßern spricht man von *gonopodia*, was sich ungefähr mit »in Genitalien abgewandelte Beine« übersetzen lässt. Spinnen paaren sich mithilfe von *Pedipalpen*, einer weiteren Form von modifiziertem Bein, auf das vor der Einführung aus einer besonderen männlichen Körperöffnung Sperma aufgebracht wird, wie Majonäse auf ein Pommesfrites-Stäbchen. Das Männchen der Schwarzen Witwe hat auf seiner Pedipalpe ein dünnes, spitzes Gebilde, das *Embolus* genannt wird und dessen Spitze im Weibchen abbricht (an sich schon schlimm genug, aber in diesem Fall nur Vorbote des noch schlimmeren Schicksals, das dem armen kleinen Kerl blüht). Die meisten Fische haben für solch ein Glied keine Verwendung, da ihre Eier außerhalb des Körpers in dem gastlichen, flüssigen Medium, von dem sie umgeben sind, befruchtet werden. Dennoch finden sich sogar in der Welt der Fische etliche Ausnahmen. Männliche Guppys haben Gonopodien, nicht zu verwechseln mit denen der Tausendfüßer, da es sich dabei nicht um Beine, sondern um Afterflossen handelt, die zum Zweck der internen Befruchtung umgestaltet wurden. Bei Haien nennt man das entsprechende Glied Haftorgan. Die zoologische Fachsprache kennt für das Organ eine allgemeine Bezeichnung und spricht von *einführenden Organen*. Eingeführt wird gewöhnlich Sperma, und zwar aus dem Körper des Männchens in den des Weibchens (oder aus dem Körper eines Zwitters in den eines anderen), sodass das Sekret beim

Transport nicht austrocknet oder verschüttet wird oder auf andere Weise verloren geht.

Die interne Befruchtung hat sich in der Tierwelt mehrfach und unabhängig voneinander entwickelt; in fast allen Fällen ist es die männliche Geschlechtszelle, die als Beitrag zur Befruchtung vom einen Körper in den anderen mittels irgendeiner Art von ausdehnbarem Apparat übertragen wird, während die weibliche Geschlechtszelle an ihrem Ort bleibt. Eine bemerkenswerte Umkehrung dieses Schemas findet man bei Seepferdchen, den mit Giraffengesicht und Greifschwanz ausgestatteten Fischen aus der Familie der Seenadeln. Bei mindestens einigen der Seenadelgattungen (unter ihnen die Seenadel selbst und das besagte Seepferdchen) finden sowohl die Befruchtung als auch der Brutvorgang im Körper des Männchens statt; in diesem Fall leistet das Weibchen seinen Beitrag mithilfe eines einführenden Organs. Wie heißt das Ding in diesem Fall?, möchte man verständlicherweise wissen. Leider geben meine Quellen darüber keine Auskunft. Vielleicht hat man es namenlos gelassen. In diesem Fall sollte man einen Wettbewerb ausschreiben: Suchen Sie einen Namen für den weiblichen Penis, gewinnen sie eine Reise nach Delos! Und ist das weibliche Seepferdchen von eitlem Stolz auf sein Dings erfüllt? Diese Frage hat die Wissenschaft bis jetzt noch nicht beantwortet.

Bei bestimmten Arten von Rankenfüßern ist das einführende Organ vierzigmal so lang wie der restliche Körper des Tieres, was offensichtlich den Umstand kompensieren soll, dass die Rankenfüßer auf ihrer Unterlage festsitzen und auf der Suche nach Geschlechtspartnern nicht umherstreunen können. Auch die Schnecke benutzt eine windungsreiche Röhre, mit der sie umhertasten kann; sie ist zwar nicht ganz so lang wie die des Rankenfüßers, doch insoweit bemerkenswert, als sie sich wie ein unzüchtiger Gedanke nach Bedarf aus einer Öffnung im Kopf der Schnecke ausfahren lässt. Ein Gorillamännchen hat seinen niedlichen kleinen Penis, ein Ziegenbock seinen großen Prügel, Männchen einiger

Opossumarten haben gegabelte Penisse, und männliche Schlangen haben zwei Penisse, von den Fachleuten *hemipene* gcheißen, einen für linksseitige Paarungen und einen für rechtsseitige. Bei Säugetieren dient natürlich der Penis nicht nur als Samenleiter, sondern auch als Urinröhre; aber einige Säugetiere sind höher entwickelt als andere, und nach heutigem Kenntnisstand ist *Homo sapiens* die einzige Spezies, bei der die Männchen imstande sind, ihren Namen in den Schnee zu pissen. Selbst das männliche Schnabeltier hat einen Penis, aber das ist nur ein weiterer Beweis dafür, dass Schnabeltiere trotz ihrer Entenschnäbel und ihrer Fortpflanzung durch Eierlegen keine Vögel sind.

Vögel sind eine andere Geschichte. Nicht nur bei Eulen, Adlern und Krähen, sondern auch bei den meisten anderen Vogelarten fehlt den Männchen ein einführendes Organ. Stattdessen vollziehen diese Vögel ihre Begattung dadurch, dass sie ihre Afteröffnungen aufeinander pressen – ein wenig raffiniertes, aber praktikables Verfahren, das entfernt an zwei Staubsaugerschläuche erinnert, die man mit Isolierband zusammenklebt. Auch der Specht hat ironischerweise außer seinem Schnabel nichts, was rechtfertigen könnte, dass ihn der amerikanische Slang als männliches Genitalsymbol missbraucht. Und der Kakadu zählt ebenfalls zur Schar derer, denen ein einführendes Organ abgeht.

Dieses anatomische Versäumnis bei den Vogelarten stellt ein Rätsel dar, das geeignet ist, einen anderen geheimnisvollen Umstand stärker ins Blickfeld zu rücken – was nämlich die Evolution bei den vielen Tieren, die Penisse *haben*, zur Ausbildung derart bizarrer Formen angeregt hat. Vor nicht allzu langer Zeit hat ein Zoologe namens William G. Eberhard eine köstlich perverse Hypothese dazu aufgestellt. Eberhard zufolge sind für die Gestalt männlicher Genitalien die Exzesse weiblicher Launenhaftigkeit verantwortlich.

Dieser Bereich der Evolutionstheorie reicht unmittelbar zurück zu Charles Darwin. Im Jahr 1871 veröffentlichte

Darwin ein dickes Buch mit dem Titel *The Descent of Man and Selection in Relation to Sex* (Die Abstammung des Menschen und die geschlechtliche Zuchtwahl); eigentlich waren es eher zwei Bücher in einem Band. In der zweiten Hälfte trug er seine Ansicht über die sexuelle Auslese vor, um all den irren männlichen Zierrat zu erklären (Schwanzfedern beim Pfau, Nasenhöcker beim Chamäleon, lange spiralförmige Hörner beim südafrikanischen Kudu), die im Kampf ums Überleben nutzlos oder sogar hinderlich sind. Wie Darwin erkannte, ist der Kampf ums Überleben nicht das eigentliche Kriterium, das über den evolutionsgeschichtlichen Erfolg oder Misserfolg entscheidet. Worauf es vielmehr ankommt, ist die Anzahl der Nachkommen, die ein Lebewesen zurücklässt, egal, wie jung oder alt es stirbt. In manchen Fällen ist der Fortpflanzungserfolg direkt an Eigenschaften gekoppelt, die dem Überleben des einzelnen Tieres förderlich sind – und auf diese Fälle bezieht sich die Darwin'sche Theorie der natürlichen Auslese in ihrer uns vertrauten Form. In anderen Fällen sind die für den Fortpflanzungserfolg maßgebenden Eigenschaften unerheblich für das Überleben oder gehen gar auf Kosten des Letzteren – und diese von der Rücksicht aufs Überleben unabhängigen, unpraktischen Eigenschaften sind Ausdruck der sexuellen Selektion. Die über einen Meter langen Schwanzfedern einer Schmalschwanz-Paradieselster sind keinem der Tiere dabei behilflich, alt zu werden. Sie können im Gegenteil das Leben verkürzen. Aber sie helfen dem Tier dabei, in der begrenzten Lebenszeit, die ihm zur Verfügung steht, seine Gene fortzupflanzen. Auf welche Weise? Dadurch, dass sie das betreffende Tier für die Weibchen seiner Art ungeheuer attraktiv machen.

Darwin beschreibt zwei alternative Formen sexueller Auslese: 1) Angehörige des gleichen Geschlechts kämpfen um die Prämie, sich mit relativ passiven Partnern paaren zu können, und 2) Individuen des begehrten Geschlechts spielen bei dem so wichtigen Paarungsgeschäft alles andere als die Rolle passiver Objekte und wählen vielmehr ihre Geschlechtspartner direkt aus. Um die Alternative auf den Begriff zu bringen: Entweder die Männchen kämpfen miteinander, oder die Weibchen wählen unter den Männchen aus. Nirgends im Tierreich ist es üblich, dass Weibchen um die Begattungsrolle kämpfen oder dass Männchen wählerisch sind. Warum ist das so? Weil sexlüsterne Männchen im Übermaß vorhanden sind, während an empfängnisbereiten Weibchen Mangel herrscht und sie dementsprechend Seltenheitswert haben. Und warum herrscht Mangel an empfängnisbereiten Weibchen? Weil die Weibchen (außer vielleicht bei den Seepferdchen) in jedes Exemplar ihrer Nachkommenschaft viel größere Ressourcen investieren müssen als die Männchen. Eier sind kostspielig, Junge auszutragen ist kostspielig und erfordert Zeit, die ihrerseits kostspielig ist; Sperma hingegen ist wohlfeil. (Mehr dazu in »Alles über Eier«, S. 140) Weibchen müssen es folglich im Zweifelsfall schwerer büßen, wenn sie einen genetisch minderwertigen Geschlechtspartner auswählen. Objekt der sexuellen Auslese sind deshalb am häufigsten die Männchen. Nennen wir es Aphrodites Rache. Egal, ob der Pfauenschwanz, die Hörner der Kudu-Antilope oder der merkwürdige Höcker auf der Schnauze des Chamäleons das tägliche Überleben ein wenig erschweren, diese Merkmale brauchen nur irgendwie von Nutzen beim Paarungswettstreit zu sein, und schon werden sie, all ihrer Beschwerlichkeit zum Trotz, von der Evolution begünstigt.

So sieht der Hintergrund der Überlegungen William Eberhards aus. Er veröffentlichte sie vor einigen Jahren in einem ebenso unterhaltsamen wie ernsthaften Buch mit dem Titel *Sexual Selection and Animal Genitalia* (Sexuelle Auslese und tierische Genitalien), das bei Harvard University Press erschien; seitdem hat er seine Hypothesen noch weiterentwickelt. Zweck seiner Arbeit ist es, das verblüffende Schema zu erklären, auf das man überall in der natürlichen Welt trifft: die Ausbildung extravaganter männlicher Genitalien bei Arten, die interne Befruchtung praktizieren.

Bei einer großen Zahl von Tiergruppen haben sich Eberhard zufolge die männlichen Genitalien rascher und vielfältiger entwickelt als irgendein anderer anatomischer Aspekt. Mit »vielfältig« meint er, dass sie sich zu einer breiten Palette verschiedenartiger Formen aufgefächert haben, während »rasch« heißen soll, dass solche Formunterschiede sogar bei eng verwandten Arten auftreten, deren Entwicklung zu artspezifisch getrennten Gruppen noch nicht lange zurückliegt. Unter anderem wird dieser Entwicklungstrend dadurch bezeugt, dass Taxonomen die männlichen Genitalien als Schlüsselmerkmale nutzen – das heißt als Merkmale, mit deren Hilfe sie Arten unterscheiden, die noch so nah verwandt sind, dass man sie gar nicht unterscheiden kann, solange sie behost sind. Gibt es keinen sonstigen erkennbaren Unterschied zwischen zwei Käferarten, schaut sich der Taxonom ihre Aedeagi an; gibt es keine anderen anatomischen Gründe, um einen kunterbunten Haufen Spinnen artlich zu sortieren, beäugt der Fachmann ihre Pedipalpen. Die Gruppen, die sich für solch eine am männlichen Geschlechtsorgan orientierte Taxonomie anbieten, umfassen Primaten, Nager, Fledermäuse, Gürteltiere, Haie, Rochen, Schlangen, Eidechsen, Mollusken, Schalentiere, Plattwürmer und Opilioniden (weiß der Teufel, was das ist!), wie auch Insekten und Spinnen.

Wozu diese ganze rasante und vielgestaltige Evolution männlicher Genitalien? Eberhards Antwort: Weibchen sind wählerisch.

Auch andere Erklärungen sind vorgetragen worden. Die älteste ist die Schlüssel-und-Schloss-Hypothese, die auf eine Abhandlung über die Klassifizierung von Käfern aus dem Jahr 1844 zurückgeht. Die Grundidee ist, dass die Genitalien der Männchen und Weibchen einer gegebenen Art wie Schlüssel und Schloss aufeinander abgestimmt sind. Passen die zwei nicht zusammen, geht das Schloss nicht auf; Paarung und Befruchtung finden nicht statt. Nach dieser Ansicht stellt die komplizierte Abstimmung der Genitalien einen Schutz gegen Zwitterbildungen zwischen verschiedenen Arten dar, weil dadurch (bestenfalls) sterile Nachkommen erzeugt und die kostbaren weiblichen Ressourcen verschwendet würden. Das klingt gut, und wenn man sich einige der Entsprechungen zwischen Schloss und Schlüssel anschaut, gewinnt man den Eindruck, dass etwas daran sein müsse. Die Schlüssel-und-Schloss-Hypothese geriet indes laut Eberhard in Misskredit, »als man herausfand, dass die Schlösser zu leicht zu knacken sind«. Die komplizierteren unter den weiblichen Genitalapparaten schließen die Kopulation mit Männchen falscher Arten offenbar keineswegs aus, und in vielen anderen Fällen kommen die weiblichen Genitalien den männlichen an Kompliziertheit nicht entfernt gleich. Das weibliche Genital macht eher den Eindruck einer Manteltasche, worein der Schlüssel gesteckt wird, als den eines passenden Schlosses.

Eine andere Hypothese beruft sich auf das Phänomen der Pleiotropie, der Mehrfachwirkungen einer einzigen genetischen Veränderung. Die Pleiotropie stellt zwar in der Evolutionstheorie ein wohl bekanntes Konzept dar, ob sie aber taugt, die Vielgestaltigkeit der männlichen Genitalien zu erklären, ist zweifelhaft. Genau diese Behauptung indes vertrat vor dreißig Jahren der Evolutionsbiologe und Wissenschaftshistoriker Ernst Mayr. Mayrs These zufolge hatten die bizarren genitalen Abwandlungen unter Umständen gar keinen eigenen Anpassungswert, weder fürs Überleben noch für den Fortpflanzungserfolg; sie waren vielleicht einfach nur pleiotropische Auswirkungen oder Randerscheinungen genetischer Veränderungen, die andere anatomische Zonen betrafen und dort in der Tat die Bedeutung von Anpassungsleistungen hatten. Mit anderen Worten: Dass ein Gürteltier einen filigranen Penis besitzt, hat vielleicht gar nichts zu bedeuten, sondern ist nur Nebenwirkung eines Gens, das, sagen wir, über die Form seiner Füße entscheidet.

Eberhard missfällt die Pleiotropie-Hypothese aus mehreren Gründen. Erstens kann sie nicht erklären, warum die

Nebeneffekte adaptiver Veränderungen so häufig die männlichen Genitalien betreffen und nicht irgendwelche anderen anatomischen Aspekte. Zweitens erklärt sie auch nicht, warum bei Tieren, die äußere Befruchtung praktizieren, wie etwa all den wasserbewohnenden Arten, die ihre Eier und Spermien ablaichen und zu einer Zufallsmischung vereinigen, vergleichbare Effekte normalerweise nicht auftreten. Die Pleiotropie-These liefert auch keine logische Verknüpfung zwischen primären Genitalveränderungen (wie bei Säugetieren und Insekten) und der sekundären Abwandlung nicht genitaler Körperteile für genitale Zwecke (wie bei Spinnen und Tausendfüßern und Guppys). Wenn die Pleiotropie der einzige, rein nach dem Zufallsprinzip funktionierende Mechanismus ist, warum hetzt sie dann die Genitalfunktion von einem Teil des Körpers zum anderen?

Eberhard stellt ein paar weitere Hypothesen auf und verwirft sie gleich wieder: die Genitalerkennungs-Hypothese, die Hypothese vom automatischen Interessenkonflikt, Arnolds Abwandlung von Mayrs Pleiotropie-Hypothese – keine Angst, ich halte mich damit nicht weiter auf. Ich denke, wir verzichten auf das argumentative Brimborium und kommen gleich zum unanständigen Kern der Sache. Wem die Pleiotropie und die Schlüssel-Schloss-Taxonomie und der übrige Mumpitz öde theorielastig vorgekommen ist, der kann jetzt aufatmen. Wir haben in dem Artikel nunmehr den Punkt erreicht, wo es unter die Gürtellinie geht.

Eltern, schickt eure Kinder ins Bett!

Vielleicht sollt ich von jetzt an gar nicht mehr das Wort *Penis* verwenden. Es könnte der Sache ein bisschen zu viel Anschaulichkeit verleihen. Auch von *Genitalien* sollte ich nicht mehr schwatzen. Selbst *Pedipalp*, *Aedeagus* und *Gonopodium* sind vielleicht schon allzu anzüglich. Machen wir's doch folgendermaßen: Ich suche mir als Ersatz ein anständiges Wort, und sooft ich es gebrauche, denkt der Leser daran, dass wir gemeinsam ehrbare Hirnakrobatik treiben, um der entwicklungsgeschichtlichen Bedeutung der morphologi-

schen Überspanntheiten des männlichen Gliedes nachzuspüren? Alles klar?

Statt der anderen Begriffe werde ich das Wort *Spatula* verwenden. Das klingt irgendwie wissenschaftlich, ist aber un-
verfänglich.

* * *

Nachdem er all die anderen Hypothesen verworfen hat, präsentiert Eberhard eine, die er für besser hält: »Damenwahl«.
Im Kern läuft sein Argument darauf hinaus, dass »die Weibchen die artgleichen Männchen nach der Beschaffenheit
ihrer [Spatula] unterschiedlich beurteilen und dass Männchen mit einer [Spatula], deren Form den Weibchen zusagt,
mehr Nachkommen zeugen als andere«.

Der heikelste Teil ist bei der ganzen Sache der Anfangs-
punkt. Vielleicht legen die Weibchen zuerst nur eine schwache Vorliebe für eine bestimmte Form von [Spatula] an den
Tag. Warum sollten sie überhaupt die eine Form den anderen
vorziehen? Nun, möglicherweise regt diese Form einfach
nur die Ausschüttung gewisser – für die Fortpflanzungs-
physiologie des Weibchens unabdingbarer – Hormone
wirksamer an als die anderen. Ist aber die schwache Vorliebe
erst einmal vorhanden, kann sie sich auf dem Wege der
Selbstverstärkung entwickeln. Sie kann, wie Eberhard sagt,
zu einer »verselbstständigten geschlechtlichen Auslese durch
die Wahl der Weibchen« werden, in deren Verlauf »die
Männchen zunehmend kunstvollere [Spatulae] entwickeln
und die Weibchen immer anspruchsvollere Unterschiede
machen«. Solch eine verselbstständigte Auslese ist ein theo-
retisches Postulat, kein experimentell belegter Vorgang, aber
sie erscheint als plausible Erklärung für das bunte Spektrum
lächerlicher [Spatulae].

Die Hypothese ist komplizierter, als sie klingt. Hinter ihr
verbirgt sich die biologische Tatsache, dass Besamung nicht
gleichbedeutend mit Befruchtung ist. Die meisten weibli-

chen Tiere kopulieren mit mehr als einem Männchen, und viele haben sogar einen gewissen physiologischen Einfluss darauf, welche Spermiendosis ihre Eier erreicht. Nimmt das Weibchen das Sperma eines bestimmten Männchens in ihr Speicherorgan auf, oder stößt sie es aus? Lässt sie zu, dass die Spermien aus dem Speicherorgan an die Stelle wandern, wo ihre Eier auf die Befruchtung warten? Räumt sie dem Sperma des einen Männchens Vorrang vor dem Sperma eines anderen ein? Eberhards Forschungen deuten darauf hin, dass jede dieser Einflussnahmen von mindestens einigen weiblichen Tiere und möglicherweise sogar von vielen ausgeübt wird. Sogar *nachdem* sie begonnen hat, sich mit einem bestimmten Männchen zu paaren, kann das Weibchen also immer noch darüber entscheiden, ob sie das Männchen ihre Jungen zeugen lassen will.»Kurz, meiner Ansicht nach fungieren die [Spatulae] als Mittel eines ›internen Liebeswerbens‹; ihr Einsatz lässt sich zutreffend als eine Fortsetzung des männlichen Werbens um das Weibchen betrachten.« Kopulation als Fortsetzung des Liebesspiels mit anderen Mitteln.

Der Gedanke einer verselbstständigten Auslese durch die Weibchen ist ein weiteres ehrwürdiges Stück Evolutionstheorie, das sich auf ein klassisch gewordenes Werk von R. A. Fisher aus dem Jahre 1930, *The Genetical Theory of Natural Selection* (Die genetische Theorie der natürlichen Auslese) zurückverfolgen lässt. Es erklärt gewisse kollektive genetische Veränderungsprozesse – Sprünge in der Evolution einer bestimmten Gruppe –, die sonst unerklärlich blieben. Was den Prozess über seine normale Verlaufsform hinaus eskalieren lässt, ist eine positive Rückkoppelungsbeziehung zwischen einerseits willkürlich wahrgenommenen sensorischen Signalen und andererseits der Unterstellung eines damit verknüpften evolutionären Werts. Die Sache fängt damit an, dass die Weibchen einer Tierart eine bestimmte Form von sensorischem Signal (ein leicht vergrößertes Schwanzgefieder oder eine kleine Erhebung auf der Nase) als Beweis dafür gelten lassen, dass die betreffenden Männchen Gene besitzen, die, sei's fürs Überleben, sei's für die Reproduktion, tauglicher machen. Es dauert nicht lange, und das Signal selbst gewinnt einen objektiven Wert, zwar nicht fürs Überleben, wohl aber für die Fortpflanzung. Die Weibchen fangen an, es immer stärker zu besetzen und regelrecht zu fordern; die Männchen wetteifern darin, es stärker auszubilden; die Unterstellung eines Werts zeitigt Folgen, und schon haben wir einen Fall von verselbstständigter Auslese. Plötzlich sind der Buckel auf der Nase oder die Schwanzfedern als Unterpfand sexueller Anziehungskraft etabliert.

Sexuelle Anziehungskraft ist alles andere als unwesentlich für den entwicklungsgeschichtlichen Erfolg. Weibliche Tiere fühlen sich machtvoll gedrängt, ihre Eier von den sexuell anziehendsten Männchen befruchten zu lassen, weil sie (ebenso wie die Männchen) eine möglichst große Zahl von Nachkommen in die Welt setzen wollen und dies sich unter anderem dadurch erreichen lässt, dass man sexuell anziehende Söhne erzeugt. Sexuell anziehende Söhne als Mittel zum evolutionären Erfolg? Jawohl, weil sexuell anziehende Söhne mehr Gelegenheit erhalten, sich zu paaren, als langweilige oder tölpelhafte Söhne, und mithin letztlich mehr Enkel herausspringen. (Jedenfalls gilt das für die meisten Arten; beim Menschen allerdings verwischt die Empfängnisverhütung das Bild.) Enkel sind die Bilanzsumme, mit der die Evolution operiert. Fishers sechzig Jahre alte Idee, die heute als die Sexy-Söhne-Hypothese bekannt ist, bildet die entscheidende Voraussetzung für William Eberhards Erklärung des Rätsels, warum es so viele überkandidelte Spatulae gibt.

Zur verselbstständigten Auslese kommt es zwar nicht überall, wo Weibchen die Wahl haben, aber doch offenbar ziemlich häufig. Ist sie erst in Gang gebracht, können sich die Ergebnisse sehen lassen. Was immer an männlichen Sexualsignalen gerade in Mode ist, wird von den Weibchen bevorzugt – und dadurch verstärkt – und daraufhin noch eifriger bevorzugt – und weiter verstärkt. Einige Signale sind visueller Natur, wie etwa die Schwanzfedern beim Pfau. Einige sind taktiler Art, wie im Falle einer tollen, schnieken Spatula. Eberhard will deutlich machen, dass sich die Ausleseaktivität der Weibchen bis in den Begattungsakt fortsetzt – lässt sie zu, dass die Spermien des Männchens ihre Eier erreichen, oder nicht? – und dass der Auslesedruck, der durch das unentwegt wählerische Verhalten des Weibchens auf das männliche Utensil ausgeübt wird, verantwortlich für den weltweit zu beobachtenden Trend zu einer raschen und von großer Vielfalt gezeichneten Evolution ist. Laut Eberhard vermag nur diese Hypothese der ganzen Breite des empirischen Materials Rechnung zu tragen, wozu auch die höchst kuriosen Illustrationen in seinem Buch zu zählen sind, von denen das Familienministerium die meisten wohl als jugendgefährdend einstufen würde. Vielleicht hat Eberhard Recht.

Der Tatsache allerdings, dass Eulen überhaupt keine Spatulae haben, trägt die Hypothese keine Rechnung.

Eberhard kommt darauf gar nicht zu sprechen. Und ebenso wenig tun das Ernst Mayr oder R. A. Fisher oder auch der große Charles Darwin – jedenfalls nicht ausdrücklich, nach allem, was ich habe herausfinden können. Wahrscheinlich ist mir was entgangen. Irgendeine Hypothese dazu haben sich die Experten doch sicher einfallen lassen.

Falls ja, interessiert sie mich nicht. Die männliche Eule finde ich so, wie sie ist, überzeugender: als ein Geschöpf, das den herrschenden Konventionen stolz die kalte Schulter zeigt und uns daran erinnert, dass Spatulae, so unterhaltsam sie sein mögen, letztlich entbehrlich sind.

DER GROSSE STINKENDE SCHLÜSSEL

Auf der Suche nach einer Frucht namens Durian

Früchte sind das Mittel, das Bäume erfunden haben, um den Ort wechseln zu können. Aber nicht jede Frucht wechselt den Ort gleich gut oder kommt dabei gleich weit voran. Manche Baumarten sind abenteuerlustig. Andere neigen eher zur Saumseligkeit. Manche fallen, platsch, auf den Boden und rollen nicht mal. Um uns die Sache näher zu besehen, müssen wir selber ein bisschen Ortswechsel betreiben. Mein Rat lautet: Machen wir den Anfang mit einem Flug zur Insel Bali. Dann folgen wir unserem Geruchssinn, bis wir vor einer Baumart stehen, die *Durio zibethinus* heißt.

Die Frucht dieses Baumes ist ein gelbgrünes eiförmiges Gebilde, groß wie ein Rugbyball und schwer wie der Tod, rundherum mit Dornen gespickt. Sie hört auf den Namen Durian, der sich von dem malaysischen Wort *duri*, Stachel, herleitet. Sie ist eine harte Kapsel, die an einem kräftigen Stamm hängt; Gott sei Ihnen gnädig, wenn Sie an der Stelle stehen, wo sie runterfällt. Sie sieht so fleischig aus wie ein ausgestopftes Stachelschwein; platzt sie aber an den dafür vorgesehenen Nähten auf, bietet sie dem Blick ein erstaunliches Inneres dar. Jede innere Kammer enthält mehrere große Klumpen elfenbeinfarbenes Fruchtfleisch. Das ist der essbare Teil. In jedem Klumpen befindet sich ein Samenkern, der die Größe einer Walnuss hat. Durian ist in ganz Asien für seinen köstlichen Geschmack, seinen merkwürdigen Aufbau und seinen unanständigen Geruch berühmt.

Abgesehen davon, dass die Durianfrucht köstlich schmeckt und zu den größten der Welt zählt, ist sie, wissenschaftlich betrachtet, auch eine der interessantesten. Glaubt man einem gewissen Botaniker, so kann man den großen stinkenden Schlüssel zur Evolution tropischer Wälder in ihr erkennen.

Stellen wir uns aber erst einmal vor, dass wir in Bali angekommen und auf dem Flughafen Denpasar an der Südküste gelandet sind. Bali, für die Touristen das Tor zu Indonesien, ist eine Insel mit uralter Zivilisation und befindet sich unmittelbar südlich des von riesigen äquatorialen Waldflächen bedeckten Borneos. Manche Wissenschaftler glauben, dass diese oder andere nahe gelegene Waldflächen der Ort waren, wo es erstmals zur Fruchtbildung kam. Die Märkte von Bali quellen über von tropischen Früchten – von Salaks, Mangos und Mangostanen, Langsats und Zwillingspflaumen, Mandarinorangen, Papayas, Litschis am Zweig, winzigen, zuckersüßen Bananen –, aber wer auf der Suche nach frischen Durian ist, tut gut daran, der Versuchung zu widerstehen und seine Reise fortzusetzen. Von Denpasar aus nehmen Sie ein kleines Flugzeug, das Sie in östlicher Richtung nach Ambon bringt, der Hauptstadt der Provinz Maluku, bekannter unter dem Namen Molukken. Kommen Sie zur richtigen Jahreszeit, finden Sie hier Obstverkäufer, die geduldig am Straßenrand hocken, ihre paar kostbaren Durianfrüchte wie Kanonenkugeln neben sich aufgestapelt. Für Rupien im Werte eines Dollars – auf den Straßen von Ambon ist das viel Geld – können Sie eine davon erstehen. Auf Verlangen öffnet sie Ihnen der Obstverkäufer mit einer Machete. Vielleicht sind Sie jetzt trotz des Geruchs neugierig darauf, aber vielleicht können Sie sich auch beherrschen – was gut ist, weil Ambon ohnehin nicht der ideale Ort ist, um die erste Durianfrucht Ihres Lebens zu kosten. Sie besteigen ein weiteres kleines Flugzeug, das Sie nach Norden bringt; es fliegt in geringer Höhe über Korallenriffe, dann über die tiefe Seramsee und schließlich entlang der Westküste von Halmahera, bis es den winzigen Vulkankegel einer Insel namens Ternate erreicht.

Sie quartieren sich in einem kleinen Hotel in der Nähe des Marktes der Stadt ein (Vorsicht vor Ratten und gewissen anderen Misshelligkeiten, von denen oben in »Reisende in den Tropen« die Rede war). Während Sie das Gepäck absetzen, fällt Ihr Blick auf ein Schild, das innen an der Tür befestigt ist: DURIAN AUF DEM ZIMMER ESSEN IST VERBOTEN. Natürlich hält sich kein Schwein an das Verbot. Sie brauchen nur einmal durch den Korridor zu gehen, und schon verrät Ihnen Ihr Riechkolben, dass um diese Jahreszeit alle das Verbotene tun.

Sie mieten ein Taxi – nicht etwa, um damit auf den Markt zu fahren. Klar, auf dem Markt würden Sie Durianfrüchte finden; aber das wäre zu einfach. Stattdessen weisen Sie den Fahrer an, landeinwärts zu fahren, den Hang des Vulkankegels hinauf, in Richtung auf ein Dorf namens Marikurubu am Ende der geteerten Straße, wo die Kokospalmen und Papayabäume der Vororte von Ternate dem echten Bergwald Platz machen. Von hier gehen Sie zu Fuß weiter. Eine Feldflasche müssen Sie mithaben. Binnen Minuten klebt Ihnen das Hemd am Leib. Sie freuen sich an den riesigen Schmetterlingen und bemühen sich, die riesigen Spinnen nicht zu reizen. Sie folgen dem Pfad, bis er Sie im Stich lässt. Dann wandern Sie weiter durch das Unterholz, bahnen sich den Hang hinauf Ihren Weg und sind ständig auf herabstürzende Rugbybälle gefasst. Es dauert nicht lange, und Sie haben die Orientierung verloren. Wer so viel Glück hat, wie ich es hatte, trifft an diesem Punkte der Unternehmung eine Horde unfeiner kleiner Jungen.

Sie sind nett und spitzbübisch wie alle Jungenbanden. Sie sind ziemlich stark, aber nicht ausschließlich, hinter dem Geld her. Sie heißen Junai, Sunardi, Saiful, Wan oder so ähnlich. Der Wald ist ihr Spielplatz und ihre Domäne. Sie tragen

Ihnen in lärmendem Indonesisch, das Sie kaum verstehen können, alle möglichen Dienste an. So sind sie liebend gern bereit, Sie überall hinzuführen, wohin Sie meinen, gehen zu müssen. Wollen Sie vielleicht zum ältesten Gewürznelkenbaum der Welt? Oder wollen Sie hinauf auf den Gipfel? Am besten kümmern Sie sich gar nicht um ein Ziel, sondern schließen sich ihnen einfach an. Zwischendurch wollen sie wissen, ob Sie als Amerikaner zufällig persönlich mit ihren Helden bekannt sind: mit Chuck Norris, Rambo, Batman und Mike Tyson. Ganz nebenbei laden sie Sie ein, an einem kleinen Imbiss teilzunehmen.

Es ist eine Durianfrucht, am Baum gereift und gerade erst runtergefallen.

Wenn im Wald eine Frucht vom Baum fällt – diese Jungs kriegen es mit. Wenige unter den größten Feinschmeckern der Welt werden je eine am Baum gereifte Durianfrucht zu essen bekommen. Und da liegt nun eine vor Ihnen.

Sie lassen sich eine Hand voll Fruchtfleisch geben. Es ist cremig und leicht faserig, wie eine frische Auster, die man mit Vanilleeis gestopft hat. Ein Hauch von Mandelgeschmack ist beigemischt. Es schmeckt eigenartig, köstlich, wundervoll. Dabei riecht es nach getragener Unterhose. Es erinnert nicht im Entferntesten an irgendetwas, das Sie je angefasst, geschweige denn gegessen haben.

In Ihrem Klumpen Fruchtfleisch steckt der walnussgroße Kern. Nachdem Sie ihn sauber gesaugt haben, schmeißen Sie ihn in den Wald. Mit Ihrer gedankenlosen Tat knüpfen Sie an eine lange Reihe ähnlicher Aktionen an und vollziehen einen wichtigen Schritt. Mit Ihrer Hilfe hat der Baum *Durio zibethinus* seine Gene auf eine Reise geschickt. Sie sind ein Samenausbreiter. Die Frucht hat ihre Bestimmung erfüllt.

Die Botaniker verwenden das Wort *Frucht* in zweierlei Bedeutung. Im fachspezifischeren Sinn bezeichnet es jedes Samen tragende Gebilde, das aus dem Fruchtknoten einer blühenden Pflanze besteht und so geformt ist, dass es die

Ausbreitung des Samens begünstigt. Ob das Samen tragende Gebilde dadurch den Ort wechselt, dass es mit dem Wind davonsegelt oder auf dem Wasser treibt oder sich von einem Tier wegtragen lässt, ist unerheblich. Nach dieser strengen Definition stellt der daunenweiche, weiße Fallschirm eines Löwenzahnsamens eine Frucht dar. Der Hubschrauberflügel, der einen Ahornsamen transportiert, ist ebenfalls eine Frucht. Und das Gleiche gilt für die ledrige Akazienschote, die Eichel und die Klette. Mit ihrer ungewöhnlichen Begeisterung für Fachlatein haben die Botaniker die abstrusesten Begriffe geprägt, um die verschiedenen Techniken des Ortswechsels zu unterscheiden und die Illusion zu erzeugen, dass es sich bei der Evolution der Pflanzen um ein planvoll ablaufendes Programm handelt: *Anemochorie* für die Ausbreitung durch Wind, *Hydrochorie* für die Ausbreitung durch Wasser, *Zoochorie* für die Ausbreitung durch ein Tier. *Endozoochorie* bedeutet eine Ausbreitung, die durch das Innere eines Tieres verläuft – im Unterschied zur *Epizoochorie*, wo der Samen außen mitreist; man denke an den miesen Trick der Klette. Endozoochorie ist also die Methode, deren Vehikel Sie und ich und der Gemüsehändler um die Ecke normalerweise als Früchte bezeichnen würden.

Das ist das Wort in seiner vertrauteren Bedeutung: ein aromatischer, nahrhafter Klumpen Fruchtfleisch, der förmlich darauf zu warten scheint, gegessen zu werden. Tatsächlich *tut* er das auch. Er ist eine Prämie, die aus konzentrierten Kohlehydraten, Wasser und manchmal auch Fetten besteht und die das Tier dafür erhält, dass es den Samentransport übernimmt. Die Samen sind im Fruchtfleisch versteckt und auf die eine oder andere Weise (entweder durch eine harte Schale beziehungsweise einen Obstkern oder aber durch ihre Kleinheit beziehungsweise ihre große Anzahl) dagegen geschützt, dass sie das Tier zerstört, während es die Frucht kaut und verdaut. Die unverdaulichen Samen werden auf dem einen oder anderen Wege ausgeschieden – durch Auswürgen (wie bei Früchte verzehrenden tropischen Vögeln gang und gäbe) oder durch Darmentleerung; in letzterem Fall wird dem Samen quasi als Patengeschenk gleich auch noch eine ordentliche Dosis Dung mit auf den Weg gegeben, was seine Wachstumsaussichten verbessert. Die Evolution hat den blühenden Pflanzen beigebracht, dass sie auf diese Weise ihre Nachkommenschaft erfolgreich ins Leben treten und günstige Positionen erringen lassen können. Zugegeben, die Erzeugung von Früchten ist ziemlich kostspielig, was den Stoffwechselaufwand betrifft; aber die Kosten lohnen sich. Die Ausbreitung der Samen ist eben von entscheidender Bedeutung. Eine Pflanzenart kann nicht gedeihen, wenn sie nicht fähig ist, den Ort zu wechseln.

Frisst also ein durstiges südafrikanisches Erdferkel eine wasserreiche Melone und verbuddelt dann seinen Kot in einem Loch, haben sowohl die Pflanze als auch das Tier Nutzen voneinander. Frisst eine Galapagos-Schildkröte eine wilde Galapagos-Tomate und kackt eine Woche später die Samen auf ein Stück Land, auf dem bis dahin keine Tomaten wuchsen, dann handelt es sich um einen klassischen Fall von *Endosaurochorie* (Ausbreitung mittels des Verdauungssystems eines Reptils), und alle sind zufrieden. Nicht zuletzt sind die botanischen Fachlateiner zufrieden, die sich diese Wortmonstren ausdenken. Ich vermute, sie tun das, während sie Feldforschung treiben und den Pflanzen beim langsamen Wachsen zuschauen.

Warum ist die Ausbreitung so wichtig? Weil sie der Pflanze erlaubt, die Anzahl und den Siedlungsraum ihrer Nachkommenschaft zu vergrößern. Und was ist *daran* so wichtig? Die numerische und räumliche Vergrößerung ist das Maß, das darüber entscheidet, ob die Art überlebt, ob sie ausstirbt und welchen Wandlungsprozess sie durchläuft. Ein Baum, der über kein Mittel verfügt, sich auszubreiten, und all seine Samen einfach auf den Boden rings um seinen Stamm wirft, ist besonders gefährdet durch Samenräuber, die darauf eingestellt sind, sich seine Hilflosigkeit zunutze zu machen. Eine Samenräuberplage, von der solch ein übel beratener Baum heimgesucht wird, kann jeden einzelnen Samen zerstören. Und falls die Räuber nachlässig genug sind, ein paar Samen zum Keimen kommen zu lassen, dann lässt die erdrückende Gegenwart der übermächtigen Elternpflanze die jungen Schösslinge verkümmern. Außerdem machen sich die jungen Pflänzchen gegenseitig Konkurrenz, und so wird der größte Teil des Saatguts verschwendet sein. Wenn sich das örtliche Klima verschlechtert und dauerhaft unerträglich wird, sterben der Baum und seine paar dicht gedrängten Schösslinge, ohne Nachkommenschaft zu hinterlassen. Die Ausbreitung von Samen in entfernte neue Landstriche räumt alle diese Probleme aus der Welt.

Dieser Ortswechsel mittels Frucht ist eine geniale biologische Strategie. Aber wie ist es dazu gekommen? Als Antwort auf diese schwierige Frage präsentiert uns ein angesehener britischer Botaniker namens E. J. H. Corner die so genannte Duriantheorie der Pflanzenentwicklung.

Im Jahr 1949 veröffentlichte Corner einen Zeitschriftenbeitrag mit dem Titel »The Durian Theory or the Origin of the Modern Tree« (Die Duriantheorie oder der Ursprung des heutigen Baums). In späteren Veröffentlichungen, zu denen ein kühner Artikel zählt, der unter der Überschrift »The Evolution of Tropical Forest« (Die Entwicklung des Tropenwaldes) 1954 erschien, arbeitete er die Theorie weiter aus. Seiner Ansicht nach ging die Endozoochorie (also die Methode, Tiere dazu zu bringen, in ihrem Verdauungstrakt Samen zu transportieren) allen anderen Ausbreitungsstrategien voraus und stellten primitive Vorfahren von *Durio zibethinus* die ersten Baumarten dar, die sich dieser Strategie bedienten. Die Überlegungen, die er zur Untermauerung dieser These vortrug, waren schwierig und drehten sich um den Gegensatz zwischen großen und kleinen Samen, vielen und wenigen Samen, Springfrüchten (die wie eine Erbsenschote sauber aufplatzen) und Früchten, die keine sind (das Fruchtfleisch einer Mango verfault, aber platzt nicht auf), sowie

einem bestimmten Fruchttyp, den man als Arillusfrucht bezeichnet, und allen übrigen Fruchttypen. Ich überspringe
die umständlichen Ausführungen Corners und komme direkt auf das Thema *Arillus* oder Samenmantel zu sprechen.

Arillusfrüchte sind selten. In den Tropen besitzt vielleicht
eine von hundert Frucht tragenden Baumarten einen Samenmantel. Die meisten fleischigen Früchte werden als Steinobst
taxiert (wie der Pfirsich mit seinem einen harten Kern) oder
als Kernfrucht (wie die Birne, deren Fleisch ein Samen tragen-
des Kerngehäuse umgibt) oder als Beerenobst (zu welcher
Gruppe aus unerfindlichen Gründen auch Tomaten, Kartof-
feln und Spargel zählen). Bei einer Arillusfrucht bildet der
Samenmantel einen fleischigen Auswuchs der Samenhülle
selbst, die sich um den Samen schmiegt wie Karamell um
einen kandierten Apfel. In vielen Fällen ist dieser Samenmantel
sowohl nahrhaft als auch bunt gefärbt. Die Farbe Rot kommt
häufig vor. Fällt solch eine Arillusfrucht auf den Boden und
platzt auf, dann lockt der Samenmantel Tiere mit der Aussicht
auf ein lohnendes Mahl. Die Muskatnuss ist eine Arillusfrucht, die diesem Schema genau entspricht: Der Samenmantel präsentiert sich als auffälliger, kleiner scharlachfarbener
Polyp, der einen langweiligen braunen Samen einschließt.
Tauben verschlingen eifrig die Samenmäntel der Muskatnuss,
wenn der Baum wild im Wald wächst; bei weniger wild wach-
senden Bäumen sind es die Betreiber von Gewürzplantagen
(siehe »Imperium als Rauschmittel«, S. 33), die den Samenmantel nicht minder eifrig sammeln, um ihn zu Muskatblüte
zu verarbeiten. Auch bei der Durianfrucht handelt es sich laut
E. J. H. Corner um eine Arillusfrucht. Das cremige weiße
Fruchtfleisch ist nichts anderes als ein Samenmantel, der
spektakulär über die Stränge schlägt. Statt durch eine grelle
Farbe preist er sich durch einen aufdringlichen Geruch an.

Corners Schriften ist klar zu entnehmen, dass er die Du-
rianbäume mit einer Leidenschaft liebte, die seiner botanischen Urteilskraft um nichts nachstand. Seiner Ansicht zufolge lieferte der Durianbaum wichtige Aufschlüsse über die

Evolution tropischer Pflanzen. Zu den Lehren, die sich aus der Durianologie – so nannte er humorvoll seine Beschäftigung mit dem Durianbaum – ziehen ließen, zählte auch die Einsicht, dass die Pflanzen der gemäßigten Zonen im Lichte dieses Modells aus den Tropen zu verstehen waren. Die Evolutionsbotanik in den Tropen ist nur wenig erforscht, weil von den ursprünglichen Arten fast keine fossilen Zeugnisse auf uns gekommen sind; in *D. zibethinus* und den nächsten Verwandten des Baumes glaubte Corner indes, eine Art lebende Fossilien entdeckt zu haben. Der Durianbaum beleuchtet nach seiner Überzeugung die Evolution der Bäume auf ähnliche Weise wie der Quastenflosser die Evolution der Land bewohnenden Wirbeltiere erhellt.

Im Zentrum von Corners Überlegungen steht jener köstlich klebrige Arillus. Weil sich bei den Bäumen der Samenmanteltyp so selten findet und doch durch viele verschiedene Baumfamilien breit gestreut auftritt und sich überall da, wo man ihn antrifft, anatomisch ähnelt, ist er höchstwahrscheinlich ein Überbleibsel der ursprünglich allen Früchten gemeinsamen Grundform und keine erst später entwickelte Ableitung. Die hellrote Färbung deutet gleichfalls auf Ursprünglichkeit. Auch wenn das Fruchtfleisch von *D. zibethinus* weiß ist, trägt doch zumindest eine andere Art der Gattung *Durio* rote Früchte mit rotem Fruchtfleisch. Auf der Grundlage dieser und anderer Tatsachen stellt Corner fest: »Das erste, unwiderstehliche Postulat der Duriantheorie lautet deshalb, dass eine rote Durianfrucht die ursprüngliche Frucht blühender Pflanzen repräsentiert.« Er malt aus, wie *Iguanodon* und andere Pflanzen fressende Dinosaurier diese roten Fruchtfleischbatzen mampften und damit die Aufgabe der Ausbreitung der Pflanze erfüllten – erfreuliche Kunde für alle, die auf die Gelegenheit gelauert haben, ganz lässig das Wörtchen *Endosaurochorie* in ihre Ausführungen einzuflechten.

Große Samen, die von großen Tieren ausgebreitet wurden, bedeuteten für die Proto-Durianpflanzen einen evolutionären Vorteil, der die Pflanzenökologie revolutionierte, meint Corner. Ein großer Samen verschafft dem Schössling, der in irgendeinem neuen Stück Lebensraum den Pionier spielt, in ernährungspraktischer Hinsicht einen günstigen Start und insofern einen Wettbewerbsvorteil. Aber große Samen, eingebettet in einen Samenmantel, der durch seine Üppigkeit die Tiere anspricht, erfordern große Fruchtkapseln, die wiederum an die Bauform der Bäume, die sie tragen sollen, eigene Anforderungen stellen. Daher das zweite Postulat von Corners Theorie: Auch wenn die ersten blühenden Pflanzen wahrscheinlich wie ein Baumfarn aussahen – mit dickem, säulenartigem Stamm, der in eine einzige Spitze mündete, mit wenig festem Holz und praktisch ohne Verzweigung –, trieb die Notwendigkeit, einer ansehnlichen Menge schwerer Fruchtkapseln Halt bieten zu müssen, die Pflanzen in ihrer Entwicklung voran, stärkere Stämme und kräftige, hölzerne Äste auszubilden. Die Bäume wurden größer und stämmiger. Sie breiteten ihre Äste aus. Das Blätterdach des tropischen Waldes wuchs und gedieh. Insekten, Vögel, baumbewohnende Reptilien und Säugetiere entwickelten sich, um darin zu hausen und vom Blütenstaub, von den Blättern, von immer entwickelteren Fruchtsorten und voneinander zu leben.

Anatomisch machte unterdes die Proto-Durianfrucht einer größeren Vielfalt von Fruchtformen Platz. Corners Hypothese: »Aus solchen Arillusfrüchten haben sich alle anderen Fruchtarten entwickelt – durch den Verlust des Samenmantels, durch Eintrocknen, bis nichts als eine rasselnde Schote oder Kapsel mit dürren Samen übrig blieb, durch Verschwinden des Springfruchtcharakters mit dem Ergebnis durchgängig fleischiger Beeren, durch zunehmende Verholzung, die zu Steinobst und Nüssen führte, und durch Abnahme der Größe, die bei all diesen Sorten kleinere Versionen zur Folge hatte.«

Diese entwicklungsgeschichtliche Umwälzung nahm, wenn wir Corners Vermutung Glauben schenken, in der Umgebung des heutigen Malaysias ihren Anfang. Von dort breiteten sich die neuen Pflanzen- und Tierarten und die durch sie bedingten neuen Verhältnisse in andere Regionen aus, nach Borneo, nach Südwestasien, ins tropische Afrika. Weil infolge von Klimaveränderungen später in einigen dieser Regionen die Feuchtigkeit abnahm, bildeten sich dort die Wälder zurück, und es entstanden offene Savannenflächen, auf denen große Herden grasender Säugetiere in Erscheinung traten. Mit seiner Rekapitulation an diesem Punkte angelangt, fügt Corner hinzu:»Hier kann sich nun die Duriantheorie Gedanken über das haarlose waldbewohnende Säugetier machen, das sich aus dem immer dürftiger werdenden Waldmilieu herauswagte, um die wilden Herden abzuschlachten, die Samen von Wildgräsern zu ernten und die Stätte seines Ursprungs abzuholzen.« Gemeint sind wir.

Es gibt also nicht viel, was sich der Reichweite dieser Duriantheorie entzöge. Die Beweislage mag prekär sein, die Logik mag von manchem Botanikerkollegen in Zweifel gezogen werden, aber ein beschränktes Blickfeld lässt sich E. J. H. Corner ganz gewiss nicht vorwerfen.

Hat der Reisende Glück, wie ich es hatte, so ist er just im rechten Augenblick der Durianzeit, wie Corner sie nennt, zur Stelle. »Gewöhnlich lösen sich die reifen Früchte vom Baum und krachen auf den Boden, wo das Fruchtfleisch binnen ein, zwei Tagen faulig wird. Auf der Malaiischen Halbinsel lockt der Geruch der Frucht tragenden Bäume Elefanten an, die sich versammeln, um das Beste vom Besten zu genießen; danach folgen Tiger, Schweine, Rotwild, Tapire, Nashörner und urwaldbewohnende Menschen. Gibbons, Affen, Bären und Eichhörnchen essen von den Früchten, während sie noch am Baum hängen; in Sumatra und Borneo führt der Orang-Utan den Vorsitz bei Tisch; die Überreste am Boden werden von Ameisen und Käfern vertilgt.« Die Szenerie auf Ternate, einer kleinen Insel, die weit weg von solch wilden Urwäldern liegt, ist weniger dramatisch: keine Nashörner, keine Bären, keine Tapire, keine Tiger, keine Elefanten oder Orang-Utans, die sich um die Durianfrüchte streiten könnten. Neben Ameisen und Käfern und vielleicht ein paar Vogelarten sind es hier unternehmungslustige Fruchtsammler, kleine Jungen und amerikanische Besucher, die aufspüren, was vom Baum fällt.

Ist Ihnen das Glück ebenso hold, wie es mir war, dann sind Sie nicht unter Zeitdruck und können in Ternate verweilen und zusehen, wie das tägliche Flugzeug kommt und geht. Sie wandern am Spätnachmittag durch den Wald und suchen im Morgengrauen den Markt auf. Auf dem Markt besorgen Sie sich Früchte und leben zufrieden von Obst, Kaffee, frischem Fisch, Obst, Reis, Bintang-Bier, Obst. Sie lernen, wie man am besten Langsats aus ihrer samtig weichen Haut herausschält, und entwickeltn ein Faible für ihren pampelmusenähnlichen Geschmack. Sie schwelgen in Zwillingspflaumen. Papaya und gute kleine Bananen bilden die Grundlage Ihres Frühstücks. Sie führen sich mit aller Gründlichkeit Mangostanen zu Gemüte (sie dürfen nicht mit Mangos verwechselt werden und sind weit sensationeller als diese), schlürfen unmäßige Mengen der kleinen, nach Creme und Limonade schmecken-den Schnitze aus ihren ledrig roten Schalen und beschließen, dass Königin Viktoria Recht hatte mit ihrer Behauptung, Mangostanen seien die köstlichste Frucht auf der ganzen Welt. Aber anders als Viktoria, die angeblich einen Preis für jeden aussetzte, der ihr eine frische Mangostane nach England brachte, können Sie sich Ihre am Ort kaufen, wo sie so billig wie Rüben sind. Auch das ist ein Glücksfall, denn Mangosta-nen lieben keine langen Reisen. Und selbstverständlich ver-stoßen Sie schamlos gegen das Verbot im Hotel und lassen sich auf Ihrem Zimmer Durianfrüchte schmecken.

Sie machen sich mit diesem urtümlichen, aufplatzenden, geruchsintensiven Arillusklumpen aus himmlisch ge-schmackvollem Kleckerzeug so vertraut wie nur irgend möglich. Stehen die Schriften von E. J. H. Corner nicht zur Verfügung – und betrüblicherweise wird das der Fall sein –, dann können Sie stattdessen zu einer Schilderung des Naturforschers Alfred Russell Wallace greifen, der im Jahre 1858 ein paar Monate genau hier auf Ternate zubrachte: »Ein üppiger buttriger Vanillepudding, mit Mandelaroma stark gewürzt, kommt der Sache am nächsten; dazwischen mengen sich aber auch Duftnoten, die an Kremkäse, Zwiebelsoße, braunen Sherry und andere Absonderlichkeiten erinnern. Dem Fruchtfleisch eignet außerdem eine klebrige Glätte, die man nirgends sonst antrifft und die aber zur Köstlichkeit der Frucht maßgeblich beiträgt.« Wallace weist darauf hin, dass die ideale Durianfrucht am Baum gereift und gerade erst heruntergefallen sein muss, weil »der Geruch dann weniger überwältigend ist«. Das Fruchtfleisch sei weder saftig noch sauer noch eigentlich süß, schreibt er, sondern schlicht unvergleichlich. »Es ruft keinen Ekel oder sonstige üble Wirkungen hervor, und je mehr man davon isst, umso weniger möchte man aufhören. Durianfrüchte zu essen ist in der Tat eine neue Erfahrung, die allein die lange Reise nach Osten lohnt.« Er hat Recht.

Nach einer Reihe von Tagen oder vielleicht auch Wochen hat man sich indes satt daran gegessen, hat man *genug* von dem buttrigen Vanillepudding mit dem Hauch von Zwiebelsoße, *genug* von den Eiskrem-Austern mit dem Unterhosenbouquet. Die Aussicht auf ein erneutes freundschaftliches Feilschen mit einem der Fruchtverkäufer lässt Sie kalt. Sie sehnen sich nicht danach, zu sehen, wie eine weitere Machete eine weitere große dornige Kapsel zerspaltet. Sie können gut und gern auf einen abermaligen Schwall dieses pervers verheißungsvollen Geruchs verzichten. Ich will damit nicht sagen, dass Sie ein Abscheu gegen die Durianfrucht gepackt hat. Sie sind einfach nur übersättigt.

Damit sind wir bei meiner privaten Duriantheorie, die in ihrem Geltungsanspruch weitaus bescheidener ist als die von E. J. H. Corner. Wenn Sie die Durianfrucht überhaben, lautet meine Theorie, dann haben Sie genug von den Tropen. Es ist ein Fingerzeig, der Ihnen sagt, dass Sie gut daran tun, heimzukehren in ein Land der Trauben und Pflaumen.

ALLES ÜBER EIER

Anisogamie, Wissenschaftsjournalismus
und anderes Gedankenfutter

Montagnachmittag, Start in eine neue Woche, und ein ausgewachsener Mann, verdammt nah an den Vierzig, geistert in den Sälen einer Universitätsbibliothek herum, in der einen Hand ein Notizbuch, in der anderen einen Stoß Fotokopien; er hat den bedrückten, sorgenvollen, skrupellosen Gesichtsausdruck eines halb verhungerten Kojoten. Die Uhr läuft. Er ist Zeitschriftenkolumnist und sieht dem Redaktionsschluss entgegen, der arme Bursche. Allmonatlich steht er vor der Aufgabe nachzuweisen, dass Evolutionsbiologie, theoretische Ökologie und tief schürfende Naturbetrachtung Leuten, die beim Zahnarzt warten, prickelnde Unterhaltung zu bieten vermögen. Wie gewöhnlich ist er drei Wochen im Verzug. In diesem Monat lautet das Thema Eier. Jawohl, Eier, Sie wissen schon, Hühner und Zygoten und das elementare Selbstversorgungspaket, das die Natur für einen sich entwickelnden Embryo bereitstellt. Sein Notizbuch ist voll mit hingekritzelten Zitaten und Telefonnummern; in seinem Kopf wimmelt es von Eiern. Er blickt unwillig auf die schwatzenden Jungstudenten in Designerkluft und läuft geschäftig die Gänge zwischen den Regalen entlang. Ein bisschen was über Eier weiß er bereits. Er weiß, dass der Vogel Strauß ein Ei legt, das über drei Pfund wiegt und dessen Schale stark genug ist, um die Last von

zwei Männern tragen zu können. Er weiß, dass ein Seestern vierzig Millionen Eier im Jahr produzieren kann. Er
weiß, dass ein Beutelfrosch seine Eier bis zum Schlüpfen der
Jungen in einer Hauttasche auf dem Rücken trägt. Hingegen weiß er nicht, wie er diesen Müll aus amüsanten und absolut disparaten Fakten zu einem zusammenhängenden
Beitrag komprimieren soll. Manchmal, wie gerade jetzt, hat
er das Gefühl, den lächerlichsten Job in ganz Amerika zu
machen.

Der Blätterstoß in seiner Hand besteht aus den fotoko-
pierten Seiten eines Artikels, den er im *Journal of Theoretical Biology* gefunden hat und der den Titel »Why Are
There So Many Tiny Sperm?« (Warum gibt es so viele winzige Samenzellen?) trägt. Das ist genau die Art von wissenschaftlicher Frage, die seine Aufmerksamkeit verdient. Die
Woche hat gerade erst begonnen, und noch hofft er, durch
grüne Wiesen biologischer Empirie einem sanft mäandern-
den logischen Ablauf folgen und bei einem adretten kleinen
Fazit anlangen zu können. Im Augenblick ist er noch in der
Orientierungsphase. Wo es Spermien gibt, da muss es auch
Eier geben, stimmt's? Nachdem er eine Stunde lang in der
Bibliothek herumgaloppiert ist, weiß er allerdings schon
nicht mehr, wie der Artikel in seine Hände gelangt ist. Und
auch nicht, aus welchem Grund. Immerhin weiß er jetzt,
dass der Wanderalbatros nur alle zwei Jahre ein einziges Ei
legt. Auch darüber, wie der weibliche Tintenfisch seine Eier
hütet, hat er etwas in Erfahrung gebracht. Und er hat sich die
eine oder andere Information über Eidotter beschafft.

Außerdem hat er angefangen, im Geiste eine Liste von
eierlichen Fragestellungen zusammenzutragen. Mit bloßen
Fakten kann er nichts anfangen, solange sie nicht eine Frage
beantworten, von der denkbar ist, dass sie jemand aufwirft –
oder solange sie sich nicht wenigstens den Anschein geben,
die Frage zu beantworten, beziehungsweise sich so drehen
und wenden, zurichten und verformen lassen, dass der Eindruck entsteht, es fehle nicht mehr viel und sie würden die

gesuchte Antwort liefern. Was sind die wichtigsten unbeantworteten Eierfragen?, hat er sich gefragt.

Natürlich gibt es da die Allerweltsfrage: »Was war zuerst, die Henne oder…?« Aber diese Frage ist eigentlich gar nicht mehr offen, weil nur, wer noch an eine göttliche Schöpfung glaubt, nicht weiß, dass in der Entwicklung des Lebens das erste Ei um dutzende von Millionen Jahren früher da war als das erste Huhn. Besser ist da schon die Frage, warum ein Schnabeltier Eier legt, während ein Hammerhai oder eine Klapperschlange lebende Junge zur Welt bringt. Und eine zweite Frage, die eng mit der ersten zusammenhängt, ist auch nicht schlecht: Wenn manche Reptilienarten Eier legen und manche nicht, wenn es bei den Fischen und den Säugetieren solche und solche gibt, warum legen dann sämtliche *Vogel*arten auf der Welt ausnahmslos Eier? Jetzt kommen wir der Sache schon näher, denkt er. Und es gibt weitere Fragen. Warum werden manche Eier bebrütet, ehe sie gelegt werden? Wie schafft es ein Geier, der durch die Nahrung wenig Kalzium aufnimmt, genug Kalzium für seine Eierschalen zusammenzukriegen? Muss ein Ei atmen? Muss ein Ei trinken? Wie weiß ein Ei, wann es Zeit zum Schlüpfen ist? Dann stößt ihm eine Frage auf, die einen solch verheißungsvollen wissenschaftlichen Tiefgang besitzt und oberflächlich betrachtet so albern wirkt, dass er sich gleich darauf wünscht, sie wäre ihm gar nicht erst eingefallen: *Wenn wir Hühnereier zum Frühstück essen, warum essen wir dann nicht auch Hühnersperma?*

Er kennt die Antwort nicht. Vielleicht fällt das Problem in den Zuständigkeitsbereich der theoretischen Zoologie, vielleicht ist das Ganze aber auch nur eine Geschmacksfrage. Vielleicht macht die Verpackung den Unterschied. Er betet zum Himmel, dass er im Laufe dieser Woche nicht in die Verlegenheit kommt, die Frage stellen zu müssen.

* * *

Am Ende eines der schmalen Gänge zwischen den Regalen stößt er auf seinen guten alten Bekannten, den Dinosaurierpaläontologen, der mit gekreuzten Beinen auf dem Teppichboden sitzt, wie ein genervter Pedell, der sich nach Unterrichtsschluss aus dem Pappbecher einen genehmigt. Auf seinen Knien liegt ein dicker grüner Band. Dieser Paläontologe genießt internationales Ansehen, weil er Nester mit Dinosauriereiern entdeckt und analysiert hat; heute blättert er in Büchern und sucht nach Anregungen zum Thema Zoologie der Vögel. »Was suchst *du* denn hier?«, will er von unserem Helden wissen.

»Eier.«

»Und was interessiert dich daran?«

»Was auch immer! Ich bin für alles offen.«

Der Paläontologe verdreht mitleidig die Augen. Dann deutet er auf einen Satz auf der aufgeschlagenen Seite seines dicken grünen Buchs. Der Satz besagt, dass das frisch geschlüpfte Junge des Ameisenigels (eines eierlegenden australischen Säugetiers, das mit dem Schnabeltier verwandt ist) einen Eizahn besitzt. Ein Eizahn ist ein Gebilde, das für einige Zeit an den schnabelartigen Mäulern einer Reihe schlüpfender Reptilien und Vögel auftritt und dem kleinen schwachen Tier dazu dient, sich seinen Weg aus der Eischale zu bahnen. Das Auftreten eines Eizahns bei diesem komischen Säugetier sei ein interessanter Primitivismus, meint der Paläontologe.

»Her damit«, sagt unser Held, schnappt sich das grüne Buch und zieht ab, um eine Fotokopie zu machen.

Er weiß, dass ein Bandwurm im Laufe seines Lebens zwei Milliarden Eier legen kann. Er weiß, dass hingegen ein parasitäres Insekt namens Schaflausfliege während eines ganzen Lebens mit gerade einmal zwölf Eiern rechnen kann. Er weiß, dass der Eidotter eines Hühnereies reich an zwei Sorten von Protein (Ovovitellin, Ovolivetin) ist, die als Baumaterialien für den Kükenembryo dienen, sowie an Fetten, die für Kreosotablagerungen in den menschlichen Arterien sorgen. Er weiß, dass Alligatorweibchen ihre Eier in einem kuscheligen Haufen faulenden Komposts ausbrüten. Und jetzt weiß er auch noch, dass Ameisenigelbabys einen Eizahn besitzen. Er ist außer sich vor Begeisterung.

Er gibt das Wort *Eier* in das elektronische Sachregister für Zeitschriften ein, woraufhin der Computer verächtlich schnaubt, als wollte er sagen: Wie soll ich dir helfen, wenn du so unbestimmt bleibst, du Trottel? Er macht Fotokopien von ein paar verstreuten Seiten aus alten Ausgaben einiger verstreuter Zeitschriften – *Science*, *Science News*, *Natural History*, *Business Week* – und trägt eine Ladung Bücher zusammen. Er weiß mittlerweile, dass die NASA vorhatte, zweiunddreißig Eier in den Weltraum zu schießen (dummerweise an Bord der *Challenger*), und was der renommierte Gastronomiekritiker M. F. K. Fisher von Straußenrührei hält. Er ist über die Theorie von der optimalen Eigröße informiert, was immer das sein mag, und darüber, dass eine neuere Studie über Süßwasserschildkröten die Theorie zu widerlegen scheint. Er weiß, dass die Männchen der Kaiserpinguine etwa neun Wochen lang auf dem Eis der Antarktis stehen und auf ihren Füßen ein Ei tragen.

Er hat auch Gott sei Dank für das Gebilde, um das es geht, eine gute, bündige Defintion gefunden: »Im Wesentlichen besteht das Ei aus einem winzigen Lebenszentrum, um das herum relativ gewaltige Massen unbelebter Nährstoffe angehäuft sind, während das Ganze von einer Schutzkonstruktion umgeben ist. Sind die erforderlichen Bedingungen gegeben, wird das lebende Stückchen aktiviert und verwandelt die leblose Masse in einen Organismus, der als selbstständige Einheit zu existieren vermag.« Diese Definition stammt aus einem Buch mit dem Titel *The Avian Egg* (Das Vogelei), aber unser Held weiß, dass sie ebenso gut für die Eier von Heuhüpfern, Schnecken, Riesenkalmaren, Korallen, Krokodilen, parasitischen Ruderfußkrebsen, Meermuscheln, Ameisenigeln, Wasserflöhen, Forellen und einer Reihe von

Algenarten gilt. Als er die Bibliothek verlässt, ist er ebenso gut informiert wie bar jeder Hoffnung.

Noch ist es nicht zu spät, auf ein anderes Thema umzuschwenken. Niemand braucht je zu erfahren, dass er einen Tag auf Eier verschwendet hat.

Dienstagnachmittag aber ist es bereits zu spät. Wieder hat er einen halben Tag damit zugebracht, sein Gehirn mit faszinierendem Wissensschrot voll zu stopfen. Er weiß, dass gewisse, auf Klippen nistende Alken namens Teisten Eier legen, die stark konisch zulaufen und wie Hähnchenkroketten aussehen, sodass sie beim Rollen enge Kreise beschreiben und deshalb weniger in Gefahr sind, von einem schmalen Felssims runterzukullern. Er weiß, dass Ohrwurmmütter große Mühe darauf verwenden, ihre Eier durch Lecken frei von Pilzen zu halten. Er weiß, dass die Eier des Schopfkuckucks ungewöhnlich dickschalig sind, offenbar deshalb, weil das Kuckucksweibchen seine Eier ziemlich rüde in die Nester anderer Arten fallen lässt, damit das Junge dort als Pflegekind aufgezogen wird. Er weiß, dass bei den Korallen des Great-Barrier-Riffs das Ablegen des Laichs zeitlich abgestimmt erfolgt und den Charakter wahrer Massenorgien hat. Zum größten Teil entstammen seine Informationsbröckchen einem Buch mit dem Titel *Eggs: Nature's Perfect Package*, erschienen in einem Verlag, der sich *Facts on File* (Registrierte Fakten) nennt. Er ist dem Autor Robert Burton dankbar, würde ihn allerdings auch liebend gern erwürgen, weil das Buch voll von Informationen ist, aber praktisch keine Fußnoten oder bibliografischen Angaben enthält. Nichts lässt sich auf seine wissenschaftliche Quelle zurückverfolgen. Irgendjemand sollte diesen Verlag zwingen, sich in *Facts Adrift* (Herrenlose Fakten) umzubenennen. Unser Held weiß dank Mr Burtons Buch, dass Wissenschaftler bei der Virginiawachtel Formen der Verständigung zwischen Eiern vor dem Schlüpfen beobachtet haben (Klopfzeichen, die von den anderen Eingesperrten gehört werden, wie in

Arthur Koestlers Roman *Sonnenfinsternis*), aber wer die Wissenschaftler sind oder wann beziehungsweise wo sie ihre Funde veröffentlicht haben, weiß er nicht.

Am Mittwochmorgen ruft sein Chefredakteur aus Chicago an und fragt munteren Tones: »Wie geht's mit der Kolumne voran?« Sein Herausgeber ist ein junger Mann mit der Gemütsruhe eines Heiligen, der im Laufe der Jahre alle möglichen zoologischen Moritaten und Satyrspiele widerspruchslos abgedruckt hat und dessen Ansprüche sich offenbar darin erschöpfen, dass die Grammatik in Ordnung sein und die Lieferung pünktlich erfolgen muss. »Gut«, lügt unser Held. »Bestens. Ich denke, Sie haben es bis Freitag. Reicht Freitag?«

»Klar, geht in Ordnung. Freitag reicht.«

»Ja dann, ginge Montag auch noch?«

Er weiß von einer Henne der Rasse Black Orpington, die Schlagzeilen machte, weil sie in nicht einmal einem Jahr 361 Eier legte. Er weiß, dass die normale Miesmuschel in einem Zeitraum von fünfzehn Minuten zwölf Millionen Eier ablegen kann. Er weiß, dass diese beiden Tierchen einen Platz im *Guinnessbuch der Rekorde* verdienen, dass sie hingegen nichts in einem Wissenschaftsessay zu suchen haben, der diesen Namen einigermaßen verdient und den er mit seinem bisherigen Selbstverständnis als Autor vereinbaren kann. Er kennt den Unterschied zwischen Isogamie (geschlechtliche Fortpflanzung, bei der die Keimzellen oder Gameten alle ungefähr die gleiche Größe haben) und Anisogamie (geschlechtliche Fortpflanzung, bei der einige Mitglieder der Spezies große passive Gameten erzeugen, die Nahrungsvorräte enthalten, während andere Mitglieder der Spezies winzige hochbewegliche Gameten erzeugen, die nichts weiter enthalten als genetische Informationen), und er weiß, dass diese beiden Arten von Anisogameten als Eier und Spermien bezeichnet werden. Er spürt mittlerweile, dass in dem Rätsel der Anisogamie die Antwort auf mindestens eine der großen eierlichen Fragen verborgen liegt. Er ist sich unsicher, um welche der Fragen es sich dabei handelt.

Er war inzwischen noch dreimal in der Bibliothek, hat zum Thema Anisogamie aus *Journal of Theoretical Biology* ein halbes Dutzend Beiträge kopiert und sich als Schutzvorkehrung gegen Anwandlungen nackter Verzweiflung telefonisch mit dem Manager einer am Ort ansässigen Hühnerfarm verabredet. Jawohl, der Manager wird ihn am nächsten Tag herumführen.

Mittlerweile ist es Mittwoch spätnachts, und unser Eierheld hat damit begonnen, die Beiträge über Anisogamie zu entziffern. In manchen stehen Sachen wie das Folgende:

$$\frac{\hat{x}_1}{\hat{x}_2} = \frac{1-(1+\theta)^{-k}\{\theta 2^k+[2p/(1-p)](\theta-\theta^k)\}}{1-(1+\theta)^{-k}\{\theta^{k-1}2^k+[2p/(1-p)](\theta^{k-1}-1)\}}.$$

Leute, seht mal, was ich alles für euch durchmache, murmelt er innerlich. Ein anderer Beitrag beginnt mit einem Satz, der so herrlich wissenschaftlich ist, dass es ihm fast die Tränen in die Augen treibt: »Sex hat die Populationsbiologen schon immer in Verlegenheit gebracht.« Diese Artikel sind im Ablauf eines Jahrzehnts erschienen, aber sie wirken, als stünden sie alle in einem Zusammenhang; die Autoren stehen im Gespräch miteinander und sind gemeinsam der Wahrheit über die Anisogamie auf der Spur. Der erste Artikel in der Reihe, der den Auslöser für alle übrigen gebildet zu haben scheint, wurde 1972 von Parker, Baker und Smith veröffentlicht, was mehr nach einem sportlichen Dreierteam als nach einer Gruppe von Wissenschaftlern klingt. Der Artikel trägt den Titel »The Origin and Evolution of Gamete Dimorphism and the Male-Female Phenomenon« (Ursprung und Entwicklung des Gametendimorphismus und das Phänomen männlich/weiblich). Ganz schön anspruchsvoll und ohne Frage eine richtungsweisende Arbeit!

Kernaussage der ganzen Reihe von Beiträgen scheint zu sein, dass 1) die Welt bei den Arten, die sich geschlechtlich fortpflanzen, zwei (und nur zwei) verschiedene Geschlechter kennt, wobei diese zwei Geschlechter zwei (nicht eine, nicht drei, nicht vier, nicht zwanzig, sondern eben zwei) Formate von Keimzellen hervorbringen, die sich ihrer relativen Größe nach unterscheiden, ein großes, träges Format, das für den künftigen Spross ein Nahrungsdepot enthält, und ein sehr kleines, bewegliches Format, das nur genetische Anweisungen enthält, und dass 2) die theoretische Zoologie einige Gründe für diese unweigerlich binären Verhältnisse nennen kann, wobei zu den begründenden Faktoren der Wettstreit zwischen Scharen galoppierender Spermien, die Unwahrscheinlichkeit, dass sich zwei voll gestopfte Eizellen in den Weiten des Raums zu einer lesbischen Vereinigung zusammenfinden können, sowie die schicksalsträchtige Tatsache zählen, dass sich $f_{31}x_1 + f_{32}x_2$ auf weniger oder gleich viel beläuft wie W. An diesem Punkt erkennt unser Held auf seinem Eiertrip, dass es sich bei der ganzen Sache um eine faszinierende wissenschaftliche Frage handelt, die sich ohne weiteres journalistisch ausschlachten und durch den Kakao ziehen ließe; nur hat er seine Kolumne währenddessen fast fertig, und es fehlt an Platz, der Anisogamie Gerechtigkeit widerfahren zu lassen, außerdem muss er los, um die Hühnerfarm zu besichtigen.

Die Hühnerfarm Cherry Lane, sechs gigantische Metallschuppen und ein Gebäude für die Verarbeitung der Produkte, liegt am Rande von Three Forks in Montana. Hundertfünfzigtausend emsige Leghornhühner haben dort ihren Arbeitsplatz sowie Don Zeiger, der liebenswürdige Mensch, der damit betraut ist, sie zu beaufsichtigen. Mr. Zeiger ist seit neun Jahren in dem Geschäft tätig. Mr. Zeiger mag Eier. »Ja, doch, warten Sie mal. Ich hatte heute Morgen in Helena vier Stück zum Frühstück. Gestern Morgen waren es ebenfalls vier. Und zum Abendessen werden es wahrscheinlich sechs

Stück sein.« Jede Woche verschickt Mr. Zeiger etwa neunhunderttausend Eier und verzehrt etwa drei Dutzend.

Nein, sagt Mr. Zeiger, einen Hahn gebe es hier nicht. Er züchtet seine Hühner nicht selbst. Er kauft junge Hennen von Zuchtfarmen in Iowa und Minnesota, lässt sie etwa zwei Jahre lang Eier legen und schickt sie dann zurück nach Minnesota ins Schlachthaus. Während ihres Aufenthalts in Montana legen die Hennen wie wild, führen eine beengte, aber ansonsten akzeptable Existenz und kriegen einen zehnwöchigen Urlaub. Während des Urlaubs haben sie ihre Mauser. Anders als manche Hähnchen, die nur als Fleischvieh aufgezogen werden, dürfen sie ihre Schnäbel, ihre Füße und ihre Kämme behalten. Die Kämme bei diesen Hennen sind lang, rot und schlabberig. Schneidet man die Kämme ab, schwächt das die Moral der Tiere, sagt Mr. Zeiger.

Eine junge Henne mit guter Moral legt etwa sechs Eier pro Woche. Mit zunehmendem Alter der Henne nimmt die Zahl der Eier ab, und sie werden größer.

In einem der Hühnerhäuser blickt der Eierjournalist lange Käfigreihen entlang, die sich im Fluchtpunkt verlieren. Die Luft ist geschwängert mit einem schlechten, säuerlichen Geruch, dem er lieber nicht nachgehen möchte. Er schaut einen der engen Korridore zwischen den Käfigreihen entlang, und hunderte von weißen Köpfen mit schlabberigen, roten Kämmen recken sich aus den Käfigen und starren zurück. Ein einzelnes Ei rollt auf den Boden eines der Käfige, kullert sanft durch einen niedrig liegenden Schlitz und kommt in einer Mulde zur Ruhe. Heraus mit der Sprache, wer *war* das?

»Mr. Zeiger, ich möchte Sie etwas fragen. Vergessen Sie nicht, ich frage aus rein wissenschaftlichem Interesse – nicht dass Sie meine Frage in die falsche Kehle kriegen.

»Okay«, sagt Don Ziegler.

»Haben Sie sich je gefragt, warum wir Hühnereier essen, aber kein Hühnersperma?«

Natürlich ist die Anisogamie schuld daran. Die einen enthalten Nährstoffe, das andere enthält nur Informationen. Die Frage ist nicht banal oder abstoßend oder albern.

»Nein«, sagt Don Zeiger. Sein gut gepolstertes Farmmanagergesicht erhellt ein winzig kleines Lächeln. »Nein, ehrlich, das habe ich mich nie gefragt.«

Der Mann mit dem Notizbuch nickt. Er wechselt das Thema. Er wünschte, er könnte sagen: »Ich auch nicht.«

III

FISCH ODER FLEISCH ODER WIE DENN NUN?

Katzen, die ihre eigenen Wege fliegen

Felis catus *im freien Fall*

Einst, als die zahmen Tiere noch wild waren, weiß Rudyard Kipling zu berichten, war die Katze das wildeste Tier von allen. Der Hund war damals ein wildes Geschöpf, die Kuh war noch wild, das Pferd war wild, das Schwein und das Schaf waren wild – die Katze aber übertraf sie alle. Sie ging ihre eigenen Wege, erzählt Kipling, und hängte ihr Herz an keinen Ort. Eines Tages ging sie zu der Höhle, in der die Menschen wohnten, und brachte sie mit List und Tücke dazu, sie als Pensionsgast aufzunehmen. Sie unterhielt das Baby und jagte Mäuse und sicherte sich so ein gewisses Maß an Beliebtheit. Anders als die übrigen Tiere, die sich in die Rolle von Haustieren fügten, bewahrte sie sich indes ihre Unabhängigkeit und Undurchschaubarkeit. Nachts, wenn der Mond am Himmel stand, wanderte sie zurück in die feuchten, wilden Wälder und streunte dort umher, ungebunden und bar aller hündischen Treue. Niemand wusste, wo sie ihre Streifzüge hinführten, und niemand wusste, warum sie die Streifzüge unternahm.

Diese bildhafte Schilderung stammt aus einer Kindergeschichte mit dem Titel »The Cat That Walked by Himself« (»Die Katze, die ihre eigenen Wege ging«), die Kipling 1902 veröffentlichte. Sie macht vielleicht den Eindruck einer schlichten Erzählung, tatsächlich aber haben es die eifrigsten

Bemühungen der modernen Wissenschaft – in Gestalt von Archäologie, Entwicklungsbiologie, Verhaltensforschung und Populationsgenetik – mit ihren Befunden nicht viel weiter gebracht. Keine Frage, mittlerweile wissen wir ein bisschen mehr über Katzen. Sie sind in zahllosen Exemplaren seziert worden. Ihre Anatomie, ihre Physiologie und ihr Verhalten wurden peinlich genau untersucht. Man hat Symposien über sie abgehalten, dicke Bücher und schwer verständliche Zeitschriftenartikel über sie geschrieben. Ein Doktorand in Harvard hat eine Dissertation vorgelegt, die sich mit der »Katzenminzenreaktion« auseinander setzt. Die vorwissenschaftliche Einsicht, dass sich Katzen von anderen Haustieren unterscheiden, hat ihre wissenschaftliche Bekräftigung gefunden. Aber vieles wissen wir nach wie vor nicht. Von all den Fragen, die sich der Klärung hartnäckig entziehen, interessiert mich eine besonders: Welche Geschwindigkeit erreicht eine Katze, wenn sie im freien Fall herunterstürzt?

Die Frage klingt zwar dumm und grausam, tatsächlich aber könnte sie von einigem Gewicht sein.

Alles, was fällt, muss zuvor emporgestiegen sein; Katzen erreichten ihren Gipfelpunkt unter der Herrschaft von Scheschonk I., einem Pharao aus der 22. Dynastie.

Das war rund ein Jahrtausend vor Christus – zu einem frühen Zeitpunkt in der Kulturgeschichte und einem frühen Zeitpunkt in der Geschichte gehätschelter Haustiere, wenngleich bereits tausende von Jahren nach Beginn der Domestizierung von Tieren. Katzen stellten im tierischen Gefolge des Menschen Nachzügler dar. Funde aus einem Moor in Deutschland beweisen zum Beispiel, dass Hunde seit etwa 9000 v. Chr. Haustiere sind. Ausgrabungen in der uralten Stadt Jericho deuten darauf hin, dass Bewohner der Stadt bereits um 7000 v. Chr. Ziegen hielten. Die Zucht von Schafen und ihre Haltung in Herden lässt sich in Nordpersien bis auf 6000 v. Chr. zurückverfolgen; domestizierte Schweine bildeten bei den Sumerern um 2800 v. Chr. eine begehrte Handelsware. Mit der Domestizierung von Rindvieh, das von einem wild lebenden Vorfahren namens *Bos primigenius* abstammt, hatte man vor 3000 v. Chr. begonnen; bis 2500 v. Chr. gab es bereits mehrere deutlich unterschiedene Rassen. Die frühe Rinderzucht vollzog sich zum Teil in Ägypten. Die Ahnen der Hauskatze dagegen lebten um dieselbe Zeit noch in freier Wildbahn in den Wäldern und Savannen, die an den Nil angrenzten.

Diese Katzenvorfahren gehörten zu einer Unterart von Feliden, die wir heute unter dem Namen *Felis sylvestris libyca*, Afrikanische Wildkatze oder Falbkatze, kennen. Die tierbegeisterten Ägypter des Mittleren Reiches schafften es wahrscheinlich als Erste, Katzen zu domestizieren, aber auch ihnen gelang es erst spät.

Die ersten überzeugenden Belege stammen aus der 12. Dynastie, aus einer Zeit um 1900 v. Chr. Siebzehn Schoßkatzen wurden samt kleinen Milchnäpfen für die jenseitige Welt beigesetzt. Ihre Beisetzung und die Sorge für ihr künftiges Wohl verraten uns, dass Katzen in der Zeit der 12. Dynastie bereits einen besonderen Symbolwert genossen. Sie wurden irgendwann mit bestimmten Gottheiten in Zusammenhang gebracht – unter anderem mit Re (dem Sonnengott), mit Sachmet (einer streitbaren Göttin mit Löwenkopf) und vor allem mit Bastet (einer katzenköpfigen Göttin von gütigerer Natur). Bastet war die Stadtgöttin von Bubastis im östlichen Nildelta. Bis etwa 950 v. Chr. stellte sie in einem gestaltenreichen ägyptischen Pantheon nur eine Figur unter anderen dar, aber dann kam Scheschonk I. an die Macht.

Aus einem Grund, den wir nicht kennen, war dieser Scheschonk ein absoluter Fan der katzenköpfigen Göttin. Er verlegte seine Hauptstadt nach Bubastis und erhob Bastet zur obersten Gottheit des Reiches. Ein allgemeiner Katzenkult war die Folge, dessen rituelles Zentrum der Tempel der Bastet bildete. Zum jährlichen Fest kamen bis zu siebenhunderttausend Pilger. Der Tempel war mit einer riesigen Statue der Gottheit geschmückt und voll gestopft mit tausenden von lebenden Katzen, die als heilige Maskottchen gehätschelt wurden. (Katzenklos wurden erst etliche Jahrhunderte später erfunden, aber häusliche Arbeitskräfte waren im Ägypten der Pharaonen billig zu haben.) Auch in weltlichen Haushalten des alten Ägyptens wurden Hauskatzen gehalten und heiß geliebt. Wenn eine Katze starb, legte die Familie Trauer an und schor sich zum Zeichen des Kummers die Augenbrauen. Tötete jemand eine Katze, und sei's auch nur aus Versehen, musste er jede Menge Strafe zahlen. Der Kult der Bastet breitete sich über ganz Ägypten aus und blieb jahrhundertlang lebendig, sodass sich um 50 v. Chr. ein römischer Soldat immer noch den Lynchtod einfangen konnte, weil er den Frevel begangen hatte, eine ägyptische Katze umzubringen. Der Absturz in der Wertschätzung, den *Felis catus* von diesem Gipfelpunkt aus erlebte, glich dem einer bleiernen Ente.

Die Göttin Bastet wurde Ende des 4. Jahrhunderts, als Kaiser Theodosius I. die heidnischen Religionen verbot, zur fluchbeladenen Gestalt. Damit fing das Elend für die Katzen aber erst an. Ein paar Jahrhunderte lang blieben domestizierte Feliden zumindest in den Kulturen des nördlichen und westlichen Europas, wohin die Besatzungen des Römischen Reichs sie gebracht hatten, eine elegante Neuheit. Sie erfüllten die wichtige Aufgabe, Nager in Schach zu halten und waren außerdem dekorativ, anmutig und auch (wenn es ihnen passte) zutraulich. Noch im 12. Jahrhundert stellte in Sachsen ein guter Mäusefänger einen Wert von sechzig Scheffel Korn dar. Dabei bewahrten sich die Katzen indes ihre Neigung, eigene Wege zu gehen. Häufig verwilderten sie; gelegentlich kreuzten sie sich mit der europäischen Wildkatze, *Felis sylvestris sylvestris* und schleusten neue Gene in den Hauskatzenstammbaum ein. Sie trieben sich in den Grenzzonen der Zivilisation herum – in Seitengassen, am Rand der Siedlungen, in den Dickichten, von denen die Bauernhöfe gesäumt waren –, dort, wo sich menschlicher

Einfluss in der Wildnis und im Niemandsland verlor. Ihre beharrliche Randexistenz trug ihnen bald schon Ärger ein, weil sie den Schluss zuließ, dass diesen Kreaturen nicht zu trauen sei.

Sie verhielten sich Menschen gegenüber nicht so treu oder zuverlässig wie Hunde und Pferde. Sie waren schlauer und unbotmäßiger und außerdem unendlich viel wendiger als Schafe. Sie waren keine gottesfürchtigen, kriecherischen Domestiken, die man herumkommandieren oder denen man ein Tagewerk auftragen konnte. Wenn ihnen der Sinn danach stand, verschwanden sie tagelang, ohne dafür eine Erlaubnis einzuholen oder eine Erklärung zu liefern. Sie waren undurchschaubar. Als sächliche Habe oder dienstbare Geister oder Hausvieh ließen sie sich nicht vereinnahmen. Sie waren etwas anderes, ohne dass irgendjemand genau wusste, was. Um das 13. Jahrhundert, als die christliche Gesellschaft auf die verschiedenen äußeren und inneren Faktoren, die sie bedrohten, mit immer heftigerer Abwehr reagierte, zog sich die Hauskatze den Ruf eines verabscheuungswürdigen Geschöpfes zu.

Insbesondere schwarze – aber im Prinzip alle – Katzen erschienen fortan als Verkörperungen des Bösen. Vom Wahn geschüttelte religiöse Mythologen und das liebe, einfältige Volk, das ihnen Gefolgschaft leistete, fingen an, in den Katzen dämonische Wesen zu sehen. Jetzt waren diese Tiere plötzlich nicht mehr anmutig und elegant; jetzt waren sie unheimlich und nicht geheuer. Ihr Gang war fließend, ihr Schritt lautlos, sie schlichen in der Nacht umher. Wenn sie schrien, war das ein gespenstischer, jammervoller Laut. Sie pflegten Gemeinschaft mit Hexen. Die Menschen gewannen die Überzeugung, dass Katzen die Gestalt wechseln konnten. Satan selbst konnte ihre Gestalt annehmen und als gelbäugige Bestie die Erde unsicher machen. Außerdem, und vielleicht war dies das Wichtigste, besaßen sie eine übernatürliche Widerstandsfähigkeit gegenüber dem Tod – oder zumindest vermittelten sie diesen Eindruck.

Dank irgendwelcher missverstandener Beobachtungen oder Fehlinformationen kam in dieser Zeit das Märchen von den sieben Leben der Katze auf.

Also fingen die Leute an, für alles, was am mittelalterlichen Leben beängstigend und hassenswert war, die Katzen verantwortlich zu machen und als Sündenböcke zu verfolgen. Die Verfolgung war weit verbreitet und nahm verschiedene Formen an. »Als symbolische Form der Teufelsaustreibung« wurden, einem heutigen Fachmann namens James A. Serpell zufolge, Katzen »überall in Europa an Festtagen … eingefangen und gequält, in Freudenfeuer geworfen, in Brand gesteckt und durch die Straßen gejagt, gepfählt und bei lebendigem Leibe geröstet, auf Scheiterhaufen verbrannt, in kochendes Wasser gesteckt, zu Tode gepeitscht und *von hohen Gebäuden heruntergeworfen*, all dies in einer Atmosphäre ausgelassenster Feststimmung«. Die Hervorhebung ist von mir, um einen Aspekt herauszustreichen, dem vielleicht besondere Bedeutung zukommt: den Wurf aus großer Höhe. Auch bei einer anderen Autorität auf dem Gebiet, Muriel Beadle, findet sich die Angabe, dass »eine Stadt, zur Feier eines heiligen Tages und um sich symbolisch vom Bösen zu befreien, *Katzen von einem Kirchturm herunterwerfen* oder in Körbe stecken konnte, die dann von Reitern mit dem Schwert durchbohrt wurden«. Mehr als nur ein paar Katzen segelten von droben herunter, und der Brauch scheint jahrhundertelang praktiziert worden zu sein. Er mag sich sogar in einer Spirale aus Grausamkeit, Angst und durch die Angst verstärkter Grausamkeit hochgeschaukelt haben. Damit meine ich Folgendes: Wenn eine Katze den Sturz vom Glockenturm irgendwie überlebte, dann musste dies der Annahme, dass sie über außerordentliche, dämonische Kräfte verfüge, neuen Auftrieb geben. Noch im Jahr 1759 fertigte der englische Künstler William Hogarth eine Reihe von Stichen an, die unter dem Titel *Die vier Stadien der Grausamkeit* zeigen, wie eine Katze aus einem Fenster im dritten Stock geworfen wird. Hogarths Katze ist eine kleine Gestalt im Hintergrund einer bewegten Szene; dennoch erkennt man bei ihr ein merkwürdiges Detail: Sie hat ein Paar Flügel.

Sind die Flügel auf dem Bild buchstäblich oder symbolisch gemeint? Handelt es sich dabei um eine lächerlich wirkungslose Apparatur, die der Katze vom Schleuderer umgebunden wurde, um zum Schaden noch den Spott hinzuzufügen? Oder wollte Hogarth uns bedeuten, dass eine aus dem Fenster geworfene Katze es irgendwie schaffen würde, aus eigener Kraft dem Todesurteil der Erdenschwere zu entrinnen?

Ein anderes Quäntchen Information entstammt einer weit früheren Phase jener Ära, in der man mit Katzen warf. Es handelt sich um eine Passage, die der Schilderung von Katzen gewidmet ist und sich in einem lateinischen Traktat über Naturgeschichte aus dem 13. Jahrhundert findet, der 1397 ins Mittelenglische übersetzt wurde. Eine gelehrte Katzenfreundin namens Juliet Clutton-Brock hat sie in ihrem neuen Buch, *Cats: Ancient and Modern*, der Vergessenheit entrissen. Der Passage eignet eine an Chaucer gemahnende Wortgewalt, vor deren Hintergrund sich die lakonische Verdutztheit, mit der sie schließt, umso merkwürdiger ausnimmt: »Im Lenz ist er ein wollüstig Tier, hurtig, geschmeidig und heitern Sinnes ... und ist im Alter ein schwer Tier und schlafestrunken, und lieget und lauert voll List auf die Mäus ... Kämpfet zur Minnezeit herb um die Weiber ... Und er machet ein jämmerlich und gar grauslich Geschrei ... *und ist rärlich versehret, so man ihn von hohem Ort herabstürzet.*«

Auch hier erfahren wir also, dass die Katze selten zu Schaden kommt, wenn sie »von hohem Ort herabgestürzt« wird. Kein Wunder, dass sie angstgebeutelten Gläubigen im Mittelalter hassenswert und unheimlich erschien.

Die in unserer Zeit übliche Vorstellung von abstürzenden Katzen läuft darauf hinaus, dass sie über eine entscheidende

Technik verfügen, die ihnen das Leben rettet: Sie schaffen es, immer auf den Füßen zu landen. Die einzige Frage von Belang scheint mir, wie sie das schaffen. Wie kann ein Körper im freien Fall seitlichen Schwung gewinnen – will heißen, eine Drehbewegung beginnen, um sich in eine neue Position zu bringen –, ohne zu diesem Zweck einen anderen Festkörper als Hebel zu benutzen?

Manche Wissenschaftler bezweifelten, dass so etwas möglich sei. Die meisten Wissenschaftler bezweifelten, dass es verlohne, der Sache nachzugehen. Ein Physiologe namens Donald McDonald indes untersuchte vor etwa drei Jahrzehnten die Frage mit einem wohldurchdachten Experiment. Er ließ Katzen aus unterschiedlichen (bescheidenen) Höhen herunterfallen, zeichnete mit einer Hochgeschwindigkeitskamera ihre Bewegungen auf und veröffentlichte seine Diagramme und Analysen in *New Scientist*. Es stimmt, so sein Schluss. Katzen haben ein kleines Manöver zur Perfektion entwickelt, durch das sie sich im freien Fall im Handumdrehen in die richtige Lage bringen können. Sie machen einen Buckel, verrenken den Rumpf unabhängig vom Hinterteil und lassen schließlich das Hinterteil folgen. Hauptsächlich ging es McDonald dabei um die Überprüfung jener volkstümlichen Vorstellung, dass Katzen imstande sind, gefährliche Stürze dadurch zu meistern, dass sie immer auf den Füßen landen.

Er befasste sich aber auch noch mit mehr: »Ein weiteres physikalisches Problem ergibt sich aus der Tatsache, dass eine Katze aus größerer Höhe herabstürzen kann als ein Mensch.« Damit meinte er natürlich nicht, dass eine Katze beim Sturz längere Strecken zurücklegen, sondern dass sie solche längeren Stürze *überleben* kann. Das brachte ihn auf das Thema *Endgeschwindigkeit*.

Endgeschwindigkeit ist das Tempo, bei dem ein Körper, der durch die Luft herunterstürzt, nicht weiter beschleunigt. Die Schwerkraft (die dem Körpergewicht korrespondiert) kommt in ein Gleichgewicht mit dem Luftwiderstand (der wiederum der Größe, Form und Stellung des fallenden Körpers korrespondiert), und in diesem Gleichgewichtszustand bleibt die Sturzgeschwindigkeit konstant. Unter ansonsten gleichen Bedingungen fällt ein kleiner Körper langsamer als ein großer Körper, weil das Verhältnis von Oberfläche zu Gewicht (und folglich auch der Luftwiderstand) beim kleinen Körper größer ist. Ein fallender Mensch erreicht seine Endgeschwindigkeit bei ungefähr hundertachtzig Stundenkilometern. Bei einer fallenden Katze beträgt nach McDonalds Schätzung die Endgeschwindigkeit gerade einmal sechzig Stundenkilometer. Auf der Basis der ungenauen Tests, die er mit einer Katzenattrappe durchführte, gelangte er zu der Annahme, dass eine Katze ihre Endgeschwindigkeit nach etwa zwanzig Meter freiem Fall erreicht. »Wenn sie also«, dies McDonalds Schluss, »einen Sturz aus dieser Höhe überleben kann, dann müsste sie in der Lage sein, einen Sturz aus jeder Höhe zu überleben.«

Viele Katzen würden dabei draufgehen. Von einem Versuch mit der eigenen Katze wird dringend abgeraten. Aber einige Katzen, so viel wusste McDonald, würden überleben.

Ab welcher Höhe ging der freie Fall für *Felis catus* mit Sicherheit tödlich aus? Diese Frage experimentell zu untersuchen wäre ebenso schwachsinnig wie herzlos – und Wissenschaftler fürchten nichts mehr, als schwachsinnig zu erscheinen. Dann aber, Anfang der Achtzigerjahre, hatten zwei Tierärzte Gelegenheit, im Laufe ihrer alltäglichen Praxis einschlägige Daten zu diesem Problem zu sammeln. Sie arbeiteten in einer Tierklinik in der 62. Straße in New York, wo Katzen, die vom Himmel fielen, schlicht und einfach zu den Gefahren gehörten, die das Leben mit sich brachte.

Die Tierärzte Wayne O. Whitney und Cheryl J. Mehlhaff veröffentlichten ihre Befunde in einer größeren veterinärmedizinischen Zeitschrift unter dem Titel »High-Rise Syndrome in Cats« (Hochhaussyndrom bei Katzen). Whitney und Mehlhaff hatten innerhalb von nur fünf Monaten dieses

Syndrom bei 132 Katzen beobachten können. Überraschend an ihren Befunden war nicht, dass so viele Katzen aus Fenstern oder von Dächern der Stadt herunterstürzten (oder sprangen oder gestoßen wurden). Das Überraschende war vielmehr, dass neunzig Prozent den Sturz überlebt hatten. Einige Katzen waren sagenhaft tief gestürzt. Die Durchschnittshöhe betrug 5,5 Stockwerke. Von den zweiundzwanzig Exemplaren, die acht oder mehr Stockwerke tief gefallen waren, trug nur eine einzige Katze tödliche Verletzungen davon, wobei eines der überlebenden Exemplare zweiunddreißig Stockwerke tief gefallen war. Das alles klingt nach Großstadtmärchen, aber Whitneys und Mehlhaffs Bericht weisen es als klinische Empirie aus. »Die Katze, die im freien Fall zweiunddreißig Stockwerke tief auf Beton hinunterstürzte, wurde nach achtundvierzigstündiger Beobachtung entlassen; sie hatte eine leichte Luftbrust davongetragen und sich einen Zahn abgebrochen.«

Die Gesamtrate der Überlebenden bei den von Whitney und Mehlhaff erhobenen Fällen ist noch eindrucksvoller, wenn man die von den beiden angenommene Endgeschwindigkeit zu Grunde legt. Ihnen zufolge sind die sechzig Stundenkilometer, von denen McDonald ausging, um etliches zu niedrig angesetzt. Sie schätzten vielmehr, dass eine Katze, nachdem sie auf ihrem Weg zur Erde mehrere Sekunden lang beschleunigt hat, mit einem stetigen Tempo von neunzig Stundenkilometern hinunterstürzt.

Ein Aspekt ihrer empirischen Befunde ist besonders rätselhaft. In den unteren Höhenbereichen ließ sich eine positive Korrelation zwischen der Fallhöhe und der Anzahl von Verletzungen pro Katze feststellen – was ja auch logisch schien. Die positive Korrelation erreichte indes ihren Gipfelpunkt beim siebten Stock. Im Bereich der darüber liegenden Stockwerke kehrte sie sich um. Die Anzahl von Verletzungen pro Katze war bei den Katzen, die aus dem achten Stock oder aus noch höheren Stockwerken gefallen waren, im Gegenteil *rückläufig*. Verglichen mit Stürzen aus dem fünften oder sechsten Stock nahm bei Langstreckenstürzen die Gesamtzahl der Verletzungen ab. Es gab weniger Knochenbrüche. Folgt man dem Datenmuster, so gewinnt man den Eindruck, dass eine Katze, die aus dem siebzehnten Stockwerk fällt, weniger Gefahr läuft, Schaden zu nehmen, als eine Katze, die vom siebten Stock herunterstürzt.

Die plausibelste Erklärung für diese Absonderlichkeit, die Whitney und Mehlhaff anzubieten haben, dreht sich um die Endgeschwindigkeit und darum, wie sich eine Katze verhält, nachdem sie diese erreicht hat. Wenn die Fallgeschwindigkeit ihren höchsten Stand erreicht hat und das Gefühl der Beschleunigung verschwindet, »kann sich die Katze entspannen und ihre Gliedmaßen horizontaler ausrichten, ganz ähnlich einem Flughörnchen. Diese horizontale Lage ermöglicht es, die Wucht des Aufpralls gleichmäßiger auf den ganzen Körper zu verteilen.« Katzen überleben mit anderen Worten ihre Stürze aus dem zwanzigsten oder zweiunddreißigsten Stockwerk, indem sie in den Straßen Manhattans mit einem grandiosen Bauchplatscher landen.

Oder jedenfalls gelingt das denen, die Glück haben und kühlen Kopf bewahren. Von der Whitney/Mehlhaff-Hypothese erzählte ich einem Freund, der verkündete, die Katze seiner Tante sei ebenfalls aus einem Hochhausfenster gefallen. Ich wollte natürlich sofort in allen faszinierenden Einzelheiten hören, was passiert war. »Was *passiert* ist?«, sagte er. »Sie war *zermatscht*.«

Lernen kann man, soweit ich sehe, aus dieser Geschichte nur etwas auf der Hand Liegendes: dass nämlich die moderne Welt *Felis catus* einen steilen Aufstieg beschert hat, dass sich indes der Wert seiner exponierten Stellung als eindeutig zweifelhaft erweist. Dies, scheint mir, verbindet ihn mit uns. Einst, als die zahmen Tiere noch wild waren, war die Katze das wildeste Tiere von allen, sogar die Menschen hatten noch etwas Wildes an sich. Kiplings karikierender Darstellung zufolge lebten sie in einer Höhle. In der Höhle brannte ein gemütliches Feuer. Es gab auch ein Milchschüsselchen und einen Vorrat an Mäusen. Es gab keine Religionen, keine Pharaonen, keine Wissenschaftler, keine Hexen, keine Glockentürme, keine Fahrstühle, keine Fenster. Die Katze ging ihre eigenen Wege, und so schlau sie war, neugierig war sie auch. Damit fingen die Probleme an.

Ein Vogel aus Montana, den alle Welt kennt

Die postumen Reisen von Tyrannosaurus rex

Wie der Grizzlybär, die Gabelantilope und die Kalifornische Elster ist auch *Tyrannosaurus rex* eine auf den Westteil Nordamerikas beschränkte Art. Sein umfänglicher Ruhm macht leicht vergessen, wie beschränkt sein Verbreitungsgebiet war – jedenfalls sein mutmaßliches Verbreitungsgebiet, über das uns die Fossilienfunde nicht mit letzter Sicherheit Auskunft geben können. Nur wenige Menschen sind sich der Tatsache bewusst, dass alle Exemplare der größten Fleisch fressenden Dinosaurierart einer kleinen Zahl eng zusammengedrängter Fundstätten entstammen. Einige der besten *Tyrannosaurus-rex*-Belege sind in Süddakota ausgegraben worden. Alberta hat zwei wichtige Funde beigesteuert, und einen weiteren hat man kürzlich im südwestlichen Saskatchewan gemacht. Teilskelette oder Skelettfragmente sind auch in Norddakota, Wyoming und Colorado aufgetaucht. Trägt man all die Funde auf einer Karte ein, dann bilden die Punkte ein Sprenkelmuster entlang der Ostseite des Nordendes der Rocky Mountains, wo Felsenformationen aus der späten Kreidezeit ebenso gang und gäbe sind wie schneebedeckter Salbei und man weniger häufig auf Menschen trifft als auf Angus-Rinder. In der Mitte des Sprenkelmusters liegt ebenso historisch hochbedeutsam wie geografisch zentral die winzig kleine Stadt Jordan, die zum Bundesstaat Montana gehört.

Vier der weltweit wichtigsten Exemplare wurden in der Nähe von Jordan gefunden, das sich mit Fug und Recht zum Weltzentrum für die Entdeckung und den Export von *Tyrannosaurus rex* erklären könnte. Aber die Gemeinde ist klein und bescheiden und legt, aus welchen Gründen auch immer, keinen Wert auf den Titel. Wenn man der bramarbasierenden Werbebroschüre einer dortigen Immobilienagentur glauben darf, ist der Ort ebenso stolz auf sein Rodeo. (Jordans jüngster Versuch, sich international in die Schlagzeilen zu bringen, nämlich der Zusammenstoß zwischen so genannten Freemen und FBI-Agenten, zu dem es 1996 kam, stellt ein außerplanmäßiges Ereignis dar, das in das lokale Milieu nicht entfernt so gut eingebettet ist wie die Fossilien von *Tyrannosaurus rex* – und das auch, allem begleitenden Tamtam zum Trotz, an bleibender Bedeutung mit Letzteren schwerlich konkurrieren kann. Dies ist eine Stadt der Viehzucht und des Getreideanbaus, ein Örtchen mit fünfhundert Einwohnern, Sitz des Verwaltungsbezirks Garfield County, der sich zweier Bars rühmen kann, eines Haushaltswarengeschäfts, einer religiösen Versammlungshalle, eines Veteranenheims und eines altersschwachen Pappelwäldchens in der Niederung des Big Dry Creek, der seinen Namen Lügen straft und weder groß noch trocken, sondern klein und feucht ist. Verkehrsampeln gibt es nicht, nur ein gelbes Warnlicht. Das Gerichtsgebäude von Garfield County ist ein schlichter Bau aus Holzschindeln mit ein paar verwilderten Gerbersträuchern vor dem Haus und hinten einem Anbau für den Sheriff. Die beste Schaufensterfront gehört einem Eckgeschäft namens Landkunst, das sie sich mit Der Sportfan, einem Secondhandladen, teilt. Aber in den voll gestopften Auslagen dieser zwei Etablissements entdeckt man nicht eine einzige Anspielung auf das eine und einzige Produkt, das die Stadt berühmt gemacht hat – nicht einmal einen stecknadelgroßen Tyrannosauriden auf einem Sofakissen. Nur zwei Dinosaurierbildern begegnet man in der Hauptstraße von Jordan. Das eine zeigt ein Triceratops (ebenfalls ein Tier aus der Kreidezeit, das sich in dieser Gegend herumtrieb und es schaffte, in den dortigen Ablagerungen als eindrucksvolles Fossil zu überdauern); es ist auf einem Holzschild vor dem Garfield County Museum aufgemalt. Das andere zeigt den Umriss eines Sauropoden und findet sich auf dem Sinclair-Markenemblem vor der Pionierautowerkstatt. Dieser als Comicfigur wiedergegebene Sauropode war übrigens ebenso wenig in der Gegend heimisch wie ein Esso-Tiger.

Jordan macht also kein großes Gewese um seine Rolle in der Wissenschaftsgeschichte. Sämtliche sichtbaren Zeichen, die an diese Rolle erinnern können, scheinen im County Museum verstaut, einem fensterlosen Gebäude mit Wellblechdach am Nordrand der Stadt. Über der Tür des Museums ist ein Hinweisschild angebracht, das ein für alle Mal dekretiert GEÖFFNET VON 1–5, ohne die Öffnungszeit hinsichtlich Wochentagen, Monaten oder Jahren näher zu bestimmen. Es vermittelt den Eindruck eines zeitlosen Zeitbewusstseins, das einer paläontologischen Einrichtung gut zu Gesicht steht. Als ich hinkomme, ist niemand dort.

Ich treffe an einem balsamisch milden Samstag im Oktober ein; der Altweibersommer ist bereits so weit fortgeschritten, dass die Amseln in Aufbruchsstimmung versetzt sind und das Laub der Pappeln in Farbtönen leuchtet, deren Palette von Gelb bis zu olivenem Orange reicht. Ich habe vierhundertfünfzig Kilometer Autofahrt hinter mir; Neugier hat mich nach Jordan gebracht sowie eine Art staatsbürgerliches Missionsbewusstsein, über das ich gleich Näheres sagen werde. An der Tür des Museums erwartet mich eine enttäuschende Mitteilung: WÄHREND DER JAGDSAISON GESCHLOSSEN.

An der Tankstelle der Pionierwerkstatt dagegen herrscht lebhafter Betrieb. Die Antilopenjagdsaison wird am nächsten Tag eröffnet, und Jordan quillt über von Jägern, die ihre Maschinen auftanken. Außerdem ist für den Nachmittag ein

Kartenspielturnier im Seniorenzentrum angesetzt, während in der Highschool ein Footballspiel stattfindet. Die Menschen sind freundlich, haben aber anderes zu tun. Unter dem Druck ihrer vordringlichen Geschäfte scheinen sie wenig geneigt, sich für meine staatsbürgerliche Mission zu interessieren, die ohnehin leicht lächerlich wirken kann, wenn man sie losgelöst von dem wissenschaftlichen Zusammenhang betrachtet, durch den sie ihren Sinn erhält. Es ist nicht leicht – nicht einmal in Jordan, Montana, wie ich feststelle –, mit einem Barkeeper oder einem Automechaniker ein Sondierungsgespräch über *Tyrannosaurus rex* anzuknüpfen.

Der wissenschaftliche Zusammenhang umfasst eine Masse neuer Daten und neuer Überlegungen zur Phylogenese der Dinosaurier und ihrer nächsten lebenden Verwandten. Dazu gehört, dass man bei den Fossilien bestimmter Dinosaurierarten empirische Hinweise auf Warmblütigkeit, hohe Beweglichkeit, elterliches Pflegeverhalten, Ähnlichkeiten mit der Klasse Aves sowie andere nicht reptilische Eigentümlichkeiten gefunden hat. Ebenfalls gehört dazu ein bemerkenswerter Artikel, den ein eigenwilliger Paläontologe namens Robert Bakker vor geraumer Zeit, nämlich im Jahr 1975, in *Scientific American* veröffentlicht hat. Forschungen, die er und andere zuvor durchgeführt hatten, brachten Bakker zu dem Schluss, Dinosaurier seien »interessantere Geschöpfe, besser an eine Vielzahl von Lebensräumen angepasst und in ihren bioenergetischen Funktionen unendlich viel entwickelter als bisher angenommen«. Das muntere Fazit, das Bakker aus den neuen Daten zog, lautete: »Die Dinosaurier sind nie völlig ausgestorben. Eine Gruppe lebt immer noch. Wir nennen sie Vögel.«

Und hier sind wir nun bei der erwähnten staatsbürgerlichen Mission, die vor einigen Jahren, nicht lange nachdem ich Bakkers Artikel gelesen hatte, in meinem Kopf Gestalt annahm: Ich will den Staat Montana dazu bringen, *Tyrannosaurus rex* zu seinem offiziellen Wappenvogel zu küren.

Er eignet sich für die Rolle viel besser als der derzeitige Amtsinhaber – der Westliche Wiesenstärling, *Sturnella neglecta*, ein unscheinbarer, kleiner gelbbrüstiger Sperlingsvogel, den man praktisch überall westlich des Mississippis antrifft. *Tyrannosaurus rex* passt, so gebe ich zu bedenken, viel besser zur Staatsmoral, und sein Verbreitungsgebiet ist geradezu auf die Staatsgrenzen zugeschnitten. Bislang habe ich nur im Stillen für meine Idee geworben. Der Leiter des staatlichen Tourismusbüros hat mich mit Missachtung gestraft, der Gouverneur und das Abgeordnetenhaus wissen noch nichts von ihrem Glück, aber in Montana tätige Paläontologen, die ich mit meiner Idee bekannt gemacht habe (unter ihnen Jack Horner, die Originalvorlage für die Figur in *Jurassic Park* und selber Mitverfasser eines Buches mit dem Titel *The Complete T.rex*) erkennen die Logik meines Vorschlags und finden die Idee Klasse. Jetzt bin ich nach Jordan gekommen, um mir von dem großen Vogel in seinem Lebensraum einen Eindruck zu verschaffen.

* * *

Seitdem Montana von den Weißen in Besitz genommen wurde, war seine Geschichte massiv vom Phänomen der Ausbeutung geprägt: Gold, Silber, Kupfer, Kohle, Holz und Großwild wurden der Landschaft entrissen und an andere Orte verschickt, um dort verarbeitet, zu Geld gemacht oder einfach genossen zu werden. Selbst das Gras wurde in Form von Rind- und Lammfleisch exportiert. Die Dinoausaurierpaläontologie, zumal was *Tyrannosaurus rex* betrifft, steht ebenfalls in dieser Tradition der Ausbeutungsunternehmen.

Das Typusexemplar von *Tyrannosaurus rex* – das heißt die prototypischen Fossilien, die der Spezies ihre wissenschaftliche Identität verschafften – wurde im Jahr 1902 von einem berufsmäßigen Sammler namens Barnum Brown entdeckt. Wenngleich in Kansas zur Welt gekommen, war Brown das, was man in den Regionen westlich des Mississippis als Kerl aus dem Osten bezeichnet. Er schickte den erbeuteten Fund an die Einrichtung, die ihn finanzierte, das Naturgeschichtliche Museum in New York, wo ein angesehener Paläontologe namens Henry Fairfield Osborn die fachliche Beschreibung vornahm. »Mit Rücksicht auf seine Größe, die weit über diejenige jedes Fleisch fressenden Landtieres hinausgeht, das bislang beschrieben wurde«, schrieb Osborn, »schlage ich vor, dieses Tier zum Typus der neuen Gattung *Tyrannosaurus* zu machen.« Das Exemplar, das als AMNH 973 registriert wurde, entstammte der Hell-Creek-Formation, einem Sedimentblock aus der Kreidezeit, der reich an Fossilien ist und sich, zum Teil freiliegend, im Ödland unmittelbar nördlich von Jordan befindet. Brown selbst schilderte in einem viel gelesenen Artikel das Tier als »ein mächtiges Geschöpf, aktiv und flink, wenn es nötig war. In seinen anatomischen Merkmalen beweist es entfernte Ähnlichkeit mit Eidechsen, Krokodilen und Vögeln.« Dazu führte er aus: »Wie bei Vögeln sind seine Knochen hohl, und in Umriss und Bauart erinnern seine hinteren Gliedmaßen stark an die von Vögeln.« Er schlug damit ebendas Thema an, das Bakker schließlich ausführen sollte.

Das Exemplar AMNH 973 war erst der Beginn. In der Nähe von Jordan tauchte ein paar Jahre später ein weiteres hervorragendes Exemplar auf. Es wurde 1908 dem Boden und der Gegend entrissen und im American Museum aufgebaut, wo es so häufig angeglotzt wurde wie vielleicht kein anderes Dinosaurierrelikt auf Erden. Im Jahr 1966 fand ein in Kalifornien beheimateter Fossilienschürfer namens Harley Garbani ein weiteres Exemplar, das Regen und Wind auf dem Land eines Viehzüchters namens Lester Engdahl in der Gegend von Jordan an einem Hang freigelegt hatten. Von diesem Exemplar waren nur dreißig Prozent seines vollständigen Skeletts, aber ungefähr drei Viertel seines Schädels erhalten. Der große und gut erhaltene Garbani/Engdahl-Schädel wurde im Bezirksmuseum von Los Angeles ausgestellt. Für die University of California fand Garbani in der Hell-

Creek-Ablagerung noch zwei andere Teilskelette. Das vierte wichtige Exemplar wurde 1988 von einer aufmerksamen Ortsansässigen namens Kathy Wanel aufgespürt; ein Team des Museum of the Rockies in der Stadt Bozeman grub es aus. Überwacht wurde die Ausgrabung von einem Feldexperten namens Pat Leiggi, der in der Tradition von Barnum Brown stand, aber in Montana heimisch war. Leiggis Team aus Bozeman kam auf der gleichen vierhundertfünfzig Kilometer langen Strecke wie später ich aus dem steilen, bewaldeten Ökosystem des Yellowstone Park hinaus auf die Hochebene, die das bevorzugte Terrain für Antilopen, Präriehunde und für jeden darstellt, der an *Tyrannosaurus rex* interessiert ist. Abermals entschwanden die Fossilien aus dem Dunstkreis von Jordan in die weite Welt, wenn sie auch diesmal Montana nicht verließen. Dieses vierte Exemplar aus Jordan, das zu fast neunzig Prozent vollständig ist, gehört zu den aufschlussreichsten Hinterlassenschaften von *Tyrannosaurus rex*, die je gefunden wurden. Es schließt die erste vollständige Knochensammlung der rätselhaft winzigen und scheinbar nutzlosen vorderen Gliedmaßen des Tieres ein. Bei meinem Besuch im Museum of the Rockies fand ich es im Untergeschoss auf einer Reihe Regale ausgebreitet, verwahrt hinter vielfach verschlossenen Türen, während Wissenschaftler vor Ort und anderswo kleine Stücke seines versteinerten Gewebes komplizierten Analysen unterzogen.

»Ein ganz schön erstaunliches Tier«, sagte Pat Leiggi, der mich zu ihm hinuntergeführt hatte. Auf die Regale verteilt, sieht es erheblich kleiner aus, nicht wahr?« Stimmt, fand auch er, als Wappenvogel von Montana würde es sich bestens eignen.

Eine faszinierende Einsicht, die dieses Exemplar lieferte, wurde letzten Sommer in der Zeitschrift *Science* mitgeteilt. Da ihre Untersuchung von Sauerstoffisotopen im Phosphat der Knochen des nach Bozeman verbrachten *Tyrannosaurus rex* keine Temperaturunterschiede in den verschiedenen Teilen seines Körpers ergab, gelangten zwei Wissenschaftler aus North Carolina zu dem Schluss, dass es sich bei ihm um einen »ortsfesten Warmblüter« gehandelt habe, das heißt um ein Tier, das für seinen Wärmehaushalt nicht unmittelbar auf die Sonne oder Wärmezeiten angewiesen war. Wenn dies der Fall ist, dann war *Tyranosaurus rex* kein Reptil im gängigen Sinne des Wortes. Wie das Team aus North Carolina hinzufügte, wurden die Körpertemperaturen dieses Lebewesens »weitgehend mittels Steuerung des Stoffwechseltempos aufrechterhalten, anders als beim Stoffwechsel heutiger Warmblüter«. Unter anderem deshalb scheint also *Tyrannosaurus rex* mehr Ähnlichkeit mit einem Vogel Strauß als mit einem Krokodil gehabt zu haben.

Viele grundlegende Fragen zu *Tyrannosaurus rex* bleiben unbeantwortet. War er ein Warmblüter oder nicht? Ähnelte er den Vögeln oder nicht? War er das gefährlichste landbewohnende Raubtier aller Zeiten oder nicht? (Jack Horner verwirft die Vorstellung vom Raubtier; mit dem feinen Gefühl des Ökologen für das, was pragmatisches Verhalten ausmacht, stellt er sich *Tyrannosaurus rex* als Aasfresser vor, der sich von den Kadavern nährte, die riesige Triceratops-Herden zurückließen, und der vielleicht auch ab und an ein krankes oder lahmes Tier tötete.) Starb er aufgrund eines gewaltigen Asteroideneinschlags aus, oder war für sein Aussterben eine Kombination weniger dramatischer Ursachen verantwortlich? Warum waren seine Arme so lächerlich klein? Und was, verdammt noch mal, hatte er in *Jurassic Park* zu suchen, da er in der Zeit des Jura doch noch gar nicht existierte?

Die offene Frage indes, die mich am meisten interessiert, wird nur selten gestellt, nämlich die Frage, woraus sich die Biogegrafie von *Tyrannosaurus rex* erklärt. Anders gesagt, warum lebte er dort, wo er lebte, und nicht anderswo?

Nah mit ihm verwandte Arten von Fleisch fressenden Sauriern sind in anderen Weltgegenden ausgegraben worden – wie zum Beispiel *Tarbosaurus bataar* in der Mongolei, der ihm so sehr ähnelt, dass ein Fachmann vorgeschlagen hat, ihn in *Tyrannosaurus bataar* umzubenennen. *Tyrannosaurus rex* selbst aber ist weder im Osten der USA noch im Südwesten, geschweige denn in Übersee, jemals gefunden worden. Warum diese geografische Beschränkung auf den nordöstlichen Rand der Rocky Mountains? Und warum folglich diese seine Eignung zum Wappenvogel von Montana beziehungsweise seine Unbrauchbarkeit für die Staatssymbolik von Delaware oder Kalifornien oder Lettland?

»*T. rex* war vielleicht einfach auf einen ganz bestimmten Lebensraum beschränkt«, sagte mir Phil Currie am Telefon, als ich ihn in seinem Büro in Drumheller, einer Stadt im kanadischen Alberta, anrief. Currie ist ebenfalls ein angesehener Fachmann für Dinosaurier und arbeitet am Tyrell Museum für Paläontologie, das zwei wichtige Exemplare von *Tyrannosaurus rex* beherbergt, die beide dort in der Umgebung gefunden wurden. »Er hat sich vielleicht in diesem Milieu entwickelt.« Allerdings, erläuterte er mir, sei das Verhältnis zwischen dem Lebensraum, in dem eine Art tatsächlich gelebt habe, und dem Gebiet ihres fossilen Auftretens kompliziert. Damit Exemplare einer Art aus der früheren Erdgeschichte an einem bestimmten Ort als Fossilienfund auftauchen könnten, müssten eine Reihe von Bedingungen gegeben sein. Erstens liege natürlich auf der Hand, dass die Art den Ort bewohnt haben müsse; zweitens müssten in der Zeit, in der die betreffende Art den Ort bewohnte, dort die für den Einschluss von Tierkadavern nötigen Sedimentablagerungen entstanden sein, und diese Ablagerungen müssten unter weiteren Ablagerungen begraben und von ihnen schließlich zu Stein gepresst worden sein; drittens müsse durch Erosion in neuerer Zeit eine Freilegung der fossilienhaltigen Sedimentschichten stattgefunden haben. »All diese Faktoren trafen im westlichen Nordamerika zusammen«, erklärte Currie. Unmittelbar östlich der Rocky Mountains habe es in der Ära von *Tyrannosaurus rex*, in den letzten paar Millionen Jahren der Kreidezeit, eine solche Ablagerungszone gegeben, und viele Abschnitte des damals entstandenen Felsens lägen heute auf den Spitzkuppen, in den Schluchten und auf den verschlungenen Ödlandflächen des Gebiets frei zutage. »Wir haben also *äußerst* gute Funde aus der Kreidezeit. Tatsächlich gibt es in der ganzen Welt nichts Vergleichbares.« Außerdem habe sich gleich anschließend im Osten eine große Wasserzunge befunden, die gelegentlich als Westliches Binnenmeer der Kreidezeit bezeichnet werde und die den größten Teil der heutigen Staaten und Regionen des Präriegebiets bedeckt und damit zugleich den westlichen Dakotabergen, dem östlichen Montana und und großen Teilen von Saskatchewan und Alberta gastliche Küstenmilieus geboten habe. Falls sich das Verbreitungsgebiet von *Tyrannosaurus rex* weiter nach Süden entlang der Küste des Binnenmeeres – nach Neumexiko, Texas, Westkansas und Oklahoma – erstreckt habe, bleibe uns das so lange verborgen, wie nicht die beiden anderen Bedingungen (Ablagerung von Sedimentgestein, Freilegung des Sedimentgesteins) erfüllt seien.

Bis dahin werden die betreffenden Staaten sich wohl oder übel mit ihren popligen kleinen Wappenvögeln begnügen müssen.

Das große neue Exemplar im Museum of the Rockies trägt die Signatur MOR 555. Man braucht auf der Straße in Jordan beim Gespräch mit Einheimischen nur achtlos vom »Bozeman-Tyrannosaurus« zu reden, und schon sträuben sich beim Gegenüber die Nackenhaare. Jack Horner und sein Mitautor Don Lessem waren sich dieses Gefühls von persönlichen und kommunalen Eigentumsrechten an dem Exemplar sehr wohl bewusst und und klug genug, in ihrem Buch vom »*Tyrannosaurus rex* Kathy Wankels« zu sprechen.

Einem Anflug der gleichen Empfindlichkeit begegne ich am Hell-Creek-Jachthafen, einer gottverlassenen Anlage an einem toten Arm des Fort Peck Lake, vierzig Kilometer nördlich von Jordan. Ich bin durch das Ödland hinausgefahren, um mir die Stelle anzusehen, an der Barnum Brown im Jahr 1902 das Typusexemplar entdeckt hat. Die Landschaft ist herrlich – braune Hügel, auf denen Antilopen zum letzten Mal in Frieden und Sicherheit grasen, ehe am nächsten Tag die Jagdsaison beginnt, Schluchten und Miniaturcanyons, tief eingeschnitten in den grauen Sandstein aus der Kreidezeit, ihr Grund gesäumt von Pappeln mit goldfarbenem Herbstlaub –, aber die genaue Stelle, an der Brown gegraben hat, vermag ich nicht zu orten. Am Jachthafen habe ich Halt gemacht zu einem zwanglosen Plausch mit einer Frau namens Shelly, die den Laden dort betreut. Stimmt, die alte Fossilienstätte sei hier irgendwo, bestätigt sie mir, aber ein Hinweisschild gebe es nicht. Man habe davon gesprochen, eins aufzustellen. Nur Gerede, nichts sei geschehen. Drunten in Jordan machten sie auch nicht mehr viel Aufhebens davon. Die Fossilien seien weg, sagt Shelly – und aus dieser lakonischen Feststellung höre ich Bedauern, gepaart mit philosophischem Stoizismus, heraus, so etwa nach dem Motto: »Das Hoftor ist zu, aber das Pferd ist eh abgehauen!« Die Fossilien sind weg.

Nicht einmal im Museum von Jordan, fügt Shelly hinzu, gebe es irgendwelche echten Fossilien. Nur ein paar Modelle von dem, was sie weggeschleppt hätten. Ich soufflIere ihr: Weggeschleppt nach Bozeman und New York? Ja, stimmt, und eins davon sei sogar *rüber*gewandert, sagt sie. Rüber? Nach Frankreich, erklärt sie. Oder vielleicht auch Deutschland. Ich kaufe eine Kleinigkeit und lungere herum, weil ich hoffe, mehr darüber in Erfahrung zu bringen, was man in Garfield County vom Fossilienausverkauf hält. Doch da schlendert ein Mann herein, der vom morgendlichen Angeln kommt, sie begrüßt ihn mit Namen, und das Gespräch wendet sich den Barschen und Antilopen zu, Tierarten, die im Augenblick größeres Interesse finden.

Nach Jordan zurückgekehrt, halte ich beim Museum an, weil mich der Gedanke frustriert, die Stadt wieder zu verlassen, ohne einen Blick in das Gebäude getan zu haben. Obwohl ich den Anschlag WÄHREND DER JAGDSAISON GESCHLOSSEN schon aus der Entfernung lesen kann, gehe ich bis zur Tür. Und dann drehe ich, ohne mir etwas davon zu versprechen und ohne bewusst kriminelle Absicht, am Türkauf. Zu meiner Überraschung geht die Tür auf. Ich mache sie hastig wieder zu. Ich schaue mich verstohlen um. Ich bin nur einen Häuserblock weit weg vom Büro des Sheriffs, und Autos fahren vorbei. Ich stehe mit dem Gesicht zur Tür, tue unschuldig und benutze die Türscheibe als Spiegel, um zu sehen, wann die Luft rein ist. Dann schlüpfe ich schnell hinein, schließe die Tür hinter mir und knipse das Licht an. Wenn ich nichts aufgebrochen habe, ist es kein Einbruch, mache ich mir Mut. Oder etwa doch?

Was sonst könnten sie mir zur Last legen? Vielleicht *unbefugtes Betreten eines Museums in der Absicht, Tyrannosaurus rex zur Stellung eines Wappenvogels von Montana zu verhelfen*? Ich nehme mal an, dass mir das äußerstenfalls ein paar Monate in einer Nervenheilanstalt eintragen könnte.

Ich nehme keine gründliche Inspektion der Bestände des Museums vor, weil ich es ziemlich eilig habe. Außerdem ist das Licht funzlig, und ich Trottel habe meine Sonnenbrille auf und meine normale Brille dummerweise im Auto gelassen. Ich kann gut genug sehen, um ein paar antike Ladenkassen und eine alte Baseballuniform zu erkennen. Ich sehe ein Triceratops. Am anderen Ende des Raums finde ich, wonach ich gesucht habe: einen großen zähnebewehrten Schädel, der zum größten Fleisch fressenden Tier gehörte, das je die Gegend von Garfield County oder irgendeine andere Region der Erde durchstreift hat. Selbstverständlich ist es kein echter Schädel; Shelly vom Jachthafen hat mich ja schon vorgewarnt. Es ist nur der Abguss eines Schädels, mit dem sich wahrscheinlich eines der Museen bei Jordan dafür bedanken wollte, dass es das Original gekriegt hat.

Es ist ungefähr so kompakt und wertvoll wie ein ausgebauter Chevroletmotor drüben in der Pioniergarage. Aber mich beeindruckt es unendlich mehr. Die Zähne sind groß wie Jagdmesser. Die Augenhöhlen glotzen, als wären sie Augen. Es grinst. Von der Kinnspitze bis zum Hinterhauptshöcker misst das ganze Ding rund 1,50 Meter. Es stimmt mich plötzlich froh zu wissen, dass die Stadt Jordan wenigstens irgendeine bildliche Wiedergabe ihrer berühmtesten Tierart besitzt.

Aber besitzt sie die wirklich? Auf der Schautafel neben dem Schädel ist ein kleines Kärtchen befestigt. Ich ziehe die Tafel dicht an die Nase, luge unter den Gläsern der Sonnenbrille durch und lese: »Eigentum von Lester Engdahl.« Wir haben es also mit einem regelrechten Schachtelsystem eifersüchtiger Besitzansprüche zu tun: Soweit es Lester Engdahl betrifft, ist *er* der Eigentümer des verdammten Dings, nicht Jordan oder Garfield County oder Montana. Wer aber ist Lester Engdahl? Auf Anhieb weiß ich den Namen nicht unterzubringen, obwohl er mir vertraut klingt. Während ich aus Jordan abhaue – die Museumstür habe ich hinter mir zugemacht, und die Ortspolizei hat nichts gemerkt –, zerbreche ich mir immer noch den Kopf über den Namen.

Mit seinem besseren Gedächtnis wird der Leser wohl schon wissen, dass es sich bei Lester Engdahl um den Viehzüchter handelt, auf dessen Grund und Boden der Tyranno-Schürfer Harley Garbani 1966 seinen Fund machte. Mr. Engdahls Beitrag zur Geschichte der Paläontologie bestand darin, dass er Garbani erlaubte, auf seinem Stück Land am Hell Creek ein Loch in einen steinigen Hang zu graben und ein Exemplar nach Los Angeles zu entführen, wo Experten es untersuchen konnten und ein dankbares Publikum es anstaunen durfte. Dafür verdient er so etwas wie dankbare Anerkennung. Dennoch empfinde ich die Art, wie er oder jemand anders, der in seinem Namen handelt, hier auf der Karte auf sein Eigentumsrecht pocht, als ebenso abwegig und witzlos wie rührend. Was eigentlich bedeutet ein Eigentumsrecht, wenn es sich auf den Schädelabguss einer ausgestorbenen Art in einem öffentlichen Museum bezieht, das nicht einmal ordentlich abgeschlossen ist?

Später, als ich wieder heil zurück in Bozeman bin, geht mir auf, dass meine staatsbürgerliche Mission genauso sinnlos ist wie Mr. Engdahls Karte mit seinem Besitzanspruch. Am Ende ist es ja wirklich keine so brillante Idee, uns Montana-Völkchen *Tyrannosaurus rex* als Wappenvogel zueignen zu wollen. Lokalstolz hat sein Gutes, gewiss! Aber auch die Wissenschaft hat ihre Rechte. Und wichtige Fossilien werden heutzutage, wenn es das Unglück will, wie Diamanten oder Rubine oder Kunstplastiken an reiche Sammler verhökert. Eigentum mag das A und O des Rechtswesens sein. Aber die wilde Natur bleibt wilde Natur, auch noch nach fünfundsechzig Millionen Jahren in der Erde. Der König der Tiere ist niemandes Eigentum.

DES EINEN FREUD IST DES ANDEREN LEID

*Das Dilemma der Flederhund-Küche
auf der Insel Guam*

Manchmal ist die Geschichte ganz einfach. Böse, gierige Männer mit Kettensägen oder Flinten. Vergiften und Plündern ist immer einträglicher als Behutsamkeit und Zurückhaltung. Feige Bürokraten, herzlose Geschäftsleute in Armani-Anzügen, von blindem Eifer erfüllte Bauingenieure, Verkäufer, Aufkäufer, vertrottelte Bankiers im Entwicklungsgeschäft, die sich bemühen, aus Borneo ein zweites South Carolina zu machen. Der so genannte unaufhaltsame Lauf des so genannten Fortschritts. Arme Leute in den tropischen Regionen machen unverdrossen Kinder, unzählige Kinder, und wollen sie dann unbedingt ernähren; wir Übrigen brauchen unbedingt Autos, Klimaanlagen und unsere zwei Morgen Land mit Wochenendhaus in den Bergen. Alle tragen Mitschuld an der unaufhaltsamen Zerstörung der Naturflächen und des vielfältigen Wildlebens, das sie beherbergen. Das sind nervige, triste und in ihrer Unlösbarkeit sattsam vertraute Probleme. Es gibt aber auch Fälle, wo die Geschichte weniger einfach ist.

Die Geschichte von *Pteropus mariannuns mariannus* auf der Insel Guam zum Beispiel ist alles andere als einfach.

Pteropus mariannus mariannus ist eine Unterart der Fledermäuse. Das massige Tier ernährt sich von Früchten und gehört zu jenen großen tropischen Fruchtfressern, die man unter dem Namen Flederhunde kennt. Während einige Arten von *Pteropus* weit verbreitet sind, kommt *Pteropus mariannus* nur auf den Marianen vor, einer Kette vulkanischer Inseln im Westpazifik; Guam ist die südlichste und größte der Inseln. Innerhalb dieses Gebiets besiedelt die Unterart *P. m. mariannus* ein noch beschränkteres Areal und findet sich nur auf den Inseln Saipan, Tinian, Aguijan, Rota und Guam, wo sie ein hoch geschätztes Gericht der Chamorro-Küche bildet. Die Chamorros sind auf Guam heimisch. Sie leben seit Jahrtausenden auf der Insel. Sie kamen im Kanu von den Philippinen oder vielleicht auch aus Südostasien oder irgendeinem Teil von Indonesien. Die Spanier haben sie unterworfen und misshandelt, dann die Amerikaner, dann die Japaner und dann wieder, in abgemilderter Form, die Amerikaner. Sie sind von dem unbezwinglichen Verlangen erfüllt – und haben vielleicht gar ein unabdingbar moralisches Recht darauf –, Fledermäuse zu essen. Und hier fangen die Probleme an.

Um das Dilemma von *P. m. mariannus* mit all seinen unglaublichen Details, kleinen Ironien, Küchenrezepten, wichtigen Zahlendaten und ungelösten ökologischen Rätseln zu erforschen, braucht man einen Führer. Wenn man Glück hat, hört der Führer auf den Namen Gary Wiles.

Wiles ist ein bärtiger, wenig gesprächiger Zoologe, der die Einsamkeit liebt und für das Büro zur Überwachung des Bestands an Meeres- und Landtieren, Sektion Guam, arbeitet. *P. m. mariannus* ist sein Studienobjekt. An einem Samstagmorgen führte er mich vor kurzem an einen geheimen Ort, seinen Lieblingsplatz auf der Insel Guam. Zum einen Teil verdankte ich das seinem Interesse, sich gut mit der Presse zu stellen, und zum anderen Teil bewies er mir damit, dass ich sein Vertrauen hatte; in all den Jahren seit seinem ersten Besuch an diesem Ort, erzählte er mir, hatte er ungefähr ein Dutzend Leute hierher mitgenommen. Von selber wäre ich auf den Ort kaum verfallen. Wir passierten das Tor einer Luftwaffenbasis, zeigten im Sicherheitsbüro Personalausweise vor und fuhren am Rand einer Startbahn entlang, zwischen Munitionsbunkern und einer Reihe von B-52, grauen, achtmotorigen Flugzeugen, die in der Sonne standen und auf das Zeichen für den Weltuntergang warteten. In den Bunkern hatten einst Wasserstoffbomben gelagert, aber jetzt nicht mehr. Während des Vietnamkriegs waren die B-52 von dieser Startbahn losgedonnert. Wir stiegen aus dem Wagen, gingen durch einen Zaun und begannen einen stark bewaldeten Felsen hinabzuklimmen. Große, dreidimensionale Spinnennetze, umfänglich wie Wetterballons und dicht wie Zuckerwatte, versperrten den Pfad. Über kleine Felsvorsprünge hangelten wir uns an den straff gespannten Luftwurzeln der Clusien abwärts. Wir ließen uns auf alle viere nieder. Die Füße fanden gut Halt, aber für die Hände war es eine Tortur, da der Fels selbst eine Wand aus Korallen war, die der Vulkanismus aus dem Meer gehoben hatte. In gut hundertfünfzig Meter Tiefe sah man einen flachen Küstenstreifen, überwuchert von Vegetation, unverschandelt durch Straßen und Startbahnen, begrenzt vom Pazifischen Ozean. Wir blickten nach Norden, etwa in Richtung Iwo Jima. Als wir den Felsen halbwegs hinuntergestiegen waren, machten wir auf einem Felsvorsprung Halt.

Gary war zufrieden: Der Wind kam von der Kolonie. Das war wichtig. Statt, wie bei Fledermäusen häufig, über Echolotfähigkeiten zu verfügen, hätten diese Geschöpfe scharfe Augen und eine sehr empfindliche Nase, erzählte er mir. Insbesondere der Gestank von Menschen versetze sie in Unruhe. Sie seien vielleicht nicht besonders intelligent, aber im Laufe der Jahrhunderte hätten sie gelernt, Menschengeruch mit Verfolgung und Tod in Verbindung zu bringen.

Wir suchten auf dem zerklüfteten Korallenfelsboden einen festen Stand für unsere Stative und richteten unsere Zielfernrohre auf die Stelle, auf die Gary wies – eine Ansammlung von Bäumen in mittlerer Entfernung entlang der Küstenlinie nach Osten. Mit bloßem Auge ließ sich nichts weiter erkennen, als dass die oberen Zweige mit herabhängenden, dunklen Schemen besetzt waren. Vielleicht drei- oder vierhundert Körper, jeder wie eine Aubergine, aufgehängt in einem schwarzen Netzstrumpf.

Durch das Fernrohr konnten wir mehr erkennen: Fledermäuse. Große, anmutige, träge Fledermäuse, die den Tag im Ruhezustand verbrachten. »Da drüben, das sind achtzig Prozent der Population von Guam«, verkündete Gary.

Einst waren es Tausende. Niemand weiß tatsächlich, wie viele. Heute sehen sich die Tiere einem ganzen Komplex neuer und alter Probleme gegenüber, aber ein bestimmtes Problem stellt alle anderen in den Schatten. Die traditionsbewussten Chamorros haben so viele von ihnen verspeist, dass sie vor dem Aussterben stehen.

Ein paar Angaben zu Essgewohnheiten und Tischsitten. *Bei welchen Gelegenheiten wird Flederhund serviert?* Ein Chamorro, der alte, mit dem imperialen Erbe der Spanier, dem Katholizismus, verquickte Kulturgewohnheiten pflegt, serviert Flederhund bei festlichen Anlässen – bei Taufen, Hochzeiten, Dorffesten und vielleicht an Ostern.

Wem setzt man Flederhund vor? Guten Freunden, der eigenen Familie und Gästen, die man ehren will.

Wie wird Flederhund serviert? In Kokosmilch gedünstet ist er ein beliebtes Gericht. Ein anderes Rezept empfiehlt: Man koche das Tier fünfundvierzig Minuten in klarem Wasser und füge dann Salz und geraspelte Kokosnuss hinzu. Manche Köche bevorzugen eine Art sämige Suppe mit Mais und Flederhund. Bei den Gerichten scheint Einfachheit Trumpf zu sein.

Wie nimmt man einen Flederhund aus? Gar nicht. *Aber man entfernt doch sicher die Innereien?* Nein. *Oder trennt Flügel und Kopf ab?* Nein. *Bitte schön, wird er denn wenigstens gehäutet?* Nein. Man lässt Fell und Eingeweide an ihrem Ort. Man kocht das Tier als Ganzes oder gar nicht. So eklig das klingen mag, objektive Gründe, es anders zu bewerten als bestimmte hemmungslose Praktiken in den Kü-

chen anderer Kulturen, gibt es nicht, oder? Es ist nicht per-
verser, als rohe Austern zu schlürfen oder reifen Cheddar-
käse oder Sushi aus Seeigeleiern oder schlicht und einfach
Joghurt zu essen. Lutefisk. Ein Flederhund ist wie eine bors-
tige Sardine: Was immer man kauen kann, lässt sich auch
runterschlucken.

Und der Geschmack? Der glaubwürdigen Aussage eines
Zeugen zufolge, der kein Chamorro ist (die Rede ist von
Gary Wiles, der als überzeugter Naturschützer dennoch einmal gezwungen war, aus offiziellem Anlass an einem Fleder-
hundessen teilzunehmen), ist der Geschmack gut. Das
Fleisch schmecke, wie zu erwarten, fruchtig. Der Inhalt der
Eingeweide erinnere an eine Füllung aus Kompott. Etwas allerdings sei unangenehm. Wenn man lange Zeit gekaut habe
und das Fleisch im Magen sei, bleibe im Mund ein Klumpen
Fell zurück. Die Etikette verlange, dass man auch ihn run-
terschlucke.

Essen alle Chamorros Flederhunde? Nein, viele verzichten darauf. Besonders unter den Jüngeren scheint diese Tradition auszusterben – allerdings stirbt sie nicht so rasch aus
wie die Flederhunde.

Welche Flederhundart schmeckt am besten? Feinschme-
cker unter den Chamorros ziehen *P. mariannus* vor, wobei
die lokale Population *P. m. mariannus* (das heißt, die bedrohte Unterart von Guam) wegen ihres Geschmacks und
Geruchs am allerhöchsten geschätzt wird. Der gängige
Name der Chamorros für diese bestimmte Fledermaus
lautet *fanihi*. Einige andere Arten sind zu klein und knochig. Einige andere Populationen von *P. mariannus* haben
eine wenig ansprechende Duftnote. Der auf Guam heimische Flederhund ist groß, zart und schön aromatisch. Aber
genau diese Population ist durch ein Gesetz der Insel
Guam von 1973 und seit 1984 auch durch ein Gesetz der
USA, das der Rettung bedrohter Tierarten dient, unter
Schutz gestellt. Auch hier tauchen wieder Komplikationen
auf.

Werden die Flederhunde Guams illegal gejagt? Jawohl. Gewildert wird mit Schrotflinten. Schrotflinten und Bevölkerungswachstum haben vereint eine Situation herbeigeführt, in der die auf Guam heimische Fledermaus per Gesetz vor der heimischen Bevölkerung der Insel geschützt werden muss. Um die Wende zum 20. Jahrhundert, als die Chamorro-Bevölkerung klein war (zum Teil deshalb, weil so viele an den Krankheiten gestorben waren, die die Spanier eingeschleppt hatten) und noch nicht über tolle Jagdwaffen verfügte, konnte die Flederhundpopulation den langsamen, stetigen Aderlass verkraften. Mittlerweile hat sich das geändert. Jetzt leben auf der Insel mehr als fünfundfünfzigtausend Chamorros und wahrscheinlich weniger als sechshundert Flederhunde, von denen ein Mann mit einer Vogelflinte in fünf Minuten fünfzig erlegen kann. Die erlaubten Beutemengen wurden in den Sechzigerjahren verringert, aber die Flederhundpopulation sank weiter. Schließlich stellte im Jahr 1973 Guam jegliche Flederhundjagd unter Strafe. Allerdings wurden Verstöße gegen das Gesetz nicht sehr streng geahndet. *Gibt es einen Schwarzmarkt für tote Flederhunde?* Man munkelt, dass so etwas existiert.

Auf Guam gibt es aber nach wie vor Flederhunde legal zu kaufen? Ja. *Wo kommen die her?* Sie werden aus anderen Regionen des Westpazifiks importiert – besonders aus Palau, Samoa und den kleinen Inseln Truk und Pohnpei. Den Zahlen zufolge, die Gary Wiles ermittelte, wurden im Laufe des letzten Steuerjahrs 13 587 Flederhunde nach Guam eingeführt. Weil der Lebensstandard in Guam (jedenfalls nach Maßgabe der durchschnittlichen Geldeinkünfte) höher ist als in anderen Pazifikstaaten, können es sich die Chamorros leisten, anderen Leuten ihre Fledermäuse abzukaufen. *Warum verfügt Guam über so große Geldmittel?* Hauptsächlich deshalb, weil es ein wichtiger Stützpunkt der amerikanischen Streitkräfte ist. *Aber wer lässt dem Lebensraum der Flederhunde auf der Insel den meisten Schutz angedeihen?* Ebenfalls die Streitkräfte der USA. Schuld und

Verdienst sind hier auf höchst verwirrende Weise verschränkt.

Wie kommen die importierten Flederhunde ins Land? In den Frachträumen der internationalen Fluglinien, und zwar in tiefgefrorenem Zustand. *Wo findet man sie?* In den Tiefkühltruhen der örtlichen Lebensmittelläden, in denen die Chamorro-Bevölkerung einkauft.

Also suchte ich am Samstagnachmittag, nachdem ich von meinem Flederhund-Beobachtungsgang mit Gary Wiles zurück war, einen einheimischen Lebensmittelladen auf. Und tatsächlich, in der Gefriertruhe entdeckte ich zwischen tiefgekühlten Schweineschnauzen, tiefgekühltem Schweineblut und tiefgekühlten Schweinsohren ein einsames, klägliches, kleines Flederhündchen. Über der Truhe verkündete ein handgeschriebenes Schild FRISCHE FANIHI. Die Frischebeteuerungen aber änderten nichts daran, dass auch der Flederhund tiefgefroren war. Die Flügel eng an den Körper gepresst, als wäre es an Unterkühlung gestorben, auf eine Styroporunterlage gebettet und in Zellophan gehüllt, sah das Tier aus wie eine Hähnchenbrust, die beim Barbecue zu lange auf dem Grill gelegen hatte. Das Preisschild lautete $ 13.95.

»Wenn ich einen guten Preis für Flederhunde kriege, nehme ich so viele, wie ich kriegen kann«, erzählte mir der Ladenbesitzer. »Vor Festtagen verkaufe ich hunderte. Ich könnte tausende im Jahr loswerden. Aber es gibt keine regelmäßigen Lieferungen. Das hier ist unser letzter Flederhund, und von wo der nächste kommen wird, weiß ich nicht.«

Der Ladenbesitzer hieß Joe Benavente. Er war jung und aufgeweckt und selbst zur Hälfte Chamorro. Er trug ein Polohemd und hielt in der Hand ein Klemmbrett. Während ich über sein Angebot an Schweinefleisch und Flederhund gebeugt stand, kam er misstrauisch näher. Er hatte Sorge, ich könne ein Spion von der Konkurrenz sein (sagte er) oder vielleicht ein staatlicher Kontrolleur (das sagte er nicht). Ich erklärte ihm, ich sei nur ein Journalist, der sich für Fanihi interessiere, und schon beruhigte sich der vertrauensselige Mensch. Er berichtete mir, ein Stück weiter die Straße entlang bauten manchmal Fremde einen Verkaufsstand für Flederhunde auf, direkt neben dem Fischstand. Zwei Sägeböcke und ein großer Schirm, und schon könne der Handel losgehen. Ich verkniff mir die Frage, ob es sich dabei um dunkle Geschäfte handele. »Sie können mich immer unterbieten«, sagte Joe Benavente. »Weil sie keine Betriebskosten haben, verstehen Sie?«

Mit einer Inbrunst, die mich dazu brachte, ihm zu glauben, erklärte er außerdem: »Ich kaufe nichts bei Wilderern. Auf Guam ist das Tier eine bedrohte Art. Das ist mir zu heiß. Man könnte leicht in Schwulitäten kommen.«

Joe belieferte eine Riege traditionsbewusster Chamorro-Kunden, die am Geruch eine Sorte Flederhund von der anderen unterscheiden konnten – selbst wenn das Tier, an dem sie schnüffelten, tiefgefroren und in Zellophan verpackt war. Eine Dame konnte auf diese Weise ein Männchen von einem Weibchen unterscheiden. Sie zog die Männchen vor. Die hätten ein herzhafteres, moschusartigeres Aroma. Ich wollte von Joe wissen, ob er selbst Fanihi esse.

»Ich habe es einmal probiert. Meine Schwiegereltern hatten es gekocht. In Maissuppe.«

»Hat es Ihnen geschmeckt?«

»Es war in Ordnung. Die Maissuppe war in Ordnung.«

»Und der Flederhund. Haben Sie den gegessen?« Er verzog das Gesicht, grinste, schüttelte den Kopf.

Vierzehn Dollar für zweihundertdreißig Gramm tiefgefrorene Fledermaus scheine mir ziemlich viel, meinte ich. Joe war der gleichen Meinung. Die Preise seien früher weit niedriger gewesen. Jetzt bleibe das Angebot hinter der Nachfrage zurück. Die Großhandelspreise für Fanihi seien mittlerweile in die Höhe gegangen, und deshalb sei auch die Ware in seiner Tiefkühltruhe teuer geworden. »Einige meiner armen

Kunden können es sich nicht mehr leisten. Wir haben Leute beim Ladendiebstahl erwischt, die Flederhunde mitgehen lassen wollten. Sogar ältere Damen.« Eine Frau habe einen Flederhund aus dem Zellophan gerissen und in ihrer Handtasche versteckt, wusste Joe zu erzählen. Sie sei erwischt worden. Dieses absurde Bild prägte sich meinem Gedächtnis unauslöschlich ein; für alle Beteiligten stellte es so etwas wie einen jämmerlichen Tiefpunkt der Entwicklung dar.

Der inoffizielle Bericht von der Marktlage, den mir Joe lieferte, kündete in mehrfacher Hinsicht von düsteren Zukunftsaussichten: gesunkenes Angebot bei unverändert hoher Nachfrage, ein starker Anreiz für Wilderer und ein tendenzieller Rückgang bei der durchschnittlichen Größe der Flederhunde, die von anderen Inseln importiert wurden. »Manchmal liefern sie echt winzige Tiere«, bemerkte Joe. »Ich sage dann, ›He, Jungs, so kleine wie die hier dürft ihr nicht töten.‹« Die Tiere, die von Samoa kamen, waren größer als die meisten anderen, und Joes Kunden gefielen sie. Weniger knochig, diese Flederhunde von Samoa.

Joe erinnerte sich auch, dass ihm eine Lieferung Flederhunde von den Philippinen angeboten worden war. Die Flederhunde von dort waren groß und fleischig; ein Mindestkörpergewicht von einem Pfund wurde garantiert. Das Geschäft barg allerdings Risiken. Die Lieferanten verlangten eine Mindestbestellung über fünftausend Dollar und einen Kreditbrief. Joe forderte eine Probesendung, aber die traf nie ein. Außerdem musste er in Rechnung stellen, dass viele Chamorros (wie er mir durch die Blume zu verstehen gab) gegen alles, was von den Philippinen kam, ein ethnisches beziehungsweise kulturelles Vorurteil hegten. Konnte er verheimlichen, wo diese großen Flederhunde herkamen? Nein, so etwas tut ein guter Geschäftsmann nicht. Bestand die Gefahr, dass seiner Kundschaft der Geschmack dieser Ware vielleicht zusagte, der Gedanke an sie selbst aber missfiel? Ganz sicher. »Wissen Sie, meine Kunden würden diesen philippinischen Flederhunden vielleicht misstrauen. Sie würden möglicherweise den Verdacht haben, es handele sich dabei um fliegende Hunde oder sonst was, und sich fragen, was die da drüben wohl zu fressen bekommen haben.«

Joe Benavente hatte auf die philippinische Lieferung verzichtet. Das war verständlich. Kein Kaufmann will auf tiefgefrorenen Flederhunden im Wert von fünftausend Dollar, die von der Kundschaft abgelehnt werden, sitzen bleiben.

Gary Wiles und ich saßen eine Stunde lang auf dem Felssims und sahen zu, wie die Flederhunde von den Ästen baumelten, wie sie sich paarten, wie sie ihre Jungen säugten, wie sie mit den Flügeln schlugen, um sich Kühlung zuzufächeln. Gelegentlich wurde einer unruhig, schwang sich in die Luft, umkreiste träge die Schlafbäume oder ließ sich von einer thermischen Luftströmung an den Felsen entlangtragen und glitt wenige Meter von unserem Sitzplatz entfernt vorbei. »All meine Beobachtungen habe ich von hier oben angestellt«, sagte Gary und meinte den bewaldeten Steilhang, der über der Nordküste emporragt. Gary hat seit 1981 Populationsdaten über die Fanihi Guams gesammelt – stets aus gebührender Entfernung hat er sie beobachtet und gezählt, Trends registriert, ohne ihre biologischen Geheimnisse ergründen zu können, aber mit ausgeprägtem Sinn dafür, wie prekär ihre Überlebenschancen sind. »Ich habe diese Flederhunde nie angerührt. Es wäre echt interessant, ein paar von ihnen zu beringen, um genauer herauszufinden, wie sie leben.«

Zu den vielen ökologischen Rätseln, die Gary gerne lösen würde, zählt die entscheidende Frage, ob diese Kolonie von *P. m. mariannus* sich durch Geburten und die Aufzucht eigener Nachkommenschaft regeneriert. Er fürchtet, dass dies nicht der Fall ist. Irgendwann zwischen Säuglings- und Erwachsenenalter verschwinden die Halbwüchsigen von der Bildfläche. Gary hat seit vier oder fünf Jahren kein Tier aus dieser Gruppe zu Gesicht bekommen. Diese mittelgroßen Jungtiere – die gerade alt genug sind, um von der Mutterbrust entwöhnt zu sein und allein gelassen zu werden, wenn das Muttertier auf Futtersuche geht – fallen möglicherweise einer auf die Insel eingeschleppten Nachtbaumnatter, *Boiga irregularis*, zum Opfer, die sich zu einer Landplage entwickelt und fast alle heimischen Waldvögel Guams aufgefressen hat. Das ist allerdings nur eine Hypothese auf der Basis ebenso spärlicher wie wertvoller empirischer Beweise. Jedenfalls schafft irgendetwas diese jungen Flederhunde aus der Welt; und vorstellbar ist, dass die Kolonie sich auf ihrem derzeitigen bescheidenen Niveau nur mithilfe von Zuwanderern hat erhalten können, die von den benachbarten Inseln herüberfliegen. Angenommen, das ist der Fall, was passiert, wenn die Populationen auf den draußen liegenden Inseln ebenfalls durch Wilderei zerstört worden sind? Niemand weiß es. Und wie stark bedroht ist *P. mariannus* eigentlich, wenn man das gesamte Verbreitungsgebiet der Spezies nimmt? Unbekannt. Und wie steht es mit der Fortpflanzungsbiologie der Art? Wie schnell kann sich die Population erholen, wenn man sie vor den Menschen und den Schlangen schützt? Unbekannt. Wie groß ist die Wahrscheinlichkeit, dass die Kolonie im Gefolge eines der typischen heftigen Taifune, von denen Guam heimgesucht wird, aus Mangel an Nahrung zugrunde geht? Unbekannt.

Wird *P. mariannus* auf der Insel Guam überleben? Eine marginale, aber schwierig zu beantwortende Frage.

In diesem Augenblick wirkten sie sicher und gelassen. Durch das Zielfernrohr konnte ich ein Weibchen sehen, an dessen Brust sich ein Jungtier schmiegte, geborgen im Schutz der großen, dunklen Schwingen, die es umhüllten. Das Weibchen beugte den Kopf herunter und fing an, das Fell des kleinen Etwas mit der Zunge zu pflegen. Plötzlich erfüllte die Luft ein dunkles, tiefes Donnergeräusch, das sich ringsum immer mehr verstärkte und dann zu einem Brüllen verdichtete; eine B-52 hob von der Startbahn ab und sauste über unsere Köpfe. Den Himmel mit einer Schmierspur aus Kohlenstoff überziehend, war die Maschine unterwegs zu einem Bombenabwurfplatz auf einer der kleineren Inseln im Norden; oder vielleicht flog sie auch nach Australien, um dort zu üben, wie man im Niedrigflug die Radarerfassung unterläuft. Die Flederhunde schenkten ihr keine Beachtung. Eine zweite B-52 tauchte donnernd auf. Die Flederhunde ließen sich nicht stören, schliefen, säugten, paarten sich. Die US-Luftwaffe kümmerte sie nicht.

Plötzlich aber, im nächsten Augenblick, war ein halbes Dutzend Tiere in der Luft. Andere schlugen nervös mit den Flügeln und wechselten an den Ästen hin und her. Irgendetwas stimmte nicht. Die ganze Kolonie wirkte aufgeschreckt. Hatte der Wind gedreht, sodass er von uns zur Kolonie blies. »Hoffentlich sind das nicht wir«, sagte Gary.

Wenn wir es waren – wenn unser menschlicher Gestank zu ihnen drang und sie in allgemeine Aufregung versetzte –, dann mussten wir unsere Fernrohre einpacken und uns verziehen. Natürlich führten wir nichts Böses gegen sie im Schilde. Wir waren nicht gekommen, um ihre Kolonie mit Schrotkugeln einzudecken und tote Flederhunde für den Kochtopf einzusammeln. Tatsächlich hatten diese Tiere wahrscheinlich keinen besseren Freund und Fürsprecher als Gary Wiles. Aber das wussten die Flederhunde nicht, und die Welt war ein gefährlicher, undurchschaubarer Ort. Dies war kein Missverständnis, das sich durch den Geruchssinn aufklären ließ.

ENT- ODER WEDER

Schleimpilze, Binäres Denken
und das Gericht über Alan Turing

Ehe ich mich an ein ganzes Knäuel schauerlicher, tragischer Ungewissheiten heranwage, möchte ich drei simple Feststellungen treffen.

Feststellung eins: Dieser Artikel dreht sich um Schleimpilze. Was ist mit Schleimpilzen gemeint? Nicht die in Seattle beheimatete Rock-and-Roll-Band, an die der Leser vielleicht denkt, weil sie sich Slime Molds nennt. Die Schleimpilze, um die es hier geht, sind Geschöpfe von so ausnehmender Besonderheit, dass sie alle vertrauten biologischen Kategorien Lügen strafen. Sie sind keine Tiere, sie sind keine Pflanzen, sie sind keine Pilze. Sie sind keine Einzeller (das sind sie nur zeitweilig), und sie sind keine mehrzelligen Organismen (beziehungsweise auch das nur zeitweilig). Manchmal werden sie als gesellige Amöben bezeichnet, auch wenn sie tatsächlich nicht zur Gattung *Amoeba* zählen. Sie sind weder dies noch das, sondern stets etwas anderes – etwas von proteischer Natur. Wie verschütteter Sirup überfluten sie die mit dem Lineal gezogenen Linien binärer Eindeutigkeit. Wie sehen sie aus, diese Schleimpilze? Mal so, mal so. Sie wechseln die Gestalt, je nach Umständen und Stimmung. Sie machen gespenstische Wandlungen durch. Im einen Lebensstadium ähneln Schleimpilze einer Nacktschnecke und ziehen in linearer Wanderung ihre schleimige

Bahn; in einem anderen Stadium wachsen sie fest und erblühen, wobei sie in ihrer Form entfernt einem Löwenzahn ähneln; in einem dritten Stadium bestehen sie aus tausenden von getrennten Amöben, die einander allesamt die kalte Schulter zeigen und sich nur um die Befriedigung ihrer eigenen Bedürfnisse kümmern. Eine repräsentative Gattung ist *Acrasia*, deren Name von einem griechischen Wort entlehnt ist, das »schlechte Mischung« bedeutet. Die Schleimpilze sind kollektiv, aber individuell, gesellig, aber vereinzelt, primitiv, aber kompliziert, unscheinbar, aber auffällig. Mit einem Wort, sie sind paradox. Sie sind schleimig, stimmt, aber nicht schimmlig, bewahre. Auch wenn sie in keine der üblichen Schubladen passen, die für Flora oder Fauna bereitstehen, haben sie ihren eigenen unheimlichen Reiz. Wer von den Lesern hat den Film *Blob – Schrecken ohne Namen* gesehen?

Feststellung zwei: Dies ist zugleich ein Essay über Alan Turing. Wer war Alan Turing? Kein Biologe, der Schleimpilze erforscht hat, wie der Leser vielleicht vermuten möchte. Turing war ein brillanter englischer Mathematiker, ein Vorkämpfer der Computertheorie, Mitglied der Royal Society und einer der führenden Geheimschriftexperten, denen es im Zweiten Weltkrieg gelang, den Geheimcode der deutschen Marine zu entschlüsseln. Selbst ein enigmatischer Mensch, half er mit, Hitlers tolles rechnergestütztes Chiffriersystem zu knacken, das den Namen Enigma trug. Er war ein Erzkonservativer sanften Gemüts, der sein Geld im Wald vergrub, statt es einer Bank anzuvertrauen, der Wildblumen und Fichtenzapfen sammelte, um ihre anatomische Struktur zu studieren, der in seinen Dreißigern mit Langlaufen anfing, sich mit mathematischer Biologie beschäftigte, einige bahnbrechende Überlegungen in einem Bereich anstellte, den wir heute unter dem Namen künstliche Intelligenz kennen, und davon träumte, einen elektronischen Apparat zu bauen, der Schach spielten konnte. Er war außerdem ein stiller, aber beharrlicher Antiautoritärer, ein

Homosexueller, der sich in einer Zeit, da die Homosexualität in Großbritannien noch strafrechtlich verfolgt wurde, zu ihr bekannte; schließlich wurde er wegen seiner »Vergehen« als Straftäter verurteilt, einer quacksalberischen »Organotherapie« in Gestalt von gerichtlich verfügten Hormonbehandlungen unterzogen und beging Selbstmord. Er starb 1954 an einer Dosis Zyanid.

Feststellung drei: Die Verbindung zwischen den Feststellungen eins und zwei, der Zusammenhang zwischen Schleimpilzen und Alan Turing, über den ich den Leser nachdenken lassen möchte, ist ein Vorgang namens Morphogenese.

Normalsprachlich ausgedrückt, bedeutet Morphogenese die Entstehung einer Form. Weniger normalsprachlich, aber ebenso zutreffend gesagt, handelt es sich um das biologische Wunder des Werdens. Ein Embryo im Schoß oder in der Eierschale ist mit Morphogenese beschäftigt. Das gilt auch für das heranwachsende Mädchen, wenn ihre knabenhaft flache Brust einen Busen ausbildet, und für den heranwachsenden Jungen, wenn seine mädchenhaft hohe Stimme in den Stimmbruch kommt und tiefer wird. Morphogenese betreibt ein Schmetterling, wenn er aus seinem Kokon ausschlüpft, eine Kaulquappe, wenn sie ihren Schwanz verliert, und ein Same, wenn er seinen ersten Keim austreibt. Die Schleimbeutel und Alan Turing gehören bei diesen Überlegungen aus mehreren Gründen als ein Paar, das eine natürliche Komplementarität verbindet, zusammen – zu diesen Gründen zählt, dass in beiden Fällen das Wunder des Werdens besonders wundersam anmutet. Zu diesen Gründen zählt auch, dass sich Turing in der letzten Phase seines kurzen Lebens plötzlich zu einem Theoretiker in Sachen Morphogenese wandelte.

Was lässt die Schleimpilze ihre Metamorphose von einem Zustand in den anderen vollziehen? Was machte Turing zu dem Staunen erregenden, schwierigen Menschen, der er war? Welche Faktoren entscheiden über die Gestalt, die Rolle, das Schicksal eines bestimmten Lebewesens? Morphogenese ist nicht die Antwort darauf. Aber sie ist die Aufschrift auf dem dunklen Behältnis, das diese Fragen birgt.

Ich schicke dies voraus, um allzu großer Überraschung und Verwirrung vorzubeugen und dem Leser die Möglichkeit zu geben, seine Verblüffung für den richtigen Augenblick aufzusparen.

Zuerst einmal muss man über die Schleimpilze wissen, dass der Begriff *Schleimpilz* ein bisschen unpräzise und schlüpfrig ist. Er umfasst zwei große Gruppen von Organismen, die einander oberflächlich ähneln, aber im Grunde nichts miteinander zu tun haben und von denen die interessantere Gruppe die der zellförmigen Schleimpilze ist. Zellförmig werden sie genannt, weil sie während der Aggregatszustände, die sie in ihrem Leben durchlaufen, als Vielzahl von Individuen erhalten bleiben (als viele Zellen mit jeweils einem Zellkern). Zu den berühmtesten dieser Schleimpilze (keine Auszeichnung, die sehr weit trägt, wie ich zugeben muss) gehört eine Art namens *Dictyostelium discoideum*, die als Erster ein Wissenschaftler namens K. B. Raper vor sechzig Jahren der Welt beschrieb, der sie unter verfaulenden Blättern im Wald gefunden hatte.

In den Jahrzehnten, die seitdem vergangen sind, ist *D. discoideum* zu einem Lieblingsobjekt für Biologen geworden, die das Phänomen der Morphogenese erforschen. In dieser Rolle entspricht die Art etwa der Taufliege oder dem Meerschweinchen oder der weißen Ratte; sie ist ein idealer kleiner Organismus, um großen Fragen nachzuspüren. Verantwortlich für die Bedeutung, die *D. discoideum* für die Forschung erlangt hat, sind mehrere vorteilhafte Züge: Die Art fühlt sich im Laboratorium wohl, hat einen kurzen Lebenszyklus, eignet sich gut für experimentelle Eingriffe und führt den Morphogeneseprozess auf besonders krasse Weise, nämlich zeitlich getrennt vom Wachstumsprozess, vor. Der letzte Punkt ist wichtig. Bei den meisten Arten gehen Wachstum und Morphogenese gleichzeitig vor sich und erscheinen deshalb unauflöslich miteinander verquickt – der menschliche Embryo wird größer, während er die Gestalt verändert, heranwachsende Jungen und Mädchen nehmen an Körpergröße und Körpergewicht zu, während sie die pubertätsbedingten Wandlungen durchlaufen. Bei *D. discoideum* dagegen gehen die zwei Prozesse nacheinander vor sich, nicht gleichzeitig. Die Amöben hören auf zu essen, zu wachsen und sich zu teilen, wenn sie das Signal erhalten, ein Aggregat zu bilden; von da an bis zur nächsten Generation haben alle Veränderungen rein morphogenetischen Charakter. »Das ist eine ideale Situation für jemanden, der an der biologischen Form interessiert ist«, erklärt John Tyler Bonner, ein angesehener Evolutionsbiologe in Princeton, »denn hier treffen wir eine natürliche Trennung der zwei Form erzeugenden Faktoren an, die normalerweise so eng miteinander verbunden sind, dass es unmöglich ist, zu bestimmen, welche Rolle beide jeweils spielen.« Bonner muss es wissen. Er erforscht *D. discoideum* und andere Schleimpilze seit fünfzig Jahren und verknüpft dabei tief schürfende entwicklungsbiologische Begriffsarbeit mit der fleißigen Beobachtung der Empirie seiner Schoßtierchen in ihren bizarrsten Einzelheiten.

Der Lebenszyklus von *D. discoideum* beginnt, wenn eine einzelne Spore in einem guten Milieu landet – in irgendeinem Bitzelchen feuchter Erde, Süßwasser oder toter Vegetation voller Bakterien, ihrer natürlichen Beute. Aus der Spore schlüpft eine hungrige Amöbe. Diese macht sich daran, Bakterien zu verschlingen. Da sie viel zu fressen findet, wird sie größer, erreicht eine bestimmte Größe und vermehrt sich durch Zellteilung, das heißt, sie spaltet sich in zwei selbstständige Amöben auf. Diese zwei Amöben durchlaufen den gleichen Prozess – Beutefang, Wachstum, Spaltung –, und das gilt auch für die anschließenden vier, acht, sechzehn und so weiter, bis das Milieu dicht bevölkert mit Amöben der Spezies *D. discoideum* ist. Etwa um diese Zeit geht der Bakterienvorrat zur Neige. Beim Einsetzen der Hungersnot senden einige der Amöben ein chemisches Signal aus, und andere stimmen ein wie ein Rudel Kojoten. Die molekulare Beschaffenheit blieb einige Jahre rätselhaft; Bonner und andere Schleimpilzforscher bemühten sich beharrlich darum, das Geheimnis zu lüften. Mittlerweile wissen wir, dass es sich um einen Stoff handelt, der zyklisches AMP genannt wird, wobei Letzteres ein Kürzel für Adenosin-Monophosphat ist. Der Inhalt des Signals lag aber schon lange auf der Hand. Wenn sich die Amöben mit zyklischem AMP Zeichen geben, dann bedeutete das: »Los, Leute, vereinigen wir uns!« Sie strömen zusammen. Sie stapeln sich in der Mitte und bilden einen klumpenförmigen Haufen. Dann schwappt der Haufen nach oben und erhebt sich senkrecht wie ein kleiner gerundeter Turm von Babel, der erste überraschende Beweis dafür, dass hier Kooperation stattfindet. Doch halt – der Vergleich mit Babel haut nicht ganz hin, weil diese Einzelwesen alle dieselbe Sprache sprechen. Tatsächlich sind sie nicht einmal mehr Einzelwesen; sie sind nun zellulare Bestandteile eines vielzelligen Organismus. Der Turm stürzt um und ist ein schneckenähnliches Gebilde, das aus tausenden von Amöben besteht; dann fängt die Schnecke an, sich wie ein einheitlicher Körper zu bewegen. Von solch einem Kollektivismus konnten Lenin und Mao nur träumen.

Die Schnecke wandert durch die Erdkrume wie ein Regenwurm und verlässt ihren leer gefressenen Lebensraum, um sich einen anderen Ort zu suchen, an dem sie eine andere Art von Bedürfnis befriedigen kann. Mit der Zielstrebigkeit des empfindungsfähigen Einzelwesens, das sie jetzt ist, bewegt sie sich in Richtung Licht und Wärme. Warum Licht und Wärme? Weil das Sonnenlicht und die Wärmestrahlung exponierter Oberflächen gleichbedeutend sind mit Orten, die sich bestens für die spätere Verbreitung von Sporen eignen.

Sobald sie einen zufrieden stellenden neuen Ort gefunden hat, stellt die Schnecke ihre Wanderung ein. Mittels einer scheibenförmigen oder *discoiden* (von daher vermutlich der Name der Spezies) Basis aus Zellen, vergleichbar einem Saugfuß, verankert sie sich am Boden und richtet sich wieder senkrecht auf, diesmal in Gestalt eines dünnen, mit einem kugeligen Knauf gekrönten Zellulosestängels. Der Knauf besteht hauptsächlich aus Sporen. Damit hat *D. discoideum* den Höhepunkt ihrer Entwicklung erreicht, das Stadium, in dem sie ungefähr die gleiche Form und Funktion hat wie eine Löwenzahnblüte. Wenn ein Wasserspritzer oder ein vorüberfliegendes Insekt die Sporen freisetzt, dann fangen diejenigen, die weit genug fliegen, um in einem guten Amöbenmilieu (also wieder in einem Bröckchen bakterienreicher feuchter Erde oder verfaulender Vegetation) zu landen, das Ganze von vorne an. Fressen, wachsen, Spaltung, fressen, wachsen, Spaltung – bis der Nahrungsvorrat erneut versiegt.

Der ganze Zyklus ist perfekt darauf eingerichtet, das zu vollbringen, was die Amöben jede für sich nicht schaffen könnten: über längere Strecken von nahrungsarmen zu nahrungsreichen Plätzen zu wechseln. Die Spezies überlebt, weil sich einige Amöben im Dienste der übrigen aufopfern, das heißt zu Stängelzellen und Basiszellen werden und für alle Zeit der Aussicht auf ein Dasein als Sporen entsagen. Die Sporen entrinnen der Vergängnis dadurch, dass sie auf den Schultern ihrer Kameraden stehen.

Welcher Prozess steuert diese letzte, ungerechte Differenzierung, bei der die einen gerettet werden, während die anderen sich aufopfern? Hier findet keine natürliche Auslese statt, kein Überleben des Tüchtigsten auf der Grundlage genetischer Unterschiede, weil alle Amöben in einer vorhandenen Schnecke ohne weiteres die gleichen Gene haben können, da sie ja als geklonte Exemplare von einer einzigen Ursprungsamöbe abstammen. Es genügt auch nicht, auf simplen Altruismus zwischen nahen Verwandten zu verweisen – damit ist zwar zu erklären, *warum* einige Amöben sich für die anderen aufopfern, nicht hingegen, *wie* die Rollenzuweisung im Einzelfall vor sich geht. Was also erklärt die Sache? Welche chemischen, physikalischen oder umständebedingten Faktoren entscheiden über die abschließende Transformation der einzelnen Amöbe?

Das ist eine der großen Fragen, mit denen uns die Schleim-pilze konfrontieren, und ohne Abschwächung ihrer Rätsel-haftigkeit findet die Frage auch in umfassenderen Zusam-menhängen ihren Widerhall: Was entscheidet über Charakter und Schicksal des Einzelnen?

Alan Turing verlebte eine unstete, einsame Kindheit. Sein Vater war ein mürrischer Mann, der im indischen Kolonial-dienst arbeitete und nur auf Urlaub nach England kam. Alans Mutter war zwar in Indien zur Welt gekommen, wuchs aber bei der Familie ihres Onkels in Irland auf. Of-fenbar war sie eine wenig gefühlsselige Frau, denn nur ein Jahr nach Alans Geburt kehrte sie mit ihrem Mann nach In-dien zurück und ließ Alan und seinen älteren Bruder in der Obhut von Pflegeeltern. Dieses Ehepaar in mittleren Jahren hatte nicht nur vier eigene Töchter, sondern nahm neben den Turing-Jungen auch noch andere Kinder auf, sodass sich wohl eher von einem Pensionat sprechen ließ. »Das war kein Zuhause«, meint Andrew Hodges, Alans Biograf, »aber die Kinder mussten sich damit abfinden.« Alans Vater erschien das Klima von Madras zu riskant für englische Kinder, und die Mutter war es zufrieden, wenn sie die Jungen im Jahres-abstand zu sehen bekam. Als Alan elf war, wechselten er und sein Bruder in eine andere Pflege über. Dann schied Mr. Tu-ring plötzlich aus dem kolonialen Verwaltungsdienst aus, weil er Angst hatte, wegen irgendetwas zur Rechenschaft ge-zogen zu werden, und ließ sich als Steuerflüchtling an der französischen Küste nieder. Auch das war kein Zuhause, jedenfalls nicht für die Jungen; aber erneut mussten sie sich damit abfinden.

Mit dreizehn wurde Alan in die Sherborne School ge-schickt, eine jener äußerst privaten Schulen, die irreführen-derweise *Public Schools* heißen. Wie die anderen war auch Sherborne ein finsterer Ort – mit kalten Schlafsälen, kal-ten Duschen, Auswendiglernen, körperlichen Züchtigun-gen, Schikanen und Einschüchterungen, die für eine strikte

Hackordnung unter den Schülern sorgten – quasi *Herr der Fliegen* im elfenbeinernen Turm – sowie für einen hohen Prozentsatz an homosexueller Schwärmerei zwischen älteren und jüngeren Knaben. Wahrscheinlich lässt sich sagen, dass diese schwärmerischen Schuljungenfreundschaften eher dazu taugten, das Klima allgemeiner Brutalität abzumildern, als einem weiteren Verfall der Moral Vorschub zu leisten. Wie dem auch sei, Alan verbrachte ein paar unglückliche Jahre in Sherborne, emotional isoliert und intellektuell kurz gehalten, bis er Trost und Halt in einer heftigen (aber keuschen) Zuneigung zu einem Jungen namens Christopher Morcom fand.

Dann versetzte das Schicksal Alan Turing einen Schlag, von dem er sich wohl nie mehr erholt hat. Als Christopher Morcom gerade im Begriff stand, Sherborne im Triumph zu verlassen und als Stipendiat nach Cambridge zu gehen, starb er plötzlich an Rindertuberkulose. Alan war am Boden zerstört.

Er ging nach Cambridge, das ihm nicht nur die Gelegenheit bot, sich sexuell zu finden, sondern auch beste Möglichkeiten eröffnete, seine mathematische Begabung zu entwickeln, die sich als gewaltig herausstellte. Er schloss das Studium mit Auszeichnung ab und erhielt ein Forschungsstipendium, das ihm erlaubte, in Cambridge zu bleiben und tiefer in Mathematik und Logik einzutauchen. Er verlor seine Menschenscheu ein wenig, wurde ein bisschen selbstbewusster, zeigte sogar Anflüge von Munterkeit und eine Neigung zur Affektiertheit. Weihnachten 1934, er war damals zweiundzwanzig Jahre alt, ließ er sich von seiner Mutter einen Teddybären schenken; als Kind hatte er nie einen besessen. Diese Teddybär-Geschichte klingt wie ein Verschnitt aus *Citizen Kane* und *Wiedersehen mit Brideshead*, aber seinem Biografen zufolge entspricht sie der Wahrheit.

»Die Axiome seines Lebens schälten sich mittlerweile klar heraus«, schreibt Hodges, »wobei allerdings eine ganz andere Frage war, wie er ihnen in seinem Leben Geltung verschaffen würde.« Alan ging lauten Konfrontationen aus dem Weg. Er wollte ein mehr oder weniger normales Leben führen. »Aber dieser normale Engländer war ein homosexueller, atheistischer Mathematiker. Die Probleme waren vorprogrammiert.«

Im Jahre 1937 veröffentlichte er einen außergewöhnlichen Artikel. Er erschien in *Proceedings of the London Mathematical Society* (Protokolle der Londoner Mathematischen Gesellschaft) unter einem ziemlich langen Titel; die Geschichte kennt ihn unter dem kürzeren Titel »Computable Numbers« (Berechenbare Zahlen) Das Hauptthema des Artikels war eine berühmte Rätselfrage (Eingeweihte, zu denen ich nicht zähle, kennen sie als »Hilberts Entscheidungsproblem«) in der Philosophie der Mathematik. Ganz nebenbei enthielt der Artikel noch ein paar andere weit reichende Ideen, darunter die Vorstellung von einer universal verwendbaren Denkmaschine und der Vorschlag, sich zur wirksamen Durchführung automatisierter Berechnungen auf die Verwendung von Binärzahlen zu einigen. Ein Vorteil der Verwendung eines solchen binären Zahlensystems, das alle Zahlen als Abfolge von Nullen und Einsen ausdrückt, bestand darin, dass sie durch den ebenso eleganten wie simplen Entweder-oder-Mechanismus elektrischer Schaltungen wiedergegeben werden konnten. Etwa um die gleiche Zeit machte Alan in seinem Entwurf für einen elektrischen Multiplikationsapparat von diesem Einfall Gebrauch; einen Teil des Apparats baute er tatsächlich in der Werkstatt der Universität und fertigte auch die Schalter selbst an.

Zehn Jahre später, nach den Erfahrungen mit Chiffriermaschinen, die er im Krieg sammelte, spielte er eine führende Rolle bei einem ehrgeizigeren Projekt, dem mit staatlicher Förderung unternommenen Versuch, eine automatische Rechenmaschine zu konstruieren; die Zeitungen, deren Neugier geweckt war, sprachen von einem »elektronischen Gehirn«. Eine Zeit lang stand Turing im Zentrum dieser Bemühungen. Er taugte indes nicht dazu, mit anderen zusammenzuarbeiten, war ein schlechter Vorgesetzter, ein miserabler Organisator, und seine Bedeutung als persönlich Mitwirkender kam nie dem indirekten theoretischen Einfluss gleich, den er ausübte. Schließlich war er der Verfasser von »Computable Numbers«. Andrew Hodges vertritt die Ansicht – und viele, die es wissen müssen, scheinen diese Ansicht zu teilen –, dass mit Turings Artikel von 1937 die Idee des elektronischen digitalen Computers aus der Taufe gehoben wurde.

Zu den bemerkenswerteren Eigentümlichkeiten der zellförmigen Schleimpilze zählt nach Ansicht des Biologen John Tyler Bonner ihre Fähigkeit zu einem Verhalten, das man als regulative Entwicklung bezeichnet. Diese Form der Entwicklung gestattet der einzelnen Amöbe im Fortgang der Morphogenese ein gewisses Maß an Flexibilität. Das Wesentliche dabei ist, dass die einzelne Amöbe, statt eine streng festgelegte Form und Funktion zu haben, vielmehr abhängig ist von chemischen Signalen und physikalischen Kräften, die durch ihre regulierende Einwirkung darüber entscheiden, welches Schicksal der Amöbe im Transformationsprozess letztlich beschieden ist. Ändern sich die regulierenden Faktoren in irgendeiner Hinsicht, so nimmt auch die Transformation einen anderen Verlauf. Den unmittelbaren Gegensatz zur regulativen Entwicklung stellt die musivische Entwicklung dar, die strenger deterministisch ist. Bei der musivischen Entwicklung ist strikt festgelegt, welche besondere Form und Funktion jeder Teil des sich entwickelnden Embryos im ausgewachsenen Organismus übernehmen wird.

D. discoideum demonstriert anschaulich die flexiblere, regulative Art der Entwicklung. Jede Amöbe in der wandernden Schnecke hat das Zeug dazu, sich in jeden der spezialisierten Zelltypen des Stadiums, in dem die Entwicklung kulminiert, zu verwandeln – in eine Spore, eine Stängelzelle oder eine Basiszelle. Die Möglichkeiten bleiben offen, und es herrscht demokratische Chancengleichheit. Das lässt sich experimentell nachweisen: Wenn man wandernde Schnecken in Stücke zerschneidet, erreicht jeder Abschnitt trotzdem das Kulminationsstadium und entfaltet sich zu einer vollständigen (wenn auch miniaturisierten) Version der abschließenden Löwenzahnform. Die Abschnitte der Schnecke lassen sich sogar durcheinander würfeln und wieder zusammenstückeln. Solche experimentellen Umgruppierungen beweisen, dass die Stellung der einzelnen Amöbe innerhalb der Schnecke und nicht ein angeborenes Wesen darüber entscheidet, welche Form und Funktion sie schließlich annimmt und welche Funktion sie ausübt.

Bonner umreißt das Verhaltensmuster, das die Korrespondenz zwischen Stellung und Schicksal bestimmt. Die flinken, eifrigen Amöben, die beim Zusammenströmen die Spitze der Schnecke bilden und die Wanderung anführen, finden ein trauriges Ende als Stängelzellen. Auch die Nachzügler unter den Amöben enden traurig und werden zu Basiszellen. Merkwürdigerweise genießen die Amöben des Mittelteils der Schnecke das Privileg, zu Sporen zu werden. Die Letzten werden also die Letzten sein und auch den Ersten ergeht es nicht viel besser; das Himmelreich gehört denen in der Mitte. Der Schnitt eines Seziermessers kann allerdings alles auf den Kopf stellen.

Bonners erste größere Untersuchung über *D. discoideum* erschien vor fünfzig Jahren – in einer Zeitschrift für Botanik. Seitdem hat die Schleimpilzforschung einen langen Weg zurückgelegt. Bonner hat kürzlich in einer wissenschaftlichen Autobiografie mit dem Titel *Life Cycles* (Lebenszyklen) eingeräumt, dass er sich seiner ursprünglichen Überzeugung von der vollständig regulativen Natur der Schleimpilze heute nicht mehr so sicher sei. Einiges deute auch auf eine musivische Entwicklung hin. Vielleicht liege ein Gemisch aus beidem vor. Vielleicht wirke die genetische Bestimmung regulierend auf die äußeren Umstände ein und umgekehrt.

Für mich klingt das wie ein Teil einer viel umfassenderen Diskussion. Regulativ oder Mosaik? Vererbung oder Milieu? Willensfreiheit oder Determinismus? Eigeninitiative oder Glück? Berechnung oder Zufall? Welche Kombination von chemischen Reaktionen und physikalischen Kräften ist bei *D. discoideum* verantwortlich für die Differenzierung der Zelltypen? Bonner zufolge bildet einen kleinen Teil der Antwort das zyklische AMP, dieselbe Substanz, die vorher das Signal zum Sammeln übermittelt. Wie aber kann sich ein chemischer Signalstoff in einen verblüffenden dreidimensionalen Aufruhr einer Masse genetisch identischer Zellen umsetzen? Als er auf dieses Problem zu sprechen kommt, das so eng mit seinem eigenen Lebenswerk verquickt ist, verweist Bonner voll Respekt auf einen einflussreichen Artikel, der im Jahr 1952 erschien. Der Titel dieses Beitrags, für den die Geschichte keine Kurzform hat finden müssen, lautet »The Chemical Basis of Morphogenesis« (Die chemische Grundlage der Morphogenese). Geschrieben wurde der Artikel von Alan Turing.

Ich werde gar nicht erst den Versuch machen, den Inhalt von »The Chemical Basis of Morphogenesis« zusammenzufassen. Das meiste davon übersteigt mein Begriffsvermögen wie der Horizont eines Wanderfalken den Gesichtskreis eines Huhnes. Sei's drum, mein Interesse gilt vor allem der Person, die den Beitrag schrieb.

Nicht lange nachdem er seinen Artikel geschrieben hatte, fand sich Alan Turing unter der Anklage wieder, ein Sexualverbrecher zu sein. Mittlerweile lebte er in Manchester, einem Milieu, das eindeutig weniger tolerant war als Cambridge. Weil er in seiner Wohnung mit einem anderen Mann intimen Umgang gepflegt hatte, wurde er aufgrund eines Gesetzes von 1885 der »groben Unsittlichkeit« beschuldigt. Die Polizei untersuchte einen Einbruchsdiebstahl, den er zur Anzeige gebrachte hatte, und stieß im Laufe ihrer Nachforschungen auf sein Privatleben; ohne sich viel Gedanken darüber zu machen, was für Gefahren er sich aussetzte und welche Möglichkeiten ihm offen standen, zeigte er sich zu einer Reihe überraschender Enthüllungen bereit. Er verhielt sich nicht wie ein schuldbewusster Mensch, und ihn plagten offenbar auch keine Schuldgefühle. Dennoch bekannte er sich am 31. März 1952 vor Richter und Staatsanwalt schuldig.

Ein Leumundszeuge, mit dem er am Enigma-Projekt zusammengearbeitet hatte, nannte ihn einen Mann von nationaler Bedeutung. Ein anderer Zeuge beschrieb ihn als »einen der tief schürfendsten und originellsten mathematischen Köpfe seiner Generation«. Er wurde auf Bewährung freigelassen mit der Auflage, »sich einer Behandlung durch einen angemessen qualifizierten Arzt im Königlichen Krankenhaus von Manchester zu unterziehen«. Es war nicht ganz so schlimm wie die Verurteilung von Oscar Wilde, der ins Zuchthaus geschickt wurde, aber es war schlimm genug.

Der Arzt fing mit einer Organotherapie an, in deren Verlauf er ihm beträchtliche Dosen Östrogen – weiblicher Hormone – verabreichte, weil man annahm, dies werde bei einem Mann den Sexualtrieb unterdrücken. Eine Triebneutralisierung mit chemischen Mitteln hielt man für wirksamer und vielleicht auch für humaner als den chirurgischen Eingriff einer Kastration. Aber das Östrogen hatte nicht den beabsichtigten Effekt. Er hatte einen anderen, unbeabsichtigten Effekt: Binnen weniger Monate beklagte sich Turing bei einem Freund, er bilde Brüste aus.

Er brachte sich nicht während der Behandlungen um. Er zögerte mehr als ein Jahr, dann tat er es. Seine Bekannten fielen aus allen Wolken. Selbst seine Freunde hatten gedacht, er habe den Höhepunkt seiner emotionalen Krise überschritten und das Schlimmste hinter sich. Sie irrten. Ein weiterer Beweis für die Unergründlichkeit der menschlichen Seele… als ob es solcher Beweise noch bedürfte.

Und manche wollten seiner Seele auch gar nicht auf den Grund gehen. Seine Mutter zum Beispiel redete sich ein, die Vergiftung, die zum Tod geführt hatte, sei ein Unfall gewesen, irgendein kleines chemisches Experiment sei schief ge-

laufen. Alan habe *seit jeher* versäumt, sich richtig die Hände
zu waschen.

Alan Turings Geschichte ist in mehrfacher Hinsicht von
trauriger Ironie. Die traurigste Ironie ist darin zu sehen, dass
die Pharmakologie der britischen Strafjustiz, Produkt einer
Gesellschaft, die so unerbittlich binär war, dass sie nicht einmal freiwillige Homosexualität zwischen erwachsenen
Männern tolerieren konnte, die Zwischenstellung von Turings sexueller Identität *verstärkte*, statt sie zu beseitigen.
Damit im Zusammenhang steht eine weitere Ironie: dass Turing als Urheber der digitalen Revolution selbst eine maßgebende Rolle dabei gespielt hat, die binären Zahlen zur
Grundsprache unseres Zeitalters zu erheben. Vorwiegend
ihm ist es zu verdanken, dass der größte Teil der weltweiten
automatischen Rechenoperationen und Kommunikations-
leistungen mittels dieser adretten, kleinen Ja-oder-nein-
Schalter vollbracht wird.

Eine zusätzliche Ironie, deren er sich bewusst war, steckt
in der Selbstmordart, die er wählte. Nach dem zu schließen,
was in seinem Haus gefunden wurde, tränkte er einen halben
Apfel mit einer Zyankalilösung. Er legte sich ruhig auf sein
Bett, aß ein paar Bissen von dem Apfel und starb. Was wollte
er mit dieser Anspielung auf den Baum der Erkenntnis des
Guten und Bösen sagen?

Die Verbindung zwischen Alan Turing und den Schleimpilzen, die ich hier hergestellt habe, mag an den Haaren her-
beigezogen scheinen. Schlimmer als das, mag sie dem Leser
je nach Standpunkt kränkend oder unkritisch, moralistisch
oder unmoralisch vorkommen. Das kleine Risiko nehme ich
auf mich, weil in meinen Augen die Verbindung faszinierend
und hochgradig anregend ist. Was gewinnen wir aus ihr?
Neue Gründe, über die Vielfalt biologischer Formen und
Wandlungsprozesse in Staunen zu versinken, und neue
Wege, die zum Verständnis führen können, aber nicht müssen. Die nahe liegendste Frage habe ich nicht gestellt, jedenfalls bis jetzt noch nicht: Was war verantwortlich für Alan

Turings Morphogenese? Diese Frage lässt sich in eine Reihe weiterer Fragen zerlegen. Was ließ ihn zum Genie werden? War seine Homosexualität Ergebnis genetischer Vorbestimmung, prägender persönlicher Erfahrungen oder freier Entscheidung? Warum wandelte er sich von einem Theoretiker digitaler Berechnungen in einen Theoretiker biologischer Formen? Trug die englische Gesellschaft der Fünfzigerjahre des 20. Jahrhunderts auf irgendeine Weise die Schuld an seinem Selbstmord, oder ist er allein verantwortlich dafür?

Das alles sind ontologische Fragen – Fragen, die sich ums Sein und ums Werden drehen. Was mich mehr interessiert, ist eine epistemologische Frage – eine die Möglichkeit von Erkenntnis betreffende Frage. Worauf diese umständliche Abhandlung über Alan Turing, Schleimpilze und Morphogenese letztlich hinausläuft, ist die Frage, ob wir tatsächlich *erwarten* können, die Faktoren zu begreifen, die einem Lebewesen seine Gestalt, seine Rolle, seine Bestimmung geben. Manche bejahen das eisern. Andere verneinen es nicht minder eisern. Die Antwort, die ich vorziehe, klingt drückebergerisch, aber sie passt zu der Geschichte von Turing, der Geschichte von *D. discoideum*, und vielleicht ist sie weniger drückebergerisch, als es den Anschein hat: Sie lautet Ja und Nein.

IV

NAHSICHT

Das Tier im Spiegel

*Die Wissenschaft fördert
einen anderen Schimpansen zutage*

Im Jahr 1699, mehr als ein Jahrhundert, ehe Charles Darwin zur Welt kam, sezierte ein Londoner Arzt namens Edward Tyson einen Schimpansen. Der Schluss, zu dem seine Untersuchungen ihn führten, hat sich als eigentümlich prophetisch erwiesen. Mit seinem altertümlichen Skalpell und seiner altertümlichen Geistesverfassung im kalten Fleisch der Schimpansenleiche herumwühlend, gelangte Tyson zu Einsichten, die nicht nur *Die Entstehung der Arten* und *Die Abstammung des Menschen*, sondern auch etliche der provokativsten Befunde vorwegnahmen, die in den letzten Jahren des 20. Jahrhunderts im *Journal of Molecular Evolution* veröffentlicht wurden.

Der Schimpanse war lebendig gefangen und vom heutigen Angola aus nach England verschifft worden, wo er nur wenige Monate später dem englischen Wetter und anderen Trostlosigkeiten zum Opfer fiel. Zu Edward Tyson gelangte er als Kadaver. Er war nicht das erste Exemplar seiner Spezies, das von europäischen Forschungsreisenden aus seinem Lebensraum entführt wurde (so bekam etwa der Fürst von Oranien im Jahre 1640 einen Schimpansen überreicht), aber zu den Allerersten gehörte er schon. Andere Menschenaffenarten – den Gorilla in Afrika, den Orang-Utan in Sumatra und Borneo – kannte man damals nur vom Hörensagen und aus den wilden Gerüchten, die über sie kursierten. Tyson löste auf dem Seziertisch die Haut und die Muskeln des Schimpansen ab und fertigte in dem atemberaubend schönen Stil eines Andreas Vesal ausführliche, strukturierte Zeichnungen an. Die Zeichnungen waren übersät mit Zahlenangaben. Merkmale, die er bei seinem Exemplar feststellte, verglich er mit den anatomischen Besonderheiten einerseits von Menschen und andererseits von Affen. Er zählte vierunddreißig Merkmale, die den Schimpansen in größere Nähe zu den Affen als zum Menschen rückten; dem standen achtundvierzig Merkmale gegenüber, in denen er stärker dem Menschen ähnelte. (Zum Beispiel war sein Gehirn im Verhältnis zum Körper viel größer als bei allen bekannten Affenarten.) Tyson musste daraus zwangsläufig den Schluss ziehen, dass dieses Tier irgendwo zwischen Mensch und Affe stand. Auch wenn es nicht menschlich war, schien es doch dem Menschen ähnlicher als jedes andere Geschöpf, das er je zu Gesicht bekommen hatte. Tastend und ohne die Anleitung einer Evolutionstheorie und deren Idee von einem gemeinsamen Vorfahren, gewann Tyson die Überzeugung, dass ein dem Menschen so ähnliches Tier es verdiente, in die Gattung Mensch, *Homo*, aufgenommen zu werden. Er stellte keine revolutionäre These über eine gemeinsame Abstammung auf. Er versuchte einfach nur, einem vorgefundenen Stück der göttlichen Schöpfung einen ordnungsgemäßen, stimmigen Namen zu geben. Er nannte den Schimpansen *Homo sylvestris*. Zu Deutsch: Waldmensch.

Heute, nach jahrzehntelangen Feldforschungen und im Museum betriebenen Untersuchungen auf dem Gebiet der Vergleichenden Anatomie, firmiert der gewöhnliche Schimpanse unter einem anderen Namen: *Pan troglodytes*. In herkömmlichen Lehrbüchern und taxonomischen Enzyklopädien wird er der Familie Pongidae zugeordnet, zu der auch der Zwergschimpanse gehört (eine kleinwüchsigere Spezies, die früher unerkannt blieb, jetzt aber als *Pan paniscus* geführt wird und auch unter dem Namen Bonobo bekannt ist) sowie der Gorilla und der Orang-Utan. Um die Bedeutung dieser Zuordnung – und der spektakulären neuen Daten, die sie in Frage stellen – zu verstehen, müssen wir uns wohl ein klitzekleines bisschen Taxonomie zu Gemüte führen.

Pongidae sind eine Familie von Menschenaffen, im Unterschied zu den Affen; die Gibbons, die zu den Menschenartigen zählen, nur dass sie kleiner und zierlicher sind, bilden eine eng verwandte Familie, genannt Hylobatidae; die Altweltaffen (eine Gruppe, zu der die Schlankaffen und die Mangaben Afrikas, die Languren Asiens sowie die Paviane und die Makaken zählen) gehören einer anderen eigenen Familie an, den Cercopithecidae; die Prosimiae oder Halbaffen (wie die Lemuren und Loris) und die Neuweltaffen sind wiederum verschiedenen anderen Primatenfamilien zuzuordnen. Und die herkömmlichen Nachschlagewerke führen noch eine weitere Familie an, die Hominidae, deren einzige lebende Art *Homo sapiens* ist. Dadurch erhält die Menschheit einen Ehrenplatz und steht ganz isoliert da. Einige neuere Arbeiten auf dem Gebiet der Molekularbiologie indes deuten darauf hin, dass Edward Tysons Ansicht von einer generischen Verwandtschaftsbeziehung zwischen Schimpansen und Menschen, von einer sie und uns verbindenden Gattung, die quer steht zur herkömmlichen Vorstellung von einer Zuordnung beider zu zwei getrennten Familien, zutreffender war.

Folgt man den empirischen Befunden aus der DNS und aus anderen komplexen Molekülen, dann hat es den Anschein, dass wir Menschen als Spezies keine näheren lebenden Verwandten auf Erden haben als die Schimpansen. So weit mag sich die Überraschung noch in Grenzen halten. Es scheint aber auch, dass die Schimpansen, Gott helfe ihnen, keine näheren Verwandten haben als uns.

Den neuen molekularen Befunden ging nicht nur Tysons anatomische Einsicht voraus, sondern sie wurden auch bereits durch etliche bezeichnende Entdeckungen auf dem Gebiet der Verhaltensforschung vorweggenommen. Wie immer es um die anatomische oder biochemische Ähnlichkeit der Schimpansen mit uns stehen mag, sie legen jedenfalls gewisse Verhaltensweisen an den Tag, die – fast – einzigartig menschlich erscheinen. Zum Beispiel hielt man einst die Menschen für die einzige Spezies, die Werkzeuge verfertigt, bis ein bahnbrechender Verhaltensforscher namens Wolfgang Köhler um 1920 herum bei einer in Gefangenschaft lebenden Gruppe von Schimpansen beobachtete, dass die Tiere Werkzeuge zusammenbauten und benutzten. Jane Goodall beobachtete später am Tanganjikasee, wo sie ihre Feldforschungen betrieb, bei wild lebenden Schimpansen ebenfalls die Anfertigung von Werkzeugen. Der Beitrag eines gewissen Gordon G. Gallup jr., ist sogar noch faszinierender, wenn auch weniger bekannt als die Arbeiten von Goodall und Köhler. Gallup operierte mit Spiegeln.

Er war ein experimenteller Psychologe, kein Feldforschung betreibender Primatologe, und seine sorgfältig geplanten Schimpansen-im-Spiegel-Experimente wurden im Labor durchgeführt. Im Jahr 1970 veröffentlichte Gallup in der Zeitschrift *Science* einen Bericht von seinen Untersuchungen. Er hatte vier jugendliche Schimpansen genommen, die alle in freier Wildbahn zur Welt gekommen waren, und jeden einzeln in einen kleinen Käfig in einem ansonsten leeren Raum gesteckt. Nachdem er sie zwei Tage lang isoliert gehalten hatte, stellte er gegenüber jedem Käfig einen lebensgroßen Spiegel auf. Dann blieb jeder Schimpanse zehn Tage lang sich selbst überlassen und hatte Zeit, sich mit dem belebten Bild, das er sah, vertraut zu machen. Dabei ging es um die Frage, ob ein Schimpanse das Spiegelbild für einen anderen Schimpansen halten oder ob er erkennen würde, dass es sein eigenes war? Um eine Antwort auf diese Frage zu erhalten, betäubte Gallup die Schimpansen, malte mit roter Farbe Markierungen auf ihr Gesicht und ließ sie dann zu einer erneuten Begegnung mit ihrem Spiegelbild aufwachen. Er stellte fest, dass die Schimpansen von den roten Flecken auf ihrem Gesicht fasziniert (vielleicht auch in Schrecken versetzt?) waren. Sie starrten in den Spiegel, während sie die roten Stellen betasteten. Sie fummelten herum und gafften, verglichen ihre Tastbefunde mit den visuellen Eindrücken. Die Art, wie sie sich mit den Flecken beschäftigten, sprach dafür, dass sie den begrifflichen Zusammenhang zwischen dem Tier im Spiegel und dem Wesen, das sie selbst waren, hergestellt hatten. Affen der relativ klugen und anpassungsfähigen Gattung *Macaca*, die Gallup dem gleichen Test unterzog, stellten diese Verbindung nicht her. Für einen Makaken blieb das Tier im Spiegel ein Fremder mit Farbflecken im Gesicht.

Die Art, wie sich die Schimpansen vor dem Spiegel verhielten, setze eine »Selbstwahrnehmung« voraus, schrieb Gallup, der beanspruchte »den ersten experimentellen Beweis für Selbstbewusstsein« bei einer nicht menschlichen Spezies erbracht zu haben. »Unsere Daten sprechen dafür«, dass wir möglicherweise auf einen qualitativen psychologischen Unterschied bei den Primaten gestoßen sind«, so sein Fazit, »und dass die Fähigkeit zur Wahrnehmung des eigenen Selbst vielleicht auf die Menschen und die Menschenaffen beschränkt ist.«

Im Sprachgebrauch des Jahres 1970 bezog sich der Ausdruck »Menschenaffen« ausschließlich auf die Pongidae: Schimpansen, Orang-Utans und Gorillas. Nach dem heutigen Verständnis zumindest einer Reihe von Forschern hat der Begriff einen etwas größeren Umfang.

»Wir sind Menschen, und wir sind auch Menschenaffen«, schreiben Paola Cavalieri und Peter Singer im Vorwort zu einem kürzlich erschienenen Buch mit dem Titel *The Great Ape Project* (Das Menschenaffen-Projekt). Ausgehend von dieser Prämisse, strengen sie ein kühnes Schlussverfahren an. »Unsere Zugehörigkeit zur menschlichen Spezies verleiht uns eine unschätzbare moralische Stellung: den Einschluss in eine Sphäre moralischer Gleichrangigkeit. Wer zu dieser Sphäre gehört, hat in den Augen der Menschen Anspruch auf besonderen moralischen Schutz.« Unsere Zugehörigkeit zur Klasse der Menschenaffen wiederum verschaffe uns eine die Artgrenze überschreitende Verwandtschaft. Was hindere uns, als Bestimmungskriterium der umfassenden moralischen Sphäre die Kategorie Menschenaffe gelten zu lassen? »Dieses Buch möchte erreichen, dass wir uns bei der Eingrenzung dieser Sphäre moralischer Gleichrangigkeit nicht auf den Umstand konzentrieren, dass wir menschliche Wesen sind, sondern auf die Tatsache, dass wir intelligente Wesen mit einem reichen und vielfältigen Sozial- und Gefühlsleben sind. Das sind Eigenschaften die wir nicht nur mit unseren Mitmenschen, sondern auch mit unseren Mitmenschenaffen teilen.«

Das *Great Ape Project* ist eine Sammlung wissenschaftlicher, philosophischer und streitbarer Essays von mehr als dreißig Forschern und Schriftstellern – unter ihnen Jane Goodall, der Zoologe Richard Dawkins, der Ökologe Jared Diamond, der Philosoph Tom Regan, der für die Rechte von Tieren eintritt, der intergalaktische Bestsellerhumorist Douglas Adams und der Primatologe Geza Teleki. Die Essays dienen der Darstellung der hoch entwickelten sozialen und emotionalen Fähigkeiten von Schimpansen, Gorillas und Orang-Utans und setzen sich mit den ethischen Problemen auseinander, die daraus resultieren, dass Menschen solche Geschöpfe zu ihrem Vergnügen und Vorteil in Gefangenschaft halten oder missbrauchen.

Einige der Beiträger, wie etwa Dawkins und Diamond, stehen primär im Ruf von Wissenschaftlern, nicht von Aktivisten. Bei einigen, wie bei Goodall und Teleki, stehen die Primaten im Mittelpunkt der beruflichen Tätigkeit; die Betreffenden haben sich allmählich von bloßen Feldforschern zu Sachwaltern der von ihnen erforschten Tiere entwickelt. Einige, wie Singer, haben sich umfassender damit beschäftigt, wie Menschen Tiere – Tiere jeder Art – behandeln. Sie haben sich zu diesem Projekt zusammengefunden, weil, wie Cavalieri und Singer erläutern, die (nicht menschlichen)

Menschenaffen einen Paradefall bilden. Wenn wir unsere Einstellung und unser Verhalten ihnen gegenüber nicht ändern können, dann können wir das vermutlich auch gegenüber keinem anderen Teil der natürlichen Welt. Aber vielleicht, so die Hoffnung dieser Experten, können wir es ja doch.

Welche wissenschaftliche Grundlage hat diese Vorstellung vom Menschen als einem Bestandteil der Kategorie Menschenaffe? Frühe Belege für sie lieferte die vergleichende Anatomie. Im 18. Jahrhundert klassifizierte Linné Menschen und Menschenaffen unter dem gemeinsamen Ordnungsbegriff *Anthropomorpha*; zur Begründung machte er geltend, Menschen seien zwar vielleicht moralisch und intellektuell etwas ganz Eigenes, physisch aber unterschieden sie sich nicht sehr von anderen Anthropoiden. Er tat nichts weiter, als Tysons Vorschlag zu sanktionieren. Ein Jahrhundert später schloss sich dem der Anatom und Evolutionist T.H. Huxley an, der Darwins Theorie der gemeinsamen Abstammung zur Erklärung seiner eigenen Beobachtung heranzog, dass die Menschen den Menschenaffen ähnlicher waren als die Menschenaffen den anderen Primaten. Im Laufe der Zeit kamen andere Befunde aus der Paläontologie, der Biogeografie und schließlich der Molekularbiologie hinzu, um diese anatomischen Urteile zu stützen.

Bereits im Jahr 1904 fielen einem Forscher namens G.H.F. Nuttall bemerkenswerte Ähnlichkeiten zwischen einigen der komplexen Moleküle bei Menschen und Menschenaffen auf. Seine Belege gewann Nuttall aus dem immunologischen Vergleich von Serumproteinen – verständlicher gesagt, untersuchte er, wie Blutmoleküle der jeweiligen Art auf biochemische Eindringlinge reagierten. Zu Nuttalls Zeit war die DNS natürlich noch unbekannt, und ihre maßgebende Rolle bei der Erzeugung von Proteinen war ein noch nicht einmal als solches erkanntes, geschweige denn gelöstes Rätsel. Die Vorstellung von gemeinsamen Genen bei zwei verschiedenen Spezies überstieg die Einbildungskraft, weil sich die Vorstellung von Genen gerade erst herauszukristallisieren begann. Im Anschluss an Nuttall scheint dieses Forschungsfeld sechs Jahrzehnte lang brachgelegen zu haben. Dann veröffentlichte ein Biologe namens Morris Goodman einige Artikel, die sich ebenfalls auf immunologische Vergleiche stützten und in denen er starke Ähnlichkeiten zwischen den Blutproteinen von Schimpansen, Gorillas und Menschen konstatierte. Aufgrund dieser molekularbiologischen Befunde vertrat Goodman die These, die Gattungen *Pan* und *Gorilla* zählten mit *Homo* zur Familie Hominidae, statt mit dem Orang-Utan zu den Pongidae. Aus Goodmans Sicht sind sich die drei afrikanischen Gattungen von Menschenaffen untereinander ähnlicher als eine von ihnen dem roten Menschenaffen aus Borneo und Sumatra.

Aber wie sieht das Beziehungsmuster zwischen diesen afrikanischen Gattungen aus? Welche beiden von den dreien – *Pan*, *Homo*, *Gorilla* – sind enger miteinander verwandt als mit der dritten? Die vergleichende Anatomie gibt uns Anlass zu Vermutungen, aber anatomische Ähnlichkeiten können irreführend sein. Auch die Paläontologie hat die Frage nicht klären können, weil die erforderlichen fossilen Funde nicht aufgetaucht sind. Selbst Goodmans frühe immunologische Daten lieferten keine Antwort.

In den Achtzigerjahren des 20. Jahrhunderts kam es zu einem weiteren großen Durchbruch, als Charles G. Sibley und Jon E. Ahlquist Resultate veröffentlichten, die sie mit der Methode der so genannten DNS-Hybridisierung gewonnen hatten. Sibley und Ahlquist hatten sich anfangs mit Vögeln beschäftigt; am Ende schlugen sie eine in großem Maßstab revidierte Klassifizierung der weltweit lebenden Vögel auf der Grundlage von DNS-Hybridzüchtungstests vor, die sie bei mehr als tausend Arten durchgeführt hatten. Auch wenn das für die Vogeltaxonomie ein dickes Ei war, erregte es in der breiten Öffentlichkeit kein großes Aufsehen. Die beiden Wissenschaftler wandten indes ihre Technik auch auf die Frage der verwandtschaftlichen Beziehungen zwischen den Menschenaffen an. Und das Ergebnis waren die provokativen Befunde, über die sie im *Journal of Molecular Evolution* berichteten.

Was ist eine DNS-Hybridisierung? Grob vereinfacht funktioniert die Sache folgendermaßen. Man nimmt eine DNS-Probe von einer Spezies (sagen wir, von *Pan troglodytes*, dem Schimpansen) und erhitzt sie auf hundert Grad Celsius. Bei dieser Temperatur spaltet sich das doppelsträngige Helixmolekül in zwei Einzelstränge auf (die Fachleute ziehen es vor, von »Schmelzen« statt von Spaltung zu reden). Man lässt die DNS leicht abkühlen, hält sie aber am Siedepunkt. Dann gibt man in denselben Topf eine andere Probe mit aufgespaltenen Helixsträngen einer anderen Spezies (nehmen wir *Pongo pygmaeus*, den Orang-Utan). Wenn die zwei DNS-Proben einander einigermaßen ähneln, dann werden sich ein paar der vermischten Einzelstränge bereitwillig (wenn auch unvollkommen) miteinander verkoppeln und hybride Doppelhelixe bilden. Jetzt erhitzen wir diese Hybridbildungen erneut und achten auf dem Thermometer genau darauf, wann der Schmelzpunkt diesmal erreicht wird. Und siehe da, der neue Schmelzpunkt liegt niedriger. Wie viel niedriger, hängt vom Grad der Unähnlichkeit zwischen den beiden DNS-Proben ab. Die Unterschiede, die zwischen dem DNS-Strang der einen Art und dem der anderen unvermeidlich existieren, senken bei den Hybridbildungen die Schwelle, an der sich die Stränge trennen – und Molekularkundige wie Sibley und Ahlquist können das Phänomen sogar in Zahlendiagrammen erfassen. Die Relation stellt sich als segensreich einfach heraus: Jeder Grad, um den die Schmelztemperatur sinkt, zeigt ein Prozent Abweichung zwischen den beiden Strängen an.

Ich brauche euch wohl nicht zu sagen, Jungs, dass ihr von Heimexperimenten die Finger lassen solltet. Falls es euch juckt, schaut euch per Video *Die Fliege* an; das wird euch abkühlen.

Sibley und Ahlquist unternahmen Hybridisierungsversuche bei der DNS von Gorillas, Orang-Utans, gewöhnlichen Schimpansen, Zwergschimpansen, Menschen, zwei Gibbonarten und sieben Arten von Altweltaffen. Ihre Resultate sind ebenso aufschlussreich wie präzise. Der durchschnittliche Unterschied in der DNS-Struktur zwischen Affenstämmen und Menschenaffenstämmen (einschließlich der Menschen) betrug sieben Prozent. Zwischen den Gibbons und den Menschenaffen (auch hier Menschen eingeschlossen) lag der Unterschied bei fünf Prozent. Die DNS der Orang-Utans wich von der DNS der anderen Menschenaffen um nicht mehr als 3,6 Prozent ab. All diese Zahlen können nicht überraschen, da sie im Einklang mit den Einsichten stehen, die Anatomie und geografische Verteilung uns liefern.

Nun aber zu den Neuigkeiten. Gorillas unterschieden sich in ungefähr 2,3 Prozent ihrer DNS von Schimpansen und Menschen. Legt man das Tempo zugrunde, in dem sich im Laufe der Evolution die DNS-Struktur mutmaßlich verändert hat, so entsprechen diese 2,3 Prozent Unterschied einem Abweichungsprozess von etwa neun Millionen Jahren. Die zwei Schimpansenarten, die sich äußerlich so ähnlich sehen, unterschieden sich in lediglich 0,7 Prozent ihrer DNS. Das entspricht einem Zeitraum von ungefähr drei Millionen Jahren getrennter Entwicklung. Und wir Menschen – als die nächsten lebenden Verwandten, die jene Schimpansen, abgesehen von der jeweils anderen Art, besitzen – unterschieden uns von den beiden Schimpansenarten in genau 1,6 Prozent unserer DNS. Das entspricht etwa sieben Millionen Jahren getrennter Entwicklung. Dieser molekularen Arithmetik zufolge stehen wir also den Schimpansen um etwa zwei Millionen Jahre näher als den Gorillas.

Der Arbeit von Sibley und Ahlquist verdankt sich die saloppe Wendung, die man heute öfter hört, Menschen und Schimpansen teilten sich »99 Prozent ihrer Gene«. Die exakte Zahl scheint eher bei 98,4 Prozent zu liegen. Andere Wissenschaftlerteams, die in neuerer Zeit ähnliche Experimente durchgeführt haben, sind auf praktisch die gleiche Prozentzahl gekommen.

Eine genetische Differenz von 1,6 Prozent ist nicht viel. Sie liegt niedriger als die Differenz zwischen zwei Gibbonarten. In seinem Beitrag in *The Great Ape Project* weist Jared Diamond darauf hin, dass der Unterschied sogar geringer sei als die Differenz zwischen *Vireo olivaceus* und *Vireo griseus*, zwei niedlichen Arten des Nordamerikanischen Schneefinken, die unsereins ohne Zuhilfenahme eines guten Vogelbuchs gar nicht würde auseinander halten können. »Von daher gesehen«, schreibt Diamond, »bilden die Menschen also gar keine eigene Familie, nicht einmal eine Gattung, sondern gehören zur selben Gattung wie der gewöhnliche Schimpanse und der Zwergschimpanse.« Der Gattungsname *Homo* sei älter als der Gattungsname *Pan*, führt Diamond aus, und deshalb müsse nach den Regeln biologischer Nomenklatur der ältere Terminus erhalten bleiben, und die revidierten Fachnamen müssten *Homo troglodytes* für den gewöhnlichen Schimpansen und *Homo paniscus* für den Zwergschimpansen lauten; beide Schimpansenarten seien als Gattungsgenossen von *Homo sapiens* willkommen zu heißen.

Bei der umgangssprachlichen Benennung hingegen gebe es keine festen Regeln. Da aber *Homo sapiens* taxonomisch nur ein Drittel der Gattung repräsentiert, macht Diamond den passenden Vorschlag, die menschliche Spezies fortan als den dritten Schimpansen zu betrachten.

Dass die besondere Ähnlichkeit zwischen Schimpansen und Menschen, über die sich das Alltagsbewusstsein schon seit langem im Klaren ist, den Schimpansen nichts als ein besonders hohes Maß an Drangsal eingetragen hat – darin liegt eine hässliche Ironie. Schimpansen, die in Kittelchen und Smokings gesteckt werden, um bei kitschigen Revuen mitzuwirken, sind dabei noch das geringste Übel. Auch dass junge Schimpansen aus ihrer heimischen Umgebung entführt und an törichte Leute verkauft werden, die sich mit den süßen kleinen Äffchen schmücken wollen, stellt nicht das Hauptproblem dar. Selbst die Gefährdung der letzten wild lebenden Populationen von *Pan troglodytes* und *Pan paniscus*, die, obwohl bereits arg dezimiert und zersplittert, durch die Jagd nach Fleisch und die Zerstörung von Wald vom weiteren Niedergang bedroht sind, steht in diesem Fall erst an zweiter Stelle der Bedrängnisse. Ein noch schlimmerer und mit Sicherheit auch problematischerer Missstand dürfte die ausbeuterische Verwendung der Schimpansen für medizinische Forschungszwecke darstellen.

Nach Geza Teleki werden weltweit nicht weniger als fünftausend Schimpansen in Gefangenschaft gehalten. Von ihnen schmachten ungefähr dreitausend in biomedizinischen Einrichtungen, und mehr als die Hälfte davon befinden sich in den USA. Sie dienen als Versuchstiere, an denen unter anderem Hepatitis- und HIV-Tests durchgeführt werden. In den USA wurde im Rahmen des Tierschutzgesetzes durch eine Bundesverordnung aus dem Jahre 1991 die Mindestgröße der für eine permanente Gefangenschaft zulässigen Käfige auf 1,50 x 1,50 Meter festgesetzt. Ein Schimpanse, der in eine Zelle dieser Größe eingesperrt ist, kann fünfzig Jahre lang leben. Einige werden krank und sterben viel früher. Einige sterben den Euthanasietod, nachdem ihre Gesundheit ruiniert ist und ihre wissenschaftliche Brauchbarkeit sich erschöpft hat. Einige wenige wandern in zoologische Gärten und Naturparks, wo ihre physische und soziale Umgebung nicht ganz so kahl und trostlos ist. Der Rest kostet das langsame, rätselhafte Elend eines Lebens in öder Verlassenheit aus.

Diese Geschöpfe sind keine Kriminellen, und sie sind keine Freiwilligen, die sich für medizinische Experimente gemeldet haben. Vermutlich wissen sie nicht und können sie sich nicht vorstellen, dass die Spezies hoch gewachsener, zweibeiniger Menschenaffen, die in weißen Mänteln und mit Spritzen bewaffnet herumlaufen – dass diese Spezies, die sie einsperrt und quält, zu den beiden am engsten mit den

Schimpansen verwandten Arten auf dem Planeten zählt. Oder vielleicht wissen sie es auch und finden es unbegreiflich.

Dass die medizinische Forschung Schimpansen als Ersatz für menschliche Versuchspersonen verwendet, ist ein heiß umkämpftes Thema, das durch die aufkommende Bewegung für die Rechte der Tiere und durch die gegenläufige Angst vor AIDS in den letzten Jahren zusätzlich aufgeheizt worden ist. Aber wie Cavalieri und Singer erkennen, stellt es noch mehr dar – nämlich eine Streitfrage, die ins Zentrum des Verhältnisses der Menschheit zur Natur zielt. Es geht über AIDS hinaus; es geht hinaus über den Versuch, ein paar Tausenden von Wirbeltierarten einklagbare »Rechte« zu verschaffen. Mittels einer Abfolge von fast deduktiv miteinander verknüpften Fragen rührt es an den innersten Kern eines sehr persönlichen und zugleich sehr globalen Problems – ob wir Menschen tatsächlich Teil der natürlichen Welt sind oder nicht. Es zwingt uns letztlich zu der Frage, ob menschliches Leben etwas Heiliges oder einfach nur wertvoll ist. Und zu der daran anschließenden Frage, ob ein wertvolles Wesen, das sich sechsmilliardenfach vermehrt, in jedem Exemplar noch den gleichen Wert besitzt wie vorher.

Eine weitere Frage in der deduktiven Abfolge verdankt Sibley und Ahlquist die Brennschärfe, in der sie sich uns darbietet: Ist es zu rechtfertigen, dass Menschen Geschöpfe versklaven und vernichten, die zu 98,4 Prozent ebenso menschlich wie ihre Peiniger und dabei auch noch von kostbarer Seltenheit sind? Menschen, die sich dieses Recht zubilligen, werden sich irgendwann alles erlauben.

Ein Unterschied zwischen den Schimpansen und uns besteht vielleicht in der Durchdringungskraft der Wahrnehmung. Wie Gordon Gallup gezeigt hat, ist ein Schimpanse imstande, in seinem Spiegelbild sich selbst zu erkennen. Menschen hingegen sehen im Spiegel Gott höchstpersönlich.

Den Tumor ertasten

Krebs und Familie, in Utah und andernorts

Das geschlossene geologische Becken, das sich unmittelbar westlich der Berge im nördlichen Utah erstreckt und den Großen Salzsee birgt, ist flach und eben wie eine Untertasse. Eine kleine Hebung des Wasserstands kann deshalb große Veränderungen nach sich ziehen. In regenreichen Zeiten dehnt sich der See gewaltig aus, ohne nennenswert an Tiefe zu gewinnen. Eine Erhöhung des Wasserspiegels um gut drei Meter vergrößert die Wasserfläche um hunderte von Quadratkilometern. Salzhaltiges Wasser breitet sich über das flache Land aus, überschwemmt Ebenen und Moräste, Ackerland und Autostraßen. Dann kommt eine Trockenzeit, und der See schrumpft ein. Die Zyklen sind naturbedingt, abhängig von Regen und Schneefall und vom Tempo der Verdunstung. Wie allgemein bekannt, hat der See keinen Abfluss. Für Regen- und Schmelzwasser bildet er die Endstation. Gelöste Salze sammeln sich in ihm. Im Herbst 1982 begann nach ungewöhnlich ergiebigen Septemberregen der Wasserspiegel zu steigen. Nicht lange danach wurde bei Diane Dixon Tempest ein bösartiges Unterleibsgeschwür entdeckt.

Der Wasserstand des Sees lag bei 1281 Meter über Meeresniveau. Seine aus historischer Zeit belegte mittlere Höhe betrug 1280 Meter, und noch im Jahr 1963 war er auf ein Rekordtief von 1277 Meter gesunken. Wie der See schien auch das Leben von Mrs. Tempest einem Zyklus unterworfen; sie hatte bereits einen Krebs hinter sich. Damals, im Jahr 1971, war sie an einem Dickdarmkrebs erkrankt; aus der Behandlung ging sie gesund und ansonsten unversehrt hervor. Bei dem neuen, ein Dutzend Jahre später auftretenden Problem handelte es sich um einen epithelialen Eierstocktumor in Stadium III. Er hatte Metastasen gebildet. Sie wurde operiert und dann mit einer chemotherapeutischen Substanz namens Cisplatin ein Jahr lang behandelt. Der Wasserspiegel des Sees stieg währenddessen immer weiter. Wir Fremde, der Leser und ich, sind mit diesen Einzelheiten vertraut, weil Diane Dixon Tempest eine Tochter hatte und diese Tochter ein außergewöhnliches Buch geschrieben hat.

Die Tochter heißt Terry Tempest Williams und das Buch trägt den Titel *Refuge: An Unnatural History of Family and Place* (Zuflucht: Eine unnatürliche Familien- und Ortsgeschichte). Es ist eine Reflexion über Wasservögel und Krebs. Sein Schauplatz ist Utah, und es erschien im Jahre 1991; aber jedem, der jemals den Flur einer Krankenhausabteilung für Krebspatienten entlanggegangen ist, wird es wie eine Geschichte aus dem Hier und Jetzt vorkommen.

Williams ist eine Naturkundige, liebt Vögel und schreibt ebenso freimütig wie gewinnend. Außerdem ist sie Mormonin in der fünften Generation und tief in der dortigen Landschaft verwurzelt. Seit frühester Kindheit ist sie mit dem Großen Salzsee und der ihn umgebenden Natur – dem Wasatch-Gebirge, den Vorbergen, den Salzebenen, den mit Salbei bedeckten Hügeln, Stansbury Island, Antelope Island und nicht zuletzt dem als Bärenfluss bekannten kleinen Zustrom im Nordosten des Sees – vertraut. Sie ist im Salzwasser geschwommen und hat die Qualen ausgekostet, die einem die Salzfliegen bereiten. Für sie ist der Große Salzsee ein Stück wilde Natur. Uns mag diese Wildnis reizlos und steril vorkommen, aber sie ist darin zu Hause. Freude (und zuzeiten Trost) hat ihr vor allem ein bestimmtes Naturreservat am nordöstlichen Ufer, gut zwanzig Kilometer westlich von

Brigham City, gespendet: das Wandervögelschutzgebiet am Bärenfluss.

Diese Schutzregion ist eine morastige Niederung, ein Brackwasser-Feuchtgebiet, wo sich das einströmende Süßwasser mit der Salzlake des Sees mischt. Dort wachsen Rohrkolben, Binsen und Gräser, nisten Höhleneulen auf einem nahe gelegenen salzigen Schwemmareal, leben Ruderenten, Seidenreiher, Säbelschnäbler, Spießenten, Pelikane, Ibisse und Fischreiher. Das Bodenniveau am Bärenfluss liegt nicht höher als etwa 1282 Meter. Als sich in den Achtzigerjahren der Wasserspiegel des Sees hob und ungewohnte Höhen erreichte, versank das Schutzgebiet im Wasser und versalzte. Salzkrebse und Salzfliegen ersetzten Frösche, Bisamratten und Fische. Die Vögel verschwanden, der Sumpf starb und ließ Terry Tempest Williams trauernd zurück. In *Refuge* schildert sie den Verlust. Aber das ist nur die halbe Geschichte.

Sie beschreibt auch die letzten vier Jahre im Leben ihrer Mutter, die in die Zeit der Überschwemmung fielen. In einer Folge quälend persönlicher Beobachtungen, die offenbar einem sehr intimen Tagebuch entnommen sind, werden die ungeschickten Bemühungen einer Tochter geschildert, der krebskranken Mutter bis zum Augenblick ihres Todes den Lebensmut zu erhalten. Es war nicht eigentlich ein Kampf *gegen* den Tod. Der Tod steht von vornherein fest, nicht nur für Mrs. Tempest, sondern für jeden von uns; nur der Zeitpunkt und die Art und Weise sind offen. Und nicht immer ist das Hinausschieben des Todes gleichbedeutend mit einem Ja zum Leben. Beim Kampf der Mutter ging es also darum, sich ungeachtet des nahen Todes ein wenig wirkliche Lebenskraft, ein bisschen Eigenwillen, ein bisschen Begeisterung für die Welt, einen Funken Lebensfreude zu bewahren. Der Kampf der Tochter drehte sich darum, mit der Mutter eine Gemeinsamkeit aufrechtzuerhalten. Krebs ist traditionell eine einsame Krankheit, aber die Tochter gab sich jede erdenkliche Mühe, diese Tradition zu durchbrechen.

Eine unvergessliche Episode mag beispielhaft für die übrigen stehen. Nur wenige Tage vor der Unterleibsoperation, der sich die Mutter unterziehen musste, kam die weitläufige Verwandtschaft zu einem sommerlichen Gartenfest zusammen. Einige spielten Karten, andere saßen auf dem Rasen und unterhielten sich. Diane Dixon Tempest pflanzte Tagetes. Dann versank die Sonne hinter Antelope Island. Der See spiegelte das Zwielicht der Abenddämmerung. Sie gingen ins Haus, um zu beten. »Nachdem alle weg waren«, schreibt Williams, »fragte ich Mutter, ob ich den Tumor tasten könne. Sie streckte sich auf dem Teppich im Wohnzimmer aus und legte meine Hand auf ihren Unterleib. Mit ihrer Hilfe fand ich die merkwürdige Erhebung auf der linken Seite und umschloss sie tastend mit meinen Fingern.«

Krebs ist eine bösartige Erkrankung, die sich von einer Infektionskrankheit unterscheidet. Nach allem, was wir darüber wissen und was wir nicht darüber wissen, ist dies wahrscheinlich das Grundlegendste. Tuberkulose, Beulenpest, Lepra und AIDS sind allesamt direkt von einer Person auf die andere übertragbar; sogar die Malaria lässt sich mittels einer einzigen Stechmücke von einem Menschen an den anderen weiterreichen. Krebs aber ist anders. Er ist nicht unmittelbar übertragbar. Sicher, von einigen der Milieubedingungen, die ein erhöhtes Krebsrisiko mit sich bringen, sind Menschen gemeinsam betroffen: Asbest in den Wänden eines Schulgebäudes, Radongas in einem Keller, das Epstein-Barr-Virus (eine Mikrobe, die bei Burkitt-Tumoren eine Rolle spielt), Aflatoxin in schimmligen Erdnüssen, das Passivrauchen. Auch die genetische Anlage zu einer Anfälligkeit für Krebs ist übertragbar – von den Eltern aufs Kind. Aber dies alles sind Bedingungen und Risikofaktoren, nicht die tatsächliche Krankheit. Die Krankheit kann sich nicht von Mensch zu Mensch ausbreiten. Ein Tumor ist nicht ansteckend. Für Onkologen und Angehörige der erkrankten Person ist das ein Segen; für den Krebskranken hingegen, so möchte ich vermuten, macht das die Einsamkeit, in die ihn seine Krankheit stürzt, umso größer. Krebs ist etwas ebenso Persönliches wie die Nacht.

Das Angsterregende und Rätselhafte an Krebs, die Tatsache, dass jahrhundertelang die Krankheit fast unentrinnbar tödlich verlief, ohne dass man wusste, warum, verschärften noch das Gefühl der Vereinsamung. Susan Sontag bemerkt in ihrem Buch *Krankheit als Methapher*, Krebs errege heutzutage die gleiche Art von urtümlichem Schrecken wie einst die Tuberkulose. In einem weniger bekannten Buch mit dem Titel *At the Will of the Body* (Dem Körper ausgeliefert) gelangt auch der Medizinsoziologe Arthur Frank zu dem Schluss, dem Krebs hafte ein merkwürdiges und unlogisches Stigma an, er gelte als »gefährlich, schuldbeladen und unrein«. Diese Konnotationen wirken natürlich bestürzend widersinnig, trotzdem müssen die Menschen in der Praxis mit ihnen nicht weniger als mit den wirklichen Problemen ihrer Krankheit fertig werden. Frank, ein mit seinem Körper geschlagener Mann von äußerst gesundem Verstand, erlitt zu Anfang seiner mittleren Jahre einen Herzanfall und zog sich, kaum dass er sich davon erholt hatte, einen Hodenkrebs zu. Ihm zufolge machte das Gefühl der Stigmatisierung einen großen Unterschied zwischen den beiden Heimsuchungen. Der Herzinfarkt löste keine tief sitzenden Abwehrreaktionen aus. Der Krebs hingegen sehr wohl. Angesichts von Krebserkrankungen neigen viele gesunde Menschen dazu, darin einen bösen Zauber zu sehen, der »moralisch, wo nicht gar im buchstäblichen Sinne, ansteckend« sein könnte. Wie Frank überlebte auch Sontag einen bösartigen Tumor. Sie mag also aus persönlicher Erfahrung sprechen, wenn sie schreibt, dass »sich überraschend viele Krebspatienten von Verwandten und Freunden gemieden sehen und feststellen müssen, dass Angehörige ihrer Familie hygienische Vorkehrungen treffen, als wäre Krebs eine Infektionskrankheit wie die Tuberkulose«. Sontags Buch kam 1978 heraus, unmittelbar bevor AIDS auf der Bildfläche erschien und dem Krebs die Rolle der am heftigsten gefürchteten Krankheit in der westlichen Gesellschaft streitig machte. Das AIDS-Phänomen unterstreicht aber nur noch einmal dieses seltsame, wichtige Moment des Grauenvollen, das dem Krebs anhaftet. AIDS gewinnt seine Unheimlichkeit teilweise aus der Tatsache, dass es eine Infektionskrankheit *ist* (wenn auch vielleicht keine ohne weiteres übertragbare); die TBC im 19. Jahrhundert entsprach in etwa demselben Schema. Krebs erscheint körperlich gesunden Menschen, die mit ihm in Berührung kommen, unsäglich schrecklich, ungeachtet der Tatsache, dass er *nicht* ansteckend ist.

In alledem steckt eine traurige Ironie. Die Besonderheiten der Krebserkrankung müssten eigentlich dafür sorgen, dass die Betroffenen weniger vereinsamen als andere Kranke und nicht etwa mehr. Abgesehen davon, dass die Krankheit keine Ansteckungsgefahr birgt, ist sie auch ungemein verbreitet. Nach Auskunft von Epidemiologen erkrankt in der heutigen westlichen Welt jeder Vierte an Krebs. Vor einem Jahrzehnt wäre mir diese Prozentzahl noch skandalös hoch erschienen; im Lichte der Erfahrungen meiner eigenen Eltern, der Eltern meiner Frau und ihrer jeweiligen Freundes- und Bekanntenkreise kommt mir mittlerweile ein Bevölkerungsanteil von einem Viertel unrealistisch niedrig vor. Krebs mag eine schreckliche Krankheit sein, aber ganz gewiss keine seltene. Krebs ist so allgegenwärtig und vertraut wie Sonne und Regen. Junge Menschen sucht die Krankheit gelegentlich und auf ebenso grausame wie dramatische Weise heim, während sie ältere Menschen entsetzlich oft befällt.

Und neu ist sie auch nicht. Auf ägyptischen Papyri aus dem Alten Reich, die fast fünftausend Jahre alt sind, wird diskutiert, an welchen Symptomen man verschiedene Krebsformen erkennt und wie man sie behandelt, darunter auch Brustkrebs (dem man durch Kauterisation beizukommen suchte, eine brutale Methode, auf die vermutlich irgendein ägyptischer Finsterling männlichen Geschlechts verfiel). In Begräbnisstätten zwischen den Pyramiden von Gizeh hat man Mumien mit Knochentumoren gefunden. Der griechische Arzt Hippokrates schrieb um 400 v. Chr. den Krebs einem Übermaß an schwarzer Galle zu, und sechs Jahrhunderte später vertrat Galenus die gleiche Theorie und hielt diese unnatürlichen Auswüchse (*tumores* nannte er sie in seinem Latein) für verfestigte Klumpen schwarzer Galle. Im Jahr 1838 brachte Johannes Müller durch den Nachweis, dass ein Tumor Zellstruktur besitzt, die medizinische Wissenschaft ein gutes Stück voran. Woher aber stammten diese Zellen? Ein paar Jahrzehnte nach Müller fügte Rudolf Virchow die entscheidende Einsicht hinzu, dass *omnis cellula e cellula* – dass alle Zellen aus anderen Zellen entstehen. Im Falle der Krebserkrankungen wissen wir mittlerweile, dass sie durch die unkontrollierte Vervielfältigung einer Zelle entstehen, deren genetisches Programm aus den Fugen geraten ist. Die einzelnen Krebszellen begegnen dem Körper nicht von Natur aus feindselig, sie sind nicht toxisch oder aggressiv, aber sie verursachen dadurch Probleme, dass sie sich breit machen und durch ihre Gleichgültigkeit gegenüber den körperlichen Regelmechanismen und der Verhältnismäßigkeit physiologischer Prozesse Störungen hervorrufen. Was die haltlose Vervielfältigung von Zellen eigentlich auslöst, ist auch nach fünftausend Jahren immer noch nicht völlig klar.

Krebs ist keine so simple Krankheit wie Malaria oder die Pest. Die Krankheit ist sogar noch komplizierter als AIDS, das zwar in der Tat schrecklich vertrackt ist, aber sich immerhin auf das Wirken eines einzigen Virus zurückführen lässt. Krebs scheint das Ergebnis vieler verschiedener Ursachen und Umstände zu sein, die manchmal als einzelne wirksam werden, häufiger aber in Kombinationen. Beim Krebs können genetische Dispositionen mit ursächlichen Umweltfaktoren zusammenwirken. Abgesehen von Tabak, Radongas, Aflatoxin und Asbest stehen noch eine Vielzahl anderer übler Substanzen auf der Liste; verfügt allerdings jemand über die richtigen Gene, so kann er, wie es scheint, diesen karzinogenen Stoffen trotzen. Einige Krebsformen allerdings werden direkt mittels eines dominanten Gens vererbt: zum Beispiel das Retinoblastom, ein bösartiger, aber gewöhnlich heilbarer Tumor des Auges. Unterschiede im geografischen Standort, in der Ernährung und in der sozio-ökonomischen Position stehen ebenfalls in einem (manchmal einleuchtenden, manchmal rätselhaften) Zusammenhang mit dem Auftreten von Krebs. Dasselbe Epstein-Barr-Virus, das im Zusammenhang mit den Burkitt-Lymphomen eine Rolle spielt, bewirkt unter bestimmten Umständen das Pfeiffersche Drüsenfieber (nicht hingegen Lymphome), während in Afrika die Burkitt-Lymphome irgendwie mit der Malaria zusammenzuhängen scheinen; in Südchina wiederum ist das Epstein-Barr-Virus ursächlich am Nasopharyngeal-Karzinom beteiligt. Niemand weiß, was das alles bedeutet. Speiseröhrenkrebs ist in bestimmten Küstenregionen des Kaspischen Meeres verbreitet, aber hier sind die Gründe gleichfalls unbekannt. Auch in einigen Familien treten Krebserkrankungen unverhältnismäßig häufig auf. Eine Form solcher familienspezifischen Heimsuchungen ist das Li-Fraumeni-Syndrom, eine seltene, aber verheerende Erkrankung, die Folge einer einzigen, durch die Generationen weitervererbten genetischen Mutation zu sein scheint (Genstelle p53, Chromosom 17p) und zu Hirntumoren, Leukämie, Knochenkrebs, Lungenkrebs und Brustkrebs führt, die in der betroffenen Familie epidemisch auftreten. Nach wie vor aber ist das Gesamtbild unvorstellbar kompliziert – ein Gemisch aus viel sagenden Mustern, völligem Dunkel und rätselhaften Ausnahmen von den viel sagenden Mustern.

Krebs im Allgemeinen scheint weniger mit anderen Krankheitsformen als mit dem unentrinnbaren Alterungsprozess zu tun zu haben. Unser Körper nutzt sich ab. Unser ganzes Leben hindurch sind wir auf den wundersamen Prozess einer kontrollierten Vervielfältigung von Zellen angewiesen, und bei diesem Prozess braucht es nur zu einem kleinen Ausrutscher zu kommen, und schon kann die karzinogene

Zellvermehrung einsetzen. Vielleicht droht uns von p53 Gefahr. Vielleicht kumulieren sich die karzinogenen Auswirkungen der Teerstoffe im Tabak, des Asbests, des Aflatoxins, des Natriumnitrits, des Kaffees oder weiß der Himmel welcher anderen Substanz im Laufe eines Lebens, bis irgendein kritischer Schwellenwert erreicht ist. Die Entropie und die Wahrscheinlichkeitsrechnung lassen die Sache zwar nicht weniger schrecklich erscheinen, nehmen ihr aber das Überraschungsmoment.

All diese Informationen klingen vielleicht abgehoben und wissenschaftlich kalt. Für mich tun sie das nicht. Ich wünschte, sie täten es. Bei aller Neugier, mit der mich die Ätiologie des Krebses erfüllt – das Thema besitzt für mich eine besondere Dringlichkeit, die der Physik der dunklen Materie oder der Inselbiogeografie oder den eigentümlichen Ernährungsweisen eines malaysischen Nachtfalters abgeht. Ich werde an dieser Stelle persönlich, nur um zu bekunden, dass ich ein Jedermann bin: In meiner Familie hat man schon Erfahrungen mit Krebs gesammelt, und im Augenblick macht er uns wieder zu schaffen.

Vielleicht ist ihm auch der Leser in seiner Familie schon begegnet. Falls nicht, wird die Begegnung aller Wahrscheinlichkeit nach nicht mehr lange auf sich warten lassen – so Leid es mir tut, das sagen zu müssen.

Nicht viele Familien kennen ihn gründlicher als die von Terry Tempest Williams. Schon mit vierunddreißig avancierte sie dank der Todesrate unter ihren weiblichen Verwandten zur Matriarchin. Im letzten Kapitel ihres Buches führt sie aus: »Ich gehöre einem Klan der einbrüstigen Frauen an. Meiner Mutter, meinen Großmüttern und sechs Tanten, ihnen allen wurde per Operation eine Brust abgenommen. Sieben dieser Frauen sind tot. Die zwei Überlebenden haben gerade eine weitere Runde chemotherapeutischer Behandlung und Bestrahlung hinter sich gebracht.« Sie fügt hinzu: »Ich habe meine eigenen Probleme gehabt:

zwei Biopsien wegen Verdachts auf Brustkrebs und einen kleinen Tumor zwischen meinen Rippen, der als ›an der Schwelle zur Bösartigkeit‹ diagnostiziert wurde.« So, sagt sie, sieht ihre Familiengeschichte aus.

Sie kennt die komplizierten wissenschaftlichen Hypothesen über das Auftreten von Krebserkrankungen. Sie hat über die genetischen Dispositionen gelesen und über die mögliche Bedeutung von Faktoren wie fettes Essen, Kinderlosigkeit oder Schwangerschaften in einem Alter über dreißig. Ihrer eigenen Hypothese zufolge ist für die Frauen ihrer Familie vielleicht weit entscheidender gewesen, dass sie in Utah lebten – in der Windrichtung vom nuklearen Testgelände in Nevada, wo zur damaligen Zeit amerikanische Bombenbauer die Wolken mit radioaktivem Niederschlag impften. Zwischen 1951 und 1962 fanden ununterbrochen oberirdische Tests statt und pumpten die Atmosphäre bis zum Bersten mit Strahlung voll. Williams selbst erinnert sich an einen Nuklearblitz, den sie persönlich und zufällig beobachtete. Irgendwann vor Morgengrauen am 7. September 1957 erhellte er mit seinem ungesunden, bleichen Licht die Wüste, während die Familie Tempest gerade durch Nevada fuhr. Terry, damals ein Kleinkind, saß auf dem Schoß ihrer Mutter.

Knapp dreißig Jahre später, im Januar 1987, starb ihre Mutter. Der Wasserspiegel des Großen Salzsees war auf 1284 Meter Höhe angestiegen. Das Wandervögelschutzgebiet am Bärenfluss war verschwunden, lag unter anderthalb Meter Salzwasser begraben. Für Terry Tempest Williams bestand zwischen diesen Tatsachen ein emotionaler, wenn nicht gar ein wissenschaftlicher oder logischer Zusammenhang.

Unbeschadet aller poetischen Weisheit, die sie aus diesem Zusammenhang schöpft, und ungeachtet ihres berechtigten Zorns auf jene politischen Fallwinde, die radioaktive Kerne auf die Frauen (und Männer) von Utah herabregnen ließen, berührt mich ein anderer Aspekt ihres Buches noch stärker. Und dieser Aspekt ist schlicht die Tatsache, dass sie im übertragenen Sinn und buchstäblich Hand an den Tumor ihrer Mutter legte. Keine große Tat, aber eine heldenhaft unschickliche.

Sie widersetzte sich der Stigmatisierung, trotzte der fatalistischen Neigung, Menschen mit Krebs als irgendwie vom Schicksal gezeichnet zu betrachten, widerstand der Flucht in Passivität, in die zwanghafte, brüchige Hoffnung auf Gesundung, als wäre »Gesundheit« der einzige Zustand, der ein Weiterleben erlaubte, und nutzte die kostbaren Momente des Zusammenseins. In einem gewissen Sinn eignete sie sich die Tumorkrankheit ihrer Mutter an. »Nicht die einzelne Person, die Familie bekommt Krebs«, schreibt sie. Zum Teil mag das stimmen, auch wenn es zum anderen Teil vielleicht nur die tröstliche Selbsttäuschung der Gesunden ist; nach den aufrichtigen Bekundungen der Autorin zu urteilen, hätte ihre Mutter dem obigen Satz nicht unbedingt zugestimmt. Dennoch hat keine gesunde Person ein größeres Recht auf solch eine Anmaßung als Terry Tempest Williams.

Die vier Jahre hindurch, deren Chronik sie in ihrem Buch festhält, bemühte sie sich (manchmal penetrant und nicht immer in völligem Einklang mit ihrer Mutter, ganz zu schweigen von ihrem Vater), die Einsamkeit des Krebses zu durchbrechen und an seinen Schrecken, Qualen und Einsichten teilzuhaben. An einer Stelle in ihrer Erzählung beschreibt sie im penibelsten Detail den technischen Vorgang bei der Auswechslung des intravenösen Tropfes, der ihrer Mutter eine Morphiumlösung zuführte. Ein anderer Ausschnitt schildert, wie sie die Bettpfanne mit grünlich-schwarzem Erbrochenem in die Toilette ausleert und sich anschließend selbst übergeben muss. Während sie ihrer Mutter eine Percodan bringt, klingelt es an der Tür, und abgelenkt schluckt sie die Tablette selbst. Sie erinnert sich an eine Gedichtzeile von Auden: »Unsere Träume von einem sichren Leben müssen schwinden.« Am Ende war sie in diese Richtung weiter vorgedrungen, als den meisten von uns jemals gegeben sein dürfte.

Aber unsere eigene Chance bekommen wir alle.

Refuge ist kein erheiterndes oder tröstliches Buch. Es ist ein krasser, von widerstreitenden Gefühlen geprägter Bericht über schwer errungene Weisheit und schwankenden Mut: den Mut, an etwas festzuhalten, die Weisheit, schließlich loszulassen. Es bringt uns zu Bewusstsein, dass auch wenn der Tod zur Einsamkeit verurteilt, der Krebs das deshalb noch lange nicht tun muss. Wie Sontag geltend macht, ist Krebs kein metaphorischer Ausdruck für den Tod. Er ist ein Zustand, in dem sich nur Lebende befinden können.

Dies sind verworrene Wahrheiten, und Terry Tempest Williams beansprucht nicht, sie zu entwirren. Sie erzählt eine Geschichte, die von Vögeln und von Familie handelt. Der Wasserspiegel des Sees sank schließlich wieder. Das Schutzgebiet für Wandervögel am Bärenfluss erwachte zu neuem Leben, nicht aber ihre Mutter.

REVISION DES RASENS

Rasenkriege in amerikanischen Vorstadtsiedlungen

Damals, in den Fünfziger- und frühen Sechzigerjahren des 20. Jahrhunderts, war ich geneigt, im amerikanischen Rasen eine kommunistische Verschwörung am Werk zu sehen. Von Bangor bis San Diego bedeckten Flächen nutzlosen Sodens tausende von Quadratkilometern kostbarer Landschaft. Millionen Arbeitsstunden (vornehmlich von Jungen geleistete Arbeit) wurden Jahr für Jahr an ihre Pflege verschwendet. Lag dieser kostspielige Einsatz im nationalen Interesse? Mit Sicherheit nicht. Wie der hilflose GI in *Botschafter der Angst* schien die gesamte Einwohnerschaft der amerikanischen Vorstädte durch eine Gehirnwäsche dazu gebracht worden zu sein, sinnlose Tätigkeiten zu verrichten. Mähen. Harken. Nachschneiden. Düngen. Mit Gift die breitblättrigen Eindringlinge bekämpfen. Wieder mähen. Das Ganze war zerstörerisch langweilig. Ich stellte mir Chruschtschow vor, wie er sich ins feiste Fäustchen lachte.

Die Verschwörungstheorie ersann und kultivierte ich in den vielen Stunden, die ich als Junge hinter dem Auspuff einer Mähmaschine verbrachte – Stunden, die ich nach meiner Überzeugung mit sinnvolleren Tätigkeiten hätte zubringen können (etwa damit, Baseball zu spielen oder Hornissennester mit Kirschen zu bombardieren oder mir am Fahrradlenker die Nase zu zerdeppern), wäre es nur nicht den Dunkelmännern im Kreml gelungen, die demokratische Jugend zur Gänze auf diese geistlose Plackerei der Rasenpflege zu vereidigen. Immerhin hatten zuerst der *Sputnik* und anschließend Juri Gagarin den Weltraum erobert, während Amerika am Boden klebte und ich meine Turnschuhe beim Trimmen des Rasens mit grünen Flecken verunzierte. Ich war von drei Kindern der einzige Sohn und ergo der Mäher vom Dienst. Wir bewohnten einen halben Morgen einstigen Ackerlands, an dessen Stelle vorher Laubwald gestanden hatte; im sanften Hügelland des südwestlichen Ohio gelegen und von feuchten Winden gekost, bewies das Land eine unerbittliche Vegetationskraft.

Sicher, im ganzen Garten standen Bäume, eine reizvoll verstreute Ansammlung von Feldahorn, Amberbaum und Sumpfeiche, die mein für Bäume schwärmender Vater angepflanzt hatte; der größte Teil des Geländes indes gehörte einem Rasenteppich der üblichen Art. Anders als die Bäume besaß das Gras weder Individualität noch Charakter, noch Haltung. Es glich aufs Haar dem der Nachbarn, war Gras kraft seiner Gleichförmigkeit und Unausgebildetheit, Gras, das in jenem Zustand gehemmter Entwicklung festgehalten wurde, der einen Rasen von einer Wiese oder einer Prärie trennt: ständig länger werdend, ständig nach Pflege verlangend, nie zu etwas reifend, das sich selbst genügte oder einen Nutzen hatte. Es wäre etwas anderes gewesen, hätten wir Heu verkauft.

Mein Vater, ein verständiger Mann und überzeugter Amerikaner, verrichtete den größten Teil der landschaftsgestalterischen Arbeit mit eigenen Händen. Er arbeitete heiteren Gemüts, erfreute sich unschuldig an jeder Form von vegetabilischem Grün, mochte es sich um Brokkoli oder um Mammutbäume handeln; deshalb ging ich immer davon aus, dass er keine Ahnung von der Verschwörung hatte. Wie ließ sich außerdem von ihm verlangen, dass er die finstere Wahrheit, den geheimen marxistischen Klartext hinter dem amerikanischen Rasenkrieg zu erkennen vermochte, da doch tausend-

fünfhundert Kilometer weit in jede Richtung andere Vorort-
bewohner ebenso wenig Durchblick bewiesen? Eines Tages
dann, Jahrzehnte später, ich war mittlerweile erwachsen und
selbst Eigenheimbesitzer, schaffte auch ich mir einen Rasenmäher an.

Nichts, was ich je getan hatte, war von so banaler Trag-
weite. Ich hatte mich zur Musterung gemeldet, hatte gewählt,
hatte eine Hypothek aufgenommen, hatte mir einen Pass besorgt, hatte einmal sogar in wilder Ehe mit einem Fernseher
zusammengelebt; aber der Kauf eines Rasenmähers war ein
Akt, der mir das Gefühl gab, ein Amerikaner von echtem
Schrot und Korn zu sein. Jetzt gehörte ich dazu. Ich mähte.
Ich harkte. Ich ließ meine Verschwörungstheorie fallen. Ich
runzelte die Stirn über Löwenzahnblüten, mochten sie auch
noch so gelb und hübsch sein. Gott sei mir gnädig. Ich heu-
erte sogar Leute an, die Dünger streuen und Unkrautvertilgungsmittel versprühen mussten. Der nationale Fetisch eines geschlechtslosen Rasens war, wie ich erkannte, zu fein
gesponnen und tief verwurzelt, jedenfalls aber zu unausrott-
bar, um sich aus einer bloßen kommunistischen Intrige erklären zu lassen.

Der Kommunismus brach zusammen, der Rasenkult
dauerte fort. Was, begann ich mich zu fragen, steckt nur da-
hinter?

Die Zahlen sind ernüchternd. Die Amerikaner geben fünfundzwanzig Milliarden Dollar pro Jahr für die Anlage und
Erhaltung von Rasen aus, wenn man alle Rasenflächen,
kommunale, institutionseigene und private, zusammen-
nimmt. Allein der Anteil der privaten Rasenbesitzer beläuft
sich auf sieben Milliarden Dollar Einzelhandelsumsatz –
sprich, sieben Milliarden Dollar, die für Mähmaschinen, Un-
krautbekämpfungsinstrumente, Laubgebläse und sonstige
motorgetriebene Apparaturen, für Dünger und Samen, für
Unkrautvertilgungsmittel, Wasserschläuche, Rasensprenger,
Harken und Gartenscheren ausgegeben werden. Über die

Bermudashorts und die Gartenzwerge wird an anderer Stelle Buch geführt.

Die Rasenflächen der Eigenheimbesitzer belaufen sich zusammengenommen auf acht Millionen Hektar, ein Gebiet etwa von der Größe Irlands. Anders als Irland liegt indes ein großer Teil der amerikanischen Rasenflächen in trockenen, halb trockenen oder sonst wie klimatisch unbekömmlichen Zonen – unbekömmlich jedenfalls für jene zumeist aus Europa stammenden Pflanzenarten, die für einen wohl gepflegten Rasen als schicklich gelten. Eine Konsequenz dieser klimatischen Bedingungen ist das Erfordernis intensiver Bewässerung. Ungefähr dreißig Prozent des städtischen Wasserverbrauchs an der Ostküste wandern einer Schätzung zufolge in die Rasenbewässerung. Für die Westküste mit ihrer trockenen Strauchvegetation und ihren Golfplätzen in der Wüste wird der Anteil auf sechzig Prozent geschätzt. Kein Zweifel, dass die übernatürlich grünen Rasenflächen in Texas, New Mexico und Arizona, in Utah und Nevada, in den trockenen Ebenen des östlichen Montana und der beiden Dakota-Territorien einen ähnlich großen Anteil verschlingen. Jahr für Jahr wird Grassamen im Wert von fast achthundert Millionen Dollar verkauft. Die jährlichen Einnahmen der Betriebe, die sich auf die Rasenpflege spezialisiert haben, liegen bei circa drei Milliarden Dollar.

Diese Zahlen machen deutlich, dass die amerikanische Rasenethik weit entfernt davon ist, eine kommunistische Erfindung zu sein, und vielmehr in der besten Tradition eines beutehungrigen Kapitalismus steht. Die meisten von mir gerade zitierten Daten stammen aus einem Buch mit dem Titel *Redesigning the American Lawn* (Neugestaltung des amerikanischen Rasens), das vorsichtig an dem Kultobjekt rüttelt und von F. Herbert Bormann sowie einigen Kollegen und Doktoranden der Schulen für Forstwesen und für Kunst und Architektur an der Yale University herausgegeben wurde. Bormann und Konsorten berichten auch, dass die rasenbegeisterte Kundschaft für fünfundzwanzig Prozent der

Profite der Kunstdüngerindustrie geradesteht und dass die Rasenbesitzer bis zu zehnmal mehr chemische Schädlingsbekämpfungsmittel pro Hektar einsetzen als die amerikanische Landwirtschaft. Der Begriff Schädlingsbekämpfungsmittel umfasst in diesem Fall Unkrautvertilger, Pilzbekämpfer, Insektizide, Gifte gegen Nager und weiß der Himmel was sonst noch – jede Chemikalie, soweit sie dem Zweck dient, eine bestimmte Art von lebenden Geschöpfen zu vernichten, die auf einem Rasen unerwünscht ist. Und ein traditioneller Rasen zeichnet sich halt im Prinzip dadurch aus, dass praktisch *alle* Arten lebender Geschöpfe – abgesehen von den paar ausgesuchten Arten schmalblättriger Gräser – unerwünscht sind. In einem der letzten Jahre beliefen sich die Verkaufsziffern auf dem Markt für rasenspezifische Schädlingsbekämpfungsmittel auf siebenhundert Millionen Dollar, was siebenundsechzig Millionen Pfund an mehr oder minder tödlichen Chemikalien entsprach, die in den Parks, Grünanlagen und Gärten, auf den Golfplätzen, Friedhöfen und Ballsportfeldern Amerikas zum Einsatz kamen. Jeder von uns, der organisch angebautes Gemüse kauft oder die Umweltverseuchung durch die Industrie bejammert und gleichzeitig mit chemikalischen Mitteln seinen Rasen aufpäppelt, darf mit Fug und Recht diese Fakten als Probe aufs Exempel seiner geistigen Gesundheit betrachten.

Redesigning the American Lawn skizziert die Kosten, die aus all dieser Bewässerung und Düngung und Giftspritzerei für die natürliche Umwelt und das kulturelle Milieu entstehen, um anschließend eine Reihe praktikabler Alternativen anzubieten, von denen nur ein paar den Nachbarn den Eindruck vermitteln werden, man habe den Verstand verloren. Liegt der Garten zum Beispiel in Iowa, könnte man dem unerbittlichen Zyklus der umgebenden Natur gestatten, ihn in eine Prärie mit hochwüchsigem Gras zurückzuverwandeln. In Tucson könnte er wieder zu einem an Paloverde und Skorpionen reichen bröckelnden Felsboden werden. So zu verfahren wäre ebenso vernünftig wie aller Ehren wert; langfristig gesehen, würde man auf diese Weise viel Geld und Wasser sparen und könnte samstags Tennis spielen gehen. Aber ehe ich mich weiter mit möglichen Alternativen zur amerikanischen Norm des gepflegten Rasens beschäftige, möchte ich eine grundlegendere Frage aufgreifen: Woher stammt die Norm?

Einen Teil der Antwort liefert uns die Geschichte. Für die historische Erklärung spielt erstens die Landschaftsgestaltung eine Rolle, die sich während der letzten beiden Jahrhunderte zu einem eigenen Berufszweig ausgebildet hat. Zweitens ist die Entstehung mittelständischer Vorstadtsiedlungen von Bedeutung, die in Amerika Mitte des 19. Jahrhunderts begann. Der dritte Faktor, der in diesem Zusammenhang genannt werden muss, ist technischer Art: Im Jahr 1830 meldete ein englischer Teppichfabrikant namens Edwin Budding den ersten Rasenmäher zum Patent an. »Herrschaften auf dem Lande werden feststellen, dass ihnen mein Apparat Gelegenheit zu einer unterhaltsamen, nützlichen und gesunden Leibesübung bietet«, teilte Budding dem britischen Patentamt mit; offenbar hat er das Zeitliche gesegnet, ohne für diese ungeheuerliche Schaumschlägerei jemals geradestehen zu müssen.

Der Ausdruck »Herrschaften auf dem Lande« liefert einen wichtigen Hinweis auf den soziologischen Zusammenhang, in dem Buddings Erfindung zu sehen ist: Niemand sonst *hatte* zur damaligen Zeit einen Rasen. Im 18. und frühen 19. Jahrhundert stellten Rasenflächen, wie man sie in England und auf dem europäischen Festland kannte, einen Luxus der vermögenden Schichten dar und waren mit großartigen und landschaftsgärtnerisch durchgestalteten Landsitzen verknüpft. In Frankreich galt für Parks und Gärten ein formstrenger und geometrischer Stil, wie am besten in Versailles zu sehen, wo flache, vieleckige Rasenflächen mit Gehwegen, Kanälen, Irrgärten, preziös beschnittenen Bäumen und Sträuchern und aufwändigen Rabatten abwechseln. Auch in England fanden sich manchmal solche Anlagen, aber gegen Ende des 18. Jahrhunderts kreierte ein Mann, der unter dem Namen Capability Brown bekannt wurde, eine neue Mode in der Landschaftsgestaltung, indem er die Formstrenge lockerte, die strenge Geradlinigkeit durch natürliche Kurven ersetzte, Bäumen und Sträuchern erlaubte, sie selbst zu sein, und das Schwergewicht auf große, wogende Grasflächen legte. Was dem Brown'schen Stil sowohl sein Recht gab als auch zum Erfolg verhalf, war nicht zuletzt das englische Klima, das sich durch milde Winter, kühle Sommer und ständige Feuchtigkeit auszeichnete. Gras *liebt* England, und England war gut beraten, diese Liebe zu erwidern. Gemäht wurden Capability Browns vornehme Wiesen allerdings nur von hungrigen Schafen oder Landarbeitern, die Sensen benutzten. Die Zeit für Edwin Buddings ruchlose Erfindung war noch nicht gekommen.

Das englische Klima ließ sich zwar nicht nach Amerika bringen, die englischen Grassamen aber sehr wohl und ebenso auch die Begeisterung für den Rasen. Diese Begeisterung fiel hier auf fruchtbaren, neuen Boden, mit einem wichtigen Unterschied – das hier war das Land der Demokratie, und folglich musste auch der Rasen demokratisiert werden. Etwa um die Zeit, als sich Budding seinen Rasenmäher patentieren ließ, erlaubten Fortschritte in den Beförderungstechniken (die Dampfeisenbahn, die pferdegezogene Tram, dann der beide zu einem System zusammenfassende Massentransport), die Randbezirke der großen Städte auszudehnen; der Mittelstand machte sich das zunutze, um seinen Wohnsitz nach draußen zu verlegen. Zuvor waren Reihenhäuser in der Nähe des Stadtzentrums für die Stadtbewohner, die sie sich leisten konnten, das bevorzugte Domizil; jetzt indes begann man, sich für allein stehende Häuser zu begeistern, die jedes für sich ein kleines amerikanisches Schloss waren und auf einem eigenen Stück Land standen. Damit begannen die Vorstadtsiedlungen.

Währenddessen wirkten mehrere einflussreiche amerikanische Landschaftsgestalter des 19. Jahrhunderts an der Popularisierung der Idee mit, jeder Wohnsitz verlange nach einer Ausfütterung mit Gras. Die Idee war nicht logisch zwingend; genauso gut hätte das Land sich der Tradition verschreiben können, die Gärten mit Efeu oder Hahnenfuß oder Luzernen voll zu stopfen. Zu den ersten amerikanischen Trendsettern zählte Jackson Downing, bekannt vor allem durch seinen 1841 erschienenen *Treatise on the Theory and Practice of Landscape Gardening, Adapted to North America, with a View to the Improvement of Country Residences* (Abhandlung über die Theorie und Praxis der Landschaftsgärtnerei, angepasst an nordamerikanische Verhältnisse und mit Blick auf die Verschönerung von Wohnsitzen auf dem Land). Das Buch war darauf angelegt, ein breites Publikum anzusprechen, und legte großen Nachdruck auf das Element Rasen. Im Jahre 1853 veröffentlichte Downing ein weiteres Buch, *Cottage Residences* (Sommerhäuser), das den mittelständischen Vorstadtbewohnern das Bedürfnis anempfahl, sich eigene Miniaturausgaben angloamerikanischer Landsitze zuzulegen. »Die ziemlich weitläufige Rückseite des Hauses gehört einem Rasen, der durch häufiges Mähen dicht und grün zu halten ist, sodass man auf ihm so weich wie auf einem Teppich geht«, verfügte er.

Andere griffen Downings Parole auf. Jacob Weidenmann veröffentlichte im Jahr 1870 *Beautifying Country Homes* (Landhäuser verschönern) und machte gleich im ersten Satz geltend, solch ein schönes Heim müsse »in hinlänglichem Abstand zur öffentlichen Straße stehen, um reichlich Raum für einen geschlossenen, schmückenden Rasen zu bieten«. Im selben Jahr veröffentlichte Frank H. Scott *The Art of Beautifying Suburban Home Grounds* (Die Kunst, Anwesen in der Vorstadt zu verschönern) und erklärte eine »weiche, kurz geschnittene Grasnarbe« für »das mit Abstand wichtigste Element, um dem Gelände eines Vorstadthauses Schönheit zu verleihen«. Ein Autor unserer Zeit namens

Michael Pollan vertritt in dem ausgezeichneten Buch *Second Nature: A Gardener's Education* (Zweite Natur: Bildungsgang eines Gärtners), in dem er seine gartenkulturellen Betrachtungen niedergelegt hat, die Ansicht, dass Frank J. Scotts Werk »wahrscheinlich mehr als jedes andere die landschaftliche Physiognomie der amerikanischen Vorstädte geprägt hat«. Gott möge Mr. Scotts Seele gnädig sein.

Diese Kerle, von Capability Brown bis zu Frank J. Scott, können als die grundlegenden Ideologen – die Marx', Engels', Proudhons, Fouriers und Trotzkis – des amerikanischen Rasenkults gelten. Und wenn sich das so verhält, dann spielt ein Mann namens Frederick Law Olmsted die Rolle Lenins. Pollon zum Beispiel spricht Olmsted das zweifelhafte Verdienst zu, den amerikanischen Rasen praktisch erfunden zu haben. Obwohl Olmsted primär als der Landschaftsarchitekt bekannt ist, der den Central Park in Manhattan entwarf, waren er und sein Partner auch verantwortlich für die erste in Gras gebettete Vorstadt – eine Neubausiedlung namens Riverside, vierzehn Kilometer westlich von Chicago am Ufer des Des Plaines River. Im Jahr 1869 angelegt und durch eine Eisenbahn mit der Stadt verbunden, sollte Riverside zehntausend Menschen beherbergen – in einem erschwinglichen mittelständischen Zerrbild vom Leben auf dem Lande, bei dem die Hausgrundstücke wie die Tasten eines Klaviers nebeneinander aufgereiht und durch einen fortlaufenden Rasenstreifen miteinander verbunden waren. Eine eskapistische Schäferidylle mit einem unübersehbaren Hauch von Kollektivismus – vielleicht hatte ich mit meiner jugendlichen Verschwörungstheorie am Ende doch nicht so falsch gelegen.

Einen anderen Teil der Lösung für das Rätsel des Rasenkults liefert uns die Evolutionsbiologie. Es handelt sich um die Savannenhypothese, die ein Biologe namens Gordon H. Orians in Vorschlag gebracht hat.

Orians umriss seine Idee in etlichen leicht obskuren Artikeln, die in den Achtzigerjahren erschienen und von denen einer den Titel »An Ecological and Evolutionary Approach to Landscape Aesthetics« (Eine ökologische und evolutionsgeschichtliche Annäherung an die Landschaftsästhetik) trägt. Zusammen mit einer Kollegin, Judith H. Heerwagen, entfaltete und überprüfte Orians später seine Hypothese. Zu dem Thema hingeführt hatten ihn seine Untersuchungen über die Auswahl von Lebensräumen bei Vögeln, die ihn auf die Frage brachten, nach welchen Kriterien wir Menschen *unsere* bevorzugten Lebensräume auswählen. Im Leben der meisten Exemplare so gut wie aller Spezies, *Homo sapiens* einbegriffen, sei die Auswahl des Lebensraums eine überaus wichtige Frage. »Lässt sich ein Geschöpf am richtigen Ort nieder«, so Orians und Heerwagen, »dann fällt ihm im Zweifelsfall alles leichter.« »Alles« meint dabei die grundlegenden Voraussetzungen fürs Überleben und den Erfolg im Darwin'schen Sinne: Vorhandensein von Futter und Wasser, die Möglichkeit, Raubtieren zu entrinnen und sich gegen Konkurrenten zu behaupten, das Auffinden von Paarungspartnern, Verfügung über die für die Aufzucht von Jungen erforderlichen Schutzeinrichtungen und Hilfsmittel. Was das menschliche Geschlecht betrifft, so verbrachte es nach Orians' Vermutung die entscheidenden ersten paar Millionen Jahre evolutionsgeschichtlicher Anpassung in Ostafrika, wo sich die Frühmenschen und ihre hominiden Vorfahren von den auf Bäumen lebenden waldbewohnenden Großaffen wegentwickelt und an eine neue Art von Leben angepasst, nämlich damit begonnen hatten, auf zwei Beinen die sonnenbeschienenen und nur von verstreuten Baumgruppen bestandenen, grasbewachsenen Ebenen – die Steppen – zu durchstreifen.

Für Geschöpfe wie uns war das der richtige Ort. In einem tropischen Urwald befindet sich der größte Teil der essbaren Biomasse (tierisches Fleisch, Früchte, Blätter) im Bereich der Baumkronen, außerhalb der Reichweite bodenbewohnender Primaten. In den Steppen hingegen stehen, wie Orians bemerkt, »die Bäume verstreut, und ein großer Teil der Naturproduktion findet sich in einem Bereich bis zwei Meter über dem Erdboden und ist damit Menschen und äsenden oder grasenden Säugetieren unmittelbar zugänglich«. In einer Steppe läuft viel mehr Beutefleisch auf Hufen herum. Dort ist viel mehr essbare Vegetation in Reichweite. Außerdem haben wachsame Hominiden auf den Grasflächen weite Sicht und also bessere Chancen, gefährliche Raubtiere, die aus *ihnen* Beutefleisch machen könnten, rechtzeitig zu bemerken. Und die spärlichen Baumgruppen mit ihren weit herunterreichenden Ästen bieten für den Notfall Fluchtmöglichkeiten – droht ein Löwe oder ein Nashorn, kann sich ein Hominide vorübergehend in einen Baumbewohner zurückverwandeln. Eine mit der Steppe verknüpfte Unbequemlichkeit ist der Mangel an Wasser, aber selbst dieser Mangel schlägt Jägern zum Vorteil aus, weil dadurch das Wild während der Trockenzeit gezwungen ist, sich um die Wasserstellen zu sammeln. Aus all diesen Gründen, so Orians' Argument, stellten für die Frühmenschen Steppen einen gastlicheren Ort dar als feuchtere oder trockenere Lebensräume.

Orians ging noch einen Schritt weiter. Wenn sich die Angepasstheit einer Art an ihren Lebensraum in Form einer angeborenen Vorliebe für eine bestimmte Landschaft ins Genmaterial übernehmen lasse und wenn ein paar Millionen Jahre solch einer genetischen Festlegung ausreichten, um wenige tausend Jahre Zivilisation zu überdauern, dann, so seine These, »sollte das steppenartige Milieu mit seinen verstreuten Bäumen und Gebüschen auf einer Basis aus Grasland für Menschen ein Milieu darstellen, das sie entschieden bevorzugen und das starke positive Emotionen in ihnen wachruft«. Die Geschichte der Landschaftsgestaltung nicht nur in England und Amerika, sondern in der ganzen Welt, spricht dafür, dass er Recht hat.

Das Unheimliche an Orians' Hypothese liegt nach meinem Verständnis in der Vorstellung, dass wir vielleicht nur einer tief sitzenden genetischen Programmierung folgen, die fast so zwingend ist wie der Hunger oder der Sexualtrieb, wenn wir hinter unserem Vororthäuschen auf einem Fleckchen Rasen sitzen, das von ein paar Bäumen mit tief herabreichenden Ästen umgeben ist.

Tatsache allerdings ist, dass wir – jedenfalls in der überwiegenden Mehrzahl – uns nicht mehr von rohem Zebrafleisch ernähren. Und die Bedrohung des normalen amerikanischen Vorstadtbewohners durch Löwen und Nashörner ist auch nicht sonderlich groß. Warum also sollten wir dann unsere einstige Anhänglichkeit an das Leben in der Steppe, die sich doch längst überholt hat, bewahren?

Inmitten von Gräsern zu leben ist im Übrigen eines; etwas anderes ist, diese Gräser in einem Zustand tadelloser, eintöniger Korrektheit zu erhalten. Wer jemals die Rosskur des Düngens und der Schädlingsbekämpfung ein paar Jahre lang befolgt und hinter sich gebracht hat, weiß, dass der Versuch, einen Rasen frei von Fingerhirse, Löwenzahn und Sternmiere zu halten – ganz zu schweigen von all den anderen Eindringlingen, die auf der eifrigen Suche nach neuen Standorten ihre Samen vom Wind durch die Vororte tragen lassen –, jeder Ökologie und Entropie ins Gesicht schlägt. Das ist so hoffnungslos wie das Bemühen, aus streunenden Katzen eine disziplinierte Kampftruppe zu organisieren.

Gibt es für den hin und her gerissenen Vorstädter Alternativen?

Zu eklatant unsinnigem Verhalten gibt es immer eine Alternative. In *Redesigning the American Lawn* treten Bormann und seine Kollegen für einen Wandel in Richtung auf einen, wie sie es nennen, »Freiheitsrasen« ein, worunter sie ein leicht zerzaustes, heterogenes Stück postmoderner Landschaft verstehen, das sich vom Industrierasen mit seinen petrochemischen Zusätzen und seinem Kadavergehorsam gegenüber herkömmlichen Normen unterscheidet. Michael Pollan schildert in seinem Buch, wie er sich selbst allmählich von der Grasnarben-Orthodoxie verabschiedete:

Das ständige Mähen ging ihm auf die Nerven, und er stellte fest, dass ihm das Rasenprinzip immer zweifelhafter erschien, je ernsthafter er sich auf die gärtnerische Tätigkeit einließ. Er pflanzte eine unbeschnittene Hecke aus Forsythien und anderen vermischten Sträuchern, um die Olmsted'sche Gleichförmigkeit zwischen seinem Rasen und dem seiner Nachbarn zu durchbrechen, und er verwandelte einen halben Morgen Rasenfläche in eine Wiese mit Gänseblümchen und Schwarzäugiger Susanne. Er gewann auch einen scharfsichtigen Einblick in die dem Rasenkult zugrunde liegende Motivlage: »Rasenflächen sind nach meiner Überzeugung Symptome und Sinnbild unseres verqueren Verhältnisses zum Land. Sie beweisen uns, dass wir mithilfe petrochemischer Erzeugnisse und Techniken die Natur unserem Willen gefügig machen können.« Er ersparte fortan seinem Flecken Land den Fügsamkeitsbeweis.

Diese Leutchen haben mich zu einen schon lange überfälligen Schritt, einem vergleichbar normwidrigen Verhalten ermutigt. Seit fünfunddreißig Jahren mähe ich – mit einigen Unterbrechungen – Rasen, aber jetzt sagt mir eine innere Stimme: Schluss mit dem Mähen!

Der Zeitpunkt für einen radikalen Wandel ist günstig, weil meine Frau und ich gerade mit den Planungen für ein neues Haus begonnen haben, das wir auf demselben Grundstück, das wir derzeit bewohnen, bauen wollen. Wir lieben den Ort; nur ist das alte, baufällige und winzige Haus, dessen Hauptstütze die Bücherregale sind, nicht mehr tragbar. Wir werden das Gebäude also schleifen oder weggeben, falls jemand interessiert daran ist, es an einen anderen Platz zu verpflanzen; dann werden wir auf unserem kleinen Flecken Land ein passenderes Haus errichten. Und nun, da wir uns ausmalen, wie genau das Haus auszusehen hat, das unseren Bedürfnissen und Überzeugungen entspricht, haben wir auch mit einer Revision des Rasens begonnen.

Wir verspüren kein dringendes Bedürfnis, hier in Montana eine tropische Steppe oder einen englischen Landsitz nachzubilden. Aber abgesehen von dieser allgemeinen Tatsache gibt es ökologische und ästhetische Details, die geklärt werden müssen: Was sollen wir über Bord werfen, was beibehalten, was hinzufügen? Die zwei großen Ebereschen sollen bleiben, auch wenn es vielleicht Extrakosten verursacht, um sie herumzubauen. Die Eberesche ist eine hier zu Lande heimische Art und verkraftet bestens die langen schneereichen Winter, die lange schneereichen Frühjahre, die sengend heißen, trockenen Sommer, gefolgt von frostigen Herbsten. Die aufsässige Fliederhecke wird ebenfalls bleiben; ich bin zwar nicht sicher, ob sie hier heimisch ist, aber sie braucht keine besondere Pflege, und kein Geruch auf Erden ist beglückender als der Duft der Fliederblüten Anfang Juni. Auch die Fichte in der Südwestecke bleibt und eventuell die vier nicht sehr großen Ahornbäume, die wir vor acht Jahren in einer nostalgischen Hommage an meine Herkunft aus Ohio pflanzten. Die Himbeeren dürfen sich stärker ausbreiten. Der Rasen selbst wird verschwinden. Falls Grasvegetation irgendwann den Weg in unser Arrangement findet, dann vermute ich, wird es sich um heimische Arten aus der Region handeln – um Westliche Quecke oder Blaues Grammagras zum Beispiel. Es darf gerne wachsen und Samen ausbilden, aber Hilfestellung bekommt es dabei keine.

Was werden wir noch hinzufügen? Salbeibüsche und Heckenrosen und Feigenkaktus wären vielleicht eine Idee. Barfüßig Federball spielen wir draußen sowieso nicht. Eine Douglastanne, eine Gruppe Zitterpappeln, vielleicht eine westliche Lärche, sodass wir zusehen können, wie sich ihre Nadeln im Herbst gelb färben und als gelbe Safranfädchen auf die Erde herabregnen. Ich hätte liebend gern eine große Pyramidenpappel, aber dies ist keine Uferregion, und ich glaube nicht, dass wir der Aufgabe gewachsen wären, den Durst dieses Baumes zu löschen. Das Gleiche gilt für Erle und Moorbirke. Eine Würgkirsche sollte allerdings auf jeden Fall dabei sein, damit ich nicht immer Früchte von dem Baum auf der anderen Seite der Straße stibitzen muss. Alles, was Hummeln anlockt, wird blühen dürfen, so viel es mag. Krähen und Elstern wird es geben, und sollten wir sie mieten müssen! Und wie ist es mit dekorativen Statuen? Also, Gartenzwerge wird es in diesem Ökosystem nicht geben, aber vielleicht einen hübschen, unauffälligen gusseisernen Grizzly. Er muss allerdings *en miniature* sein, weil der Raum äußerst beschränkt ist.

Gemäht wird nicht. Es wird auch kein Unkraut gejätet – allein schon die Frage, was ein »Unkraut« ist und was nicht, wird für unentscheidbar erklärt. Halbjährliche Besuche von mit Chemikalien bewaffneten Vollstreckern der Firma Nitrogrün erübrigen sich. Harken werden wir, das wohl, aber nur, um das Herbstlaub der Bäume und des Flieders zu beseitigen. So weit es irgend geht, wird unsere Gartenlandschaft ebenso pflegeleicht wie ökologisch vernünftig sein.

Der Terminus Gartengerät wird einen ganz neuen Sinn erhalten. Möglich, dass meine Frau auch weiterhin ihre Wildblumen pflanzt, aber dafür braucht sie wenig mehr als einen Grabspatel. Und was das Übrige betrifft, habe ich so meine Pläne. Statt des Rasenmähers, des Unkrautvernichters, der Harke, des Rasensprengers und des Zerstäubers für Schädlingsbekämpfungsmittel sehe ich vor meinem inneren Auge einen faltbaren Gartenstuhl aus Aluminium, einen kleinen wetterfesten Tisch, eine Sonnenbrille, einen Strohhut und eine gebundene Ausgabe der *Grashalme* von Walt Whitman.

HALB BLINDE DICHTER UND VÖGEL

Die Vision von Robert Penn Warren

Milton war, wie bekannt, vollständig blind. Deshalb schrieb er über das Himmelreich. Kann jemand aber noch auf einem Auge sehen, dann wird er im Zweifelsfall den Blick zwar zum Himmel richten, aber blinzelnd innehalten und etwas fixieren, das sich auf halbem Wege tummelt. Jene Tiere, die sich in drei Dimensionen bewegen, wird er zweidimensional wahrnehmen, und was dem Auge an Sehkraft abgeht, wird er durch Anteilnahme und Einbildungskraft ersetzen. Im Zweifelsfall wird er über Vögel schreiben. Ich denke da an zwei Fälle. Es sind nur zwei, aber sie sind eindrucksvoll genug, um musterbildend zu erscheinen. Das Muster ist nichts Großes, weder etwas bloß Zufälliges noch etwas sonderlich Tiefsinniges. Ich verbinde mit dem Muster keine großartige symbolistische Theorie und lege auch gar keinen Wert auf dergleichen. Halb blinde Dichter und Vögel: ein Rätsel, das man auskosten darf, nicht lösen muss.

Das Muster drängte sich mir kürzlich auf, als ich auf ein neues Gedicht von Jim Harrison stieß. Ich suchte im Zusammenhang mit einem Todesfall nach ein bisschen guter Dichtung, um sie wie ein Schmerzmittel oder auch ein Antibiotikum einzunehmen, und da las ich dieses Gedicht und brachte vor Staunen den Mund nicht mehr zu. Es trägt die Überschrift »Vögel zählen«. Mir war bekannt, dass Jim Harrison ein Dichter mit nur einem Auge ist. Wie man mir erzählt hatte, büßte er als Junge bei einem Unfall die Sehkraft seines linken Auges ein. Persönlich habe ich ihn nicht darauf angesprochen, weder vor noch nach meiner kleinen Erleuchtung dank »Vögel zählen«. Ich kenne zwar seine Adresse, aber nicht seine Telefonnummer; ich weiß nicht einmal, ob er überhaupt eine hat. Außerdem falle ich Dichtern nicht gern auf die Nerven mit biografischen Erkundigungen, die mir behilflich sein könnten, ihr Werk besser zu verstehen. Lieber verlege ich mich auf wildes Spekulieren. Dass ich von jenem eingebüßten Auge weiß, ist für meine Hochschätzung seiner dichterischen Leistung ohne Belang. Allerdings verleiht es diesem Gedicht eine besondere Note.

Als Kind, ich kam gerade aus dem Krankenhaus,
die linke Hälfte meines Gesichts verklebt
mit Heftpflaster, begann ich, Vögel zu zählen.
Nun, da ich fünfzig bin, ist die Gesamtsumme exakt
und verblüffend, mein einziges Geheimnis.

Ich wünschte, ich dürfte das ganze Gedicht zitieren, aber dem stehen allerlei gesetzliche und urheberrechtliche Bestimmungen entgegen. Man findet es in einem Buch mit dem Titel *The Theory & Practice of Rivers and New Poems* (Die Theorie und Praxis der Flüsse und Neue Gedichte), erschienen bei Clark City Press in Livingston, Montana. Dort kann man Harrisons stolzes Bekenntnis zu einem Leben nachlesen, das in Vögeln sein Richtmaß, seine Erfüllung und seine Sanktion findet. Man wird Zeuge, wie er sich

... die einundzwanzigtausend
Schneegänse und Sandhügelkraniche bei
Bosque del Apache; der Himmel verdunkelt
von großen Fregattvögeln im Pazifik
vor Anconcito, Ekuador; die einundzwanzigtausend
rosafarbenen Flamingos im Ngorongoro-Krater ...

in Erinnerung ruft und auch die halluzinierten Vögel, die in seinem beschwerten Traumleben umherfliegen und die er die »fast tödlichen Vögel der Seele« nennt. Sie alle sind gezählt. Sie alle zählen. Vögel sind wichtig, verkündet Harrisons Gedicht; Vögel sind lebenswichtig, entscheidend, sind ebenso unverzichtbar für einen Menschen wie das Atmen oder die Liebe. Das Sehen von Vögeln (im Unterschied zum Beobachten, denn es wäre riskant, Jim Harrison als einen Vogelbeobachter zu bezeichnen) wird zum Inbegriff von Lebensintensität. Das Sehen eines Vogels im Sinne Harrisons umfasst mehr als distanziertes Beobachten; es begreift das paradoxe Verhältnis einer Vereinnahmung, einer Verbindung, einer teilhabenden Beziehung ein, die doch zugleich der Ungebundenheit und Unberührbarkeit des Vogels keine Gewalt antut. Und das Zählen der Vögel stellt den kumulativen Niederschlag dar, den diese hergestellten Verbindungen in der Seele eines Menschen hinterlassen. Die Schneegänse in diesem Gedicht sind wirkliche Schneegänse, jawohl, und die Flamingos in Ngorongoro sind wirkliche Flamingos. Natürlich stehen die Vögel auch noch für etwas anderes – lieber Gott, man könnte sie geradezu symbolisch nennen –, aber lassen wir das. Ich versuche, über Dichter und Vögel zu reden, nicht Literaturkritik zu zelebrieren.

Auf meinem Sterbebett werde ich diese geheime
Zahl auf einen Zettel schreiben und meiner Frau
und unseren zwei Töchtern übergeben.

Aber selbst in diesem letzten Augenblick, heißt es im Gedicht, bleibt die beglückende Chance, dass sich durch das Fenster des Sterbezimmers noch einmal ein Vogel sehen – und zählen – lässt.

Jim Harrison hat mit seinem einen Auge mehr Vögel gesehen, als die meisten von uns in ihrem zweiäugigen Leben jemals sehen werden. Er hat sie schärfer, unmittelbarer, erschöpfender gesehen. Hier handelt es sich nicht um ein ornithologisches Privileg. Es geht nicht um lebenslange Listen oder Ferngläser der Firma Leitz, Gott bewahre. (Ein einäugiger Mensch braucht im Übrigen ja auch ein Fernglas nur halb so dringend wie einer mit zwei Augen.) Es geht um das Phänomen, von dem oben die Rede war. Halb blinde Dichter scheinen mehr als jeder andere zu würdigen, wie wichtig der Anblick eines Vogels ist.

Was bedeutet das? Vielleicht ist das keine angemessene Frage. Wie das Gedicht eines Dichters sollte auch sein Vogel nicht bedeuten, sondern sein. Der Vogel eines Dichters muss ebenso gewaltig wie schwerelos durch den Himmel unserer Erinnerung schweben, und irgendwie muss alles mit ihm stehen und fallen. Bei Harrisons Vögeln verhält sich das so. Harrison ist ein ernster, guter Mensch. Wir können froh sein, dass wir ihn haben.

Besonders jetzt, da die amerikanische literarische Kultur (nicht nur die amerikanische Dichtkunst) ihr kostbarstes Einauge verloren hat.

Da war ein Mann namens Robert Penn Warren. Mag sein, dass der Leser noch nichts von ihm gehört hat, wenn er etwa die letzten fünfundfünfzig Jahre in einem Kohlenflöz festgesteckt hat oder aus der Pubertät spornstreichs in die Welt der Videoclips übergewechselt ist. Warren kam in Kentucky zur Welt und wuchs auf den Knien eines Großvaters auf, der eingefleischter Südstaatler war. Sein langes Leben verbrachte er mit Schreiben, Lehren und Schenken. Er empfing viele Preise und Ehrungen – schließlich kam es so weit, dass manchmal nicht mehr die Ehrung dem Gefeierten, sondern umgekehrt er ihr zur Ehre gereichte. Viele Menschen sahen in ihm einen Romancier. Er selbst betrachtete sich als Dichter, der gelegentlich Romane schrieb. Er hatte feines rötliches Haar, den Brustkasten eines Dockarbeiters und ein einziges, strahlend klares Auge. Er schrieb oft über Vögel.

Er schrieb:

Ihr fußloser Tanz
Kündet vom schönen Geworfensein ihres Wesens.
Ihre Augen sind rund, kühn nach außen gewölbt, strah-
  lend wie ein Juwel
Und erbarmungslos. Mitleid
Kennen sie nicht, und wenn sie es kennten,
Wären wir seiner nicht wert. Sie fliegen
In Luft, die wie flüssiger Kristall schimmert
Und hart wie absolut transparentes Eisen ist; mühelos
Bahnen sie sich ihren Weg.

Er begann seine schriftstellerische Laufbahn als Dichter, und als Dichter beschloss er sie auch. Sein geistiges, intellektuell aufgeschlossenes Leben reichte allerdings ein bisschen weiter zurück und hatte ihn zuerst eine andere Bahn einschlagen lassen. Er verbrachte einen großen Teil seiner Kindheit in den Wäldern Kentuckys und Tennessees. Er war, wie er später selbst sagte, »ein jugendlicher Naturforscher«. Er kannte sich mit Präparieren aus. Er hielt Schlangen. Etwa um dieselbe Zeit, das heißt im Alter von zwölf Jahren, war er besessen von der Vorstellung, Maler zu werden. Er wollte Tiere malen. Einen Sommer verbrachte er in einer Klosterschule in Nashville, wo ihn eine freundliche Aquarellistin namens Schwester Mary Luke in der Aquarellmalerei unterrichtete. Jeden Tag gingen sie in den dortigen Zoo; Schwester Mary legte sich ins Gras und schlief ein, während der Junge malte. »Ich malte praktisch den ganzen verdammten Zoo. Und sie schnarchte, bis sie aufwachte und wir all diese köstlichen Leckereien aßen, die uns die Nonnen mitgegeben hatten«, erzählte er später einem Interviewer. In diesem Alter begegnete er auch der ersten wirklichen Dichtung in Gestalt von »Lycidas«, Miltons Klagegesang an einen toten Freund. Aber ungeachtet der Malerei, der Wälder und des »Lycidas« wies sein Weg, wie er glaubte, nach Annapolis und in Richtung auf eine Marineoffizierslaufbahn, bis er dann mit fünfzehn auf einem Auge erblindete. Ein Unfall. Jetzt war ihm aus Gründen seiner körperlichen Verfassung Annapolis verschlossen. Also ging er aufs College in Vanderbilt, wo er sich in einem großen Kreis junger Männer wiederfand, die alle nichts anderes im Kopf hatten, als Gedichte zu verfassen und zu lesen. Die Welt verlor einen Marinekadetten – kein großer Verlust! – und gewann ein großes, der Dichtung geweihtes Leben.

Er schrieb:

Vor langer Zeit in Kentucky stand ich, ein Knabe,
An einem Feldweg im ersten Dunkel der Nacht und hörte
Die großen Gänse gen Norden tröten.

Ich sah sie nicht, es schien kein Mond,
Und spärlich die Sterne. Ich hörte sie.

Ich wusste nicht, was meinem Herzen geschah.

Es war vor der Holunderblüte,
Deshalb zogen sie nordwärts.

Mit sechsundvierzig schloss sich ein Kreis, der bei Schwester Mary Luke seinen Anfang genommen hatte; er veröffentlichte ein Gedicht über den ersten großen Vogelmaler Amerikas. Es ist ein kleines Buch, das den Titel *Audubon: A Vision* trägt und aus dem die beiden oben zitierten Bruchstücke stammen. Er schuf mit wenigen verbalen Pinselstrichen und einer Handvoll erzählerischer Tableaus ein Bild der historischen Person Audubons. Dann betrachtete er mit Audubons Augen die unverdorbene Landschaft Amerikas, die Frage nach der Bestimmung eines Menschen und die heiklere Frage, wie ein Mensch entweder seiner Bestimmung entrinnen oder aber sich wie ein Gewehr mit Zielfernrohr auf seine Bestimmung richten kann. Zum Beispiel auf seine Bestimmung als Wandermaler im Grenzgebiet oder auf seine Bestimmung als Dichter. Warren wurde John James Audubon und umgekehrt. Mit seinem Audubon sah er

Ostwärts und über den Zypressensumpf, die Morgendäm-
*   merung,*
Röter als Fleisch, anbrechen;
Und der große Vogel,
Den langen Hals vorgestreckt, die Schwingen gekrümmt,
*   um die Luft zu durchrudern,*
glitt in langsamem Schriftzug, rank, gestreckt und schwarz
Vor der Farbe von Gottes vergossenem Blut, wie
An einer Schnur gezogen.

Und:

Mokassins in den Raureif geprägt, Augen auf den Vogel
*   geheftet,*
Dachte: »*Vor dem Himmel, da ist er schwarz.*«
Dachte: »*In meinem Geiste ist er weiß.*«
Denkt: »Ardea occidentalis, *Reiher, der große.*«

Und:

Schrieb: »*... im Schlaf träume ich ständig von Vögeln.*«

Das Buch über Audubon stellt Warrens anhaltendste or-
nithologische Tagträumerei dar. In seinen frühen und späten
Gedichten tauchen indes immer wieder Vögel auf. Reiher,
Eulen, Gänse, Möwen, Krähen. Diese Vögel sind keine De-
korationsstücke. Sie sind keine bloßen Symbole. Die meisten scheinen außerdem so wirklich zu sein wie Harrisons
Schneegänse und Flamingos – die sorgfältig gezählten Vögel
im Leben eines Menschen in all ihrer Aktualität und umfassenderen Aussagekraft. Bussarde scheinen ihn ganz besonders fasziniert zu haben. »Ich sah den Bussard im Sonnenuntergang über Wyoming vom Aufwind emporgetragen«,
fängt eines der Gedichte an, und man hat das sichere Gefühl,
dass der Dichter weiß, wovon er spricht. »Er stieg aus Na-
delwalddunkel empor, vorbei an der Erbarmungslosigkeit /

grauer Zacken, vorbei am Weiß, hinein in den Glast des Abends.« Diese Zeilen stammen aus »Tödliche Grenze«. Wirkliche oder vorgestellte Bussarde tauchen auch in »Erinnerung an ein Picknick«, in »Wasserscheide«, in »Das Blatt« und andernorts so häufig auf, dass sich einer der Kritiker bemüßigt fühlte, in seiner Rezension darüber Betrachtungen anzustellen. Warren räumte ein, dass dem Mann etwas Richtiges aufgefallen sei, auch wenn er selbst das Motiv gar nicht absichtlich eingesetzt habe; seine boshafte Reaktion bestand darin, ein schönes Gedicht mit dem Titel »Rotschwanzbussard und Scheiterhaufen der Jugend« zu schreiben und es dem betreffenden Kritiker zu widmen. Der Bussard in dem Gedicht besitzt »Goldaugen, unnachsichtige, die, gottgleich, alles sehen«. Der Junge in dem Gedicht tötet den Bussard, stopft ihn aus und kann dann nie mehr den grausamen Widerstreit seiner eigenen pseudoheroischen Angstgefühle vergessen. Höchstwahrscheinlich ist dieses Gedicht autobiografisch. Jahrzehnte nachdem er sich selber als Präparator betätigt hatte, und Jahrzehnte bevor er »Rotschwanzbussard« schrieb, veröffentlichte Warren einen langen Artikel über Coleridges »Ballade vom alten Seemann«, dieses wundervolle, düstere Klagelied über die Schuldgefühle und seelischen Auswirkungen, von denen die Tötung eines Vogels gefolgt ist. Das war sicher kein Zufall.

Die Literaturkritiker haben für all dies ihre Theorien. Ich habe keine. Gelehrsame Bücher sind geschrieben worden, die akademisch dürr und in allen kniffligen Details die Sinngebungen und geheimen Motive entfalten, aus denen Warrens Dichtung schöpft. Ich habe diese Bücher nicht gelesen. Vielleicht hätte ich das tun sollen; vielleicht hätte ich meine Zeit besser nutzen können. Stattdessen habe ich nur die Gedichte gelesen und immer wieder gelesen, die Worte, die Warren so sorgfältig gesetzt hat und die, wenn man mich fragt, ihr eigener Sinn sind.

Ich las nicht nur seine Werke, ich war damals lange Zeit auch sein Student und Schützling. Ich lernte ihn wie die meisten zuerst als Romanschriftsteller kennen und stieß erst spät auf seine Dichtung. Persönlich bekannt mit ihm wurde ich fast ebenso spät: Ich war dreiundvierzig und blickte mit scheuer Ehrerbietung zu ihm auf. Die Ehrerbietung ist geblieben, aber die Scheu hat sich durch den persönlichen Kontakt beträchtlich vermindert. Er zeigte sich mir gegenüber äußerst großzügig: Zuerst würdigte er mich grünen Jungen seines Unterrichts, dann half er mir bei meinen schriftstellerischen Bemühungen, und später sah er in mir einen Freund, auf den er bauen konnte. Er war mit einem Großvater aufgewachsen, der auf der Seite der Konföderierten gekämpft hatte, und ich, der ich seit meinen Kinderjahren ohne Großvater war, hatte ihn. Anfangs wohnte ich für kurze Zeit bei seiner Familie, teilte ein Zimmer mit seinem Sohn, spielte Tennis mit seiner Frau, brachte seiner Tochter Autofahren bei. Aber nur ein einziges Mal saß ich mit ihm am Lagerfeuer in den Wäldern von Vermont, in der Nähe seines geliebten Hauses in den Bergen; damals regte er an, ich solle mir (für ein Dissertationsprojekt, das ich mir nie die Mühe machte, in die Tat umzusetzen, weil ich in der Folge eher seinem Beispiel als seinem Rat folgte) Gedanken darüber machen, welchen Ort Flüsse in der Geschichte der amerikanischen Literatur einnahmen. Ein einziges Mal nur wanderte ich mit ihm über das herbstlich braune Grasland des Schlachtfelds von Little Bear Paw im Nordosten Montanas und hielt die Klappe, während er im Kopf den Schluss von *Chief Joseph of the Nez Perce*, seiner letzten großen Ballade, formulierte. Nur ein einziges Jahr lang genoss ich seinen Unterricht und zwanzig Jahre lang seine Freundschaft; wer weiß, ob ich aus diesen kostbaren Momenten nicht mehr Nutzen hätte ziehen können. Ich war jung und unbeholfen wie ein Fohlen. Ich vergeudete die Chancen, die sich mir boten. Ich galoppierte ziellos in verschiedene Richtungen. Ich schätzte die Gespräche mit ihm über alles, machte mir aber niemals Notizen.

Ich hätte kaum sagen können, welches von seinen Augen das gute war. Ich versäumte, ihn über Vögel auszufragen.

Im letzten Jahrzehnt seines Lebens schrieb Warren keinen Roman mehr. Er hörte auch auf, Reflexionsprosa zu schreiben – jene Art von kritischen Untersuchungen und soziokulturellen Essays, die er in seinen mittleren Jahren verfasst hatte und die allein schon genügt hätten, ihn als wichtigen amerikanischen Schriftsteller auszuweisen. Gegen Ende seines Lebens wurde er abermals und ausschließlich Dichter.

Dafür gibt es mehrere simple Gründe. Dichtung war seine erste Liebe. Sie sei für ihn keine Berufstätigkeit und keine Literaturgattung, sondern eine Art zu leben, erklärte er. Sie sei ein Mittel, die Welt zu betrachten und kennen zu lernen. Die Dichtung habe ihm durch eine schlimme Periode seiner frühen Mannesjahre geholfen, durch eine Reihe von Jahren, verdüstert von Depressionen und von der Angst, vollständig zu erblinden, nachdem er das eine Auge verloren hatte und beim anderen gewisse Anzeichen von Funktionsstörungen aufzutreten begannen. Dichtung sei ein Mittel, die Welt zu akzeptieren oder sich jedenfalls mit ihr ins Benehmen zu setzen. »Sie ist ein Weg, so viel Zeit wie möglich sinnvoll zu existieren«, sagte er später. »Und viel Zeit ist das nie.« Er hatte ein ausgeprägtes Gespür dafür, wie unerbittlich die Zeit verrann, und eine wilde Entschlossenheit, sich jeder Vergeudung und Verschwendung der begrenzten Zeitspanne des Lebens zu widersetzen – und hier kommt der zweite Punkt ins Spiel, durch den sich Dichtung auszeichnet, zumal wenn sie im hohen Alter geschrieben wird. Gedichte können kurz sein. Sie können Musterbeispiele von Gesammeltheit sein. Warrens späte Gedichte sind es. Dichtung ist fast definitionsgemäß die Weisheit des Epischen, ausgeführt auf engstem Raum. Man könnte ein gutes Gedicht als eine Spiegelscherbe bezeichnen, in der sich die Milchstraße spiegelt, als ein Medaillon, in dem das Antlitz Gottes steckt. Ich würde dergleichen nie äußern, weil sich meine prosaische Seele vor Verlegenheit winden würde. Dass ein gutes Gedicht ein einäugiger, kurzer Blick auf einen Vogel im Flug ist – das würde ich sagen. Der besondere Reiz und die besondere Herausforderung der Dichtung liegt in ihrer »Verdichtung« – Verdichtung von Sprache, Sinn und Zeit. Ein Roman liegt vielleicht beim Tode seines Autors halb fertig auf dem Schreibtisch. Ein Gedicht ist im Zweifelsfall vollendet. Selbst im Alter von achtzig Jahren wusste Warren, dass er, falls die Muse ihn küsste, noch Zeit hatte, ein weiteres Gedicht zu verfassen und damit fertig zu werden.

Seine dichterische Kraft nahm mit dem Alter nicht ab. Vielmehr gewann sie die versteifte Lebendigkeit einer Grannenkiefer. Einige Gedichte aus seinem letzten Lebensjahrzehnt sind so gut wie jedes andere, das er (oder nach meinem Dafürhalten auch jeder andere Amerikaner) jemals schrieb. Eines von ihnen trägt die Überschrift »Stare, lebt wohl«.

Noch eine persönliche Bemerkung: Wenn ich in irgendein trostloses Exil müsste und nur ein Blatt Papier mitnehmen dürfte, dann stünde darauf das Gedicht »Stare, lebt wohl«. Er schrieb:

Schwarz der Stare gleißt purpurn, während, im Sonnenglast kreisend,
Der Schwarm hinausschrägt, um das Blau der Ferne zu pfeffern.
Bald schon sind sie verloren in der spurlosen Luft.
Ich sehe sie entschwinden, gebannt in meine Verzückung.

Wieder ein Jahr vergangen…

Das Gedicht handelt von Zeit und Sterblichkeit, Tod und Liebe.

Es ist auch ein Gedicht über Stare. Stare sind kostbar, Stare sind vergänglich, weil Stare Teil der Welt sind. Und dieser Dichter liebte die Welt von Herzen. Während er die Vögel entschwinden sieht – und ich meine, wirklich entschwinden *sieht* –, erinnert er sich, wie seine Mutter ihn an der Hand hielt, während er, ein Kind, mit den Füßen das Herbstlaub auf dem Rasen aufwirbelte. Das Kind auf dem

Rasen lachte vor Freude. Das Kind auf dem Rasen konnte damals in seiner Unschuld noch nicht ahnen, dass es dereinst, in einem anderen Herbst, zusehen – *zusehen* – würde, wie das Grab seiner Mutter mit Erde gefüllt wurde.

Stare, lebt wohl! Der Himmel wird leer und einsam sein
Bis ich wieder hoch droben das rostige Knarren eurer Schar
höre,
das die Wende des Jahres bestätigt und dies, dass uns nur
und einzig
Im Namen des Todes der wahre Name der Liebe kund wird.

Er starb im Herbst, als die Stare Vermont verließen.

ZEITSTUDIE

Der Sommer ist kurz, aber die Hummel hält sich ran

Hier, in diesem klammen Tal im Süden des Zentrums von Montana, endete der Sommer vergangenen Samstagnachmittag zwischen zwei und fünf Uhr.

Der Samstagmorgen war noch prächtig und erstrahlte in genau der richtigen Art von knallheißer, spätsommerlicher Sonnenhitze, um die Rettungsjacken wandernder Kajakfahrer (zu denen ich zähle) auf der Leine zu trocknen und die dicken nördlichen Tomaten emsiger Gärtner (zu denen ich nicht gehöre) die Farbe wechseln und von Orange in Rot übergehen zu lassen. Ich hatte diesen Morgen zum Teil in einem Liegestuhl verbracht, unter der Eberesche im Garten, neben den Himbeeren, hatte starken Kaffee getrunken und ein dickes Buch gelesen, ganz langsam, als wäre Zeit in Hülle und Fülle vorhanden. Ich war glücklich wie die Tomaten, weil es für mich keinen köstlicheren Teil des Tages gibt als jene Morgenstunde, die ich bei gutem Wetter mit einer Tasse Kaffee im Baumschatten verbringe, die Nase in einem dicken Wälzer vergraben, der nicht das Mindeste mit dem engen Arbeitsprojekt der Woche zu tun hat und von nichts Geringerem handelt als von der Geschichte der Welt. Diesmal hatte ich mir Ernst Mayrs *The Growth of Biological Thought* (Die Entwicklung der biologischen Gedankenwelt) ausgesucht. Ich hatte fast den ganzen Sommer darin gelesen, hatte mich Tag für Tag weitergefressen und war noch nicht einmal zur Hälfte durch. Der nahende Redaktionsschluss lag mir schwer im Magen – der gleiche Redaktionsschluss, der allmonatlich drohte und zu dem ich eine Zeitschriftenkolumne über irgendein Thema aus Natur oder Wissenschaft liefern musste –, aber in diesen kostbar geruhsamen Augenblicken am Samstagmorgen gab ich mir Mühe, einfach nicht daran zu denken. Ein paar Stunden nach Mittag fühlte sich dann die Luft anders an. Der Himmel wurde grau. Eine kalte, feuchte Brise kam von Westen auf und erstickte schon im Keim jeden Gedanken, den Arbeitstag zu beenden und einen langen Fahrradausflug raus zu den Ausläufern des Gebirges zu unternehmen. Als ich am Nachmittag zum Postamt ging, hatten die Leute, denen ich in der Hauptstraße begegnete, bereits Jacken an. Ein paar Stunden später entzündete kein Einziger in der Nachbarschaft den obligaten Gartengrill. Nirgends wurden Gin Tonics gemischt. Bei Einbruch der Dämmerung suchten mein Gespons und ich ein mexikanisches Restaurant auf; wir hatten zum ersten Mal seit Monaten Kordhosen und Wollpullover an und baten um einen Tisch möglichst weit weg vom zugigen Eingang. Abends um neun, als wir aus dem Lokal kamen, schneite es.

Zweite Woche im September. Der Schnee war nass, schmolz bei Berührung, und dennoch wusste man, was die Stunde geschlagen hatte. Am Morgen lagen im Garten kleine Schneehaufen, und der Rasen war bestäubt; also fügten wir uns ins Unvermeidliche und drehten die Kaminheizung auf. Ich weiß, an manchen Orten welkt der Sommer dahin wie eine Rose, aber in Montana fällt er tot um wie ein mitten ins Herz getroffener Elchbulle.

Wie immer packte mich bei diesem Anlass ein völlig sinnloses Gefühl des Bedauerns und der Vergeblichkeit angesichts all dessen, was ungetan geblieben war. Da war eine Forschungsreise nach Tasmanien, die ebenso wenig stattgefunden hatte wie eine weitere Forschungsreise nach Mexiko, um dort mit Klapperschlangen Zwiesprache zu halten. Bäume, die nicht gepflanzt, Gemüse, das nicht gezogen worden war. Reifes Gemüse, das ich nicht geerntet hatte. Ein Essay über Dachau und Ichthyosaurier war immer noch nicht geschrieben. Eine Fahrkarte nach New York City ungenutzt verfallen. Die spanische Grammatik immer noch nicht gelernt, zwei Jahre alte Briefe immer noch unbeantwortet, Wanderwege im Hinterland immer noch unbegangen. Nicht einmal einen einzigen Kajakausflug zu einem neuen Fluss in Idaho hatte ich geschafft. Ich hatte mir vorgestellt, ich würde mit Ernst Mayr fertig werden und mir einen anderen Meilenstein der Geistesgeschichte vornehmen können. Ich hatte mir vorgenommen, mehr zu Hause zu sein, allerdings hatte ich mir auch vorgestellt, mehr Reisen zu unternehmen. Ich hatte mehr leisten, aber mir auch mehr Erholung gönnen wollen. Und um mein Dilemma an einem konkreten Fall deutlich zu machen, der zugleich exemplarisch für das unabwendbare Ende des Sommers steht, nehmen wir die Sache mit den Hummeln.

An einigen herrlichen Morgen im Juni und Juli hatte ich zugesehen, wie sich Hummeln an den Himbeerblüten zu schaffen machten. Ich hatte liebevoll und mit gedankenleerem Kopf ihre Bewegungen beobachtet. Auf Kosten der Wahrnehmung zielstrebigerer, hirnaktiverer Verpflichtungen – darunter ein ganzes Regal voller ökologischer und insektenkundlicher Bücher, deren Lektüre ich mir zur Aufgabe gesetzt hatte, ohne über das Stadium guter Absichten hinausgelangt zu sein –, hatte ich mich des Öfteren in die plumpe, komische Widersinnigkeit der Hummel vertieft. Von all meinen zersplitterten Aktivitäten war dies wahrscheinlich der schlaueste Gebrauch, den ich von den begrenzten Sommerstunden gemacht hatte. Die Hummeln hatten mir als ein Mantra gedient, als ein Erkenntnisersatz, der mein Gehirn zur Ruhe brachte und mir ein paar Augenblicke transzendenter Stille bescherte. Gleichzeitig klagten mich ebendiese Hummeln aber eines weiteren Versäumnisses an. Sie riefen mir die paradoxe Tatsache ins Gedächtnis, dass die Zeit in zwei unterschiedlichen Tempi verrinnt, die beide zu schnell und zu langsam sind, um sich mit dem Alltagstrott des menschlichen Lebens in Einklang bringen zu lassen. Während ich draußen saß und zusah, wie sich die Bienen gewichtig, emsig von Blüte zu Blüte hievten, wartete in meinem Büro unter den anderen ungelesenen Werken das Buch eines gewissen Bernd Heinrich auf mich, das sich mit genau dem, was sich vor meinen Augen abspielte, befasste. Es trug den Titel *Bumblebee Economics* (Der Hummelstaat). Es befand sich bereits seit sechs Sommern ungelesen in meinem Besitz.

Natürlich kauft jeder, der Bücher wahrhaft liebt, mehr davon, als er jemals hoffen kann, in einem vergänglichen Leben zu lesen. Ein gutes Buch, das voll majestätischer Unerschlossenheit an seiner Stelle auf dem Regal steht, stellt die aufmunterndste Form von intellektueller Wandverkleidung dar. So besitze ich zum Beispiel eine zweibändige Ausgabe der Aufzeichnungen von Leonardo da Vinci, eine Enzyklopädie von Papua-Neuguinea und eine Biografie über Attila, den Hunnenkönig. Das sind wertvolle ruhende Besitzstände, die keinen gebieterischen Anspruch auf meine Zuwendung erheben. Aber in meinem geistigen Karteikasten gibt es eine weitere Gruppe von Büchern, eine kleine, erlesene Gruppe, wo jedes Kärtchen den Vermerk HOCHINTERESSANT/UNVERZÜGLICH LESEN trägt. Neue Bücher kommen selten zu dieser Gruppe hinzu, und einige alte gehören offenbar für alle Zeit dazu. Ich habe eine Ausgabe von Rousseaus *Émile*, die seit 1976 den Vermerk HI/UL trägt. *Die Kultur der Renaissance in Italien* von Jacob Burckhardt und ein ebenso beklemmendes wie faszinierendes Buch mit dem Titel *Scientists Under Hitler* (Wissenschaftler unter Hitler) gehören ebenfalls dazu. Das Leben ist zu kurz für einen ernsten Büffler wie mich, der nur so schnell liest, wie seine Lippen die Syntax nachvollziehen können. Bernd Heinrichs *Bumblebee Economics* zählte gleichfalls zu dieser Gruppe. Immer wieder hatte ich mir vorgenommen, das Buch zu lesen – bei nächster Gelegenheit, vielleicht schon nächste Woche –, und mittlerweile waren sechs Jahre wie nichts vergangen.

Kein siebtes Jahr mehr, beschloss ich. Lies es um Himmels willen oder wirf das verdammte Ding weg! Also hüllte ich mich am Montag (dem Montag, der unmittelbar auf den Wochenendschnee folgte, nennen wir ihn den ersten Herbstmonat) in eine warme Jacke und schritt mit *Bumblebee Economics* hinaus zum Liegestuhl. Der Nachmittag war kalt, über mir ein Himmel, der die graue Farbe von tiefgekühltem Fisch hatte. Ein gelbes Blatt fiel von der Eberesche auf meinen Schoß, als wäre es ein Buchzeichen. Die Blüten der Himbeeren waren längst abgestorben; keine lebende Hummel weit und breit.

* * *

Im Nu erfuhr ich, warum mir diese Tiere so lieb sind. »Hummeln sind an die Tundra angepasste Insekten«, schreibt Heinrich. Die Evolution, erläutert er, habe sie ausnehmend gut auf die kurzen, strahlenden Sommer und die langen, niederdrückenden Winter der höheren Breitengrade eingestellt. Ihre Anatomie, ihre Physiologie und ihr Lebenszyklus – all dies sei so beschaffen, dass sie das Beste aus einem Klima zu machen vermöchten, das andere Insekten unerträglich fänden. Andere Bienengruppen wie etwa die Blattschneiderbienen kämen mit großer Häufigkeit in den Tropen vor; Hummeln seien in den Tropen selten zu finden und überwögen in Gebieten mit strengen Wintern. Sie seien vom nördlichen Polarkreis bis nach Tierra de Fuego anzutreffen, aber am besten gediehen sie in den nördlichen und südlichen Randgebieten dieses Bereichs, wo kleinere und kälteempfindlichere Bienen nicht mithalten könnten. Man hat Hummeln beobachtet, die bei Temperaturen bis minus vier Grad Celsius durch kalten Wind und Regen flogen – bei einer Honigbiene oder einem Heuhüpfer völlig undenkbar. Um unter solch kalten Bedingungen gedeihen zu können, sind sie darauf eingerichtet, zwei Formen von Sparsamkeit zu praktizieren: Sie konservieren Wärme, und sie nutzen ihre Zeit. Wir alle kennen das Märchen (das als wissenschaftliche Tatsache ausgibt, was irgendjemand sich erinnert, von irgendjemandem gehört zu haben, der es irgendwo gelesen hat, ohne dass sich jemals die Quelle nennen und eine Bestätigung beibringen lässt), die Flugfähigkeit der Hummel sei aerodynamisch unerklärlich. In Wahrheit ist sie durchaus erklärlich, nur nicht nach den Prinzipien der Festflügeldynamik einer Boeing 747. Vielmehr hält sich eine Hummel eher nach Art eines Hubschraubers in der Luft: Ihre kleinen, dünnen Flügel bewegen sich wie nach hinten geneigte, im Halbkreis rotierende Propeller. Um ihre Funktion zu erfüllen, müssen sich diese Flügel fast zweihundertmal pro Sekunde hin und her bewegen. Und um dieses Aktivitätsniveau durchzuhalten, muss die Hummel (entgegen dem Anschein von Schwerfälligkeit, den sie erweckt) einen rasenden Stoffwechsel kultivieren. Der Wärmemotor ihres Körpers läuft auf hohen Touren – die höher sind als bei einer Spitzmaus, höher als bei einer Felsenschwalbe, höher sogar als bei einem überzüchteten Zwergpudel. Im Flug liegt bei einer Hummel die Stoffwechselrate (relativ zur Körpergröße) ungefähr doppelt so hoch wie bei einem Kolibri.

Diesen raschen Stoffwechsel erzielt die Hummel dadurch, dass sie Zucker verbrennt (den sie aus dem Nektar von Pflanzen gewinnt). Zucker stellt tatsächlich das ausschließliche Lebensmittel dar, das die ausgewachsene Hummel zu sich nimmt (wohingegen die heranwachsenden Bienen Pollen gefüttert bekommen, die Protein für das Wachstum der Gewebe enthalten); im Sommer, wenn der Stoffwechsel auf vollen Touren läuft, kann ein erwachsenes Tier, das ohne Nahrung eingesperrt wird, binnen einer Stunde Hungers sterben. Gemessen an Insektenmaßstäben ist die Hummel ein großes Tier mit großem Nahrungsbedarf. Ihr zuckriger Nährstoff wird durch den Blutkreislauf zu einer Gruppe von vier Muskeln transportiert, die den großen, stämmigen Brustkorb der Biene ausfüllen. In den Zellen dieser Muskeln werden die Zuckermoleküle verbrannt, um die Energie für die Bewegung der Flügel und, was genauso wichtig ist, für die nötige Wärme zu liefern.

Bernd Heinrich hat viele Jahre mit der Beobachtung von Hummeln zugebracht. Er ist zu dem Ergebnis gelangt, dass »eine hohe Temperatur der Flugmuskulatur des Thorax gleichermaßen Erfordernis und Folge des flugbedingten Stoffwechsels der Hummel ist«. Mittels einfallsreicher Experimente im Labor mit angebundenen wie auch mit frei fliegenden Hummeln fand Heinrich heraus, dass die Thoraxtemperatur nicht nur hoch sein, sondern auch ständig auf ihrem hohen, eng begrenzten Stand bleiben muss: zwischen dreißig und vierundvierzig Grad Celsius. Sinkt die Temperatur unter dreißig Grad, kann die Hummel nicht mehr fliegen; steigt sie über vierundvierzig Grad, nimmt die Muskulatur wie ein überhitzter Motor Schaden. Wie also funktioniert das arme Geschöpf in einer arktischen Umgebung – wo die Sommertemperaturen zwischen Morgen- und Abenddämmerung drastischen Schwankungen unterliegen und wo die Flügelmuskulatur eines Insekts Kälte- oder Hitzegraden ausgesetzt ist, die weit außerhalb des genannten Temperaturbereichs liegen?

Die Hummel verfügt über ein hoch entwickeltes System der Wärmeregulierung. An einem kalten Morgen heizt sie durch rasante Zitterbewegungen (ohne Einsatz der Flügel) die Thoraxmuskeln auf, sodass deren Temperatur auf dreißig Grad steigt. Die dicke Pelzschicht auf dem Brustkorb bietet die nötige Isolation, um die Temperatur auf dem erreichten Stand zu halten. Auch dass die Hummel weit größer ist als andere Bienenarten, trägt zur Wärmespeicherung bei, da die Speicherung von Wärme in einer direkten Korrelation zum Verhältnis zwischen Körpervolumen und Körperoberfläche steht. Unterdes gewährleistet ein gegenläufiges Wärmeaustauschsystem, das den Blutstrom zwischen Brustkorb und Hinterleib regelt, dass die Wärme sich im Brustkorb staut, während der Hinterleib kühl bleibt. In der Nachmittagshitze wird dann dieses System zur Blockierung des Wärmeaustauschs umgangen, sodass die Wärme in den Hinterleib fließen und von dort abstrahlen kann. Dieser aktive Wärmeregulierungsmechanismus verschafft der arbeitenden Hummel einen großen Vorteil: Sie kann die Temperatur der inneren Organe steuern, ohne von äußeren Wärmequellen abzuhängen. Und das gestattet ihr, wie ein Bär oder ein Rabe oder irgendein anderes massiges Warmblütertier bei Wind und Wetter ihrer Arbeit nachzugehen.

Eine Hummelkönigin bedient sich, während sie im Frühling die Kolonie gründet und ihren ersten Nachwuchs aufzieht, desselben zweigleisigen Wärmeregulierungsmechanismus. Sie wacht aus dem Winterschlaf auf, trächtig, aber allein. Ohne Hilfe muss sie Nahrung sammeln, ihre Eier ausbrüten und dann die Larven, die aus den Eiern schlüpfen. Da kann sie es sich nicht leisten, Nektar, Wärme oder Zeit zu verschwenden. Sie speichert also die Wärme gewissenhaft in ihrem Thorax, wenn sie die Brustmuskeln zum Fliegen aufwärmen muss; sie strahlt freigebig Wärme durch eine kahle Stelle an ihrem Hinterleib ab, wenn sie ihren Nachwuchs bebrütet; mit ihren Bewegungen hält sie Haus. Sie prägt sich den besten Weg zu den besten Blüten ein. Sie wandert *zu Fuß* von Blüte zu Blüte, wenn diese Form der Fortbewegung energiesparender ist als das Fliegen. Sie optimiert den Ertrag ihrer Arbeit dadurch, dass sie es irgendwie schafft, Blüten zu vermeiden, an denen bereits andere Bienen gesaugt haben. Trödelei, Spiel, Verschwendung oder Ablenkung jeglicher Art kann sie sich nicht leisten. Im kurzen arktischen Sommer wird Kraftvergeudung damit bestraft, dass sich die Hummelkönigin beim ersten Frost mit einem Nest voller unausgereifter Nachkommen wiederfindet.

Hummeln sind ungeheuer tüchtige Insekten. Jedes Ticken der jahreszeitlichen Uhr hören und registrieren sie. Eine säumige Hummel stirbt im Zweifelsfall, ohne ihren Genen das Überleben gesichert zu haben. Eine erfolgreiche Hummel, eine Stammmutter volkreicher Hummelstämme kann nur jene werden, die sich höchster Geschäftigkeit befleißigt. Wie schrecklich für sie. Als ich diese Stelle in *Bumblebee Economics* erreicht hatte, bedauerte ich fast, mich sachkundig gemacht zu haben.

In einem Kapitel, das sich um das Bestäubungsverhalten und die Kosten-Nutzen-Effektivität beim Sammeln von Blütenstaub dreht, las ich dann Folgendes:

»Konnten die Bienen am Geruch erkennen, ob eine Blüte bereits besucht worden war oder nicht? Ich beschloss, einen Selbstversuch zu unternehmen und mit dem Wort vom Blumenriechen ernst zu machen. Ich legte mich mit geschlossenen Augen in einem Kleefeld auf den Rücken, und ein Student hielt mir Blüten unter die Nase.«

Mit fast neunzigprozentiger Zuverlässigkeit, so Heinrich, konnte er mittels Geruchssinn unterscheiden, welche Kleeblüten Nektar enthielten und welche nicht. Sein kleines Experiment beweist, dass die wählerische Haltung der Hummel beim Blütensaugen durchaus vom Geruchssinn gesteuert sein könnte. Und was noch wichtiger ist: Es beweist auch seine Einsicht in die paradoxe Tatsache, dass die Zeit in zwei unterschiedlichen Tempi verrinnt, die beide zu schnell und zu langsam sind, um einer rein wissenschaftlichen Betrachtung der Hummeln zugänglich zu sein.

Die Sonne stand mittlerweile tief im Westen, und der Kaffeerest in meiner Tasse war kalt wie Eiswasser. Ich saß allein in einem Garten ohne Bienen. Es war spätnachmittags an einem kalten, schönen Herbsttag. Ich schwelgte in den Einsichten, zu denen mir Bernd Heinrich verholfen hatte. Nachdem ich den drohenden Redaktionsschluss dieses Monats genutzt hatte, um über Hummeln nachzusinnen, überlegte ich, ob sich auch – um etwa die gleiche Zeit im nächsten Monat und unter dem gleichen Termindruck – rechtfertigen ließ, dass ich mich in Burckhardts *Kultur der Renaissance in Italien* davonstahl. Vielleicht durch einen Essay über Michelangelo und die Geologie des Carrara-Marmors? Durch eine Abhandlung über hydrologische Wirbelbildungen, wie sie die Zeichnungen Leonardos bezeugen? Das Leben in all seiner Fülle verrinnt zu schnell, dachte ich, als dass ein einzelner Mensch ihm völlig gerecht werden könnte. Und dann saß ich noch eine Weile länger da und dachte an überhaupt nichts mehr.

V

LICHTSPIELE

Das Kesselblechnashorn

Zusammengereimte Natur, entdeckte Natur

Der Schwarzfußiltis ist jetzt im Blockbuster-Videoladen zu haben, für nur zwei Dollar drei Tage ausleihbar. Desgleichen sind derzeit auf Lager der Orang-Utan, der Eisbär, der Leopard, der große Weiße Hai, der Berggorilla, der amerikanische Bison, das Schnabeltier und das Wombat. Der Laden hat seine eigene Menagerie. Gehen wir an den Regalen vorbei, auf denen KLASSISCHE DRAMEN, KOMÖDIEN und GROSSE LIEBESFILME steht, lassen wir auch COPS & GANGSTER, SCHWARZENEGGER, HORROR und SUPER NINTENDO links liegen und dringen in den hinteren Teil des Ladens vor, dann finden wir sie als eigene Abteilung und gut zugänglich: die NATUR. Sie können sich eine Hand voll seltener, wundersamer Arten aussuchen und in der Einkaufstüte oder der Aktentasche nach Hause schleppen. Dienstags kriegen Sie zwei für den Preis von einer. Dass ich nicht von den wirklichen Geschöpfen aus Fleisch und Blut rede, dürfte klar sein; ich rede von dem, was in unseren Tagen die Geltung eines phänomenologischen Äquivalents beansprucht: von den Abbildern der Tiere, die mit Sachverstand eingefangen, überzeugend in Szene gesetzt und auf einen Plastikstreifen gebannt wurden, der an Dauerhaftigkeit das Leben übertrifft.

Die Bedienung im Blockbuster-Laden verleiht ihre Ware (wie ich experimentell herausgefunden habe) sogar an einen filzigen Ikonoklasten, der nicht einmal einen Fernseher sein Eigen nennt, geschweige denn eines dieser Videogeräte, und der deshalb *Der geheimnisvolle Schwarzfußiltis* nur sehen kann, wenn er sich mit Tomaten auf den Ohren in einer Audiovisionskabine seiner Stadtbücherei niederlässt und sich dabei vorkommt wie ein Zeitspion aus dem 11. Jahrhundert. Den Angestellten ist das egal; sie wollen Bares und zwei Ausweise sehen; kein Bürger ist von Staats wegen verpflichtet, einen Fernseher zu besitzen. Sie haben auch *Das Lächeln des Walrosses* von Jacques Cousteau zu bieten, einen Film, der Ihnen auf Knopfdruck die Bude wärmt. Sie kriegen bei ihnen *Löwen in der afrikanischen Nacht*, produziert von *National Geographic*, falls Sie sich anbrüllen lassen möchten. Und klar, Nashörner haben sie auch, falls Sie welche möchten. Sie können in Botswana Vögel beobachten, ohne den Jetlag oder die Reinfälle in Kauf nehmen zu müssen. Sie können sich das Erlebnis eines Zoobesuchs gönnen, ohne auch nur den Weg durch die Stadt zum Zoo zurückgelegt zu haben. Wir leben im Zeitalter der Lieferungen frei Haus, und mittlerweile kommt auch der Zoo zu Ihnen, Tier für Tier handlich in einer Plastikkassette verpackt.

Dieses Phänomen, die massenhafte Vermarktung einer auf Video gebannten Natur, birgt ein Gemisch aus widersprüchlichen Implikationen. Die positiven liegen auf der Hand. Die Menschen erfahren einiges über jene bedrohten Iltisse. Sie genießen das Gefühl, etwas geboten zu bekommen. Sie sind Zeuge erstaunlicher Vorgänge und Verhaltensweisen, die sie andernfalls nie zu sehen bekämen, und gewinnen dank ihrer Zuschauerrolle vielleicht ein gewisses gewohnheitsmäßiges Interesse an der Erhaltung wilder Natur und wild lebender Geschöpfe. Die negativen Folgen sind weniger offensichtlich und vertrackter. Zu ihnen zählt, dass die Menschen eingelullt, verwöhnt, um ihre Kritikfähigkeit gebracht und in die Irre geführt werden. Sie lernen, die Natur als etwas Selbstverständliches zu betrachten, als einfach nur eine andere Form von Lustbarkeit für die Menschen, wie Kabelfernsehen oder Hallenfußball. Sie verlieren den Sinn für die kleinen Naturwunder in ihren heimischen Wäldern, da die größeren Wunder Malaysias oder Perus auf der Mattscheibe eindrucksvoller dargeboten werden. Sie akzeptieren die Videounterhaltungen als vollgültigen Ersatz für lebende Leoparden, Bären oder Gorillas, statt deren bloße Abbilder darin zu sehen. Und das Allerschlimmste ist, dass sie zu der Annahme verführt werden, die Natur, wie sie ihnen gezeigt wird – kunstreich aus flimmernden Ablichtungen zusammengebraut –, stelle die wirkliche Natur dar.

Das tut sie natürlich keineswegs. Bilder können lügen, sogar fotografische Abbildungen. In einer filmischen Komposition wird stets die Zeit gerafft und häufig der Zusammenhang kaschiert, verändert oder ausgeblendet. Die Natur ist in Wirklichkeit diffuser, langweiliger, weniger dramatisch und oft vergänglicher als ein Video-Dokumentarfilm von einem wundersamen Ökosystem oder einer einzigartigen Spezies; hinzu kommt, dass die Wirklichkeit keine herzbewegende musikalische Untermalung kennt. Dramatik ist etwas Künstliches – und das gilt für die naturgeschichtliche Dramatik nicht weniger als für jede andere. Die Natur, wie man sie normalerweise antrifft (ohne Teleobjektiv, ohne Schneidetechnik, ohne Redigieren) ist *nicht* sonderlich dramatisch. Die triste Wahrheit ist, dass man einen Monat lang unter dem Laubdach des Amazonasurwalds stehen und sich von Mikroorganismen die Füße auffressen lassen kann, ohne jemals auch nur einen Blick auf sich paarende Affen oder auf eine Schlange zu erhaschen, die gerade einen Vogel verschlingt.

Charles Siebert stellte jüngst in einer Ausgabe von *Harper's* diese Wahrheit heraus. In einem Beitrag mit dem Titel »Das Künstliche des Natürlichen« bemerkte er, dass Naturfilme im Fernsehen einen Wald unnatürlich »belebt, gesammelt und konturiert« erscheinen ließen, wohingegen ein tatsächlicher Wald »ausufernd, alt und langsam« sei und einem Menschen auf der Suche nach zoologischen Spektakeln die kalte Schulter zeige. Tatsächlich, so Siebert, ähnele der normale Naturfilmwald weniger einem Wald als einer Großstadt; beide Erscheinungen seien »ausgetüftelte menschliche Konstrukte: temporeich, vielstöckig und künstlich erleuchtet«.

Wo liegen, fragte sich Siebert, die historischen Ursprünge des Phänomens der Darbietung von Natur? Wo fing es mit dem Verpacken der Natur zwecks massenhafter Vermarktung an? Als er im Fernseh- und Rundfunkmuseum alte Bänder durchsah, stieß er auf die frühen Produktionen von Jacques Cousteau, Marlin Perkins und einigen anderen. Sogar noch vor seinem berüchtigten, aufgemotzten *Mutual of Omaha's Wild Kingdom* hatte Perkins, wie sich herausstellt, schon eine Fernsehshow mit dem Titel *Zoo Parade*. Das war im Jahr 1955. Und noch früher, in den Dreißigerjahren, machte Perkins eine Radiosendung zum Thema Natur bei einem Sender in St. Louis – bis eines Tages ein Missgeschick mit einem Zitteraal passierte, der ihm und seinem Mikrofon einen Stromschlag versetzte und dadurch den ganzen Sender lahm legte.

Mit seinen historischen Nachforschungen hätte Siebert noch weiter zurückgehen können, hätte er sich nicht bewusst auf elektromagnetische Medien wie das Fernsehen, den Rundfunk und Aale beschränkt. Eine der ersten für die massenhafte Vermarktung tauglichen Naturabbildungen wurde fast fünf Jahrhunderte zuvor im Medium Holz hergestellt. Sie gehörte zur Revolution Gutenbergs und nicht McLuhans. Sie kam aus Nürnberg, und man schrieb das Jahr 1515.

Am 20. Mai 1515 traf im Hafen von Lissabon ein Nashorn ein, das dort ebenso traurig und fatal fehl am Platze war wie King Kong in New York. Lieber Himmel, was ist das?, fragten sich die Leute. So weit man zurückdenken konnte, war in Europa kein solches zoologisches Wunder gesichtet worden – möglicherweise hätte man bis zu den exotischen Tiersammlungen des kaiserlichen Roms zurückgehen müssen. Das Tier hatte Sultan Musafar II. von Gujarat im westlichen Indien dem portugiesischen König Manuel I. als Geschenk übersandt. Der König, dem der Besitz eines lebenden Nashorns kein sonderlich dringliches Bedürfnis war (wahrscheinlich hielt er es ohnehin, aller Taxonomie zum Hohn, für einen weißen Elefanten), fand es tunlich, das Ungetüm an Papst Leo X. weiterzureichen; auf der Schiffsreise nach Italien aber starb es. Die Informationen über seinen Tod sind spärlich und nicht unbedingt zuverlässig: Einem Bericht zufolge sank das Schiff, aber das Nashorn wurde tot geborgen. Das klingt irgendwie verdächtig simpel: Wie holt man ein ertrunkenes Nashorn vom Meeresgrund herauf? Jedenfalls erhielt der Papst statt eines lebenden Nashorns einen ausgestopften (und möglicherweise glitschigen) Kadaver. Dies war das Tier, das dem großen deutschen Künstler Albrecht Dürer in seiner Heimatstadt Nürnberg als Modell für eine Federzeichnung diente, der er den Titel *Rhinocerus* gab.

Dürers Zeichnung ist erhalten geblieben und befindet sich im Britischen Museum. Aber um diese einzelne Zeichnung geht es hier nicht.

Dürer fertigte nach der Zeichnung einen Holzschnitt an, für den er vermutlich Birnbaum verwendete. Der Holzschnitt selbst wurde höchstwahrscheinlich unter Dürers wachsamen Augen von einem Spezialhandwerker, einem so genannten *Formschneyder*, angefertigt. Von diesem Druckstock wurden zahlreiche Drucke genommen – niemand kennt die genaue Zahl, jedenfalls waren es viele –, die in ganz Europa Verbreitung fanden. Das tote Nashorn kreuzte in genau dem richtigen historischen Augenblick den Weg der europäischen Kultur, um zu einer Ikone ersten Ranges zu werden. Wäre es hundert Jahre früher auf der Bildfläche erschienen, bevor Gutenberg den Buchdruck erfand, Papier zu einem billigen Massenprodukt wurde und infolgedessen das Druckereiwesen seinen Aufstieg erlebte, wäre das Nashorn vielleicht von einem mittelalterlichen Allegoriker in Öl

gemalt oder es wären denkwürdige Tusche- oder Kohle-
zeichnungen von ihm angefertigt worden, aber weder ein
gemaltes noch ein gezeichnetes Bild von dem Tier hätte *veröffentlicht* werden können. Sein Porträt hätte kostbar und
einzigartig die Wand im Haus eines Patriziers oder im
Schloss eines Fürsten geschmückt, und nur wenige hätten es
zu sehen bekommen. Und wäre das Tier hundert Jahre später auf der Bildfläche erschienen, wäre es zu spät gekommen,
um noch zu einer jener prototypischen Abbildungen anzu-
regen, die in der Gründungsphase des grafischen Drucks
entstanden. In diesem Fall wäre das Nashornbild nur eines
unter hunderten ähnlicher in den Sammlungen von Tierbe-
schreibungen des 17. Jahrhunderts gewesen und hätte keinen besonderen Eindruck gemacht. Es kam indes weder zu
früh noch zu spät, sondern genau zum richtigen Zeitpunkt,
um internationalen Ruhm zu erlangen.

Dürer selbst hat das päpstliche Nashorn nie gesehen, weder lebendig noch tot. Er reimte sich sein Bild mit Informationen aus zweiter Hand zusammen, nämlich anhand einer
Skizze und einer Beschreibung, die ihm in einem Brief aus
Lissabon geschickt wurden. Dürer war ein meisterhafter
Zeichner; was seine geniale Hand, sein präzises Auge und
seine unersättliche Neugier gegenüber der Welt der Natur
anging, übertraf ihn von den Künstlern der Renaissance
höchstens Leonardo. Angesichts seiner zeichnerischen
Fähigkeiten und seines leidenschaftlichen Hangs zur Genauigkeit drängt sich die Annahme auf, dass sein Holzschnitt anders, und möglicherweise sehr viel anders aus-
gesehen hätte, wenn er das Nashorn persönlich hätte in
Augenschein nehmen können. Wahrscheinlich hätte er das
Tier so gezeichnet, wie er es sah, und ohne Frage hätte er
es sehr klarsichtig gesehen. Stattdessen fertigte er eine
atemberaubende Zeichnung an, ein tendenziöses Stück
Surrealismus mit einem prophetisch modernen Touch, der
an Ralph Steadman erinnert, Jahrhunderte vor dessen Geburt.

Da man ihm berichtet hatte, das Nashorn trage einen Schutzpanzer aus starren Hautplatten, stattete er es mit einer Rüstung aus. Und nicht mit irgendeiner beliebigen, sondern mit einer Rüstung, wie sie zu Dürers Zeit ein deutscher Ritter bei den damals üblichen Raufereien des Adels anlegte. Das Tier trägt eine Halsberge, einen Brustpanzer um den Mittelteil des Körpers, Schutzplatten auf den Schultern, Beinschienen um die Schenkel, während der Brustpanzer von adrett gereihten Nieten gesäumt ist. Die Steilstellung des Horns verstärkte er, sodass es als Instrument zum Aufspießen und Zerfleischen an Gefährlichkeit gewann. Das Gesicht versah er mit allerlei Arabesken und einem Ausdruck massiver Bösartigkeit. Sicherheitshalber fügte er ein zweites, kleineres Horn hinzu, das aus dem Genick wächst und nach vorne weist. Den unteren Teil der Beine hüllte er in Kettenpanzer. Das von Dürer vorgestellte und porträtierte Nashorn ist ein eindrucksvoller Aggressor, mürrisch, unverwundbar, wie geschaffen, überall, wo es hinkommt, Angst und Schrecken zu verbreiten: ein Kriegsrhinozeros. Dürers Sicht von dem Tier mochte irreführend sein; sie dürfte aber das Bild, das sich Europa in den nachfolgenden hundert Jahren von Nashörnern machte, wesentlich geprägt haben.

Den oberen Teil des Holzschnitts versah Dürer mit einer Inschrift in gotischen Buchstaben. »Nach Christus gepurt. 1513. Jar. Adi. 1. May. Hat man dem großmechtigen Kunig von Portugall Emanuell gen Lysabona pracht auß India ein sollich lebendig Thier. Das ist hye mit aller seiner gestalt Abcondertfet. Es hat ein farb wie ein gespreckelte Schildtkrot. Und ist võ dicken Schalen uberlegt fast fest. Und ist in der größ als der Helfandt. Aber nydertrechtiger von paynen / und fast werhafftig. Es hat ein scharff starck Horn vorn auff der nasen / Das begyndt es albeg zu wetzen wo es bey staynen ist.« Er behauptete des Weiteren, das Nashorn sei ein tödlicher Feind der Elefanten, denen es mit seinem Horn den Leib aufreiße, während es selbst dank seiner Panzerung gegen den Stich jeden Stoßzahns gefeit sei. Liege der Elefant mit herausquellendem Gedärm und hilflos da, so gebe ihm das Rhinozeros den Rest, indem es ihn erwürge, behauptete Dürer, ohne sich über die Art und Weise näher zu verbreiten. Zu den vielen Falschinformationen zählt schließlich auch, dass er den Holzschnitt zwei Jahre vordatierte und als Entstehungsjahr 1513 angab.

»Sie sagen auch das der Rhynocerus Schnell / Fraydig und Listig sey«, fügte er hinzu. Dürers Nashorn jedenfalls war dies alles ein für alle Mal, auch wenn das päpstliche Nashorn dem Bild nicht ganz entsprochen hatte.

Ein Umstand verrät uns, dass Dürer höchstpersönlich dieses Bild für eine massenhafte Vermarktung bestimmt hatte: Er ließ nämlich einen Holzschnitt davon anfertigen und keinen Kupferstich. Beide Techniken kamen zu Dürers Zeit für Druckgrafiken in Gebrauch, und er beherrschte sie beide. Sein Vater, ein Nürnberger Goldschmied, hatte dem Jungen beigebracht, mit einem feinen Stichel filigrane Muster in Metall zu graben, und einige Stiche des erwachsenen Dürer wie etwa *Ritter, Tod und Teufel* oder *Melencolia I* zählen zu den reizvollsten und sonderbarsten Werken der deutschen Renaissance. Allgemein betrachtet, boten Stiche im Vergleich mit Holzschnitten den Vorteil feinerer Linien und größerer Detailgenauigkeit. Ein Stich musste allerdings auch für jeden Druck eingefärbt und abgewischt werden; außerdem nutzten sich seine fein geritzten Linien rasch ab. Holzdrucke hingegen ließen sich mithilfe der Fließbandkapazitäten einer Gutenberg-Presse rascher anfertigen, und die groben, aber haltbaren Linien des Druckstocks überstanden viele Durchläufe. Wenn sich ein Künstler für den Holzdruck und gegen den Kupferstich entschied, dann zeigte das seine Bereitschaft, die Qualität des einzelnen Drucks der Vielzahl von Drucken aufzuopfern. Es war die übliche Alternative zwischen Massenkonsum und subtilem Genuss. Ein Holzschnitt stellte damals eine demokratische Kunstform dar, er war so billig, dass ihn Bewohner bescheidener Hütten kaufen und sich daran erfreuen konnten. Dürer selbst hatte die kostspieligen Ansprüche eines patrizischen Bürgers und verfügte über Geschäftssinn: Holzdrucke mit großen Auflagen waren für ihn eine Methode, sich sein Geld zu beschaffen.

Sein Nashorn-Holzschnitt – der Druckstock, nicht nur das Bild – überlebte ihn bei weitem. Mindestens neun getrennte Druckauflagen wurden von ihm genommen, wobei niemand weiß, wie viele Abzüge jede Auflage umfasste. Bei der achten Auflage, die holländische Drucker im 17. Jahrhundert herausbrachten, wies der Druckstock einen Riss im Holz auf, der alle vier Beine des Nashorns durchschnitt, außerdem Wurmlöcher im Genick, auf dem Augenlid und auf dem Horn. Dass trotz Wurmlöchern, Riss und sonstigen Gebrechen immer noch Drucke angefertigt wurden, deutet auf die außerordentliche grafische Faszination von Dürers Bild hin. Und diese Wirkung erschöpfte sich nicht einmal in den neun Auflagen des Bilds: Dürer selbst fügte das gleiche Nashorn als dekoratives Element in einen großen vielteiligen Holzschnitt mit dem Titel *Ehrenpforte* ein, den er im Auftrag von Kaiser Maximilian schuf. Das Nashorn wurde auch von anderen Künstlern kopiert. Eines dieser Plagiate erschien kurz nach Dürers Tod in Konrad Gesners Werk *Historia Animalium*. Eine andere, eng an das Original angelehnte Nachbildung tauchte in einer Sammlung von Tier- und Pflanzenzeichnungen auf, die gegen Ende des Jahrhunderts Ulisse Aldrovandi zusammentrug, und noch eine weitere in der *Historie of Foure-footed Beastes* von Reverend Edward Topsell, die 1607 erschien. Wenn sich Europäer der damaligen Zeit ein Nashorn vorstellten, ob nun als wirkliches Geschöpf oder als Fabeltier, dann taten sie das mithilfe der Dürer'schen Vorlage. Aus noch späterer Zeit findet man natürlich zahlreiche Nachdrucke, bei denen es sich nicht mehr um Plagiate handelt, in Büchern über Dürers Leben und Werk, über die Kunst des Holzschnitts, über künstlerische Naturdarstellungen ganz allgemein. Vom Jahre 1515 bis heute dürfte der Dürer'sche Druck bei Menschen, die selten, wenn überhaupt, ein wirkliches Nashorn zu Gesicht bekommen haben, die bekannteste einzelne Abbildung dieses Geschöpfes geblieben sein. Dank seiner unglaublichen Popularität droht hinter diesem Bild das Corpus der vielfältigen, wundervollen Arbeiten Dürers regelrecht zu verschwinden. Man lasse gegenüber einem Amerikaner mit einem gewissen Sinn für Kunst den Namen Albrecht Dürer fallen und fordere ihn auf, eines seiner Werke zu nennen, und er wird im Zweifelsfall mit dem Kesselblech-Nashorn aufwarten.

Ein ähnliches Bild taucht sogar – flüchtig, in Verbindung mit einem alten Text über chinesische Volksheilkunde, in dem es unter anderem um die medizinische Verwendung von Rhinozeroshorn geht – in einem von *National Geographic* produzierten Dokumentarfilm auf, der den Titel *Der Nashornkrieg* trägt und mittlerweile im Blockbuster-Videoladen auszuleihen ist.

Dürer war von der Natur fasziniert, jedenfalls soweit sie ihm als Quelle visueller Eindrücke diente. Er schuf einige bemerkenswerte Porträts von Tieren und Pflanzen. In den meisten Fällen scheint er an lebenden Modellen oder toten Exemplaren gearbeitet zu haben, nicht mithilfe der Einbildungskraft oder aufgrund von Informationen aus zweiter Hand; bei der Wiedergabe bemühte er sich leidenschaftlich um Genauigkeit und Wirklichkeitstreue. Während seines ersten Aufenthalts in Venedig fand er Dinge, die ihn interessierten, auf dem Fischmarkt der Stadt; von einer Krabbe fertigte er ein Aquarell von solcher Detailgenauigkeit an, dass es als wissenschaftliche Illustration durchgehen könnte. Er schuf auch einen großartigen Hummer. Später malte er einen jungen Hasen mit hellen Augen, aufgerichteten Ohren und einer so akribisch wiedergegebenen Fellstruktur, dass man sich an den modernen Fotorealismus erinnert fühlt. Der Hase kauert sich unbehaglich zusammen, wie er das wahrscheinlich in Dürers Studio tat. Auf dem Gipfelpunkt seines Könnens malte er eine tote Ente, eine tote Blauracke (einen Vogel aus der Familie der *Coraciidae*, mit Schwungfedern, die in strahlenden Blau- und Grüntönen leuchten) sowie, noch spektakulärer, den Flügel einer Blauracke – eine gesonderte Studie, die in der Wiedergabe jeder einzelnen Feder einen unglaublichen Realismus beweist. Sogar seine der Konvention folgenden religiösen Szenen schmückte er manchmal mit Fauna aus – so sitzt zum Beispiel in seiner *Maria mit den vielen Tieren* die Jungfrau mit dem Kind im Kreis zweier Eulen, zweier Schwäne, eines Papageien, eines Fuchses, einer Krabbe, eines Froschs und eines Hirschkäfers. Nicht alle seine Tiere waren allerdings untadelig lebensecht. In seinem frühen Holzschnitt vom heiligen Hieronymus (das ist der Typ, der, einer frommen Legende zufolge, einem Löwen einen Dorn aus der Tatze zog) ist Dürers Löwe zu klein, zu mager und hat einen zu kleinen Kopf; er sieht aus wie ein peinlich kurz geschorener Cockerspaniel. Später bekam dann aber Dürer in einem Zoo in Belgien seinen ersten leibhaftigen Löwen zu sehen, und danach sahen seine Löwen sehr viel leuenhafter aus.

Seine herrlichste Arbeit auf diesem Gebiet dürfte eine Guaschmalerei mit dem Titel *Das Große Rasenstück* sein, auf dem Löwenzahn, Spitzwegerich, Wiesengras und ein paar andere Kräuter zu sehen sind, alle aus nächster Nähe und vom Boden aus betrachtet, als handele es sich um einen mit Bäumen bestandenen Hügel. Auf den ersten Blick hat man den Eindruck eines langweiligen, uninteressanten Bilds, aber wenn man näher hinschaut, entdeckt man, dass Dürer diesen Pflanzen mit tiefer Achtung begegnet ist und sie zu etwas zutiefst Bedeutendem – zu einer eigenen Welt, einem Ökosystem – gemacht hat. Wie genau schafft er das? Nun, er benutzt den Trick mit der Perspektive, um ihnen Statur zu verleihen, aber das ist noch nicht alles. Er lässt ihnen vor allem die Ehre einer genauen Darstellung angedeihen.

Es erscheint vielleicht ungereimt, dass auf das Konto desselben Mannes, der *Das Große Rasenstück*, den Blaurackenflügel und den Hasen gemalt hat – jedes ein einzigartiges Bild, das von glühender Begeisterung für anatomische Genauigkeit kündet –, auch jene neun Auflagen von dem an eine Zeichentrickfigur erinnernden Nashorn gehen. Mir kam das in der Tat so vor, besonders nachdem ich mir eine Stunde lang in der Bibliothekskabine den *Nashornkrieg* angesehen hatte, einen überzeugenden und klarsichtigen Film voller wirklicher Tiere, die wenig Ähnlichkeit mit dem Tier hatten, das sich Albrecht Dürer vorgestellt hatte. Verglichen mit diesen fotografischen Abbildungen macht Dürers Holzschnitt den Eindruck eines reinen Fantasieprodukts. Aber halt, die Sache lässt sich auch noch aus einem anderen Blickwinkel betrachten. *Der Nashornkrieg* handelt nur von der Wilderei, deren Opfer das Spitzmaulnashorn, *Diceros bicornis*, ist, eine afrikanische Spezies, die in den letzten zwanzig Jahren von Banden von Wilderern, die hinter den Hörnern her sind, an den Rand des Aussterbens gebracht worden ist. Andernorts in der Welt gibt es noch vier weitere Nashornarten. Drei von ihnen, die in verschiedenen Gegenden Asiens ihren Lebensraum haben, sind ebenfalls stark gefährdet, liegen aber außerhalb des Gesichtskreises dieses bestimmten Films.

Afrikanische Nashörner besitzen zwei auffällige Hörner. Das Dürer'sche hat nur eines. Also zog ich eine Enzyklopädie über Säugetiere und das darin enthaltene Fotomaterial zurate.

Besonders genau sah ich mir *Rhinoceros unicornis*, das in Indien beheimatete einhörnige Nashorn, an, da Musafar II. von Gujarat an den portugiesischen König ein Exemplar dieser Art geschickt haben muss. Ich hatte zwar *R. unicornis* bereits in natura gesehen (einige Jahre zuvor, in einem Reservat in Nepal), aber total vergessen, wie es aussah. Was ich jetzt im Bild sah, war ein Tier, das komisch aussah, selbst wenn man Rhinozeros-Maßstäbe zugrunde legte. Es unterschied sich drastisch von den zwei afrikanischen Arten mit ihren glatten Leibern. Seine versteifte Haut schien aus Platten zusammengesetzt – wie eine Rüstung, nicht gelogen, einschließlich Brustpanzer und Schulterplatten und Beinschienen – und von Beulen übersät, die an Nieten erinnerten. Es kam Dürers Bild überraschend nahe, Tatsache! Wenn man bedenkt, dass Dürer mit Informationen aus zweiter Hand gearbeitet hatte, war es umwerfend ähnlich.

Dieses Stückchen Grundlagenforschung nötigte mich zur Anerkennung eines Sachverhalts, der mir längst hätte klar sein müssen: dass der am wenigsten zutreffende Aspekt bei Dürers Holzschnitt die Inschrift ist. Sein Datum ist falsch; seine Dermatologie stimmt. Seine künstlerische Darstellung entspricht weitgehend der Wirklichkeit, im Unterschied zu dem Gerede von einem schildkrötenfarbenen Tier in »dicken Schalen«, das groß wie ein Elefant sei, listig und tödlich und sein Horn an einem Stein wetze. Dürers Rhinozeros schaut sachgemäßer aus, als es sich liest.

Für jemanden wie mich, der Geschriebenes vorzieht und ein bitteres Vorurteil gegen Massenkonsumvideos hegt, steckt hierin eine Mahnung zum Maßhalten: die Mahnung, dass Bilder zwar trügen können, dass sie damit aber nicht allein stehen. Ein anderes Mittel, Realität zu erfinden, ist das Schreiben. Auch Worte können lügen. Das dürfen Sie mir wohl glauben.

Im Rampenlicht

Der kleine weiße Krake auf der Weltbühne

In Zukunft, so prophezeite Andy Warhol, werde jeder fünfzehn Minuten lang Weltruhm genießen, sogar Meeresbiolo-
gen, die das Verhalten von Kraken studieren. Eine Frau namens Janet Voight hat Grund zu der Annahme, dass Warhol
mit seiner Prophezeiung Recht hatte.

Dr. Voight ist Kustodin der Abteilung für Wirbellose am
Naturgeschichtlichen Field-Museum in Chicago. Sie besitzt
Charakterstärke und viel Sinn für Humor, was sich ohne
Frage jüngst als nützlich erwiesen haben dürfte. Nach zwölf
Jahren gewissenhafter Forschung, wovon vieles in wissenschaftlichen Zeitschriften veröffentlicht wurde, ohne allerdings zur Kenntnis einer breiteren Öffentlichkeit zu gelangen, fand sie sich plötzlich ins grelle Scheinwerferlicht
internationaler Aufmerksamkeit versetzt. Das geschah aus
Gründen, die wenig mit den Sachthemen der Krakenbiolo-
gie oder ihrer eigenen Arbeit zu tun hatten; es geschah, weil
die Welt sich gar zu gern mit ausgefallenem Sex befasst. Am
13. Oktober 1994 veröffentlichte die Zeitschrift *Nature* auf
einer ganzen Seite einen Bericht, verfasst von Voight und
ihrem Kollegen Richard A. Lutz, einem angesehenen Tief-
seeökologen, über eine außergewöhnliche sexuelle Begegnung zwischen zwei Kraken. Zu dieser Begegnung war es im
Dezember des vorangegangen Jahres gekommen, und zwar

286

auf dem Meeresgrund im Ostpazifik am Rande eines Grats, der Folge tektonischer Ausdehnungsaktivitäten ist und als Ostpazifischer Rücken bezeichnet wird. Die Wassertiefe an der hunderte von Kilometern vor der Küste Mittelamerikas gelegenen Stelle beträgt über 2600 Meter. Dank eines unverschämten Glücksfalls hatten Wissenschaftler (unter ihnen auch Lutz) die an Bord der *Alvin*, eines Tauchboots für die Tiefseeforschung, zufällig vorbeikamen, die beiden Kraken entdeckt. In 2600 Meter Tiefe ist der tropische Pazifik ein Schreckensort, an dem sonnenlose Finsternis, extrem hoher Wasserdruck und Eiseskälte herrschen, aber das Tauchboot war mit Scheinwerfern und Stroboskopen ausgerüstet. Ehe die *Alvin* wieder an die Oberfläche zurückkehren musste, konnte ihre hoch auflösende Videokamera eine eindrucksvolle sechzehnminütige Filmfolge von den beiden Kraken beim Paarungsakt aufnehmen.

Einer der beiden Kraken war klein, anmutig und weiß. Seine Augen standen vom Kopf merkwürdig ab, weil sie als dunkle Punkte am Ende schlauchähnlicher, fleischiger Ausstülpungen saßen. Sein Anblick stellte in der bislang bekannten Galerie von Krakenerscheinungen eine völlige Neuheit dar. Der zweite Krake war groß und dunkel. Der schlanke weiße Krake umarmte den großen dunklen von oben, brachte sich in die richtige Lage und führte dann behutsam seinen Kopulationsarm in die Körperhöhlung des großen Kraken ein. Dieser ließ es sich gefallen.

Was war außergewöhnlich an dem Vorgang? Dreierlei. Erstens spielte er sich zwischen Vertretern zweier verschiedener Arten ab. Zweitens waren beide Tiere männlichen Geschlechts. Drittens spielte sich das Ganze in der Nachbarschaft eines hydrothermischen Schlots, einer bizarren Art von Ökosystem aus heißem Wasser, Lavagestein, Schwefelwasserstoff und Bakterien ab, das erst 1977 von der Wissenschaft entdeckt wurde. Das Filmdokument von der Interaktion brachte Lutz Voight zur Kenntnis, weil er wusste, dass sie ihm dabei helfen konnte, die Tiere zu identifizieren und vielleicht auch zu verstehen, wovon er Zeuge geworden war. Sie verfassten gemeinsam ihren Artikel und schickten ihn an *Nature*, ohne zu ahnen, dass sie damit einen Ausbruch internationaler Heiterkeit auslösten. Unnötig, zu bemerken, dass es nicht das Ökosystem im Umkreis des hydrothermischen Schlots war, was die Medien Schlange stehen ließ, um von Janet Voight eine Äußerung zu ergattern. Auch die Sache mit den zwei Arten war nur von sekundärer Bedeutung. *Homosexuelle Kraken auf Videoband* – das war der Knüller, der die Geschichte um die Welt gehen ließ.

Zu dem in *Nature* erschienenen Bericht gehörte auch ein farbiges Standfoto aus dem Videostreifen. Es zeigt eine kleine weiße Gestalt, die eine große rosig-graue Gestalt umschlingt. Auf den ersten Blick wirkt das Foto mäßig interessant. Schaut man ein zweites und drittes Mal hin und weiß, was man da sieht, erfasst einen tiefes Staunen.

Die Redaktion von *Nature* bringt zu jeder Nummer eine umfangreiche Vorabinformation für die Presse heraus, die bis zum Tag vor Erscheinen des Hefts einer Nachrichtensperre unterliegt. Kaum war die Nachrichtensperre aufgehoben, fing Voights Telefon an zu läuten. Es hörte, ungelogen, tagelang nicht mehr auf zu läuten. CNN rief an. *USA Today* rief an. Der *Daily Telegraph* und die BBC meldeten sich aus England, CBC aus Kanada, die Australische Rundfunkgesellschaft vom fünften Kontinent, *Der Spiegel* aus Deutschland, *Libération* aus Frankreich und eine Schwulen- und Lesbenzeitung namens *Windy City Times* aus der windigen Stadt Chicago. Die Zeitschriften *New Scientist*, *Discover*, *Omni* und *Self* nahmen Kontakt zu Voight auf, und die *Donahue*-Show bat um eine Kopie des Videobands, um ihr Publikum damit zu erbauen. Associated Press telegrafierte auf der Basis eines Interviews mit Voight eine Darstellung in die Welt, die in Lokalzeitungen unter Schlagzeilen wie »Irre Wissenschaft: Der sexsüchtige Krake« abgedruckt wurde. Einige der Anrufe kamen von Reportern, die nicht die geringste Ahnung davon hatten, was in dem Artikel in *Nature* stand, geschweige denn, was er bedeuten oder nicht bedeuten mochte; sie hatten den knappen, aber öffentlichkeitswirksamen Artikel in *USA Today* gesehen und wollten bloß ein oder zwei Zitate für eigene Zwecke. Ein paar Reportern gelang es zwar, ein bisschen wissenschaftlichen Gehalt in ihre Darstellungen hineinzubringen – Usha Lee McFarling schrieb einen vernünftigen Beitrag für den *Boston Globe* –, aber sie bildeten die Ausnahme. Nach einem weiteren Telefonat fand sich Janet Voight dann, ohne dass sie wusste, was auf sie zukam, in einer Radio-Talkshow eines Senders aus West Palm Beach in Florida wieder und einem Moderator mit homophobischem Einschlag gegenüber.

Sei es denn nicht so, wollte der Mann von ihr bestätigt haben, dass diese Tiere sich in die dunklen Tiefen des Ozeans zurückgezogen hätten, weil sie *sich ihres Tuns so sehr schämten*? O nein, erläuterte Voight freundlich, eine derartige Idee sei wissenschaftlich unhaltbar. »Ich sprach über tiefenbezogene Verteilung und die Verbreitungsgrenzen von Arten«, erinnert sie sich; als der Moderator zu seinem Steckenpferd zurückkehren wollte, leistete sie eisern Widerstand. »Mundtot ließ ich mich nicht machen.« Aber das Erlebnis kam ihr wie ein Hohn auf ihre fachwissenschaftliche Kompetenz vor und verletzte, was noch mehr ins Gewicht fiel, ihren persönlichen Sinn für Liberalität und Toleranz. »Also, das brachte mich wirklich auf die Palme«, sagt sie.

Der Medienrummel dauerte den ganzen Oktober und November an. Mitte Dezember war er verebbt, und im Januar erhielt sie nur noch einige wenige Anrufe. Obwohl es sie amüsierte, zu sehen, dass sogar *Playboy* und *Esquire* von der Sache Notiz nahmen, war sie doch »die ganze Geschichte schrecklich leid«.

Nachdem die gleißenden Scheinwerfer erloschen sind, ist Voight zu ihrem normalen Arbeitsleben zurückgekehrt. Sie muss Beiträge schreiben, Exemplare sezieren und analysieren und dabei über allgemeinere Probleme der Meeresbiologie nachgrübeln. Letzthin hat sie sich in das Thema der ökologischen Gemeinschaften im Zusammenhang mit hydrothermischen Schloten eingelesen und den Horizont ihres Interesses von den Polypenarten in seichten Gewässerzonen, ihrem Spezialgebiet, auf die Geschöpfe der Tiefsee ausgedehnt. Auf die kurze Zeit ihrer Berühmtheit blickt sie mit ebenso viel Erheiterung wie Nachsicht zurück.

War das ganze Medieninteresse und die Informationssucht der Öffentlichkeit bloß Ausdruck müßiger, geiler Neugier? Nein, sie glaubt das nicht. »Viele Menschen«, meint sie, »sind vom Leben in dieser absolut fremdartigen Umgebung ehrlich fasziniert.« Voight teilt diese Faszination und verspürt selbst das Bedürfnis, tiefer hinabzudringen.

Im frühen 19. Jahrhundert hielt man die Tiefen des Ozeans für *azoisch* – sprich für absolut unbelebt. Der Begriff wurde von einem britischen Naturforscher namens Edward Forbes geprägt, der im Jahre 1842 die Ägäis durchforschte und in einer Tiefe unterhalb von dreihundert Faden, das heißt, von fünfhundertfünfzig Metern, keine Anzeichen von Leben fand. Forbes war zwar ein gewissenhafter Forscher, litt aber an dem Handikap, dass er nicht mit eigenen Augen *sehen* konnte, was sich in dreihundert Faden Tiefe abspielt; er warf sein Grundschleppnetz aus und zog dann an der Wasseroberfläche seine Schlüsse, wie das jeder vernünftige Lungenatmer der viktorianischen Zeit tun musste.

Fast ein Jahrhundert später überwand William Beebe, die unerschrockene Seele, der wir die Erfindung der Tiefseetauchkugel verdanken, dieses Handikap. Beebes Tauchkugel war eine Stahlkugel mit einem winzigen Fenster, in der ein Mensch vom Schiff aus an einem Kabel hinuntergelassen werden konnte. Sein Tiefenrekord von 923 Metern wurde schließlich bei anderen Tauchversuchen überboten – oder vielmehr unterboten; Beebes Tauchkugel wich der von Auguste Piccard, die ohne die Hilfe eines Kabels im Wasser hinunter- und hinaufsteigen konnte. Diese Tauchkugel funktionierte wie ein Heißluftballon mittels Auftriebssteuerung. In einem Buch mit dem Titel *The Great Deep* berichtet James Hamilton-Paterson von diesen Entwicklungen; dort erfahren wir auch, dass im Jahr 1960 eine verbesserte Tiefseetauchkugel den Marianengraben sondierte. Der Boden des Grabens liegt fast elftausend Meter tief, und tiefer geht es in den Ozeanen nicht.

Dies sind die Pioniere – Forbes, Beebe, Piccard und andere –, die den Weg für die Tiefseetauchboote unserer Tage bereiteten. Die heutigen Vehikel sind besser mit wissenschaftlichem Gerät ausgerüstet, in der Horizontale beweglicher und vermutlich auch sicherer, wenn schon nicht geräumiger. Dennoch dürfte es nur wenige unheimlichere Erfahrungen auf Erden geben als das Erlebnis, in einem Dingsbums zu sitzen, das so eng wie der Rücksitz eines VW Käfer ist, und mit dem Bewusstsein in die Tiefe hinabzusinken, dass einem im Falle einer Panne die Feuerwehr ganz bestimmt nicht helfen kann. Jeden, der sich an die *Thresher* erinnert (ein U-Boot der US-Marine, das 1963 mit 127 Mann Besatzung in den Tiefen des Ozeans verloren ging), muss beim Gedanken an das, was passieren könnte, ein Schauder überkommen. Das Faszinierende solch einer Fahrt in die Tiefe kann allerdings dem Schrecken zweifellos die Waage halten. Und die faszinierendsten Tiefseefahrten dürften wohl jene gewesen sein, die ein Wissenschaftlerteam unter Leitung von John B. Corliss Anfang 1977 an Bord der *Alvin* unternahm und dank deren erstmals Menschen ein aus einem hydrothermischen Schlot gespeistes Ökosystem zu Gesicht bekamen. Bis dahin hatte niemand eine Ahnung von der Existenz riesiger, blutroter Röhrenwürmer und der anderen merkwürdigen Arten, die in den Gemeinschaften solcher Ökosysteme vorkamen.

Im Laufe der folgenden Jahre haben weitere Forschungen allerhand über die Schlot-Biologie zutage gefördert, auch wenn noch vieles im Dunkeln liegt. Das Wichtigste, was wir mittlerweile wissen, ist die Tatsache, dass diese Gemeinschaften gedeihen, obwohl es in dieser Tiefe kein Sonnenlicht gibt und also auch keine Photosynthese stattfindet. Andernorts auf der Erde stellen Pflanzen, die Photosynthese betreiben, die primären Erzeuger dar, von denen alle übrigen Geschöpfe entweder direkt oder in letzter Instanz den Treibstoff für ihren eigenen Stoffwechsel beziehen. Nicht so bei den Schloten! Dort ist die Primärproduktion das Ergebnis eines vollständig anderen Prozesses – nämlich einer Chemosynthese. Das Meerwasser zirkuliert unter dem Meeresboden durch das Lavagestein der tektonischen Kammzonen; es steigt hoch erhitzt aus den verstreuten Schloten des Kammrückens auf, wobei es starke Konzentrationen von Schwefelwasserstoff enthält; auf diese Milieubedingungen spezialisierte Bakterien verarbeiten durch ihren Stoffwechsel den Kohlenwasserstoff, was ihnen erlaubt, sich im umgebenden Wasser auszubreiten und auf dem Meeresboden als Teppiche und Zusammenballungen abzulagern. Andere Arten nähren sich von den Bakterien oder aber von anderen Arten, die sich von den Bakterien ernähren oder wiederum von anderen Arten, die von diesen anderen Arten leben. Zu der gesamten Nahrungskette zählen Röhrenwürmer, Borstenwürmer, Eichelwürmer, Wellhornschnecken, Entenmuscheln, Napfschnecken, Seeanemonen, Miesmuscheln, Venusmuscheln, Garnelen, Fische, Krabben, und Poseidon allein weiß, was alles sonst noch. Die Spitze dieser Nahrungskette bilden so großleibige Raubtiere wie die Kraken.

Ein weiterer Umstand im Zusammenhang mit diesen Schlot-Gemeinschaften ist so grundlegend, dass er auch in der knappsten Darstellung erwähnt zu werden verdient: Sie sind in hohem Maße örtlich begrenzt. Eine typische Gemeinschaft dieser Art nimmt vielleicht nicht mehr als eine Fläche von viertausend Quadratmetern ein, während die nächste Gemeinschaft ein bis zwei Kilometer entfernt siedelt. Die Wassertemperatur sinkt mit wachsender Entfernung rasch ab (von vielleicht sechshundertdreißig Grad Celsius in der unmittelbaren Nachbarschaft des Schlots auf achtzehn Grad in der näheren Umgebung), und das Gleiche gilt für den Grad der bakteriellen Konzentration. Dem entspricht dann ungefähr die allgemeine biologische Zuträglichkeit des Areals. Weil die Schlot-Gemeinschaften in ihrem Siedlungsgebiet so eng und scharf begrenzt sind, bezeichnen sie manche Forscher als Oasen. In der Zone außerhalb des Gebiets herrschten Kälte, Hunger und Öde.

Übermäßige Öde stellt für jede Stammlinie von Geschöpfen, die sich sexuell fortpflanzen, ein ernsthaftes Problem dar und hat für ihre Fortpflanzung und Entwicklung bittere Konsequenzen. Und Kraken, so viel ist klar, sind eindeutig sexuelle Geschöpfe.

Der kleine weiße Krake, der auf dem Videoband zu sehen ist, gehört zu einer Art, die der Wissenschaft unbekannt ist. Er wirkt dermaßen eigentümlich, dass er sich nicht einmal ohne weiteres irgendeiner der bekannten Gattungen zuordnen lässt. »Der kleine Kopf und der insgesamt schlankwüchsige Körper fallen aus dem Rahmen«, meint Janet Voight. Die Arme seien außergewöhnlich lang. Die Haut sei sehr zart. Und die ausgestülpten Augen wirkten höchst merkwürdig. »Die Form der Augen«, sagt Voight und lässt den Satz in der Luft hängen. Sie telefoniert mit mir aus ihrem Labor im vierten Stock des Field Museum. Dann fährt sie fort: »Ich sehe mir gerade einige Standfotos von den Videos an – und mein Gott, es ist einfach irre. Ich habe in den Videobildern Züge gesehen und finde sie auf den Standfotos wieder, die beispiellos in der Familie sind.« Voight fällt möglicherweise die ehrenvolle Aufgabe zu, die Spezies zu beschreiben und zu benennen.

In ihrem Labor befindet sich ein konserviertes Exemplar, das bereits teilweise seziert ist und für weitere Untersuchungen bereitsteht. Dabei handelt es sich nicht um das Exemplar, dessen verblüffender Übergriff auf dem Videoband festgehalten ist. Dieses Tier war im Dunkeln verschwunden, kaum dass die Lichter und die Kamera abgeschaltet wurden.

Wahrscheinlich ist es mittlerweile ebenso tot wie das Exemplar im Labor, da Kraken im Allgemeinen kurzlebig sind. Vielleicht war er sogar schon tot, als die *Alvin* 2450 Meter weit droben an der Wasseroberfläche auftauchte, falls der große Krake ihn zum Fressen gern hatte. Vielleicht aber auch nicht. Vielleicht lebt der kleine weiße Filmstar nach wie vor, ist gesund und munter und sucht immer noch nach einem Partner, der ihm Nachkommen schenken kann. Das Exemplar in Voights Labor hat ihr Richard A. Lutz bei einer späteren Tauchfahrt besorgt. Ein Foto, das nach dem Fang des Tiers an Bord des Tauchboots aufgenommen wurde, ehe es in die Konservierungsflüssigkeit wanderte, bestätigt Voights Bemerkung, dass »die Haut buchstäblich durchsichtig ist«. Und nicht nur die Haut, auch die Muskulatur des Mantels, der Hauptkammer des Körpers, ist erstaunlich dünn. Die inneren Organe scheinen durch diese transparenten Schichten erkennbar durch. Ist das ein charakteristisches Merkmal dieser Spezies? Voight weiß es nicht – es fehlt an Daten –, aber »dieser Typ ist allem Anschein nach in seiner Physiologie wirklich anders, denn dass die Muskulatur des Mantels so dünn ist, könnte darauf hindeuten, dass er seine Haut zur Sauerstoffgewinnung nutzt«.

Auch die Färbung ist bemerkenswert. Die Augen sind schwarz, die Kiemenherzen (für jeden Kiemen eines) sind tiefpurpur gefärbt, aber alles andere ist von gespenstischem Weiß, was nach Voights Ansicht dafür spricht, dass er möglicherweise »nur Tiere frisst, die ihre Energie aus einer Nahrung beziehen, die frei ist von den durch Pflanzen produzierten Karotinoiden«. Das Fehlen solcher Pflanzenpigmente wäre verständlich bei einer Art, die auf ein Ökosystem beschränkt ist, das keine Fotosynthese kennt. Ob sich die kleine weiße Spezies ausschließlich in den Schlot-Gemeinschaften des östlichen Pazifik findet, ist eine weitere Frage, die der Beantwortung harrt.

Abgesehen von diesen physiologischen und biogeografischen Fragen hat sich Voight natürlich auch Gedanken über

die Verhaltensanomalie gemacht, die das Videoband doku-
mentiert. Die Frage aufgreifend, die ihr sämtliche Reporter
gestellt haben – »Was passiert bei diesem Männchen, das
einen Kopulationsversuch unternimmt?« –, bemüht sie sich
um eine durchdachte Antwort.

»Sie müssen Verschiedenes über die Zoologie der Kraken
wissen, um zu verstehen, welche möglichen *Gefahren* hier
drohen«, sagt sie. Das Erste ist das häufige Vorkommen von
Kannibalismus bei zumindest einigen Krakenarten, der zusammen mit weniger intimen Formen des Beutemachens
praktiziert wird, wenn sich die Gelegenheit bietet. Ein großer weiblicher Krake kann im Anschluss an eine Kopulation
ein kleines Männchen ohne weiteres verschlingen, vergleichbar einer Schwarzen Witwe, die ihren Paarungspartner frisst.
»Wer also an ein viel größeres Tier nahe genug herankommt,
um mit ihm interagieren zu können, riskiert eine ganze
Menge«, sagt Voight. Dagegen stehe aber eine andere Gefahr, mit der sich der männliche Krake in seinem eng begrenzten hydrothermischen Lebensraum, seiner Oase, konfrontiert sehe: die Gefahr zu sterben, ohne sich fortgepflanzt
zu haben. Wenn es ihm während der wenigen Monate oder
Jahre seiner Zeugungskraft nicht gelingt, ein empfängnisbe-
reites Weibchen aufzutun, dann endet er aus Sicht einer evolutionsgeschichtlichen Bilanzierung auf der Verliererseite.
Und Weibchen der kleinen weißen Spezies könnten in der
Tat schwer aufzutreiben sein; geht man von der Quote der
Fälle aus, in denen sie beobachtet wurden, sind sie entweder
unverhältnismäßig selten oder außergewöhnlich scheu. Falls
sie tatsächlich so selten oder scheu sind, kann sich ein kleines
weißes Männchen in der Tat zur Verzweiflung getrieben
sehen und den unbesonnenen Versuch unternehmen, sein
Sperma – wenigstens ein einziges Mal! – zum Einsatz zu
bringen, bevor es altersbedingt oder als Beutetier stirbt.

Jawohl, der kleine weiße Krake auf dem Videoband habe
unvorsichtig gehandelt – aber wer könne sagen, ob er die Risiken nicht gegeneinander abgewogen habe? Jawohl, er habe

es an Urteilsfähigkeit fehlen lassen – aber nicht vergessen, da drunten sei es vor dem Eintreffen der *Alvin* stockdunkel gewesen, obwohl die Polypen als Gruppe (jedenfalls die in flachen Gewässerzonen lebenden Arten) in hohem Maße auf ihren Gesichtssinn angewiesen seien.

Die Möglichkeit eines ernsthaften Mangels an weiblichen Tieren verweist zurück auf Forschungen, die Voight selbst zehn Jahre zuvor bei Polypenarten in flachen Gewässern betrieben hat. Bei einer Population des pazifischen Zwergpolypen im Golf von Kalifornien fand sie heraus, dass zumindest während des größten Teils des Jahres das proportionale Verhältnis zwischen den Geschlechtern ein starkes Übergewicht der Männchen aufwies. Warum? Möglicherweise deshalb, weil sich der Lebenslauf der Weibchen drastisch von der Lebensstrategie der Männchen unterscheidet. Ein Weibchen produziert in ihrem Leben nur ein einziges Gelege, das sie in einer leeren Muschel oder einer anderen Schutz gewährenden Höhlung deponiert und hingebungsvoll bewacht, bis die Jungen schlüpfen; danach stirbt es. Ein Männchen hingegen kann sich in seinem kurzen Leben wiederholt paaren, vorausgesetzt, es findet die nötigen weiblichen Paarungspartner. Die einschränkenden Faktoren sind in seinem Falle die sich bietende Gelegenheit und die verfügbare Zeit, nicht der Energieaufwand, den der einzelne Fortpflanzungsakt erfordert. Und je älter das Männchen wird, umso dringlicher wird sein Problem. »Wenn das Greisenalter naht«, schrieb Voight in einem Zeitschriftenartikel, in dem sie über ihre Arbeit berichtete, »wiegen Tüchtigkeitskosten, die darin bestehen, dass man vielleicht als Beutetier endet, weniger schwer als solche, die darauf hinauslaufen, dass man sich nicht paart. Tüchtigkeitskosten ist ein Terminus, den die Zoologen im Zusammenhang mit dem unentrinnbaren Darwin'schen Prinzip, dem Überleben und der Fortpflanzung des Tüchtigsten, verwenden; diese Kosten steuern die Evolution des Instinktverhaltens. Und sich auf eine überstürzte, fruchtlose Paarung einzulassen – nach dem Motto *Hoppla, falsche Spezies, falsches Geschlecht, so ein Pech!* –, wiegt unter diesem Kostengesichtspunkt möglicherweise ebenfalls weniger schwer, als sich überhaupt nicht zu paaren.

Dieser andere Artikel von Voight, in dem es um den Geschlechterproporz und die geschlechtssepzifischen Strategien bei den pazifischen Zwergpolypen ging, erschien vor mehreren Jahren in *Journal of Zoology*. Er stellte ein schönes Stück wissenschaftlicher Forschung dar, war reich an empirischen Daten und sorgfältigsten Analysen der Gefahren und Erfordernisse, mit denen das Leben die Polypen konfrontiert. Aber aus irgendeinem kühlen Grund entging der Beitrag der Aufmerksamkeit von *USA Today*, Associated Press und *Playboy* und wurde auch vom Mitarbeiterstab Phil Donahues übersehen. Nicht einmal *Discover* rief an. Und dass niemand Notiz davon nahm, war nicht das Schlechteste, wie die Erfahrung Voight mittlerweile gelehrt hat.

Im vierten Stock des Field Museum hat sich das Leben wieder normalisiert, und es gibt genug zu tun. Zu den ehrgeizigen, aber nicht sonderlich spektakulären Vorhaben, mit denen Voight sich derzeit beschäftigt, zählen eine Neufassung der Phylogenese der Polpyen und weitere Untersuchungen über ihre biogeografische Verteilung. Für diese Vorhaben braucht Janet Voight Ruhe und Konzentration. Nach ihren fünfzehn Minuten Warhol'schen Ruhms scheint sie froh zu sein, dass sie keine ganze Stunde im Rampenlicht stehen musste.

GÄRTNEREI AUF DEM MARS

Kosmische Einsamkeit versus ein Universum der Möglichkeiten

Ein Teil unseres Herzens sehnt sich verzweifelt nach Mars-menschen. Ich vermute, das hat mit kosmischen Einsam-keitsgefühlen zu tun, dem gleichen Charakterzug, der uns so anfällig macht für Religion, Gespenstergeschichten, UFOs, Kryptozoologie, für Shirley MacLaine und für Nachrichten über höhere Kommunikationsformen zwischen Delfinen. Wir klammern uns an diese haltlosen Versprechungen, weil uns, zum Teil jedenfalls, vor dem Gedanken graut, wir könnten allein auf der Welt sein. Wir wollen nicht glauben, dass es mit unserem sichtbaren, alltäglichen Leben schon sein Bewenden hat. Unsere sterbliche Existenz auf diesem einen kleinen Planeten erscheint uns kalt und geringfügig; deshalb muss es sich dabei um ein Phänomen handeln, das nur die Spitze des Eisbergs darstellt. Wir sehnen uns nach Metaphysischem, wollen nach dem Tod in andere Sphären überwechseln, brauchen unbedingt paranormale Gesell-schaft. Auf der extraterrestrischen Bühne hat sich dieses Verlangen in den vergangenen zwölf Jahrzehnten speziellen Ausdruck in der ebenso unausrottbaren wie rührenden Hoffnung verschafft, Leben auf dem Mars zu entdecken.

Zivilisiertes Leben wäre das Beste, große Städte auf dem Mars, bewohnt von einer hoch entwickelten Rasse wohlwol-lender Wesen, wären ideal. Aber selbst eine hoch entwickelte

Rasse bösartiger Rüpel, selbst Sandwürmer und Weltraum-
bakterien, selbst kleinste Spuren mikrobischen Lebens wären
willkommen. Sogar irgendein unbestreitbarer fossiler Nachweis uralter, längst ausgestorbener Mikroben (im Unterschied zu den höchst zweifelhaften Befunden des Jahres
1996, als ein von der NASA finanziertes Team unter Leitung
von David McKay in einem Meteoriten vom Mars, der unter
dem Kürzel ALH 84001 bekannt geworden ist, Spuren fand,
die *möglicherweise* bakteriellen Ursprungs sein könnten)
wäre besser als nichts. In unseren Köpfen gibt es für dieses
hypothetische Faktum eines Lebens auf dem Mars quasi eine
Leerstelle, die unserer Einbildungskraft ein Gräuel ist, solange sie Leerstelle bleibt. Die Romanschreiber (angefangen
mit Edgar Rice Burroughs und H. G. Wells bis hin zu Bradbury und Clarke und hunderten anderer) haben sich eifrig
bemüht, sie für uns auszufüllen. Aber in unserer Einsamkeit
brauchen wir mehr als belletristischen Trost. Wir brauchen
unsere extraterrestrischen Wesen als wirkliche Mitbewoh-
ner der Welt.

Wenn nicht auf dem Mars, wo sonst? Erde und Mars wirken schließlich wie Geschwister – in der Planetenfolge von
der Sonne aus gesehen als Nummer drei und vier einander
benachbart, ähnlichen Alters, mit vergleichbarer Rotationsgeschwindigkeit, beide mit geneigter Achse und deshalb
einem ähnlichen jahreszeitlichen Zyklus, weder in der Größe
noch in der vulkanischen Aktivität oder (jedenfalls in einigen Perioden ihrer Geschichte) in ihrem Klima sonderlich
voneinander unterschieden. Aber sie sind Geschwisterpla-
neten, die wieder gar nicht geschwisterlich sind, weil die Unterschiede ebenso sehr ins Auge fallen wie die Ähnlichkeiten. Passender wäre es wohl zu sagen: Das Leben auf dem
Mars ist der ältere Bruder, den die Erde nie gehabt hat.

Gibt es diesen älteren Bruder nicht, oder ist er nur schon
lange tot? Oder existiert er einfach nur im Verborgenen?

Kürzlich trieb sich der Mars am östlichen Abendhimmel
herum, rot und herausfordernd wie ein blutunterlaufenes

zwinkerndes Auge. Er war der Erde näher und deutlicher von ihr aus sichtbar als seit Jahrzehnten. Die Russen haben eine neue unbemannte Marssonde abgeschossen, und nun scheint sich die Stimmung der seit dem *Challenger*-Unglück eingeschüchterten und von Bedenken heimgesuchten amerikanischen Öffentlichkeit zu wandeln und einem neu erwachten Interesse an der Erforschung des Mars Platz zu machen. Walter Cronkite, Steven Spielberg, Johnny Carson und eine ganze Latte weiterer Berühmtheiten haben eine »Marsdeklaration« unterschrieben, in der sie die Nation zu einer Reihe von Marsmissionen drängen. Senator Spark M. Matsunaga von Hawaii hat zu dem Thema ein Buch veröffentlicht. Die Zeitschrift *Omni* befragte eine Gruppe ihrer Leser, von denen vierundfünfzig Prozent eine sofortige Unternehmung in Richtung Mars befürworteten. All diese Menschen sind der Meinung, der Mars sei der richtige Ort, die Zeit sei reif und das amerikanische Raumfahrtprogramm brauche dringend höhere Zielsetzungen als den Transport von Fernsprechausrüstungen für Satellitenfunk. Diesem Vorschlag kann im Prinzip sogar ein Miesepeter wie ich zustimmen – zumal die ersten Phasen der Erforschung des Mars mit wissenschaftlich sinnvollen und kostengünstigen Robotern (wie dem kleinen Dünenfahrzeug *Sojourner*, das uns im Spätsommer 1997 die Zeit vertrieb) bestritten werden, statt mit menschlichen Astronauten, die Gemeinplätze absondern und den Boden mit amerikanischen Flaggen bepflanzen. Wissenschaftliche Missionen zum Mars zu schicken birgt indes eine Gefahr. Ich denke dabei nicht an die Möglichkeit defekter O-Ringe. Und ich habe auch nicht den amerikanischen Staatsbankrott oder einen entfesselten Wettlauf mit den Russen im Auge, die eh nicht mehr in der Verfassung sind, sich Planeten unter den Nagel zu reißen.

Die mit der Erforschung des Mars verknüpfte Gefahr besteht darin, dass sie uns vielleicht ein für alle Mal der Marsmenschen beraubt.

Manchmal sieht man viel, wenn man einfach nur hinschaut, hat der Philosoph Yogi Berra einmal gesagt, und genau dieser Geist eigenwilliger Schaulust war es, der den italienischen Astronomen Giovanni Schiaparelli im Jahre 1877 etwas Komisches auf dem Mars erblicken ließ.

Er sah ein Muster seltsamer, gerader Linien, die kreuz und quer über die Oberfläche des Planeten verliefen.

Schiaparelli nannte die Linien *canali* und veröffentlichte eine Karte von ihnen. In der Welt der Astronomie erregte dieser Vorgang einen bescheidenen Nervenkitzel. Außerhalb des engen Bereichs der astronomischen Fachdisziplin krähte kein Hahn danach. Fast zehn Jahre vergingen, und dann sahen dank anhaltenden Interesses an dem Phänomen und verbesserten Beobachtungsinstrumentariums einige andere Astronomen Schiaparellis Linien. Andere allerdings sahen nichts. Weder die einen noch die anderen wussten, was diese Beobachtungen zu bedeuten hatten, und so blieben die *canali* auf dem Mars einfach nur eine faszinierende, umstrittene Frage innerhalb der Wissenschaft. Erst als Percival Lowell es zu seinem Anliegen machte, trat das Thema im öffentlichen Bewusstsein grell in Erscheinung.

Lowell war ein wohlhabender Geschäftsmann aus einer Bostoner Patrizierfamilie, von der ein alter Knittelvers sagt, »in der Stadt der Bohnen und des Kabeljaus verkehrte sie nur mit Cabots, ging sie beim lieben Gott ein und aus«. Percival bildete unter den Lowells die Ausnahme; ihm blieb es vorbehalten, mit der Masse Umgang zu pflegen. Durch Schiaparellis Funde angeregt, kaufte er sich ein erstklassiges Observatorium, um den Mars zu studieren. Mit der Unabhängigkeit des reichen Dilettanten, aber auch mit Gespür für Erfolg versprechende Beobachtungsbedingungen platzierte er sein Observatorium nicht im Schoß einer großstädtischen Universität, sondern auf einer *mesa*, einem Tafelberg, in der dünnen, klaren Wüstenluft oberhalb von Flagstaff in Arizona. Das geschah im Jahr 1894; Lowell selbst war damals fast vierzig Jahre alt. Sein Leben lang hatte er zwar Astronomie als Hobby betrieben, aber ein geschulter Wissenschaftler war er nicht. (Das Gleiche lässt sich allerdings vom jungen Darwin sagen.) Lowell hatte weite Reisen in den Orient unternommen, als Sonderberater für Korea gearbeitet und mehrere Bücher veröffentlicht, von denen eines den Titel *The Soul of the Far East* (Die Seele des Fernen Ostens) trug. In Flagstaff machte er sich mit einem Hochleistungsspiegelteleskop von achtzehn Zoll Durchmesser und avanciertester technischer Ausrüstung an die Arbeit, und es dauerte nicht lange, da erfuhr die Welt Neuigkeiten.

»Wenn man die großen Kontinentalgebiete, die rötlich ockerfarbenen Partien der Scheibe in hinlänglich stetiger Luft genau betrachtet«, schrieb Lowell in der Ausgabe der Zeitschrift *The Atlantic Monthly* vom Juli 1895, »sieht man, dass ihr wüstenähnlicher Boden von einem Netzwerk feiner gerader dunkler Linien durchzogen ist. Die Linien nehmen ihren Ausgang von Punkten am Rande der blaugrünen Regionen (der dunkleren Gebiete der Marsoberfläche), bei denen es sich zumeist um gut abgegrenzte Buchten handelt, und führen geradewegs zu anderen, ebenso gut abgegrenzten Punkten in der Mitte des Kontinents.« Mehreres an diesen Linien sei merkwürdig, vor allem aber eines: »Alle Linien, mit Ausnahme der wenigen, die eine regelmäßige Krümmung aufweisen, verlaufen vom einen Ende bis zum anderen absolut gerade.«

Percival Lowell hatte die *canali* gefunden. Seinen Augen, die unterstützt wurden von einer überragenden Apparatur und einem hervorragenden Standort, erschienen die Linien sogar noch zahlreicher und regelmäßiger, als sie Schiaparelli vorgekommen waren. Lowell verstand den italienischen Begriff im buchstäblichsten Sinne und erklärte, diese dunklen Linien markierten künstlich angelegte Wasserläufe. Er fand hunderte davon. Er zeichnete von dem Planeten Karten mit detaillierten Netzstrukturen. Die geografischen Besonderheiten auf seinen Karten belegte er mit gelehrten Namen, die er der klassischen Antike entlehnte. In einer Folge von vier

Artikeln, die er für *The Atlantic* schrieb, und in einer Reihe von Büchern, die sich anschlossen, stellte Lowell die Hypothese auf, bei den Kanälen handele es sich um ein riesiges Bewässerungssystem, mittels dessen eine hoch entwickelte Zivilisation von Marsbewohnern drunten in der äquatorialen Marswüste große runde, landwirtschaftlich genutzte Oasen bewässere. In seinen Artikeln stellte er auch etliche wilde Berechnungen an. Da der Mars mit einer Schwerkraft gesegnet sei, die nur ein Drittel der Erdanziehungskraft betrage, könne der Marsmensch in allen drei Dimensionen um das Dreifache größer sein als wir Erdenmenschen, was bedeute, dass er (in geometrischer Zunahme) siebenundzwanzigmal so viel Masse habe, aber (dank der geringeren Schwerkraft) nur neunmal so schwer sei wie wir, während er (abermals dank geometrischer Steigerung) uns an Muskelstärke um das Siebenundzwanzigfache und an technischer Leistungskraft (wegen der geringeren Schwerkraft, unter deren Bedingungen das Heben und andere ähnliche Arbeiten leichter fielen) um das Einundachtzigfache übertreffe. Mannomann! Klar, dass es solch einem Schlag von Herkulessen keine Mühe bereitet hatte, Kanäle von ein paar hunderttausend Kilometern Gesamtlänge zu graben.

Die Oasen, wo sich der größte Teil der landwirtschaftlichen Aktivitäten abspielte, erschienen auf der Marsoberfläche als runde Scheiben an den Schnittstellen von Kanälen, der für die grüne Revolution des Mars grundlegenden Struktur. Auf Lowells Karten waren die Scheiben sogar noch deutlicher als durch das Teleskop zu sehen. Seiner Hypothese nach konnte man die Kanäle – trotz der sechzig Millionen Kilometer, die sie vom Tafelberg in Arizona entfernt waren – erkennen, weil sie von breiten Gürteln dunklerer Vegetation gesäumt waren, bei der es sich vielleicht um Wald, vielleicht aber auch um zusätzlich zu den Oasen bewirtschaftete Ufergärten handelte. Das erklärte, warum die Linien monatelang sogar Lowells Blicken entschwanden und nur allmählich wieder auftauchten – nicht in dem Tempo, mit dem Wasser einen Graben durchflutet, sondern mit der Geschwindigkeit, mit der Pflanzen im Frühjahr ausschlagen. Einigen anderen Beobachtern auf der Erde (wie zum Beispiel E. E. Barnard vom Lick-Observatorium und G. E. Hale vom Yerkes-Observatorium) blieben die Kanäle wegen unzureichender technischer Ausrüstung und mangelnder Luftqualität verborgen. Behauptete jedenfalls Percival Lowell! Man kann sich die tiefe kollegiale Wertschätzung vorstellen, die altgediente Astronomen dem reichen, anmaßenden Neuen entgegenbrachten.

Das Überraschendste an Lowells Karriere ist, dass er sich schließlich zu einem guten Wissenschaftler mauserte und tatsächlich einige wertvolle Beiträge zur Astronomie leistete. Zum Beispiel brachte er die Suche nach dem neunten Planeten auf den Weg, den wir heute als Pluto kennen. Und er behielt Recht mit seiner Idee, Observatorien auf Berggipfel in der Wüste zu bauen. Seine Theorie von den Bewässerungskanälen auf dem Mars allerdings zählte nicht zu jenen nützlichen Beiträgen. Diese Theorie machte ihn damals berühmt, während sie aus heutiger Sicht als kolossaler Irrtum erscheint.

Sie war so durchsichtig falsch wie des Kaisers neue Kleider. Als moderne Raumfahrzeuge (wie etwa *Mariner 4* im Jahr 1965 und *Mariner 9* sechs Jahre später) den Mars erreichten, bestückt mit hochauflösenden Kameras, die Bilder zur Erde zurückfunken konnten, war auf diesen Bildern nichts von ausgedehnten Bewässerungssystemen zu sehen, die sich durch die Wüste erstrecken. Die Kameras zeigten nichts, was auch nur entfernte Ähnlichkeit mit dergleichen hatte. Die Kanäle und Oasen existierten nicht – nicht dort, wo Lowell sie angesiedelt hatte, und auch nirgends sonst. Es gab keinerlei gerade Linien. Die Oberfläche des Mars war, wie sich erwies, übersät mit Kratern, die riesige Vulkane aufgeworfen hatten, und zerklüftet von tiefen, unregelmäßigen Schluchten, die dem Anschein nach fließendes Wasser gegraben hatte, denen aber jegliche geometrische Strenge und

Kunstfertigkeit abging. Keine Kanäle. Keine Oasen. Kein Hinweis auf Gärten.

Bei dem ganzen Phänomen der *canali* hatte es sich offenbar seit Schiaparelli und all die folgenden Jahrzehnte hindurch um eine ansteckende optische Täuschung gehandelt, einen Streich, den Auge und Hirn den menschlichen Beobachtern und die Beobachter einander spielten und in dessen Konsequenz sie sich alle (ganz besonders aber Percival Lowell) unbewusst bemüht hatten, den Zufallserscheinungen an der Schwelle der Sichtbarkeit Form und Gestalt beizulegen.

»Die Marskanäle verdanken sich wahrscheinlich dem Ordnungssinn des Auges«, vermutete der jüngst verstorbene Carl Sagan einmal. »Es ist vielleicht leichter, unzusammenhängende kleine Details zu ein paar Linien zusammenzufassen und sie in Verbindung zueinander zu setzen, als all die unregelmäßigen Tüpfel zu registrieren, die man in einem Augenblick guter Sicht gewahrt. Dass die geraden Linien Intelligenz bezeugen, steht außer Frage. Fraglich ist einzig und allein, auf welcher Seite des Teleskops diese Intelligenz zu finden ist.«

In den Jahrzehnten seit der Widerlegung von Lowells Theorie durch die Kameras jener frühen *Mariner*-Expeditionen hat man die Suche nach möglichem Leben auf dem Mars in zweierlei Richtung fortgesetzt – selbstverständlich wurde sie fortgesetzt, wer hätte sie aufhalten sollen? Die zwei Richtungen könnte man als 1) die Biochemische-Goldgräber-Schule und 2) die Jesu-Antlitz-auf-der-Tortilla-Schule bezeichnen.

Zur Biochemischen-Goldgräber-Schule zählen David McKay und sein Team, die den berühmt gewordenen Meteoriten ALH 84001 unter die Lupe nahmen. Zu ihr gehören auch jene Wissenschaftler, von denen die Experimente der *Viking*-Mission, des auf die *Mariner*-Serie folgenden nächsten amerikanischen Griffs nach dem Mars zum Zwecke der

Suche nach Leben erdacht und durchgeführt wurden. Die Gruppe umfasste so untadelig nüchterne Wissenschaftler wie Gerald Soffen, Gilbert Levin, Norman Horowitz, Vance Oyama, Harold Klein, Sagan, Joshua Lederberg und andere, die mit ebenso viel Hoffnung wie szientifischer Strenge seit vielen Jahren das von ihnen als Exobiologie (Wissenschaft vom außerirdischen Leben) bezeichnete Gebiet erforschten. Diese Leute hatten sich der Beantwortung zweier grundlegender Fragen verschrieben. Erstens wollten sie wissen, was genau ein lebendes Wesen ausmacht. Und zweitens, wie man solch ein Geschöpf über eine Entfernung von sechzig Millionen Kilometern mithilfe einer ferngesteuerten Technik entdecken kann. Die besten Antworten, die sie auf diese Fragen fanden, flossen in die Planung dreier Experimente zur Entdeckung von Leben ein; das für die Durchführung der Experimente erforderliche Minilabor befand sich an Bord beider *Viking*-Landekapseln, die im Spätsommer des Jahres 1976 sanft auf der Oberfläche des Mars aufsetzten.

Eines der drei Experimente, das sich um protolytische Freisetzungsprozesse drehte, sollte etwaige pflanzenähnliche Stoffwechselaktivitäten aufspüren, durch die Kohlendioxid oder Kohlenmonoxid in andere Zusammensetzungen eingebunden wurde. Ein weiteres Experiment, die so genannte markierte Freisetzung, operierte mit einer Nährflüssigkeit, die als Markierstoff radioaktiven Kohlenstoff enthielt und nachweisbares Kohlendioxid produzierte, falls es zur Umwandlung eines der Nährstoffe kam. Beim Gasaustauschexperiment, der dritten Versuchsanordnung, wurde kontrolliert, ob sich in Reaktion auf Wasser oder Nährstoffe die Atmosphäre in der Testkammer veränderte. Die Menge an Marsboden, die von den jeweiligen Landeeinheiten aufgenommen und experimentell bearbeitet wurde, hätte in ein paar Fingerhüte gepasst. Die Ergebnisse ließen an Unklarheit nichts zu wünschen übrig. Es traten einige merkwürdige, überraschende Schwankungen in den Testkammern auf, aber ob diese Schwankungen Folge biologischer Prozesse – gegenüber bloß chemischen Reaktionen – waren, ließ sich nicht entscheiden. Die Wissenschaftler stießen auf einige Befunde, die geeignet waren, Zweifel an der Möglichkeit eines Lebens auf dem Mars zu nähren; andere Befunde allerdings weckten wiederum Zweifel an den Zweifeln. Wenn es auf dem Planeten kein Leben gab, so ihr Schluss, dann war er jedenfalls Schauplatz einiger sehr bizarrer chemischer Vorgänge.

Möglich, dass der bizarre Charakter der Chemie auf dem Mars ausreicht, die strähnigen Strukturen bei ALH 84001 zu erklären. Vielleicht auch nicht. Die erbitterte Diskussion um diesen Meteoriten und über ähnliche Befunde bei einem zweiten Schrapnellbrocken vom Mars, der mittlerweile unter dem Namen EETA 79001 firmiert, ist zum Zeitpunkt der Abfassung dieses Artikels unvermindert im Gange.

Die Jesu-Antlitz-auf-der-Tortilla-Schule legt entschieden weniger Wert auf wissenschaftliche Strenge und Nüchternheit, bezieht sich aber ironischerweise ebenfalls auf empirische Daten, die von der *Viking*-Mission 1976 geliefert wurden. Vor allem haben sich die Tortillisten auf zwei der tausende von fotografischen Rasterbildern kapriziert, die Kameras der *Viking* schossen, während diese den Planeten umkreiste. Das Bild mit der offiziellen Signatur 35A72 wurde am 25. Juli 1976 aufgenommen, oberhalb der Cydonia-Region auf der nördlichen Halbkugel des Mars: Es zeigt angeblich ein monumentales, menschliches Gesicht, das zur Kamera aufschaut. Das Gesicht ist ein großes sphinxähnliches Gebilde, misst von der Stirn bis zum Kinn ungefähr anderthalb Kilometer und ist dort drunten in der Marswüste aus dem Fels gehauen oder irgendwie anders gefertigt worden. Das zweite Foto trägt die Signatur 70A13 und wurde fünf Wochen später über derselben Stelle bei einem anderen Stand der Sonne aufgenommen, womit angeblich bewiesen ist, dass es sich bei dem ersten Bild nicht um eine zweidimensionale, durch Schattenwurf verursachte Täuschung handelt. Als majestätisches, menschliches Kunstgebilde ist dieses Gesicht eindeutig das Zeugnis einer untergegangenen Zivilisation. Alles klar? Ohne Zweifel handelt es sich um das Antlitz eines Ozymandias, der den Worten seines Schöpfers Shelley lauscht: »Schau meine Werke, Großmächtiger, und verzweifle.« Alles klar? Vielleicht hat sich der Leser darüber bereits informieren können, während er an der Kasse seines Supermarkts in der Schlange wartete und in den Zeitschriften blätterte.

Erstmals bemerkt wurde das Gesicht von zwei Computerwissenschaftlern namens Di Pietro und Molenaar, die im Büro der NASA in Maryland arbeiteten und dadurch Zugang zu den *Viking*-Fotos hatten. Sie vergrößerten es im Computer. Je mehr sie es vergrößerten, umso ebenmäßiger wurde es und umso mehr erinnerte es an ein Gesicht. Da war der Mund, da war die Nase, da war ein abgestimmtes Augenpaar, und in einer der beiden Augenhöhlen sah man, Donnerwetter, einen Augapfel nebst Pupille. Natürlich kann es dir, wenn du ein Leben lang Tortillas in heißen Pfannen ausbäckst, ohne weiteres passieren, dass dich eines schönen Tages kraft eines göttlichen Wunders oder dank schieren Zufalls aus einer Tortilla Gesichtszüge anblicken, die ebenso überzeugend sind wie die von 35A72. Aber sei's drum! Laut *Omni* gingen Di Pietro und Molenaar so weit, zu bezweifeln, dass dieses Gesicht auf ihrer planetaren Tortilla »auf ganz natürlichem Wege zustande gekommen war«. Dann krallte sich ein unsäglich leichtgläubiger Wissenschaftsautor namens Richard Hoagland die Fotos.

Hoagland sah nicht bloß ein Gesicht. Mehrere Kilometer von dem Gesicht entfernt, in einer Sehachse, die im vagen Verdacht einer pythagoreischen Symmetrie stand, sah Hoagland mehr noch eine riesige fünfseitige Pyramide; er sah ein Muster rechtwinkliger Markierungen; bei Gott, er sah eine ganze große Stadt.

»An diesem Punkt entschied ich, dass ich dringend Unterstützung brauchte«, schreibt Mr. Hoagland. »Entweder war ich verrückt, oder ich war auf etwas so Erstaunliches gestoßen, dass es einen großen Teil meines restlichen Lebens in Anspruch nehmen würde (ganz zu schweigen vom Leben derer, die durch mich davon erfuhren).« Eine dritte Möglichkeit versäumte er zu erwähnen – dass er nämlich weder verrückt noch auf etwas gestoßen war, sondern einfach der Verführung erlegen war, nicht vorhandene Muster zu imaginieren, die großartiger und aufregender waren als die Wirklichkeit. Der Leser findet Hoaglands Bericht in einer alten Ausgabe von *Analog Science Fiction/Science Fact* und mag selber darüber urteilen.

Die Klage ist alt: Mit ihrer Kurzsichtigkeit und ihrer Gleichgültigkeit mache die Gesellschaft dem Visionär das Leben schwer. Manchmal trifft die Klage zu. Mit ihrer Gleichgültigkeit bewirkt die Gesellschaft aber auch, dass Denker am Rande der Normalität noch weiter an den Rand gedrängt werden, dass sich bei leichten Spinnern die Züge von Beklopptheit verstärken. Folgt man den eifernden Ausführungen eines Hoagland, dann gewinnt man unter Umständen den Eindruck, dass Gerald Soffen und andere in der Raumforschung tätige Wissenschaftler – die zwar bereit sind, mit akribischen biochemischen Experimenten den Marsboden zu durchsieben, sich aber Eiferer vom Schlage der Jesu-Antlitz-auf-der-Tortilla-Fraktion möglichst weit vom Leibe halten – insgeheim die Möglichkeit sabotieren, dass jemand tatsächlich Leben auf dem Mars finden könnte.

Percival Lowell erhob ähnliche Klagen. Damals, im Jahr 1895, fühlte er sich verkannt und erklärte, der Vorwurf des Abwegigen, der gegen seine Marshypothese erhoben werde, sei einfach nur eine Sabotagereaktion, hervorgegangen aus dem »instinktiven Widerstreben des Menschen, Ebenbürtige als solche anzuerkennen«. Mit Lowells Worten: »Die Individualität eines Menschen steht und fällt mit der Neigung, alles, was ihm vergleichbar ist, zu scheuen. Wie der Wilde, der nichts stärker fürchtet als einen fremden Menschen, wie Robinson Crusoe, der beim Anblick von Fußstapfen, die nicht die seinen sind, erbleicht, schreckt der zivilisierte Denker vor der Vorstellung eines Geistes zurück, der sich von dem unterscheidet, mit dem er selbst vertraut ist. In der eigenen Vorstellung vom Kosmos anderen endlichen Geistern einen Platz einzuräumen und sie als Mitwirkende zu akzeptieren wird von den Menschen als unheimlich empfunden.« Ein menschliches Widerstreben, die Welt mit »anderen endlichen Geistern« zu teilen – so weit klingt die Diagnose durchaus zutreffend. Die menschliche Abneigung, sich der geschwisterlichen Beziehung zu den Schimpansen und den daraus resultierenden Konsequenzen zu stellen (siehe »Das Tier im Spiegel«, S. 209) stützt im Zweifelsfall Lowells These. Aber dieser fügte noch hinzu: »Jede Hypothese zur Erklärung der Fakten, mag sie auch noch so unwahrscheinlich oder auch handgreiflich absurd sein, wird dem vorgezogen.«

Lowells erster Irrtum waren die Kanäle. Sein zweiter war der eben zitierte Satz. In Wahrheit wären wir alle hellauf begeistert, jedenfalls solange der Entdeckung noch der Reiz des Neuen anhaftete.

DER GESPIELTE HENRY THOREAU

Einsamkeit, Wildnis und der Mythos von Walden

Ich habe einen Mann kennen gelernt, der spielt Henry Thoreau. Es ist ein junger Mensch, der hinter seinem altmodischen Schnurrbart einen lakonischen, strengen Ausdruck zur Schau trägt. Unterwegs im Flugzeug hat er ein grellfarbenes Sweatshirt an und auf der Bühne Rock und Weste viktorianischen Zuschnitts. In sein Kostüm gewandet, rezitiert er Thoreaus Worte und bietet eine überzeugende Wiedergabe des Lakonismus und der Strenge, die Thoreau selbst zu Eigen gewesen sein dürften. Er besucht Schulen und Tagungen, reist überallhin, wo sich ein Publikum für seine Darbietung findet. Die Sommermonate verbringt er beim Heiligtum selbst, an der Gedenkstätte in Walden Pond, wo er, wenn ich mich recht erinnere, in Diensten der Parkverwaltung des Staates Massachusetts das Amt eines Thoreau-Darstellers bekleidet (*dramatischer Interpret* wäre vielleicht die angemessenere Bezeichnung). Ich begegnete ihm im Flughafen von Syracuse. Wir sollten beide auf derselben Tagung sprechen, und weder er noch ich waren, wenn ich's recht bedenke, was wir zu sein vorgaben.

Ich sollte einen Vortrag über ein biologisches Thema halten und wissenschaftliche Erklärungen liefern, ohne approbierter Wissenschaftler zu sein. Immerhin stand es mir frei, in meiner gewohnten Kleidung zu erscheinen. Ich sprach über die Evolution und das Aussterben flugunfähiger Riesenvögel, während der andere von den zwei Jahren erzählte, die er in einer Hütte an einem See verbracht hatte.

Der echte Henry David Thoreau ging im Juli 1845 nach Walden. Er war damals siebenundzwanzig Jahre alt, hatte in Harvard Examen gemacht, war sehr von sich eingenommen und wusste noch nicht, was er wollte. Seine Collegezeit lag acht Jahre zurück; seitdem hatte er hauptsächlich zu Hause oder bei seinem Gönner Ralph Waldo Emerson gelebt in dem Städtchen Concord, wo er zur Welt gekommen war. In dieser Zeit hatte er mit seinem Bruder John eine Reformschule gegründet und sie wieder geschlossen, als John tödlich erkrankte; er hatte bei Emerson Mädchen für alles gespielt, als Dichter kein großes Aufsehen erregt und eine einzige Campingtour unternommen, auf der er zwei Flüsse in der Gegend befahren hatte. Concord war ein kleiner Ort, zumal für einen jungen Mann mit großen, wenn auch vagen Ambitionen. Die Ortsansässigen kannten die Familie Thoreau, und nach den acht Jahren fingen sie vermutlich an, bei der Erwähnung von Henrys Namen abschätzig die Augenbrauen hochzuziehen. Wahrscheinlich erschien er ihnen als ein studierter Taugenichts. Im Jahr 1845 beschloss er nun also, eine kleine Hütte am Ufer dieses nahe gelegenen Teichs zu bauen. Er lebte dort zwei Jahre und zwei Monate. Später schrieb er ein Buch darüber. Das Buch erschien 1854; die Exemplare, die zwischen dem Erscheinungsjahr und 1862, dem Todesjahr Thoreaus, verkauft wurden, kann man an den Fingern abzählen. So weit das dürre Faktengerüst! Das wirkliche Leben ist weitaus verwickelter.

Nun ist das menschliche Leben stets verwickelter, als man auf noch so vielen Seiten Papier darstellen kann. Der Leser findet einen vollständigeren Bericht über Thoreaus Leben in *The Days of Henry Thoreau* von Walter Harding, der allem Anschein nach besten Thoreau-Biografie; aber nicht einmal die 469 Seiten umfassende Version Hardings kann Thoreaus Leben in seiner ganzen Verwickeltheit wiedergeben. Man könnte endlose Betrachtungen über Thoreaus intellektuelle Abhängigkeit von Emerson oder seine emotionale Abhängigkeit von seiner Mutter anstellen. Man könnte voll Neugier seiner abgebrochenen romantischen Beziehung zu einer jungen Frau namens Ellen Sewall nachforschen. Man könnte sich darauf kaprizieren, besser zu verstehen, was in der berühmten einen Nacht geschah, die er im Gefängnis verbrachte, oder warum er den terroristischen Sklavenbefreier John Brown so bewunderte. Man könnte sich gut und gern fragen, warum er eigentlich in die Hütte am Walden Pond zog. Man könnte der Frage nachgehen, wie während dieser Zeit sein Alltagsleben aussah. Warum er bei der Niederschrift von *Walden* einiges besonders herausstellte und anderes wegließ. Warum er dann dem Teich wieder den Rücken kehrte und sein restliches Leben in der Stadt verbrachte. Man könnte all diesen Fragen mithilfe einer Fülle von Quellenliteratur nachgehen – der verschiedenen Thoreau-Biografien, der persönlichen Erinnerungen, der dutzende von wissenschaftlichen Detailuntersuchungen, ganz zu schweigen von den vierzehn Bänden Tagebücher, die Thoreau hinterlassen hat – und doch keine klaren Antworten finden. Tatsächlich steht der Fall Henry Thoreau beispielhaft für die These von der Unergründlichkeit der menschlichen Natur. Dieser Mann hat uns mehr über sich erzählt als vielleicht jeder andere amerikanische Autor, und dennoch bleibt er unauslotbar für uns.

Ungeachtet dieser Schwierigkeiten fesselte *Walden* die Fantasie der Menschen überall auf der Welt und errang seinen Platz in der Geschichte der Weltliteratur oder (wie manche meinen) Weltmythologie. Es gehört zu den paar Büchern, die jedermann in Amerika kennt – genauer gesagt, die jeder zu kennen vorgibt, ob er sie nun gelesen hat oder nicht. Es ist ein Heiligtum, vor dem man sich lieber neigt, als dass man es betritt. Thoreaus kleiner Teich ist zum Symbol all der wilden Orte geworden, die eine Zuflucht vor der Zivilisation versprechen; *Walden* erscheint, um es mit den

Worten eines Literaturkritikers zu sagen, als »das erste und beste Beispiel für jene Art von literarischem Erzeugnis, das speziell mit Amerika assoziiert wird, das ›Naturbuch‹«. John Muir und andere genuine Erforscher der Wildnis erkoren sich Thoreau zum Schutzheiligen. Er war ein Phänomen, das sich der bloß literarischen Interpretation entzog.

Während ich bei jener Tagung im Norden des Staates New York auf dem Fußboden eines gemütlichen Versammlungsraums saß und dem jungen Mann mit altmodischem Schnurrbart zuhörte, umgeben von hunderten anderer Teilnehmer, die mit konzentrierten Gesichtern lauschten, kam mir das in den Sinn. Mir kam in den Sinn, wie groß die Kluft ist zwischen dem Henry Thoreau, der wirklich existierte, und dem Henry Thoreau, wie wir ihn zu kennen und nutzbar zu machen belieben.

Die Darbietung des jungen Mannes war gut. Die Worte waren besser als gut – schließlich handelte es sich um Thoreaus eigene Worte, und so undurchsichtig Thoreaus Motive und Charakter auch sein mögen, eines steht jedenfalls fest: Er war, wenn er sich auf der Höhe seines Könnens bewegte, ein hervorragender Schriftsteller. Die Darbietung allerdings, das heißt, den Versuch, Thoreau dadurch zu huldigen, dass man ihn mimte, betrachtete ich mit gemischten Gefühlen: Das schien ein Widerspruch in sich. Gegen Ende von *Walden* sagt Thoreau zum Beispiel:

»Es ist ja auffällig, wie leicht und unvermerkt man zum Gewohnheitstier wird und in ein festes Geleise gerät. Noch keine Woche hatte ich im Wald gewohnt, als ich schon einen Weg von meiner Tür zum Ufer hinunter ausgetreten hatte; und obwohl das nun fünf oder sechs Jahre her ist, lässt sich die Wegspur noch deutlich wahrnehmen. Vermutlich haben andere sie ebenfalls benützt und so dazu beigetragen, dass sie begehbar blieb. Die Erdoberfläche ist sehr aufnahmefähig für die Tritte des Menschen, und ähnlich verhält es sich mit den Wegspuren des Geistes. Wie verstaubt und verbraucht müssen da die öffentlichen Verkehrswege sein, wie tief die Geleise des Herkommens und Allerweltsdenkens!«

Hört mir zu, sagt er, aber äfft mich um Gottes willen nicht nach.

Meine Gedanken drehten sich um das Paradox, dass hier mit andächtigen Gesichtern lauter Gläubige saßen und einer Religion anhingen, die einen agnostischen Individualismus lehrte. Was hätte wohl Henry davon gehalten? Oder war dieses spezielle Paradox seinem Leben und Werk eingeschrieben? Ich wusste es nicht.

Der junge Mann mit dem altmodischen Schnurrbart beendete seine Darbietung, und ich klatschte mit den anderen Beifall. Ich hielt meinen Vortrag über flugunfähige Riesenvögel und kehrte heim.

Mehrere Monate später, während mir die Geschichte immer noch durch den Kopf ging, spürte ich einen Artikel mit der Überschrift »The Mystery of Walden Pond« (Das Rätsel von Walden Pond) auf. Der Leser findet den Artikel nicht unter den Biografien und pietätvollen wissenschaftlichen Aufgüssen, die das Thoreau-Regal in seiner Stadtbibliothek zieren. Er findet ihn nicht einmal in Bibliografien zum Thema Thoreau. Der Beitrag ist vielmehr in einem weit ausschweifenden Buch des Literaturkritikers Leon Edel vergraben, das den geheimnisvollen Titel *Stuff of Sleep and Dreams: Experiments in Literary Psychology* (Stoff für Schlaf und Träume: Versuche in Literaturpsychologie) trägt. »The Mystery of Walden Pond« bildet ein Kapitel dieses Buches und ist ein ebenso interessanter wie tendenziöser Essay. Er wirft eine Frage auf, die mich plötzlich an jenen Abend im Norden des Staates New York zurückversetzte, nämlich die Frage: Hat Henry Thoreau sich selbst gespielt?

Stellen wir eine Hypothese auf: *Henry David Thoreau zog sich in die Wildnis zurück und lebte zwei Jahre lang allein in einer Hütte an einem abgelegenen See.* Trifft diese hypothetische Feststellung zu oder nicht? Wer sie für zutreffend hält, dürfte sich in Übereinstimmung mit der weit überwiegenden Mehrzahl der gebildeten Amerikaner befinden – oder jedenfalls mit der weit überwiegenden Mehrzahl jenes Teils der gebildeten Amerikaner, die eine klare Vorstellung davon haben, wer Thoreau war. Wer sie für unzutreffend hält, hat Recht.

In »The Mystery of Walden Pond« vertritt Leon Edel die Ansicht, dass es sich bei unserer Hypothese nicht nur um einen ebenso bodenlosen wie verbreiteten amerikanischen Mythos handelt, sondern dass Thoreau selbst mit List und Tücke bemüht war, diesen Mythos in die Welt zu setzen. Henry Thoreau, der weise Eremit aus den Wäldern, war eine Erfindung des Schriftstellers Thoreau, ganz ähnlich wie später ein gewisser Lawrence von Arabien durch einen zwielichtigen Abenteurer und Memoirenschreiber namens T. E. Lawrence (unter Mitwirkung von Lowell Thomas und anderen) erfunden wurde – so Edels Überzeugung, auch wenn er den Vergleich zu Lawrence nicht zieht.

Leon Edel geht mit Thoreau hart ins Gericht. Er dreht und zerrt am Beweismaterial, damit es in Richtung seiner These weist. Es gibt allerdings einige interessante empirische Belege, an denen Edel gar nicht groß herumzerren muss. Bei denen handelt es sich nicht um wohlgehütete Geheimnisse, sondern einfach nur um einzelne unbequeme Fakten, die in der stromlinienförmigen mythologischen Konstruktion nicht unterzubringen sind; die Biografen und Literaturwissenschaftler kennen und ignorieren sie; während sie gar nicht erst ins Gesichtsfeld des breiteren mythensüchtigen Publikums gelangen.

Erst einmal handelte es sich bei dem Waldgebiet um den Walden Pond um keine Wildnis – wie großzügig man den Begriff auch auslegen mag. Der Wald wurde an einer Seite von einer Eisenbahnlinie begrenzt, und ständig waren dort Ausflügler, verlaufene Hunde und Holzfäller zugange, Spuren menschlicher Präsenz waren allgegenwärtig. Auch der Teich lag keineswegs abgeschieden. Vom Zentrum Concords aus erreichte man ihn nach drei Kilometer Fußweg und von Thoreaus Elternhaus nach anderthalb Kilometern. Thoreau baute am Teich eine Hütte und nächtigte dort zwei Jahre lang, aber mit der Einsamkeit scheint er höchstens kokettiert zu haben. Er empfing dort regelmäßig Besuch, ständig kamen Freunde und Bekannte zu ihm; manchmal drängten sich (wie er selbst berichtet) Gruppen von bis zu dreißig Personen in seiner Hütte. Seine Mutter und seine Schwestern kamen jeden Samstag zum Teich hinaus und brachten ihm Sachen zu essen. Und Henry selbst ging oft in die Stadt – nach manchen Quellen sogar täglich –, um bei seiner Familie vorbeizuschauen, die Keksdose in der Küche seiner Mutter zu plündern oder bei den Emersons oder in einem anderen Haus zum Essen einzukehren. Wie könne man da von Einsamkeit reden?, fragt Leon Edel. »In keinem Sinne – und schon gar nicht, wenn man die Abgeschiedenheit und kontemplative Versenkung als Maßstab nimmt, um die sich Philosophen und Visionäre durch die Geschichte hindurch bemüht haben – lässt sich sagen, Thoreau habe in Walden ein einsames oder gar kontemplatives Leben geführt. Er nahm als Gast am zivilisierten Leben teil; er war ein Vorstädter, der die Stadt wachsam beobachtete; er war schlicht ein Mensch, der endlich ein Zimmer für sich allein gefunden hatte, und zwar eines, das ihm die Aufmerksamkeit der ganzen Stadt sicherte.« Diese letzte Bemerkung ist wichtig. Am aufschlussreichsten sind Edels Überlegungen beim Thema des problematischen Verhältnisses Thoreaus zur Stadt Concord.

Die anderthalb Kilometer aus Walden hinauszuziehen, eine Hütte zu bauen und zwei Jahre dort zu verbringen – das alles war ein unmissverständlich demonstrativer Akt. Thoreau hätte zwei Jahre lang in der echten Wildnis von Maine verschwinden können, die er bewunderte, zumindest wenn er sie in kleinen Portionen genießen konnte. Er entschied sich indes anders. Er hätte zu einer großen Abenteuerreise durch die Natur aufbrechen können, wie das vor seiner Zeit William Bartram, zu seinen Lebzeiten Alfred Russel Wallace und später dann John Muir taten. Aber das entsprach nicht Thoreaus stubenhockerischen Neigungen. (Thoreau soll kurz vor seinem Examen in Harvard seine Mutter wiederholt gefragt haben, welche Laufbahn er einschlagen solle. »Schnür deinen Ranzen«, habe sie geantwortet, »und zieh aus, um in der Fremde dein Glück zu suchen.« Als er das hörte, sei der sensible junge Mann in Tränen ausgebrochen – berichtet jedenfalls Edel, ohne eine Quelle zu nennen.) Sein Leben lang zog es Thoreau vor, »dem stärkenden Geist der Wildnis« hauptsächlich in der unmittelbaren Umgebung seines Zuhauses nachzuspüren. »Der Zwischenraum zwischen uns und den anderen lässt sich nicht mit dem Messband messen«, erklärte er in *Walden*, wobei er an dieser Halbwahrheit nur festhalten konnte, weil er nie jene absolute Einsamkeit kennen gelernt hatte, die in der Tat Resultat einer in Kilometern zu messenden räumlichen Abgeschiedenheit ist. Trotz kurzer Reisen nach Maine, nach Cape Cod und sogar bis hinaus nach Minnesota scheint er nie das tiefe Entsetzen erlebt zu haben, das dich befällt (ich kann ein Lied davon singen), wenn rings um dein Notlager die Nacht hereinbricht und dir klar wird: Ich bin allein. Ich bin auf mich gestellt. Wenn ich mir hier ein Bein breche, ist es aus mit mir. Wenn ich Blinddarmentzündung kriege oder mit meinen Augen was schief läuft, bin ich verloren. Wenn ich hier sterbe, wird wochen- oder monatelang keine Menschenseele erfahren, wo oder wie es passierte. Vielleicht bin ich ein Häuflein gebleichter Knochen, ehe sie mich finden. Ich bin allein. Und mag sich Thoreau noch so abschätzig über diese Art von Einsamkeit äußern, Tatsache bleibt, dass sie auf ganz besondere Weise die Sinne schärft und die Augen öffnet.

Thoreaus Aufenthalt in Walden war etwas anderes. Edel hat Recht, wenn er erklärt, es habe sich dabei weniger um eine Lebensform als um eine Geste gehandelt.

Die Geste galt den Bewohnern von Concord. Den Beweis hierfür liefert uns gleich die erste Manuskriptseite von *Walden*. In der winzigen Handschrift des Autors steht dort:

Walden oder Leben im
Walde von Henry Thoreau
Meinen Mitbürgern gewidmet

Nicht nur das Buch, auch das zweijährige Experiment, der Aufenthalt im Wald, waren in gewissem Sinne eine Geste, die sich an Concord richtete. Edels Erklärung für diese Geste und für den Zeitpunkt, an dem Thoreau auf sie rekurrierte, ist überzeugend.

Genau ein Jahr bevor er nach Walden zog, hatte Thoreau den Wald unabsichtlich in Brand gesteckt. Ungefähr hundertzwanzig Hektar Wald fielen den Flammen zum Opfer. Seinem bereits lädierten Ansehen gab das den Rest, und für sein ausgeprägtes Selbstwertgefühl war es wahrscheinlich ein harter Schlag. Im Buch *Walden* findet sich nur eine indirekte und versteckte Anspielung auf diesen Waldbrand, in der er sich von der Schuld daran freispricht. Sechs Monate nach dem Ereignis allerdings vertraut Thoreau kurz und bündig seinem Tagebuch an: »Ich habe einmal im Wald ein Feuer gelegt.« Er schildert seine Unvorsichtigkeit, die sich ausbreitenden Flammen, berichtet, wie er dann in die Stadt lief, um Hilfe zu holen, und wie sie alle zusammen das Feuer einzudämmen suchten. Dann fügt er, wenig überzeugend, hinzu: »Es hat mir bis zum heutigen Tag so wenig zugesetzt, als hätte ein Blitz im Wald eingeschlagen.« Den Leuten in der Stadt hatte es umso mehr zugesetzt; einige fanden (wie Thoreau selbst in seinem Tagebuch zugibt), er sei ein »verdammter Taugenichts«. Die Eigentümer des Gebiets kostete das Feuer etwa zweitausend Dollar, was 1844 viel Geld war. Es war die Rede von einer gerichtlichen Klage, auch wenn es letztlich dazu nicht kam. Die Zeitung von Concord stellte unterdes fest: »Bleibt zu hoffen, dass sich alle, die den Wald in Zu-

kunft aufsuchen, um sich in ihm zu erholen, dieses unselige
Ergebnis schierer Unachtsamkeit eine Lehre sein lassen.«

Den Wald aufsuchen, um sich darin zu erholen – diese
Worte mögen Thoreau gefuchst haben. In seinem Tagebuch
fragt er: »Wer sind diese Männer, denen der Wald angeblich
gehört, und in welchem Verhältnis stehe ich zu ihnen? Ich
habe Feuer an den Wald gelegt, aber damit habe ich nichts
Unrechtes getan …« Ein knappes Jahr nach dem Waldbrand
begann er seine Hütte in Walden zu bauen.

Diese Episode führt Edel zu folgendem Schluss:

»Thoreaus Entscheidung, nach Walden zu ziehen, scheint
ihm auf der einen Ebene die Möglichkeit geboten zu haben,
sich aus einem Concord, das ihm feindselig begegnete,
zurückzuziehen, sich als ein aktiver, ›beschäftigter‹ Mann zu
präsentieren, der nach einer Karriere als Schriftsteller und
Philosoph strebte, und in trotzigem Aufbegehren deutlich
zu machen, dass seine Art zu leben besser war, als die seiner
Mitbürger. Auf einer tieferen Ebene aber entsprang die Entscheidung vielleicht der Weinerlichkeit eines Kindes, das der
Stadt und Emerson bedeutete: Seht, wie einsam und verlassen ich bin; ihr habt mich gezwungen, in einer Bretterbude
fern von euch zu leben. Er hoffte, Mitleid zu finden, und
hoffte zugleich, Interesse zu erregen. Ein solcher Wirrwarr
von Motiven steckte hinter seinem Entschluss, den Einsied-
ler zu spielen, der er gar nicht war.«

So unverträglich diese Sicht Edels mit dem Bild von Henry
Thoreau, das die meisten von uns kultivieren, auch sein mag,
ich finde sie weder unplausibel noch unfair.

* * *

Aber spielt das überhaupt eine Rolle? Mir jedenfalls ist es
egal, welches Gewirr von Motiven Thoreau zum Ufer jenes
Teichs drängte oder lockte; es ist egal, was für ein Gemenge

aus Scham und Mut ihn dort zwei Jahre und zwei Monate lang ausharren ließ; es ist egal, dass er ein emotionaler Peter Pan war, der sich weigerte (und vielleicht unfähig war), den üblichen Normen des Erwachsenenlebens zu entsprechen; es ist egal, dass er in die Stadt kam, um bei seiner Mama Plätzchen abzustauben; es ist egal, dass er wie andere große Propheten mehr Mensch als Heiliger war. Es ist egal, dass er kein William Bartram oder John Muir war, weil er nach meinem Verständnis seiner Person (das sich in diesem Punkte vom Verständnis Leon Edels unterscheidet) auch gar nicht beanspruchte, einer von beiden zu sein. Es ist egal, an welchen Teich Thoreau ging, wo dieser lag und wie lange er dort blieb. Worauf es ankommt, ist – jedenfalls nach meiner Ansicht – nicht der Ort Walden, sondern das Buch *Walden*.

»Ich bin in den Wald gegangen, weil mir daran lag, mit Bedacht zu leben, es nur mit den Grundtatsachen des Daseins zu tun zu haben und zu sehen, ob ich nicht lernen könne, was es zu lernen gibt, damit mir in der Stunde des Todes die Entdeckung erspart bleibe, nicht gelebt zu haben«, berichtet uns die Stimme des Erzählers. Nichts an diesem offenen Bekenntnis verliert im Licht des Waldbrands oder der Nähe zu Concord und den Plätzchen an Aussagekraft. Thoreau mag vielerlei Gründe gehabt haben, in der Hütte sein Leben neu zu orientieren, aber ein besonderes Geheimnis macht er daraus nicht. Die meisten Gründe bekommen wir im Buch mitgeteilt. »Als ich an den Waldensee zog, geschah es nicht, um dort billig oder teuer zu leben, sondern um möglichst ungehindert eine persönliche Angelegenheit abzuwickeln. Darauf zu verzichten, bloß weil ich nicht genügend Weltläufigkeit und kaufmännische Begabung besitze, schien mir nicht nur betrüblich, sondern regelrecht dumm«, sagt die Erzählerstimme. Und sie sagt: »Umhergeworfen auf dem Meer des Kulturlebens mit seinen Stürmen und blinden Klippen und tausenderlei Gefahren, muss einer seinen Kurs über den Daumen peilen, wenn er nicht untergehen will, bevor er seinen Hafen erreicht, und es muss einer schon ein guter Rechner sein, um die Fahrt überhaupt zu bestehen. Vereinfachen. Vereinfachen.« Und viel später sagt die Stimme: »Je mehr man sein Leben vereinfacht, umso übersichtlicher werden auch die Gesetze des Weltalls, und Einsamkeit ist dann nicht mehr Einsamkeit, Armut nicht mehr Armut und Schwäche nicht mehr Schwäche.« Natürlich finden sich in *Walden* auch immer wieder liebevolle Beschreibungen von Eulen und Eichhörnchen und Gewittern und dem Teich selbst eingestreut – von seinem Wasserspiegel, der je nach Wetter und Lichtverhältnissen die Farbe zu wechseln scheint, seinen jungen Hechten, seiner ungewöhnlichen Tiefe, dem komplizierten Muster seiner winterlichen Eisdecke. Wer indes diese glühende, provozierende Jeremiade auf seinem geistigen Bücherregel unter Naturbuch einordnet, der hat den entscheidenden Punkt erfolgreich verpasst.

In dem berühmtesten Satz des Buches heißt es: »Die meisten Menschen führen ein Leben stiller Verzweiflung.« Weniger bekannt, aber interessanter ist das, was unmittelbar anschließt: »Was man Schicksalsergebenheit nennt, ist eingefleischte Verzweiflung. Aus der verzweifelten Stadt fährt man aufs verzweifelte Land und zieht Trost aus der Tapferkeit, mit der Nerz und Bisam das Leben meistern.« Während er sich genau damit tröstete, verfolgte Henry Thoreau sein grundlegendes Projekt, das in nichts Geringerem bestand, als in der Überlegung, wie Menschen, nicht Eulen oder Bisamratten, ihr Leben anders und erfüllter führen könnten.

Walden ist keine Anleitung zum Leben im Wald und hat es auch nie sein sollen. Es handelt davon, wie der Mensch in der Stadt leben sollte. Die Bisamratten und die Eisformationen auf dem Teich sind Beiwerk. Die genaue Beobachtung des Verhaltens von Eichhörnchen ist nur Mittel zum Zweck. Meiner Überzeugung nach stellt *Walden* einen großen Aufschwung der sittlichen Imaginationskraft und einen unersetzlichen Prüfstein in der amerikanischen Geistesgeschichte dar. Aber ich bin in diesem Punkte wohl Partei, weil *Walden* für mich selbst ein unersetzlicher Prüfstein war und ist. Es wäre aufschneiderisch, wenn ich behaupten wollte, dieses Buch habe vor allen anderen mein Leben geprägt und tue das bis zum heutigen Tag – also gebe ich einfach nur meiner Vermutung und Hoffnung Ausdruck, dass es sich so verhält. Ich vermute und hoffe, dass *Walden* mich mehr beeinflusst hat als irgendetwas sonst, das ich gelesen habe. Aber damit sind wir wieder beim heiklen Thema des Verhältnisses von öffentlicher Selbstdarstellung und privatem Selbstsein, das heißt, wir sind zurück auf jener Fährte, die Leon Edel begierig Witterung aufnehmen ließ.

Wir sind erneut beim Thema Inszenierung.

Ein Beispiel: Vor einigen Jahren unternahm ich Ende Februar eine Tour in die Wälder. Bei dieser Tour ging es um Skifahren und Zelten, um Kojoten und Bisons. Es ging darum, drei Tage allein im Schnee zu verbringen. Es ging darum, dass ich vierzig Jahre alt wurde und mich an meinen dreißigsten Geburtstag erinnerte, den ich ebenfalls auf Skiern in derselben Gebirgsgegend verbracht hatte. Es ging um das bewusste Streben nach Einfachheit, äußerster Einfachheit, ging darum, sich den Grundtatsachen des Lebens zu stellen – wenigstens für kurze Zeit – und zu sehen, ob sich aus dem einfachen Leben etwas lernen ließ. Es ging um das Bedürfnis, ein bisschen über die Stränge zu schlagen (die mittleren Jahre fröhlich willkommen zu heißen, allein auf einer Schneewehe zu sitzen), ohne bemüht exzentrisch zu sein. Aber ich spürte, wie das Streben nach Einfachheit durchkreuzt wurde, wie sich die Reflexion einmischte, kaum dass ich andere in meinen Geburtstagsplan eingeweiht hatte. Deshalb ging es auch um das Versprechen, das ich mir selbst gegeben hatte, nichts über diese besondere Tour zu schreiben. Ich betrieb keine Forschung; ich war ohne Auftrag unterwegs; ich wollte nichts weiter als leben. Das Versprechen, das ich mir gab, entsprang der Angst vor einer Kompromittierung der einen Absicht durch andere Interessen – der Angst davor, die innere Überzeugung durch die äußere Geste zu kompromittieren. Es entsprang dem Bemühen, zwischen der reinen Lehre Henry Thoreaus und dem Mimen Henry Thoreau zu trennen.

Wie der vorangegangene Absatz zeigt, habe ich dieses Versprechen, das ich mir gab, gebrochen. Meinen Skiausflug, den ich aus sehr privaten Gründen unternahm, habe ich öffentlich ausgeschlachtet. Und ich bin mir mehr denn je bewusst, dass die Aufrechterhaltung der Trennung zwischen Überzeugung und Geste, zwischen Wesen und Erscheinung schwierig ist. Vielleicht war sie sogar schwierig für Henry.

GOTTES SCHWÄCHE FÜR KÄFER

Eine amazonische Erscheinung leuchtet sich selbst

Im zentralen Amazonasgebiet gibt es keine Abenddämmerung und keine Cocktailstunde. Die Nacht bricht jäh herein, rums, und an diesem bestimmten Abend erwischt sie mich, wie ich in dem potenzierten Dunkel eines schwarzen Himmels und eines dichten Blätterdachs bis zur Brust in einem kühlen Moorwasserbach sitze und das Insektenschutzmittel und den Schweiß des Tages abspüle. Ich befinde mich in einem Feldforschungslager im Urwald, in nördlicher Richtung auf einer Straße aus rotem Lehm drei Stunden Fahrt entfernt von der brasilianischen Stadt Manaus, dort, wo sich der Rio Negro mit dem Hauptstrang des Amazonas vereinigt. Das Lager dient ökologischen Forschungen. Es ist ein mit Sorgfalt geplanter Außenposten, relativ luxuriös, mit Blechdächern auf den Hütten und Moskitonetzen für die Hängematten, dazu ein kleiner, in Handarbeit errichteter Damm, der den Moorwasserbach zu einem Badetümpel staut; der Luxus reicht allerdings nicht so weit, dass man sich an Getränken delektieren könnte. Eis gibt es in der Lagerküche keines. Es gibt keinen Whiskey. Es gibt kein Bier. Die Brasilianer besitzen ein wunderbar tückisches Nationalgetränk namens *cachaça*, Schwarzgebranntes à la Amazonas, und leider ist nicht einmal von diesem Fusel etwas vorhanden. Das Wasser des Baches, das meine Haut umspült, wirkt fast so klar und himmlisch wie gekühlter Gin, aber *fast* reicht nicht aus, es in einen Martini zu verwandeln. Außerdem fehlen der Wermut und die Oliven. Fest steht, dass ich zu dem Zeitpunkt der Erscheinung stocknüchtern bin. Im Übrigen habe ich Zeugen, die meine Aussage bestätigen können, zwei Männer von untadelig klarem Verstand, die neben mir im Tümpel ihre Füße kühlen.

Die Erscheinung ist Folgende: Ein großer Klecks orangen Lichts kommt im Zickzackflug durch die Bäume. Er bewegt sich langsam, fliegt eine anmutig gewundene Bahn, als führte Steven Spielberg Regie. Das Ganze macht einen unerklärlich gespenstischen Eindruck, obwohl es hübsch anzusehen ist.

»Junge, Junge. Habt ihr das gesehen?«, sage ich.

»Ja!«, sagt Scott McVay.

»Was?«, fragt Tom Lovejoy. McVay und ich verstummen. McVay, der aus New Jersey kommt, ist in leitender Funktion für den World Wildlife Fund tätig und sitzt im Direktorium der Stiftung; er ist ein Mann, der sich auf hinreißende Weise für vieles begeistern kann. Lovejoy ist Tropenbiologe und leitet das vielleicht faszinierendste ökologische Experiment, das die Welt zurzeit kennt, eine Langzeitstudie über die Auswirkungen der landschaftlichen Fragmentierung, das Aussterben von Arten und den Zerfall von Ökosystemen, wie sie sich an isolierten Placken von Regenwald beobachten lassen, unter anderem auch an dem Placken, in dem wir gerade sitzen. Beide, McVay und Lovejoy, verfügen über einen ebenso kritischen wie aufgeschlossenen Geist. Sie gehören nicht zu den Menschen, die man beim Lesen von *UFO Journal* erwischt, nicht einmal, wenn sie beim Friseur warten.

»*Das da*«, sage ich.

Das gespenstische orange Licht kommt zurück und wabert erneut an uns vorbei. Es ist zehnmal größer und zehnmal schneller als ein Leuchtkäfer. Es könnte ein Kolibri sein, der eine Kerosinlampe mitführt, aber wer weiß. Nur das Licht ist zu sehen.

»Ja!«, sagt Lovejoy.

Wieder verschwindet es. Nun ist die Verblüffung allgemein. Die Liste möglicher Erklärungen fängt beim Unwahrscheinlichen an und endet beim Grotesken oder vielleicht auch Furchterregenden; derweil sitzen wir hier nackt, rosig und nass mitten im Urwald. Tom Lovejoy beweist in dieser Situation Verstand. Er zieht sich seine Kleider an und steigt den Fußweg hinauf zum Camp, wo das Abendessen wartet; McVay und ich bleiben am Ort der Heimsuchung zurück.

»Sie haben es doch gesehen. Nicht wahr? Sie haben's gesehen.«

»Ich hab's gesehen. Jawohl. Eindeutig.«

»Es war groß. Hab ich Recht?«

»Sehr groß. Unfasslich groß. Und hellorange. Strahlend.«

»Und es hat sich hier durchgeschlängelt. Genau hier herunter. In einem Durchmarsch, einfach den Bach entlang. Wie eine japanische Einschienenbahn mit orangem Scheinwerfer.«

»Haargenau. Was in aller Welt kann das sein?«

»Scott. Schnell, drehen Sie sich um!«

Diesmal kreuzt es an uns vorbei, überquert den Damm und bleibt plötzlich mitten in der Luft stehen. Das orange Licht leuchtet weiter. Nur die Bewegung hat aufgehört. Das Licht scheint reglos zu schweben. Prost Mahlzeit, denke ich, jetzt kommt der Teil, wo den beiden aufs Geratewohl ausgewählten Erdlingen das intergalaktische Ultimatum übermittelt wird.

»Es ist gelandet«, flüstere ich. »Auf einem Baumast. Oder etwas Ähnlichem.« Scott und ich spähen hinaus. Genug Sternenlicht sickert durch das Blätterdach, um uns erkennen zu lassen, dass kein Baum, kein Ast die betreffende Stelle im Raum einnimmt. Also ziehe ich mir meine Shorts an und schleiche barfüßig und auf Zehenspitzen hinüber, und siehe da, dem frisch gewaschenen, von tollkühner Neugier erfüllten Etwas in gemusterten Boxershorts lüftet sich das Geheimnis.

Ein fünf Zentimeter langer Käfer mit Leuchtorgan ist in eines der Flornetze geflogen, die dort für den Fang von Fledermäusen aufgespannt sind.

Als ich es berühre, glüht das Geschöpf heftig auf.

Dieser Essay handelt nicht von Insekten mit Leuchtkraft. Ginge es um dieses Thema, würde ich wahrscheinlich dem Leser einiges über Luciferine und Luciferasen erzählen, zwei Substanzen, die in einer chemischen Reaktion zusammenwirken, kraft der in einer lebenden Zelle hochintensives Licht praktisch ohne die Begleiterscheinung von Wärme erzeugt werden kann. Ich würde die Familie der Lampyridae erwähnen, bekannter unter dem Namen Leuchtkäfer und Glühwürmchen, und würde erklären, wie diese Tiere in der großen, dunklen, einsamen Welt biologisch erzeugtes Licht als Signal nutzen, um Männchen und Weibchen zur Paarung zusammenzuführen. Ich könnte von der teuflischen Raffinesse der Weibchen aus der Spezies *Photuris versicolor* berichten, die das Lichtsignalmuster anderer Lampyridenarten nutzen, um geile männliche Käfer anzulocken und zu verspeisen. Ich könnte sogar Beobachtungen des italienischen Entomologen Marcello Malpighi zitieren, der bereits im 17. Jahrhundert Glühwürmchen sezierte und untersuchte. Aber das ist nicht meine Absicht. Lumineszenz bei Insekten mag ein halbwegs interessantes Thema sein, Tatsache aber ist, dass ich mich nicht den Teufel darum schere.

Die fundamentalere Frage, die dieses fliegende orange Licht aufwirft, lautet für mein Empfinden: Warum gibt es so viele verschiedene Arten von Käfern?

Seit Jahren frage ich mich das. Seit Jahren hoffe ich, dass mir irgendein schlauer Zoologe eine Erklärung dafür liefert. Bislang vergeblich! Da haben wir die vielleicht rätselhafteste und möglicherweise bedeutsamste ungelöste Frage der Evolutionsbiologie (dass es sich um die nichtssagendste Frage auf dem Gebiet handelt, ist zwar auch möglich, aber das bezweifle ich), und wer erwartet, sie auf den Seiten von *Science* oder *Ecology* oder auch im *Annual Review of Entomology* beantwortet zu finden, ist angeschmiert. Ja, er findet die Frage dort nicht einmal aufgeworfen. Warum gibt es so viele Käferarten? Ein paar Zahlen können dem Leser dabei helfen, die ganze Abgründigkeit des Rätsels zu ermessen.

Die heutige Zoologie geht von etwa einer Million bekannter Tierarten aus. Unter einer »bekannten« Art versteht der Zoologe, dass Exemplare von ihr gesammelt wurden, dass sie einer förmlichen Beschreibung unterzogen wurde und dass ihr ein zweiteiliger latinisierter Name zuerkannt wurde, ein taxonomisches Verfahren, das Zeit und sorgfältige Arbeit erfordert. Weil Taxonomen dünn gesät sind und die Arbeitslast groß ist, erfüllt bislang nur ein Bruchteil der Artenvielfalt der Erde das in diesem strengen Sinne verstandene Bekanntheitskriterium, wobei man sich um die großwüchsigen Arten in der Regel früher und gründlicher gekümmert hat als um die anderen. Die großwüchsigen Arten sorgen allerdings nicht für die großen Zahlen. Von der Million bekannter Arten stellen die Säugetiere gerade einmal viertausend, eine verschwindende Minorität. Etwa neuntausend der Gesamtsumme sind Vögel und etwa 10 500 Reptilien und Amphibien. Der weit überwiegende Teil der übrigen Arten besteht aus Insekten und anderen Gliederfüßern – ungefähr 874 000 Arten, wenn ich einer meiner Quellen glauben darf. Innerhalb dieser Majorität bilden die Käfer einen Pulk von etwa 290 000 Arten. Mit anderen Worten, über ein Viertel aller bekannten Tierarten auf der Erde sind Käfer.

Eine Schätzung der unbekannten Tierarten kann den Prozentsatz nur noch weiter nach oben treiben. Ein Koleopterologe (zu Deutsch, ein Käferkundler) namens Terry Erwin, der an der Smithsonian Institution arbeitet, hat Feldforschungsergebnisse veröffentlicht, die dafür sprechen, dass im Blätterdach der Tropenwälder zehn oder zwölf Millionen unentdeckte Käferarten leben.

Es war dieses numerische Ungleichgewicht, das den Genetiker J. B. S. Haldane zu einer berühmt gewordenen Bemerkung angeregt haben soll. Auch wenn die Bemerkung unverbürgt ist, passt sie doch gut zu Haldane, der nicht nur ein großer Naturforscher, sondern auch ein geistreicher Mensch war, ein Abtrünniger aus der britischen Oberschicht, der sich zum dialektischen Materialismus bekannte. Einmal soll er sich, so die Anekdote, einem zudringlichen Geistlichen gegenübergesehen haben, der von ihm wissen wollte, was ihm seine Naturforschungen über den Charakter und die Vorlieben des Schöpfers verraten hätten. Haldane soll geantwortet haben: »Eine haltlose Begeisterung für Käfer.«

Das Rätsel der Käfervielfalt lässt sich unter zweierlei Gesichtspunkten ins Auge fassen. Da ist zum einen die enge koleopterologische Perspektive. Ein Käfer ist definitionsgemäß ein Insekt, das die für die Ordnung Coleoptera typische Struktur von anatomischen und physiologischen Anpassungsformen aufweist: eine wurmartige Larve, einen Verpuppungszustand mit anschließender Metamorphose, Kau- oder Beißwerkzeuge und (das Wichtigste?) ein vorderes Flügelpaar, das zu Deckflügeln (*Elytra*) modifiziert ist. Diese Deckflügel bestehen aus einem Paar fester Hüllen, die wie Schranktüren am Rücken des Käfers passgenau anliegen und ein normales Hinterflügelpaar schützen, dem die eigentliche Arbeit des Fliegens zufällt. Von diesem Schema – vollständige Metamorphose, Kauwerkzeuge, Deckflügel – kennt die Wissenschaft 290 000 Variationen. Die Natur kennt noch Millionen weitere. Das Schema ist mithin außerordentlich bewährt. Es ist auch außerordentlich flexibel, wie die Tatsache beweist, dass unsere Biosphäre nicht nur von einer einzigen dominanten Käferart bevölkert wird (wie das bei der einen dominanten Hominidenspezies der Fall ist), sondern vielmehr den Lebensraum für jenen umwerfenden Reichtum an Variationen abgibt – für Käfer mit den verrücktesten Formen, den grandiosesten Farben, den merkwürdigsten Verhaltensweisen, den winzigsten und monströsesten Größen, für Käfer in allen nur denkbaren Extremen und in einer Vielzahl, die jeder numerischen Erfassung spottet. Warum? Niemand weiß es.

So viel zur koleopterologischen Perspektive! Das Rätsel der Käfervielfalt lässt sich aber auch in der Weise ins Auge fassen, dass man es im Kontext eines umfassenderen Rätsels thematisiert. Nennen wir diese andere Herangehensweise den Artenbildungsansatz. Unter diesem umfassenderen Gesichtspunkt lautet die Frage: Welche Faktoren führen zu neuen Fällen von reproduktiver Isolation bei Tier- und Pflanzenpopulationen? Allgemein verständlicher gesagt: Wie entstehen Arten? Dem Titel seines Buches zum Trotz hat nicht einmal Darwin die Antwort hierauf gefunden.

Bis zum heutigen Tag schlagen sich Biologen und Ökologen mit diesem schier unlösbaren Rätsel herum. Warum ist die Struktur einer natürlichen Lebensgemeinschaft, wenn man sie unter dem Gesichtspunkt der Artenvielfalt und der Wechselwirkungen zwischen den Arten betrachtet, derart komplex? Warum gibt es viertausend Säugetierarten? Warum 18 800 Arten von Fischen? Warum 248 400 Arten höherer Pflanzen? Welche Faktoren haben für die Aufspaltung des Genpools der Ordnung Coleoptera in bis zu zehn Millionen isolierte Minipools geführt? Was treibt zur Artenbildung?

Im Jahr 1958 hielt einer der Gründungsväter der modernen Ökologie, G. Evelyn Hutchinson, einen Vortrag, der drei Jahrzehnte lang Bewunderung erregen und Kontroversen entfachen sollte. Es handelte sich um die Antrittsrede, die Hutchinson als neu gewählter Präsident der Amerikanischen Naturforschergesellschaft hielt; sie wurde danach in der Zeitschrift *American Naturalist* abgedruckt und beschäftigte sich mit Fragen der Artenbildung, der Aufteilung von Nischen und der Konkurrenz zwischen ähnlichen Arten innerhalb einer zusammenhängenden ökologischen Gemeinschaft. Der Titel lautete »Homage to Santa Rosalia *or* Why Are There So Many Kinds of Animals?« (Hommage an Santa Rosalia *oder* Warum gibt es so viele Tierarten?). In einer Fußnote zur veröffentlichten Fassung seines Vortrags kolportierte Hutchinson, was J. B. S. Haldane angeblich über Gottes Schwäche für Käfer geäußert hatte (soweit ich feststellen kann, taucht hier die Anekdote zum ersten Mal in schriftlicher Form auf).

Rosalia ist der Name einer Heiligen, der eine Kultstätte in einer Gebirgsgegend Siziliens geweiht ist; in der Nähe des Kultorts hatte Hutchinson die in der Geschichte der Zoologie berühmteste Sammlung von Wasserwanzen zusammengetragen.

Eine Wasserwanze ist gar kein Käfer, sondern eben eine Wanze, und fachwissenschaftlich korrekt wird dieses Wort nur verwendet, wenn es für eine ganz bestimmte Gruppe von Insekten gebraucht wird – für Wasserläufer, Rückenschwimmer, Ruderwanzen und dergleichen mehr. An den Wasserwanzen von Santa Rosalia wäre uns Laien schwerlich etwas Besonderes aufgefallen. Hutchinson aber bemerkte etwas. Oder jedenfalls hatte er den Verdacht, dass da etwas Besonderes war. Obwohl seine Sammlung von Exemplaren aus einem einzigen kleinen Tümpel stammte, umfasste sie zwei verschiedene, wenngleich eng miteinander verwandte Arten. Sie stimmten praktisch überein, nur dass *Corixa punctata* um das 1,46-fache größer war als *Corixa affinis*. Zufällig zählte Hutchinson zu jenem Typ Naturforscher, der ständig mit Theoriebildung befasst ist, und als er die Exemplare später untersuchte, stellte er sich zwei Fragen. Erstens, warum gab es in dem Tümpel nur zwei Arten statt, sagen wir, drei oder zwanzig oder zweihundert? Zweitens, warum gab es zwei und nicht nur eine?

Seine Antwort auf die erste Frage lautete: Konkurrenz. Seine Antwort auf die zweite: Entschärfung der Konkurrenz durch Größenunterschied. Die beiden ähnlichen Arten konnten im selben Tümpel nebeneinander existieren, so Hutchinsons Vermutung, weil die eine fast um die Hälfte größer war als die andere. Allein dies reichte aus, ihre Bedürfnisse, Verhaltensformen und ökologischen Nischen so weit zu differenzieren, dass es nicht zum Problem der Unverträglichkeit kam. Die Konkurrenzsituation hatte zu einem Unterschied in der Größe geführt, der nun seinerseits die Konkurrenz in für beide Arten erträglichen Grenzen hielt.

Der Befund klingt nicht nach viel. Heute aber, drei Jahrzehnte später, lassen sich die Ökologen zwei Schulen zuordnen, die sich in ihrer Haltung gegenüber der Wasserwanzen-These von G. Evelyn Hutchinson deutlich unterscheiden: Halten sie die These für fundamental richtig, oder gilt sie ihnen als fundamental falsch? In den Jahren seit »Santa Rosalia« ist über die Frage, welche Bedeutung dem Konkurrenzprinzip für die Entstehung der Artenvielfalt in ökologischen Gemeinschaften zukommt, hitzig gestritten und unendlich viel geschrieben worden. Enttäuschend allerdings ist, dass diese Debatte (manche würden von einer heftigen Fehde sprechen) fast nichts über das Rätsel der Käfervielfalt zu sagen weiß. Bei diesen einander bekriegenden Ökologen, den Verfechtern ebenso wie den Bestreitern der Rolle der Konkurrenz, dreht sich alles um die Frage, warum ein kleiner Placken Amazonaswald unter Umständen zehntausend verschiedene Pflanzen- und Tierarten beherbergt – und diese Frage ist ja auch wichtig genug. Weniger hingegen fesselt sie das Problem, warum eine bestimmte Ordnung von Insekten, Coleoptera, möglicherweise zehn Millionen Arten umfasst, die sich über die ganze Welt verteilen.

Ich vermute, dass dies einer der Gründe ist (zu nennen wären außerdem meine Angst vor Mathematik und meine Liebe zu wohlklingenden Adjektiven), warum ich selbst kein Ökologe geworden bin. Meine Neugier will sich einfach nicht auf die richtigen Fragen einpegeln.

Einen Augenblick lang stehe ich neben jenem Flornetz am Amazonas und versuche einzuschätzen, ob das Tier mit dem orangefarbenen Licht gefährlich oder harmlos ist. Alles spricht für seine Harmlosigkeit. Selbst mit meinen spärlichen entomologischen Kenntnissen kann ich es aufgrund seiner Körperform, der falschen Augenflecke auf seiner Brust und des Schnappscharniers zwischen Brustteil und Hinterleib eindeutig als zur Familie der Elateridae gehörig – im gewöhnlichen Sprachgebrauch Schnellkäfer genannt – identifizieren. Das Schnappscharnier ist zwar in einem Flornetz keine Hilfe, erlaubt aber dem Käfer auf einer ebenen Fläche, aus der Rückenlage mit einem Purzelbaum wieder auf die Beine zu kommen. Anders als die mir bekannten Schnellkäfer hat dieses Exemplar grün leuchtende Scheinaugenflecke. Es ist auch viel größer als die Schnellkäfer, die ich in meiner Kindheit in Ohio gesammelt habe. Das andere Leuchtorgan, das sich auf der Unterseite des Hinterleibs befindet, sendet nach wie vor sein pulsierend orangefarbenes Licht aus.

Ich zerre Tom Lovejoy mit mir zurück den Pfad hinunter, damit er sich den Käfer anschaut. Gemeinsam befreien wir ihn aus dem Flornetz und tragen ihn behutsam ins Camp. Während er, Scott McVay, ich und einige andere unseren Fischtopf verzehren, unterhalten wir uns über so unterschiedliche Themen wie Naturschutzpolitik, Erfahrungen mit dem Beringen von Vögeln, Forschungsgelder und Dichtung; der Käfer sitzt währenddessen vor uns auf dem grob behauenen Holztisch, wohl verwahrt in einem verschließbaren Plastikbeutel.

Damals weiß ich es noch nicht, aber später werde ich es den Handbüchern entnehmen, dass dieser Schnellkäfer vom Amazonas mit an Sicherheit grenzender Wahrscheinlichkeit zur Gattung *Pyrophorus* gehört, auch Leuchtschnellkäfer genannt. Ein bisschen weiteres Nachforschen lehrt mich, dass die Indianer im tropischen Amerika diese Leuchtschnellkäfer schon seit vierhundert Jahren sammeln. Ulisse Aldrovandi, ein Gelehrter aus dem 16. Jahrhundert und wie Malpighi Italiener, berichtet in seiner Schilderung der Naturwunder der Neuen Welt, warum die Urwaldstämme *Pyrophorus* schätzten. »Zu Hause ist er den Indianern auf zweierlei Weise nützlich: Er fängt Stechmücken und ersetzt ihnen eine Kerze. Er darf bei geschlossenen Türen frei im Haus herumfliegen, und sein Licht ist so stark wie das einer Kerze. Sein Licht erlaubt es den Indianern, zu lesen, zu schreiben und sich anderweitig zu beschäftigen. Nicht ohne leichte Übertreibung fügte Aldrovandi hinzu: »Im Walde scheinen die Käfer so hell, dass man sich gar nicht verirren kann.«

Die Gattung *Pyrophorus* umfasst wie andere Coleoptera-Gattungen unter Umständen dutzende oder gar hunderte von Arten. Die Wissenschaft hat gerade erst begonnen, in die verwickelten biologischen Verhältnisse des zentralen Amazonasgebiets hineinzuschnuppern, und die meisten dieser Arten sind wahrscheinlich noch gar nicht entdeckt. Jedenfalls gibt ein fünf Zentimeter langer Schnellkäfer mit grün leuchtenden Augenflecken und orangefarben leuchtendem Unterleib ein eindrucksvolles Bild ab. Ich starre ihn in der Überzeugung an, dass er eine vertraute, vielleicht sogar gefeierte Erscheinung des dortigen Regenwaldes ist. Welche Spezies?, frage ich Tom und erwarte, dass er den Namen auf Anhieb parat hat.

Er schaut mich verdutzt an. »Den habe ich noch nie gesehen«, sagt er.

Bei unserem spektakulären Schnellkäfer handelt es sich möglicherweise um eine neue Spezies, von der die Wissenschaft noch nichts weiß. Ist das von Bedeutung? Die Antwort hierauf hängt vom Standpunkt ab. Manche sehen in dem Ganzen nichts als amüsanten statistischen Kleinkram, für andere reduziert sich die Sache auf einen Haufen Wanzen; ich sehe darin die Parabel von den Coleoptera. Die Natur ist unendlich komplex, besagt die Parabel, und die Menschen wissen wenig. Nach dem Abendessen lassen wir den Käfer fliegen.

BESCHRÄNKTE WAHRNEHMUNG

Dunkle Materie, von fern betrachtet

Das Haus ist still. Der Garten ist still. Der Nachthimmel ist zum Teil von dicken, nassen Sommerwolken verdunkelt. Die Wolken bewegen sich aufeinander zu, trennen sich dann wieder, erinnern an grasende Schafe. Der Mond ist jung und deshalb bereits untergegangen. Auch die Lichter der Stadt, die wegen ihrer Kleinheit die spektakuläreren Formen nächtlicher Umtriebigkeit nicht kennt, sind um diese Stunde bereits zum großen Teil erloschen. Nur ein fahler Widerschein, als hätte man Wasserfarbengelb auf graues Papier gepinselt, wird von der Unterseite der Wolken zurückgeworfen. Wenn die Wolken zur Seite gleiten, sieht man in dem tieferen Schwarz der aufreißenden Lücken flimmerndes Sternenlicht. Das Haus ist dunkel. Der Garten ist klein. Da sind zwei Ebereschen, eine Wand aus Fliederbüschen, ein baufälliger, alter Holzschuppen voller Kajaks, eine Hängebirke nahe dem Laubengang, mehrere Ahornbäume, eine Rhabarberstaude, die geschossen ist und Samen ausgebildet hat. Wilder Spargel, Löwenzahn – das hier ist kein Vorzeigegarten, aber es ist ein ruhiger, abgeschiedener Ort. Ein Mann liegt auf einem schmalen Grasstreifen zwischen den Himbeeren und dem Wildblumengarten so, dass er zum Himmel schauen kann. Er ist zwar zwischendurch eingenickt, hat aber noch die Brille auf der Nase. Falls er sich auf den Bauch wälzt, hat er gute Chancen, sie zu zertrümmern.

Er regt sich, wird wach, hebt ein Fernglas an die Augen und richtet es auf einen Placken freien Himmels. Dort leuchten verwischte Kleckse Helligkeit auf. Er stellt das Glas scharf ein. Aus den verwischten Klecksen werden strahlende Punkte. Die Punkte stellen Sterne und – wenn er recht informiert ist – Milchstraßen, Nebel, Galaxienhaufen vor. Ihre Vielzahl ist natürlich überwältigend. Dass die Punkte so zahlreich sind, wäre normalerweise Anlass zur Begeisterung; heute Nacht aber ist er von etwas anderem stärker in Anspruch genommen. In dieser besonderen Nacht beäugt er misstrauisch und mit einem Interesse, das er noch nicht lange hegt, die dunklen Räume im Umkreis jener Punkte.

In den dunklen Räumen sieht er, was auch vom besten Observatorium aus zu sehen wäre: nichts.

Der Mann ist allein. Seine Frau ist zu einem Musiktreffen gereist. Den ganzen Tag über hat er in seinem Büro herumgegangen, hat keinen Telefonanruf angenommen, hat beharrlicher als sonst jede Kommunikation verweigert. Er hat gelesen: *The Dark Matter* (Die dunkle Materie) von Wallace und Karen Tucker, *The Shadows of Creation* (Die Schatten der Schöpfung) von David Schramm und Michael Riordan, *Ancient Light* (Uraltes Licht) von Alan Lightman, *Origins* (Ursprünge), eine Sammlung von Interviews mit Kosmologen, herausgegeben von Lightman und Roberta Brawer, sowie eine Handvoll anderer einschlägiger Bücher, einen Ordner voller Zeitungsausschnitte und mehrere Artikel von einer Astronomin namens Vera C. Rubin. Er lässt sich das Gelesene durch den Kopf gehen, tigert umher, murmelt vor sich hin. In seinem Naturführer hat er die Sternbilder nachgeschlagen. Er hat in seinem schönen, großen *Atlas of Galaxies* geblättert, einem persönlichen Geschenk von Dr. Lightman. Dann, um Mitternacht, hat er die Katzen im Haus eingeschlossen und den Garten zur spielfreien Zone erklärt. Die Katzen würden ihn mit ihrem Spieldrang stören.

Jetzt starrt er zum Himmel hinauf. Er möchte den Großen Wagen ins Blickfeld bekommen. Er macht sich Gedanken über M101, den Spiralnebel unmittelbar oberhalb der Deichsel des Großen Wagens. M101 mag zwar durchs Fernglas nicht zu sehen sein, aber wenigstens weiß er, wo er ihn sich vorstellen muss: an der Spitze eines gleichseitigen Dreiecks, dessen andere Eckpunkte die Deichselsterne Mizar und Alkaid bilden. Er möchte einen Blick auf die *Halo* genannte dunkle Aura aus unsichtbarer Materie werfen, die – nach dem, was er sich angelesen hat – den leuchtenden Teil jenes Spiralnebels umgibt. *Halo* stammt nicht von ihm. Das Wort haben die Fachleute ausgewählt als übereinstimmende Bezeichnung für die ungeheure sphärische Anhäufung nicht leuchtender Materie, von der jeder Spiralnebel umgeben ist, wenn man den Befunden von Gravitationsmessungen Glauben schenken darf. Die Vorstellung von einer dunklen Aura, einem dunklen Lichthof, ist ein Widerspruch in sich, aber ebenso widersprüchlich ist schließlich auch die Rede von einem Wildblumengarten.

Angesehene Astrophysiker haben ihn davon überzeugt, dass das Universum so, wie wir es sehen, nichts weiter als Sinnbild der Wirklichkeit ist.

Das Sternenlicht ist die Nelke im Knopfloch des unsichtbaren Menschen. Alles Übrige, also praktisch alles, besteht aus so genannter dunkler Materie.

Einige Hinweise auf das Phänomen gab es schon früh; sie wurden weitgehend ignoriert. Ein amerikanischer Astronom schweizerischer Abstammung namens Fritz Zwicky erforschte im Jahr 1933 die dynamischen Verhältnisse eines Galaxienhaufens im Sternbild Coma Berenices (Haupthaar der Berenike). Auf der Basis seiner Berechnungen der Umlaufgeschwindigkeiten, mit denen diese Milchstraßen einander umkreisen, gelangte Zwickel zu einem Schätzwert ihrer Gesamtmasse. Das Ergebnis war verblüffend. Die durch das Sternenlicht ausgewiesene, sichtbare Masse betrug, so sein Fazit, weniger als ein Zehntel der Masse, die tatsächlich vorhanden sein musste. Das ganze Übrige war irgendwie verborgen. Ohne diesen gewaltigen verborgenen Teil der angenommenen Masse und ohne die von ihm ausgehende Gravitationskraft wäre der Galaxienhaufen außerstande, den Zusammenhalt zu bewahren. Statt sich wechselseitig zu umkreisen, müssten die beteiligten Galaxien auseinander fliegen.

Coma Berenices ist nach einer kahlköpfigen ägyptischen Königin benannt. Der Spiralnebel befindet sich jenseits des Sternbilds Jungfrau in einer Linie mit dem nördlichen galaktischen Pol unserer eigenen Milchstraße, ungefähr dreihundert Millionen Lichtjahre entfernt. Selbst mit seinem Leitz-Fernglas kann der Mann im Garten den Spiralnebel nicht entdecken.

Er hat eine Kopflampe, die von zwei Hochleistungsbatterien gespeist wird. Eine Kopflampe mit elastischem Stirnband ist, wie er festgestellt hat, draußen stets von Nutzen, wenn man nach Einbruch der Dunkelheit ein Zelt aufbauen oder Sternkarten lesen will oder wenn man Wert darauf legt, dass unter dem Stirnband das Haar am Kopf festklebt und einen wie den letzten Deppen aussehen lässt. Er hat eine Wasserflasche, eine Bodenplane und eine Luftmatratze mit Aufblasautomatismus. Er ist bestens vorbereitet. Er kann sich partout nicht erinnern, wann er das letzte Mal im eigenen Garten kampiert hat.

Irgendwann in den nächsten zwei Stunden muss im Nordwesten der Große Wagen emportauchen und über der Eberesche neben dem Schuppen sichtbar werden. Wenn er Glück hat, werden die Wolken bis dahin weg sein. Und wenn ihm das Glück vollends lacht, wird er auch noch wach sein. Auf dem Weg zu einem freien kosmologischen Ausblick gibt es viele Hindernisse.

Im Jahr 1940 tat der holländische Astronom Jan Oort eine Äußerung, die jahrzehntelang unbeachtet blieb. Oort hatte den Aufbau und die dynamischen Verhältnisse einer unscheinbaren Galaxie mit der Bezeichnung NGC 3115 untersucht. Etwas schien hier nicht zu stimmen, geradeso, wie bei Zwickys Spiralnebel etwas nicht gestimmt hatte. »Wir kommen zu dem Schluss«, schrieb Oort, »dass in dem System die Massenverteilung von der Lichtverteilung beträchtlich abweicht.« Die Auswirkungen der Gravitation sprachen dafür, dass die Galaxie weit gewichtiger war, als sie aussah. »Das stark kondensierte, leuchtende System scheint in eine große und mehr oder weniger homogene Masse von äußerster Dichte eingebettet zu sein.« Oort hatte entdeckt, dass NGC 3115 eine dunkle Aura besaß.

Damals konnte Oort mit seiner Beobachtung niemanden zu einem fruchtbaren Streit auf die Barrikaden locken. Die meisten Astronomen schauten anderswohin und interessierten sich für anderes. Eine Ausnahme stellte Vera Rubin von der Carnegie Institution in Washington dar. Noch in den Siebzigerjahren des 20. Jahrhunderts, als Dr. Rubin beschloss, die Rotationsgeschwindigkeit des Andromedanebels zu messen, hatte sie das Gefühl, sich ein Forschungsthema ausgesucht zu haben, das als ebenso obskur wie abseitig galt und andere Astronomen nicht sonderlich interessierte; aber ihr war das nur recht. Bis 1983 hatten sie und ihre Mitarbeiter bei sechzig verschiedenen Spiralnebeln das Muster der internen Umlaufgeschwindigkeiten studiert. Das Merkwürdige an diesem Muster bestand darin, dass die Umlaufgeschwindigkeiten nicht umgekehrt proportional zum Radius abnahmen. Zu Deutsch: Die Sterne weit draußen an den Spitzen der Spiralarme kreisten genauso schnell wie die Sterne in der Nähe des Mittelpunkts der Spirale.

Dass Spiralnebel die Form von Feuerrädern haben, ist Folge der Tatsache, dass die Sterne an der Peripherie hinter denen in der Nähe des Zentrums herhinken. Von dieser Annahme ging man schon immer aus. Die Messungen von Rubin und ihren Mitarbeitern fügten nun aber eine überraschende Erkenntnis hinzu: Die Sterne an der Peripherie hinkten nur deshalb hinterher, weil die Entfernungen, die sie auf ihrer Umlaufbahn zurücklegen mussten, größer waren;

die Geschwindigkeiten, mit denen sie sich fortbewegten, waren hingegen, so zeigte sich, nicht geringer als die der Sterne in der Nähe des Zentrums.

Nach dem Gravitationsgesetz schien dies eigentlich unmöglich. Mit wachsendem Abstand zu einer zentral gelegenen Ansammlung von Masse musste die Anziehungskraft abnehmen (und sich deshalb die gravitationsbedingte Rotation eines umlaufenden Körpers verlangsamen). Wie konnten dann die Spitzen der Galaxienarme eine solche Geschwindigkeit haben? Eine denkbare Erklärung war, dass mit dem von Newton formulierten und von Einstein weiter ausgearbeiteten Gravitationsgesetz etwas Wesentliches nicht stimmte. Eine andere Erklärung, die nicht ganz so beunruhigend erschien, lief darauf hinaus, dass die Lichtstrahlung (womit nicht nur das sichtbare Licht, sondern auch das Licht im Infrarot- und im Ultraviolettbereich, die Röntgenstrahlen und sämtliche anderen bekannten Strahlungen gemeint sind) kein genaues Bild von den tatsächlichen Massenverhältnissen lieferte. Vielleicht befanden sich die vom Zentrum entferntesten Spitzen der leuchtenden Arme, die den äußersten Rand der Galaxie zu bilden schienen, in Wirklichkeit mitten in der Massekonzentration. Vielleicht war die ganze Galaxie einschließlich der Armspitzen in eine riesige Sphäre unsichtbarer Materie eingebettet. »Beobachtungen von Rotationsbahnen ohne rückläufige Geschwindigkeiten«, schrieb Rubin in der Zeitschrift *Science*, »stützen den Schluss, dass die Spiralnebel von massiven, nicht leuchtenden Auren umgeben sind. Die gravitationsbedingte Anziehungskraft dieser unsichtbaren Masse, von der ein großer Teil außerhalb des optischen Bildes lokalisiert ist, verhindert, dass die Umlaufgeschwindigkeiten sinken.« Ungefähr achtzig Prozent der Masse in einem Spiralnebel, so ihre Schätzung, seien unsichtbar.

Etwa zu den gleichen Ergebnissen gelangten andere Wissenschaftler, die mit anderen Messmethoden andere Aspekte des gleichen rätselhaften Phänomens untersuchten. Irgendwann kam dann der Begriff der dunklen Materie auf. Dunkle Materie darf man nicht mit Antimaterie verwechseln; Letztere besteht aus zwillingshaften Gegenstücken der bekannten subatomaren Teilchen – ein Antiproton steht dem Proton, ein Positron dem Elektron gegenüber und so weiter. Antimaterie wurde experimentell entdeckt, ist aber in unserem Universum selten; beim Kontakt mit Materie zerstrahlt sie unter Freisetzung hoher Energie. Auch dunkle Materie hat man entdeckt – wie wir sahen, kam ihr zum Beispiel Dr. Rubin indirekt durch die Beobachtung ihrer gravitationsspezifischen Auswirkungen auf die Spur –, aber als selten kann man sie schwerlich bezeichnen. Sie ist auch nicht so scheu und flüchtig wie die Antimaterie. Sie hängt herum. Sie macht sich breit. Sie umschließt ganze Welten, wie ein Grizzly, der ein Glas Majonäse umklammert. Dunkle Materie, so die heute herrschende Überzeugung, stellt bis zu neunzig Prozent der Gesamtmasse des Universums.

Niemand allerdings hat sie je gesehen. Niemand weiß, worum es sich dabei handelt. Um verborgene Planeten? Vielleicht, aber eher mal nicht. Schwarze Löcher? Vielleicht, aber eher mal nicht. Braune Zwerge? Ach was! Neutronensterne? Ach was! Riesige, amorphe Ansammlungen von Neutrinos, von denen anzunehmen wäre, dass sie jeweils über eine Masse verfügen, die eine Spur größer ist als null? Eher mal nicht! Fremdartige, neue Partikel, die von der Wissenschaft bislang noch nicht entdeckt worden sind? – Axionen, Photinos, Gravitinos? Neue Teilchen nach Bedarf zu erfinden, um neue Beobachtungen erklären zu können, erinnert unangenehm an Praktiken der alten Metaphysik. Außerdem klingt *Gravitino* zu sehr nach irgendeiner nahrhaften, kräftigen Teigware, als dass man es richtig ernst nehmen könnte. Jede dieser hypothetischen Erklärungen hat ihre Vorzüge und ihre Nachteile. Die dunkle Materie hat ihren Teil dazu beigetragen, die Astrophysik in einen solchen Zustand der Verwirrung zu stürzen, dass mittlerweile selbst die geheiligtsten Dogmen in Zweifel gezogen werden – die Urknalltheorie, eine Variante der Urknalltheorie, die mit einem expandierenden Universum argumentiert, sogar das Gravitationsgesetz selbst. Die Zweifelsucht hat Hausse. Nichts als Unklarheiten. Verglichen damit, wirkt das Prinzip der Unschärferelation wie ein Bollwerk des Positivismus. »Wie ungeheuer ahnungslos wir sind, lässt sich«, laut Vera Rubin, »daran ermessen, dass zwischen Neutrinos mit einer Masse von mehr als null und massiven Schwarzen Löchern ein Massenunterschied von 10^{70} besteht.« Das heißt, die beiden Anwärter auf die Rolle der dunklen Materie trennt eine Kluft von siebzig Potenzen. Sie drückte damit in höflicher Form aus, dass wir nicht mehr wissen, wo vorne und hinten ist. Zu allem Überfluss fängt es um drei Uhr morgens auch noch zu regnen an.

Der Mann schiebt sein grauenhaft kostspieliges Fernglas in eine Plastiktüte. Er wickelt sich die Plane um die Schultern. Und schläft wieder ein.

Um vier Uhr allerdings beginnt ein grandioses Wetterleuchten. Der Regen verstärkt sich. Frustriert, geblendet, unwissend und nass schleicht der Mann ins Haus.

Die nächste Nacht ist klar. Mithilfe eines Gartenstuhls steigt er auf das Dach des Schuppens. Dadurch gewinnt er an der Eberesche vorbei Ausblick auf den unteren Teil des nördlichen Himmels. Hier wird er so lange bleiben wie nötig. Genug Beobachtungszeit zu bekommen ist, wie Vera Rubin höchstpersönlich bezeugt, immer das Allerschwierigste. Die Astronomen müssen miteinander um die Benutzung der großen Teleskope konkurrieren; wer sich eine Hand voll Nächte pro Jahr zu sichern vermag, kann sich glücklich schätzen. Der Mann indes hat sein Fernglas, seinen Kopfstrahler und seine Sternkarte. Der Große Wagen leuchtet am Nordwesthimmel, drüben in Richtung der Überführung der Seventh Avenue. Oberhalb der Deichsel liegt in den Tiefen des Raums M101.

Rubin fing ihre Karriere mit einer Magisterarbeit über großräumige kosmische Bewegungsabläufe an. Die Urknalltheorie (die ursprünglich aus den Befunden Edmund Hubbles hervorging und seitdem vielfältig modifiziert wurde) beschreibt ein Universum, in dem alles auseinander fliegt; diese junge Frau fragte sich indes, ob es im Rahmen dieser großen kosmischen Expansion auch noch andere umfassende Bewegungsmuster gab. Flitzten nicht manche Galaxien *aufeinander zu*? Schwenkten nicht manche ohne Rücksicht auf den allgemeinen Trend und auf Hubbles Prinzip in diese oder jene Richtung ab, als hätten sie am Tag des Urknalls nicht am Unterricht teilgenommen? Sie brachte ihre Überlegungen unter der Überschrift »Rotation des Universums« zu Papier. Der Artikel wurde als anmaßend und ungebührlich ehrgeizig, wo nicht gar als ein bisschen überkandidelt angesehen und vom *Astronomical Journal* abgelehnt. Wir können doch keinen Beitrag mit dem Titel »Rotation des Universums« veröffentlichen, hieß es, und schon gar nicht von einer unbekannten zweiundzwanzigjährigen Studentin. Rubin ließ das Thema der umfassenden Bewegungsabläufe fallen. Fast vierzig Jahre später wurde sie von Alan Lightman gefragt, warum sie es nicht weiterverfolgt habe.

Das hatte zwei Gründe, erklärte sie ihm. »Vor allem hätte der einzige echte Beitrag in Beobachtungen bestanden. Nötig wären mehr Galaxien und genauere Geschwindigkeits- und Größenmessungen gewesen. Ich hatte um diese Zeit schon zwei Kinder. Ehrlich gesagt, ich wusste damals, dass ich so etwas nicht schaffen konnte. Die Observatorien waren für mich außer Reichweite. Es war völlig ausgeschlossen.« Hinzu kam, dass sie sich nicht gern herumstritt. Sie hatte kein Interesse daran, zu provozieren und zu konkurrieren, sich in ätzenden Grabenkämpfen zwischen modischer Häresie und geheiligter Orthodoxie zu engagieren. Sie wollte einfach nur Wissenschaft betreiben, in Ruhe gute Arbeit leisten. Sie wandte sich anderen Fragen zu, bis dann Jahre später die Rotation von Spiralnebeln ihre Neugier weckte. Die Zentren dieser Galaxien waren schon Gegenstand zahlreicher Forschungen; sie konzentrierte sich auf die

Arme. Wie schnell rotierten diese Arme? In welchem Maße nahmen die Geschwindigkeiten mit zunehmender Entfernung vom Zentrum ab? Damals erschien das als eine unbedeutende, kleine Frage, mit der sie segensreiche Distanz hielt zum brodelnden Epizentrum der Fachdiskussionen. Damals war die Astrophysik noch nicht besessen von dem Anspruch, das Problem der dunklen Materie in den Griff zu bekommen und zu lösen. Rubin verzog sich an die Peripherie, bis schließlich das brodelnde Epizentrum ihr dorthin folgte.

Der Mann auf dem Dach hebt sein Fernglas an die Augen und richtet es auf die Umgebung von Mizar und Alkaid. Ungefähr hier, denkt er. Ein dunkler Fleck mit Sternenlicht bestäubt, als wäre es Glimmer. Das Fernglas besteht aus 7 x 35-Trinoviden, die sich für die Beobachtung von Vögeln im Urwald hervorragend eignen, während sie für astronomische Zwecke praktisch nutzlos sind. Falls die Galaxie M101 in seinem Blickfeld liegt, bekommt er sie jedenfalls nicht zu sehen. Kleckse, Tüpfel, zitternde Hände – wer soll sich da zurechtfinden! Er schwenkt nach Nordosten. Also gut, irgendwo da draußen, vorbei an Kassiopeia, nahe am Horizont müsste das Sternbild Andromeda mit seiner M31-Galaxie sein. M31 war, wie er weiß, der erste Spiralnebel, den sich Vera Rubin vornahm. Wo ist er heute Nacht? Offenbar versteckt hinter den Bridger-Bergen. Aber wenigstens hat er nachgeschaut. Wenigstens hat er den Versuch gemacht. Und selbst wenn er von M101 oder von M31 einen Blick erhaschte – mit seinem Leitz-Objektiv oder vielleicht mit dem Fünf-Meter-Teleskop auf Mount Palomar oder gar mit dem Zehn-Meter-Ungetüm auf Mauna Kea –, er würde doch nur einen Bruchteil dessen sehen, was in Wirklichkeit da ist. Die wahre Gestalt des Universums bleibt menschlichen Augen entzogen. Uns allen ist das bekannt, dank der gemurmelten Warnungen eines Platon, eines Hume, eines Heisenberg, eines Faulkner oder eines Lawrence Durrell; mittlerweile aber kann man es auch in Organen nachlesen, die so wenig von Skepsis angekränkelt sind wie das *Astronomical Journal*.

Das Wunderbare an der Geschichte mit der dunklen Materie ist, dass alle Gewinn aus ihr ziehen können. Die Agnostiker können sagen: Seht ihr, wie wenig wir wissen! Die Bibelgläubigen können sagen: Seht ihr, wie wenig die Wissenschaft weiß! Die Astrophysiker können sagen: Jetzt sind wir imstande, die Grenzen unserer Wahrnehmung des Universums in einem Zahlenwert auszudrücken; wir sehen etwa zehn Prozent. Was den Mann auf dem Dach betrifft, so gefällt ihm persönlich an der dunklen Materie, dass sie alles verspricht und nichts hält. Sie kombiniert die besten Aspekte des Glaubens und der Skepsis. Die dunkle Materie lässt uns wissen, dass es sich bei dem Universum, wie wir es sehen, um eine dürftige Skizze des Universums handelt, das wir nicht sehen. Sie erinnert uns daran, dass die gewichtigsten Wahrheiten, auch wenn sie unsichtbar sind, sich doch gefühlsmäßig erfassen lassen. Sie verkündet uns, dass die wahre Gestalt der Welt nicht ... Ach, hör auf damit!, denkt er. Geh schlafen, denkt er, eh du dir noch was tust!

Er krabbelt zum Dachrand hinunter. Der Gartenstuhl hat sich boshafterweise in Luft aufgelöst. Oder jedenfalls kann er ihn nicht sehen. Er legt sich auf den Bauch, lässt die untere Körperhälfte baumeln und pendelt versuchsweise mit dem Bein hin und her; aber auch das Fenstersims ist verschwunden. Soll er loslassen und aufs Geratewohl runterplumpsen? Nein. Für einen Mittvierziger mit Schreibtischjob ist das keine gute Idee. Es könnte was kaputtgehen! Sich an die Dachziegel klammernd, robbt er wieder hinauf. Jetzt sitzt er mitten in der Nacht auf dem Dachfirst seines Schuppens fest. Was für ein Narr! Niemand kann ihn sehen. Alle schlafen. Ein Sinnbild der Wirklichkeit?

BIBLIOGRAFIE

Eine kurze Entschuldigung: Die unten aufgelisteten Bücher werden in den Ausgaben angeführt, deren ich bei meinen aufs Geratewohl unternommenen tastenden und manchmal hektischen Bemühungen um Informationen (siehe etwa »Alles über Eier«) habhaft wurde. Es handelt sich nicht unbedingt um die ersten oder auch die bekanntesten Ausgaben der betreffenden Werke. Deshalb dürften manche der Erscheinungsdaten, chronologisch gesehen, abwegig wirken; zum Beispiel weiß der Leser ebenso gut wie ich, dass Henry Thoreaus *Walden* nicht erst im Jahre 1965 erschien. Da diese Bibliografie hauptsächlich eine Anleitung zur weiteren Lektüre sein soll beziehungsweise den Zweck erfüllt, anderen Autoren die Ehre zuteil werden zu lassen, die ihnen gebührt, und da ich mit ihr nicht beabsichtige, meinen wissenschaftlichen Dilettantismus Lügen zu strafen und mich als großer Gelehrter zu profilieren, habe ich darauf verzichtet, loszuziehen und ausladende bibliografische Recherchen anzustellen – zumal mich das in den Wahnsinn getrieben hätte.

Klapperschlangenpassion

Klauber, Laurence M. 1982. *Rattlesnakes: Their Habits, Life Histories, and Influence on Mankind.* Gekürzt von Karen Harvey McClung. Berkeley: University of California Press.

McKann, Belva. 1985. »Texas Serpents.« *Texas Parks and Wildlife*, Bd. 43, Nr. 5.

Tennant, Alan. 1985. *A Field Guide to Texas Snakes.* Austin: Texas Monthly Press.

Imperium als Rauschmittel

Ashley, Maurice. 1971. *England in the Seventeenth Century*, Bd. 6, *The Pelican History of England.* Harmondsworth, Middlesex, England: Penguin Books.

Hannas, Willard A., und Des Allwi. 1990. *Turbulent Times Past in Ternate and Tidore.* Banda Naira, Molukken: Yayasan Warisan dan Budaya Banda Naira.

Lawson, Philip. 1993. *The East India Company.* London: Longman Group.

Muller, Kal. 1990. *Spice Islands: Exotic Eastern Indonesia.* Lincolnwood, Ill.: Passport Books.

Parry, John W. 1969. *Spices.* New York: Chemical Publishing Company.

Purseglove, J. W., E. G. Brown, C. L. Green, und S. R. J. Robbins. 1981. *Spices*, Bd. 1. London: Longman Group.

Ricklefs, M. C. 1993. *A History of Modern Indonesia Since c. 1300.* Stanford, Calif.: Stanford University Press.

Rosengarten, Frederic, Jr. 1969. *The Book of Spices.* Wynnewood, Pa.: Livingston Publishing Company.

Schivelbusch, Wolfgang: 1980. *Das Paradies, der Geschmack und die Vernunft. Eine Geschichte der Genussmittel.* München/Wien.

Wallace, Alfred Russel. 1962. *The Malay Archipelago.* New York: Dover Publications, Inc.

Weil, Andrew T. 1965. »Nutmeg as a Narcotic.« *Economic Botany*, Bd. 19, Nr. 3.

Feste Teile

Bolton, Barry. 1994. *Identification Guide to the Ant Genera of the World*. With scanning electron microscope photography by Laraine Ficken. Cambridge, Mass.: Harvard University Press.

Clarkson, Euan N. K., und Levi-Setti, Riccardo. 1975. »Trilobite Eyes and the Optics of Descartes and Huygens.« *Nature*, Bd. 254 (24. April 1975).

Conway Morris, Simon, und H. B. Whittington. 1979. »The Animals of the Burgess Shale.« *Scientific American*, Bd. 241 (Juli 1979).

Eldredge, Niles. 1986. *Time Frames: The Rethinking of Darwinian Evolution and the Theory of Punctuated Equilibria*. New York: Simon & Schuster.

Eliot, T. S. 1980. *The Complete Poems and Plays 1909–1950*. New York: Harcourt Brace & Company.

Fortey, Richard. 1991. *Fossils. The Key to the Past*. Cambridge, Mass.: Harvard University Press.

Glaessner, Martin F. 1984. *The Dawn of Animal Life: A Biohistorical Study*. Cambridge: Cambridge University Press.

Gould, Stephen Jay. 1989. *Wonderful Life: The Burgess Shale and the Nature of History*. New York: W. W. Norton.

Haeckel, Ernst. 1913. *Die Natur als Künstlerin*. Berlin: Vita Dt. Verl.-Haus.

Hauff, Bernhard, und Rolf Bernhard Hauff. 1981. *Das Holzmadenbuch*. Privatdruck.

Horner, John R. 1992. »Cranial Morphology of *Prosaurolophus* (Ornithischia: Hadrosauridae) with Descriptions of Two New Hadrosaurid Species and an Evaluation of Hadrosaurid Phylogenetic Relationships.« Illustriert von Kris Ellingsen. Bozeman, Mont.: Museum of the Rockies Occasional Paper Nr. 2.

Levi-Setti, Riccardo. 1993. *Trilobites*. Chicago: The University of Chicago Press.

Ludvigsen, Rolf, und Stephen R. Westrop. 1983. »Franconian Trilobites of New York State.« Albany: New York State Museum Memoir 23.

Pinna, Giovanni. 1990. *The Illustrated Encyclopedia of Fossils*. Übers. von Jey Hyams. New York: Facts on File Publications.

Rudwick, Martin J. S. 1985. *The Meaning of Fossils: Episodes in the History of Paleontology*. Chicago: The University of Chicago Press.

Shaw, Frederick C. 1968. »Early Middle Ordovician Chazy Trilobites of New York.« Albany: New York State Museum and Science Service, Memoir 17.

Simpson, George Gaylord. 1983. *Fossils and the History of Life.* New York: Scientific American Books.

Speyer, Stephen E. 1991. »Trilobite Taphonomy: A Basis for Comparative Studies of Arthropod Preservation, Functional Anatomy and Behaviour.« In *The Process of Fossilization.* Hrsg. von Stephen K. Donovan. New York: Columbia University Press.

Stanley, Steven M. 1987. *Extinction.* New York: Scientific American Books. – Dt. Übers.: 1989. *Krisen der Evolution. Artensterben in der Erdgeschichte.* Heidelberg: Spektrum der Wissenschaft.

Towe, Kenneth M. 1973. »Trilobite Eyes. Calcified Lenses in Vivo.« *Science*, Bd. 179 (9. März 1973).

Walker, Cyril, und David Ward. 1992. *Eyewitness Handbooks: Fossils.* New York: Dorling Kindersley.

Whittington, Harry B. 1977. »The Middle Cambrian Trilobite *Naraoia*, Burgess Shale, British Columbia.« *Philosophical Transactions of the Royal Society of London*, Ser. B, Bd. 280, Nr. 970.

——. 1985. »*Tegopelte gigas*, a Second Soft-Bodied Trilobite from the Burgess Shale, Middle Cambrian, British Columbia.« *Journal of Paleontology*, Bd. 59, Nr. 5.

Gewissheit und Zweifel in Baja

Alexander, Charles E., und Walter G. Whitford. 1968. »Energy Requirements of *Uta stansburiana*.« *Copeia*, Nr. 4.

Gans, Carl. 1979. »Momentarily Excessive Construction as the Basis for Protoadaptation.« *Evolution*, Bd. 33, Nr. 1.

Herbers, Joan M. 1981. »Time Resources and Laziness in Animals.« *Oecologia*, Bd. 49.

Hertz, Paul E., Raymond B. Huey, und Eviator Nevo. 1982. »Fight Versus Flight: Body Temperature Influences Defensive Responses in Lizards.« *Animal Behaviour*, Bd. 30.

——. 1983. »Homage to Santa Anita: Thermal Sensitivity of Sprint Speed in Agamid Lizards.« *Evolution*, Bd. 37, Nr. 5.

Hertz, Paul, Raymond B. Huey, und Theodore Garland, Jr. 1988. »Time Budgets, Thermoregulation, and Maximal Locomotor Performances: Are Reptiles Olympians or Boy Scouts?« *American Zoologist*, Bd. 28.

Huey, Raymond B., Albert F. Bennett, Henry John-Alder, und Kenneth A. Nagy. 1984. »Locomotor Capacity and Foraging Behaviour of Kalahari Lacertid Lizards.« *Animal Behaviour*, Bd. 32.

Huey, Raymond B., und Paul E. Hertz. 1982. »Effects of Body Size and Slope on Sprint Speed of a Lizard *(Stellio [Agama] stellio.)*« *Journal of Experimental Biology*, Bd. 97.

——. 1984. »Effects of Body Size and Slope on Acceleration of a Lizard *(Stellio [Agama] stellio).*« *Journal of Experimental Biology*, Bd. 110.

Huey, Raymond B., und Joel G. Kingsolver. 1989. »Evolution of Thermal Sensitivity of Ectotherm Performance.« *TREE*, Bd. 4, Nr. 5.

Huey, Raymond B., und Montgomery Slatkin. 1976. »Cost and Benefits of Lizard Thermoregulation.« *The Quarterly Review of Biology*, Bd. 51, Nr. 3.

Huey, Raymond B., W. Schneider, G. L. Erie, und R. D. Stevenson. 1981. »A Field-Portable Racetrack and Timer for Measuring Acceleration and Speed of Small Cursorial Animals.« *Experientia*, Bd. 37.

Tinkle, Donald W., Don McGregor, und Sumner Dana. 1962. »Home Range Ecology of *Uta stansburiana stejnegeri.*« *Ecology*, Bd. 43.

Phobie und Philie

Adams, K. A. 1981. »Arachnophobia: Love American Style.« *Journal of Psychoanalytic Anthropology*, Bd. 4.

Bowd, Alan D., und Colin R. Boylan. 1984. »Reported Fears of Animals among Biology and Non-Biology Students.« *Psychological Reports*, Bd. 54.

Buss, Arnold, H., E. Neil Murray, und Edith Buss. 1968. »Stimulus Generalization and Fear of Snakes.« *Journal of Personality and Social Psychology*, Bd. 10.

Caras, Roger A. 1977. *Dangerous to Man: The Definitive Story of Wildlife's Reputed Dangers*. South Hackensack, N. J.: Stoeger Publishing Company.

Freud, Sigmund. 1968. *Die Traumdeutung*. GW, Bd. 2/3. Frankfurt a. M.

Geer, James H. 1965. »The Development of a Scale to Measure Fear.«
Behaviour Research and Therapy, Bd. 3.

Hardy, Tad N. 1988. »Entomophobia: The Case for Miss Muffet.«
Bulletin of the Entomological Society of America, Bd. 34.

Harrison, Jim. 1989. »Cobra.« In *The Theory & Practice of Rivers and
New Poems*. Livingston, Mont.: Clark City Press.

Hugdahl, Kenneth, und Ann-Christine Karker. 1981. »Biological Vs.
Experiential Factors in Phobic Conditioning.« *Behaviour Research and Therapy*, Bd. 19.

Joslin, J., H. Fletcher, und J. Emlen. 1964. »A Comparison of the Responses to Snakes of Lab- and Wild-Reared Rhesus Monkeys.«
Animal Behaviour, Bd. 12.

Kellert, Stephen R., und Edward O. Wilson (Hrsg.) 1993. *The Biophilia
Hypothesis*. Washington, D.C.: Island Press.

Klorman, Rafael, Theodore C. Weerts, James E. Hastings, Barbara G.
Melamed, und Peter J. Lang. 1974. »Psychometric Description of
Some Specific-Fear Questionnaires.« *Behavior Therapy*, Bd. 5.

Marks, Isaac M. 1969. *Fears and Phobias*. New York: Academic Press.

Mineka, Susan, Mark Davidson, Michael Cook, und Richard Keir.
1984. »Observational Conditioning of Snake Fear in Rhesus Monkeys.« *Journal of Abnormal Psychology*, Bd. 93.

Mundkur, Balaji. 1983. *The Cult of the Serpent: An Interdisciplinary
Survey of Its Manifestations and Origins*. Albany: State University
of New York Press.

Murray, Edward J., und Frank Foote. 1979. »The Origins of Fear of
Snakes.« *Behaviour Research and Therapy*, Bd. 17.

Ohman, Arne. 1986. »Face the Beast and Fear the Face: Animal and
Social Fears as Prototypes for Evolutionary Analyses of Emotion.«
Psychophysiology, Bd. 23, Nr. 2.

Ohman, Arne, und Joachim J. F. Soares. 1993. »On the Automatic Na-
ture of Phobic Fear: Conditioned Electrodermal Responses to
Masked Fear-Relevant Stimuli.« *Journal of Abnormal Psychology*,
Bd. 102.

Sabath, Michael D., Laura E. Sabath, und Allen M. Moore. 1974.
»Web, Reproduction and Commensals of the Semisocial spider
Cryptophora moluccensis (Araneae: Araneidae) on Guam, Mariana
Islands.« *Micronesica*, Bd. 10, Nr. 1.

Seligman, Martin E. P. 1970. »On the Generality of the Laws of Learn-
ing.« *Psychological Review*, Bd. 77.

Ulrich, Roger S. 1993. »Biophilia, Biophobia, and Natural Land-
scapes.« In *The Biophilia Hypothesis*. Hrsg. von Stephen R. Kelert
und Edward O. Wilson. Washington, D.C.: Island Press.
——. 1971. »Phobias and Preparedness.« *Behavior Therapy*, Bd. 2.
White, E. B. 1980. *Charlotte's Web*. New York: HarperCollins.
Wilkins, Wallace. 1978. »Imagery Values of Fear Items.« *Behavior
Therapy*, Bd. 9.
Wilson, Edward O. 1984, *Biophilia*. Cambridge, Mass.: Harvard University Press.
——. 1985. »In the Queendom of the Ants: A Brief Autobiography.« In
*Leaders in the Study of Animal Behavior: Autobiographical Per-
spectives*. Hrsg. von D. A. Dewsbury. Lewisburg, Pa.: Bucknell
University Press.
Wolin, Lee R., J. M Ordy, und Arline Dillman. 1963. »Monkeys' Fear
of Snakes: A Study of Its Basis and Generality.« *The Journal of Genetic Psychology*, Bd. 103.

Wer schwimmt mit dem Tunfisch

Anderson, Ian. 1988. »Millions of Dolphins Butchered in Tuna Nets.«
New Scientist, 17. März 1988.
Brower, Kenneth. 1989. »The Destruction of Dolphins.« *The Atlantic
Monthly*, Juli 1989.
Conner, K. Patrick. 1990. »The Conversion of StarKist.« *This
World/The San Francisco Chronicle*, 17. Juni 1990.
Herald, Earl S. 1961. »Mackerels, Tunas, Marlins, and Their Rela-
tives.« *Living Fishes of the World*. New York: Doubleday.
Philips, David. 1990. »Breakthrough for Dolphins: How We Did It.«
Earth Island Journal, Sommer 1990.
Steiner, Todd, David Phillips, und Mark J. Palmer. O.J. »The Tragedy
Continues: Killing of Dolphins by the Tuna Industry.« San Fran-
cisco: Earth Island Institute.

Reisende in den Tropen

Dawood, Richard. 1989. *How to Stay Healthy Abroad*. Oxford: Oxford University Press.

Spatula-Theorie

Bateson, Patrick (Hrsg.) 1983. *Mate Choice*. Cambridge: Cambridge University

Batten, Mary. 1992. *Sexual Strategies: How Females Choose Their Mates:* New York: G. P. Putnam's Sons. – Dt. Übers.: 1994. *Natürliche Damenwahl – die Paarungsstrategien in der Natur*. München: dtv.

Berglund, Anders, Gunilla Rosenqvist, und Ingrid Svensson. 1989. »Reproductive Success of Females Limited by Males in Two Pipefish Species.« *American Naturalist*, Bd. 133, Nr. 4.

Campbell, Bernard (Hrsg.) 1972. *Sexual Selection and the Descent of Man*. Chicago Aldine Publishing Company.

Darwin, Charles. O.J.; Nachdruck der Ausgabe von 1871. *The Descent of Man and Selection in Relation to Sex*. New York: The Modern Library. – Dt. Übers.: 1872. *Die Abstammung des Menschen und die geschlechtliche Zuchtwahl*. Stuttgart: Schweizerbart. (Fotomechanischer Nachdruck der 6. Aufl. 1874: Wiesbaden 1992.)

Eberhard, William G. 1985. *Sexual Selection and Animal Genitalia*. Cambridge, Mass.: Harvard University Press.

— . 1990. »Animal Genitalia and Female Choice.« *American Scientist*, Bd. 78 (März – April 1990).

Halliday, Tim. 1980. *Sexual Strategy*. Chicago: The University of Chicago Press.

Parkes, A. S. (Hrsg.) 1956. *Marshall's Physiology of Reproduction*. London: Longmans, Green and Co.

Smith, Robert L. (Hrsg.) 1984. *Sperm Competition and the Evolution of Animal Mating Systems*. New York: Academic Press.

Thornhill, Randy. 1983. »Cryptic Female Choice and Its Implications in the Scorpionfly *Harpobittacus nigriceps*.« *American Naturalist*, Bd. 122, Nr. 6.

Der große stinkende Schlüssel

Corner, E. J. H. 1949. »The Durian Theory or the Origin of the Modern Tree.« *Annals of Botany*, Neue Serie, Bd. XIII.

— . 1954. »The Evolution of Tropical Forest.« In *Evolution as a Process*. Hrsg. von J. S. Huxley, A. C. Hardy, und E. B. Ford. London: Methuen.

——. 1964. *The Life of Plants*. Chicago. The University of Chicago Press.

Eiseman, Fred, und Margaret Eiseman. 1988. *Fruits of Bali*. Berkeley: Periplus Editions.

Herrera, Carlos M. 1981. »Are Tropical Fruits More Rewarding to Dispersers Than Temperate Ones?« *American Naturalist*, Bd. 118.

Howe, Henry F., und George F. Estabrook. 1977. »On Intraspecific Competition for Avian Dispersers in Tropical Trees.« *American Naturalist*, Bd. 111, Nr. 981.

Janzen, Daniel H., und Paul S. Martin. 1982. »Neotropical Anachronisms: The Fruits the Gomphotheres Ate.« *Science*, Bd. 215 (1. Januar 1982).

Loveless, A R. 1983. *Principles of Plant Biology for the Tropics*. London: Longman Group.

Morten, Eugene S. 1973. »On the Evolutionary Advantages and Disadvantages of Fruit Eating in Tropical Birds.« *American Naturalist*, Bd. 107, Nr. 953.

Piper, Jacqueline M. 1989. *Fruits of South-East Asia: Facts and Folklore*. Singapur: Oxford University Press.

Popenoe, Wilson. 1974. *Manual of Tropical and Subtropical Fruits*. New York: Hafner Press (Macmillan Publishing Co.). Faksimile der Ausgabe von 1920.

Rick, Charles M., und Robert I. Bowman, 1961. »Galapagos Tomatoes and Tortoises.« *Evolution*, Bd. 15.

Snow, D. W. 1971. »Evolutionary Aspects of Fruit-Eating by Birds.« *Ibis*, Bd. 113.

Wilson, Mary F. 1983. *Plant Reproductive Ecology*. New York: John Wiley & Sons.

Alles über Eier

Bell, Graham. 1978. »The Evolution of Anisogamy.« *Journal of Theoretical Biology*, Bd. 73.

Burton, Robert. 1987. *Eggs: Nature's Perfect Package*. Fotos von Jane Burton, Kim Taylor, u. a. New York: Facts on File Publications. – Dt. Übers.: 1988. *Das Ei-Wunder der Natur*. Stuttgart: Franck.

Charlesworth, Brian. 1978. »The Population Genetics of Anisogamy.« *Journal of Theoretical Biology*, Bd. 73.

Ghiselin, Michael T. 1974. *The Economy of Nature and the Evolution of Sex*. Berkeley: University of California Press.

Hoekstra, Rolf F. 1980. »Why Do Organisms Produce Gametes of Only Two Different Sizes? Some Theoretical Aspects of the Evolution of Anisogamy.« *Journal of Theoretical Biology*, Bd. 87.

Knowlton, Nancy. 1974. »A Note on the Evolution of Gamete Dimorphism.« *Journal of Theoretical Biology*, Bd. 46.

Lewin, Roger. 1986. »Egg Laying Is for the Birds.« *Science*, Bd. 234 (17. Oktober, 1986).

Margulis, Lynn, und Dorion Sagan. 1986. *Origins of Sex: Three Billion Years of Genetic Recombinations*. New Haven: Yale University Press.

Parker, G. A. 1978. »Selection on Non-Random Fusion of Gametes During the Evolution of Anisogamy.« *Journal of Theoretical Biology*, Bd. 73.

——. 1982. »Why Are There so Many Tiny Sperm? Sperm Competition and the Maintenance of Two Sexes.« *Journal of Theoretical Biology*, Bd. 96.

Parker, G. A., R. R. Baker, und V. G. F. Smith. 1972. »The Origin and Evolution of Gamete Dimorphism and the Male-Female Phenomenon.« *Journal of Theoretical Biology*, Bd. 36.

Peterson, Roger Tory. 1979. *Penguins*. Boston: Houghton Mifflin Company.

Romanoff, Alexis L., und Anastasia J. Romanoff. 1949. *The Avian Egg*. New York: John Wiley & Sons.

Sokolov, Raymond. 1983. »About Eggs.« *Natural History*, Bd. 92 (September 1983).

Katzen, die ihre eigenen Wege fliegen

Beadle, Muriel. 1977. *The Cat: A Complete Authoritative Compendium of Information About Domestic Cats*. New York: Simon & Schuster.

Clutton-Brock, Juliet. 1993. *Cats: Ancient and Modern*. Cambridge, Mass.: Harvard University Press.

Darnton, Robert. 1984. *The Great Cat Massacre and Other Episodes in French Cultural History*. New York: Basic Books. – Dt. Übers.:

1989. *Das große Katzenmassaker. Streifzüge durch die französische Kultur vor der Revolution.* München: Hanser.

Darwin, Charles. 1892. *The Variation of Animals and Plants Under Domestication.* New York: D. Appleton and Company. – Dt. Übers.: 1910. *Das Variiren der Thiere und Pflanzen im Zustande der Domestication.* 2 Bde. 4. Aufl. Stuttgart: Schweizerbart.

Kipling, Rudyard. 1982. »The Cat That Walked by Himself.« Aus *Just so Stories* gesammelt in *The Portable Kipling.* Hrsg. von Irving Howe. New York: The Viking Press. – Dt. Übers.: 1984. *Die Katze geht ihre eigenen Wege.* München: Matthes und Seitz.

Kitchener, Andrew. 1991. *The Natural History of Wild Cats.* Ithaca, N.Y.: Cornell University Press.

McDonald, Donald. 1960. »How Does a Cat Fall on Its Feet?« *New Scientist,* Bd. 7 (30. Juni 1960).

Serpell, James A. 1988. »The Domestication and History of the Cat.« In *The domestic Cat: The Biology of Its Behaviour.* Hrsg. von Dennis C. Turner und Patrick Bateson. Cambridge: Cambridge University Press.

Shesgreen, Sean (Hrsg.) 1973. *Engravings by Hogarth.* New York: Dover Publications, Inc.

Todd, Neil B. 1977. »Cats and Commerce.« *Scientific American,* Bd. 237, Nr. 5.

Turner, Dennis C., und Patrick Bateson. 1988. »Questions About Cats.« In *The Domestic Cat: The Biology of Its Behaviour.* Cambridge: Cambridge University Press.

Vesey-Fitzgerald, Brian. 1957. *Cats.* Harmondsworth, Middlesex, England: Penguin.

Whitney, Wayne O., und Cheryl J. Mehlhaff. 1987. »High-Rise Syndrome in Cats.« *Journal of the American Veterinary Medical Association,* Bd. 191, Nr. 11.

Zeuner, Frederick E. 1963. *A History of Domesticated Animals.* New York: Harper & Row.

Ein Vogel aus Montana, den alle Welt kennt

Bakker, Robert T. 1971. »Dinosaur Physiology and the Origin of Mammals.« *Evolution,* Bd. 25.

——. 1972. »Anatomical and Ecological Evidence of Endothermy in Dinosaurs.« *Nature,* Bd. 238 (14. Juli 1972).

——. 1975. »Dinosaur Renaissance.« *Scientific American*, Bd. 232, Nr. 4.

——. 1986. *Dinosaur Heresies: New Theories Unlocking the Mystery of Dinosaurs and Their Extinction*. New York: William Morrow.

——. 1992. »Inside the Head of a Tiny *T. rex*.« *Discover*, Bd. 13 (März 1992).

Bakker, Robert T., und Peter M. Galton. 1974. »Dinosaur Monophyly and a New Class of Vertebrates.« *Nature*, Bd. 248 (8. März 1974).

Barrick, Reese E., und William J. Showers. 1994. »Thermophysiology of *Tyrannosaurus rex:* Evidence from Oxygen Isotopes.« *Science*, Bd. 265 (8. Juli 1994).

Bennett, Albert F. 1974. »A Final Word.« *Evolution*, Bd. 28.

Bennett, Albert F., und Bonnie Dalzell. 1973. »Dinosaur Physiology: A Critique.« *Evolution*, Bd. 27.

Brown, Barnum. 1915. »Tyrannosaurus, a Cretaceous Carnivorous Dinosaur.« *Scientific American*, Bd. 113, Nr. 15.

Carpenter, Kenneth, und Philip J. Currie. 1990. *Dinosaur Systematics: Approaches and Perspectives*. Cambridge: Cambridge University Press.

Charig, Alan. 1979. *A New Look at the Dinosaurs*. New York: Facts on File Publications. – Dt. Übers.: 1993. *Dinosaurier – rätselhafte Riesen der Urzeit*. Frankfurt a. M.: Ullstein.

Colbert, Edwin H. 1968. *Men and Dinosaurs*. Harmondsworth, Middlesex, England: Penguin.

Desmond, Adrian J. 1977. *The Hot-Blooded Dinosaurs: A Revolution in Paleontology*. New York: Warner Books. – Dt. Übers.: 1981. *Das Rätsel der Dinosaurier. Leben und Untergang der urzeitlichen Tiergiganten*. München: Heyne.

Dodson, Peter. 1974. »Dinosaurs as Dinosaurs.« *Evolution*, Bd. 28.

Feduccia, Alan. 1973. »Dinosaurs as Reptiles.« *Evolution*, Bd. 27.

——. 1974. »Endothermy, Dinosaurs, and *Archaeopteryx*.« *Evolution*, Bd. 28.

Glut, Donald, F. 1982. *The New Dinosaur Dictionary*. Secaucus, N.J.: Citadel Press.

Horner, John R., und James Gorman. 1988. *Digging Dinosaurs*. New York: Workman Publishing.

Horner, John R., und Don Lessem. 1993. *The Complete T. Rex*. New York: Simon & Schuster.

Lambert, David, und the Diagram Group. 1990. *The Dinosaur Data Book*. New York: Avon Books.

Morell, Virginia. 1994. »Warm-Blooded Dino Debate Blows Hot and Cold.« *Science*, Bd. 265 (8. Juli 1994).

Myers, Rex C., und Norma B. Ashby. 1989. *Symbols of Montana.* Helena: Montana Historical Society Foundation.

Osborn, Henry Fairfield. 1905. »Tyrannosaurus and Other Cretaceous Carnivorous Dinosaurs.« *Bulletin of the American Museum of Natural History*, Bd. 21, Artikel 14.

—. 1906. »Tyrannosaurus, Upper Cretaceous Carnivorous Dinosaur (Second Communication).« *Bulletin of the American Museum of Natural History*, Bd. 22, Artikel 16.

—. 1915. »Tyrannosaurus, Restoration and Model of the Skeleton.« *Bulletin of the American Museum of Natural History*, Bd. 32, Artikel 4.

Ostrom, J. H. 1973. »The Ancestry of Birds.« *Nature*, Bd. 242 (9. März 1973).

—. 1974. »Reply to ›Dinosaurs as Reptiles.‹« *Evolution*, Bd. 28.

Turner, Craig. 1994. »Scientists Find Rare Tyrannosaurus Skeleton in Canada.« *Los Angeles Times* (30. Juni 1994).

Wallace, Joseph. 1987. *The Rise and Fall of the Dinosaur.* New York: W. H. Smith Publishers. – Dt. Übers.: 1993. *Dinosaurier – Leben und mysteriöser Untergang.* Hamburg: Xenos.

Wilford, John Noble. 1985. *The Riddle of the Dinosaur.* New York: Alfred A. Knopf.

Des einen Freud ist des anderen Leid

Wiles, Gary J. 1987. »Current Research and Future Management of Malians Fruit Bats (Chiroptera: Pteropodidae) on Guam.« *Australian Mammalogy*, Bd. 10.

—. 1987. »The Status of Fruit Bats on Guam.« *Pacific Science*, Bd. 41.

—. 1987. »The Trade in Fruit Bats in the Malians and Other Pacific Islands.« *Ples*, Bd. 3.

Wiles, Gary J., Thomas O. Lemke, und Nicholas H. Payne. 1989. »Population Estimates of Fruit Bats *(Pteropus mariannus)* in the Mariana Islands.« *Conservation Biology*, Bd. 3, Nr. 1.

Wiles, Gary J., und Nicholas H. Payne. 1986. »The Trade in Fruit Bats *Pteropus* spp. on Guam and Other Pacific Islands.« *Biological Conservation*, Bd. 38.

Bonner, John T. 1944. »A Descriptive Study of the Development of the Slime Mold *Dictyostelium discoideum.*« *American Journal of Botany*, Bd. 31.

—. 1959. *The Cellular Slime Molds*. Princeton, N.J.: Princeton University Press.

—. 1969. »Hormones in Social Amoebae and Mammals.« *Scientific American*, Bd. 220, Nr. 6.

—. 1982. »Evolutionary Strategies and Developmental Constraints in the Cellular Slime Molds.» *American Naturalist*, Bd. 119, Nr. 4.

—. 1983. »Chemical Signals of Social Amoebae.« *Scientific American*, Bd. 248, Nr. 4.

—. 1993. *Life Cycles: Reflections of an Evolutionary Biologist*. Princeton, N.J.: Princeton University Press.

Bonner, John Tyler, A. Chiang, J. Lee, und H.B. Suthers. 1988. »The Possible Role of Ammonia in Phototaxis of Migrating Slugs of *Dictyostelium discoideum.*« *Proceedings of the National Academy of Sciences*, Bd. 85.

Bonner, John Tyler, und Marya R. Dodd. 1962. »Evidence for Gas-Induced Orientation in the Cellular Slime Molds.« *Developmental Biology*, Bd. 5.

Bonner, John Tyler, William Wight Clarke, Jr., Charles Lea Neely, Jr., und Miriam Kresses Slifkin. 1950. »The Orientation to Light and the Extremely Sensitive Orientation to Temperature Gradients in the Slime Mold *Dictyostelium discoideum.*« *Journal of Cellular an Comparative Physiology*, Bd. 5.

Bonner, John Tyler, und Marcia J. Shaw. 1957. »The Role of Humidity in the Differentiation of the Cellular Slime Molds.« *Journal of Cellular and Comparative Physiology*, Bd. 50.

Hodges, Andrew. 1983. *Alan Turing: The Enigma*. New York: Simon and Schuster. – Dt. Übers.: 1989. *Alan Turing, Enigma*. Berlin: Kammerer & Unverzagt.

Margulis, Lynn, und Karlene V. Schwartz. 1988. *Five Kingdoms: An Illustrated Guide to the Phyla of Life on Earth*. New York: W.H. Freeman. – Dt. Übers.: 1989. *Die fünf Reiche der Organismen – ein Leifaden*. Heidelberg: Spektrum der Wissenschaft.

Turing, A.M. 1952. »The Chemical Basis of Morphogenesis.« *Philoso-*

phical *Transactions of the Royal Society of London*, Ser. B, Bd. 237, Nr. 641.

Whittaker, R. H. 1959. »On the Broad Classification of Organisms.« *The Quarterly Review of Biology*, Bd. 34, Nr. 3.

Das Tier im Spiegel

Ankle-Simons, Friderun, 1983. *A Survey of Living Primates and Their Anatomy*. New York: Macmillan Publishing.

Balog, James. 1993. *Anima*. Boulder, Colo.: Arts Alternative Press.

Caccione, Adalgisa, und Jeffrey R. Powell. 1989. »DNA Divergence Among Hominoids.« *Evolution*, Bd. 43, Nr. 5.

Cavalieri, Paola, und Peter Singer (Hrsg.). 1993. *The Great Ape Project: Equality Beyond Humanity*. London: Fourth Estate.

Diamond, Jared. 1991. *The Rise and Fall of the Third Chimpanzee*. London: Radius.

Gallup, Gordon G., Jr. 1970. »Chimpanzees: Self-Recognition.« *Science*, Bd. 167 (2. Januar 1970)

——. 1977. »Self-Recognition in Primates.« *American Psychologist*, Bd. 32.

Goodall, Jane. 1986. *The Chimpanzees of Gombe: Patterns of Behavior*. Cambridge, Mass.: The Belknap Press of Harvard University Press.

Godman, Morris, Ben F. Koop, John Czelusniak, David H. A. Fitch, Danilo A. Tagle, und Jerry L. Slightom. 1989. »Molecular Phylogeny of the Family of Apes and Humans.« *Genome*, Bd. 31.

Goodman, Morris, Danilo A. Tagle, David H. A. Fitch, Wendy Bailey, John Czelusniak, Ben F. Koop, Philip Benson, und Jerry L. Slightom. 1990. »Primate Evolution at the DNA Level and a Classification of Hominoids.« *Journal of Molecular Evolution*, Bd. 30.

King, Mary-Claire, und A. C. Wilson. 1975. »Evolution at Two Levels in Humans and Chimpanzees.« *Science*, Bd. 188 (11. April 1975).

Kingdon, Jonathan. 1971. *East African Mammals: An Atlas of Evolution in Africa*, Bd. 1. London: Academic Press. – Dt. Übers.: 1982. *Ostafrikanische Säugetiere*. Frankfurt a. M.: Senckenberg Museum.

Marks, Jon, Carl W. Schmid, und Vincent M. Sarich. 1988. »DNA Hybridization as a Guide to Phylogeny: Relations of the Hominoidea.« *Journal of Human Evolution*, Bd. 17.

Miyamoto, Michael M., Jerry L. Slightom, und Morris Goodman. 1987. »Phylogenetic Relations of Humans and African Apes from DNA Sequences in the ψη-Globin Region.« *Science*, Bd. 238 (16. Oktober 1987).

Morris, Ramona, und Desmond Morris. 1966. *Men and Apes*. New York: McGraw-Hill Book Company. – Dt. Übers.: 1968. *Der Mensch schuf sich den Affen*. München: BLV.

Nichols, Michael. 1993. *The Great Apes: Between Two Worlds*. Washington, D. C.: National Geographic Society.

Nichols, Michael, und Jane Goodall. 1999. *Brutal Kinship*. New York: Aperture.

Peterson, Dale, und Jane Goodall. 1993. *Visions of Caliban: On Chimpanzees and People*. Boston: Houghton Mifflin. – Dt. Übers.: 1994. *Von Schimpansen und Menschen – wir lieben und wir töten sie*. Reinbek bei Hamburg: Rowohlt.

Ritvo, Harriet. 1987. *The Animal Estate: The English and Other Creatures in the Victorian Age*. Cambridge, Mass.: Harvard University Press.

Sibley, Charles G., und Jon E. Ahlquist. 1983. »Phylogeny and Classification of Birds Based on the Data of DNA-DNA Hybridization.« In *Current Ornithology*, Bd. 1. Hrsg. von Richard F. Johnston. New York: Plenum Press.

Sibley, Charles G., Jon E. Ahlquist, und Burt L. Monroe, Jr. 1988. »A Classification of the Living Birds of the World Based on DNA-DNA Hybridization Studies.« *The Auk*, Bd. 105.

Sibley, Charles G., John A. Comstock, und Jon E. Ahlquist. 1990. »DNA Hybridization Evidence of Hominoid Phylogeny: A Reanalysis of the Data.« *Journal of Molecular Evolution*, Bd. 30. (Die zwei früheren Untersuchungen zur Phylogenese der Hominoiden von Sibley und Ahlquist waren »The Phylogeny of the Hominoid Primates, as Indicated by DNA-DNA Hybridization«, *Journal of Molecular Evolution*, Bd. 20 [1984], und »DNA Hybridization Evidence of Hominoid Phylogeny: Results from an Expanded Data Set«, *Journal of Molecular Evolution*, Bd. 26 [1987]. Diese beiden Artikel waren mir nicht zugänglich, finden sich aber gut zusammengefasst in Diamonds *The Rise and Fall of The Third Chimpanzee*.)

Szalay, Frederick S., und Eric Delson. 1979. *Evolutionary History of the Primates*. New York: Academic Press.

Walker, Ernest P. (Hrsg.). 1964. *Mammals of the World*, Bd. 1. Baltimore: The Johns Hopkins University Press.

Wolfheim, Jaclyn H. 1983. *Primates of the World: Distribution, Abundance, and Conservation*. Seattle: University of Washington Press.

World Conservation Monitoring Centre. 1990. *1990 IUCN Red List of Threatened Animals*. Gland, Switzerland: IUCN.

Den Tumor ertasten

Currie, Graham, und Angela Currie. 1982. *Cancer: The Biology of Malignant Disease*. London: Edward Arnold.

Franks, Arthur. 1991. *At the Will of the Body*. Boston: Houghton Mifflin.

Hall, J. M., M. K. Lee, B. Newman, J. E. Morrow, L. A. Anderson, B. Huey, und M. C. King. 1990. »Linkage of Early-Onset Familial Breast Cancer to Chromosome 17q21.« *Science*, Bd. 250 (21. Dezember 1990).

Iggo, R., K. Gatter, J. Bartek, D. Lane, und A. L. Harris. 1990. »Increased Expression of Mutant Forms of p53 Oncogene in Primary Lung Cancer.« *Lancet*, Bd. 335.

Malkin, D., F. P. Li, L. C. Strong, J. F. Fraumeni, Jr., C. E. Nelson, D. H. Kim, J. Kassel, M. A. Gryka, F. Z. Bischoff, M. A. Tainsky, und S. H. Friend. 1990. »Germ Line p53 Mutations in a Familial Syndrome of Breast Cancer, Sarcomas, and Other Neoplasms.« *Science*, Bd. 250 (30. November 1990).

Marshall, Eliot. 1990. »Experts Clash Over Cancer Data.« *Science*, Bd. 250 (16. November 1990).

Nigro, J. M., S. J. Baker, A. C. Preisinger, J. M. Jessup, R. Hostetter, K. Cleary, S. H. Bigner, N. Davidson, S. Baylin, P. Devilee, T. Glover, F. S. Collins, A. Weston, R. Modali, C. C. Harris, und B. Vogelstein. 1989. »Mutations in the p53 Gene Occur in Diverse Human Tumour Types.« *Nature*, Bd. 342 (7. Dezember 1989).

Sontag, Susan. 1990. *Illness as Metaphor*. New York: Anchor Books. – Dt. Übers.: 1978. *Krankheit als Metapher*. München/Wien: Hanser.

Williams, Terry Tempest. 1992. *Refuge: An Unnatural History of Family and Place*. New York: Vintage Books.

Young, Robert C., Dan L. Longo, Robert F. Ozols, Joseph V. Simone, Glenn D. Steele, Jr., und Ralph R. Weichselbaum. 1991. *The Yearbook of Oncology – 1991*. St. Louis: Mosby.

Revision des Rasens

Appleton, Jay. 1975. *The Experience of Landscape*. London: John Wiley & Sons.

Balling, John D., und John H. Falk. 1982. »Development of Visual Preference for Natural Environments.« *Environment and Behavior*, Bd. 14, Nr. 1.

Bormann, F. Herbert, Diane Balmori, und Gordon T. Geballe. 1993. *Redesigning the American Lawn: A Search for Environmental Harmony*. New Haven: Yale University Press.

Butzer, Karl W. 1977. »Environment, Culture, and Human Evolution.« *American Scientist*, Bd. 65.

Heerwagen, Judith H., und Gordon H. Orians. 1993. »Humans, Habitats, and Aesthetics.« In *The Biophilia Hypothesis*. Hrsg. von Stephen R. Kellert und Edward O. Wilson. Washington, D. C.: Island Press.

Jackson, Kenneth T. 1985. *Crabgrass Frontier: The Suburbanization of the United States*. New York: Oxford University Press.

Jones, Malcolm, Jr. 1993. »The New Turf Wars.« *Newsweek*, 12. Juni 1993.

Kellert, Stephen R., und Edward O. Wilson (Hrsg.). 1993. *The Biophilia Hypothesis*. Washington, D. C.: Island Press.

Orians, Gordon H. 1986. »An Ecological and Evolutionary Approach to Landscape Aesthetics.« In *Landscape Meanings and Values*. Hrsg. von Edmund C. Penning-Rowsell und David Lowenthal. London: Unwin Hyman.

Orians, Gordon H., und Judith H. Heerwagen. 1992. »Evolved Responses to Landscapes.« In *The Adapted Mind: Evolutionary Psychology and the Generation of Culture*. Hrsg. von Jerome H. Barkow, Leda Cosmides und John Tooby. New York: Oxford University Press.

Pollan, Michael. 1991. *Second Nature: A Gardener's Education*. New York: Atlantic Monthly Press.

Rayner, R. J., B. P. Moon, und J. C. Masters. 1993. »The Makapansgat Australopithecine Environment.« *Journal of Human Evolution*, Bd. 24.

Tobey, George B., Jr. 1973. *A History of Landscape Architecture: The Relationship of People to Environment*. New York: American Elsevier Publishing Company.

Ulrich, Roger S. 1986. »Human Responses to Vegetation and Land-scapes.« *Landscape and Urban Planning*, Bd. 13.
—. 1993. »Biophilia, Biophobia, and Natural Landscapes.« In *The Biophilia Hypothesis*. Hrsg. von Stephen R. Kelert und Edward O. Wilson. Washington, D. C.: Island Press.

Halb blinde Dichter und Vögel

Clark, Eleanor. 1977. *Eyes, Etc.* New York: Pantheon.
Ellison, Ralph, und Eugene Walter. 1958. »Robert Penn Warren,« ein Interview. In *Writers at Work: The Paris Review Interviews.* Hrsg. und mit einer Einleitung von Malcolm Cowley. New York: The Viking Press.
Harrison, Jim. 1989. *The Theory & Practice of Rivers and New Poems.* Livingston, Mont.: Clark City Press.
Tucker, Carll. 1981. »Creators an Creating: Robert Penn Warren,« ein Interview. *Saturday Review*, Juli 1981.
Warren, Robert Penn. 1968. *Incarnations: Poems 1966–1968.* New York: Random House.
—. 1969. *Audubon: A Vision.* New York: Random House.
—. 1983. *Chief Joseph of the Nez Perce.* New York: Random House.
—. 1985. *New and Selected Poems 1923–1985.* New York: Random House.

Zeitstudie

Heinrich, Bernd. 1979. *Bumblebee Economics.* Cambridge, Mass.: Harvard University Press. – Dt. Übers.: 1994. *Der Hummelstaat.* München/Leipzig: List Verlag.
Mayr, Ernst. 1982. *The Growth of Biological Thought: Diversity, Evolution, and Inheritance.* Cambridge, Mass.: The Belknap Press of Harvard Unvierity Press. – Dt. Übers.: 1984. *Die Entwicklung der biologischen Gedankenwelt.* Berlin/Heidelberg: Springer Verlag.

Das Kesselblechnashorn

Gesner, Konrad. 1971. *Curious Woodcuts of Fanciful and Real Beasts: A Selection of 190 Sixteenth-Century Woodcuts form Gesner's and Topsell's Natural Histories*. New York: Dover Publications. Inc.

Hind, Arthur M. 1963. *An Introduction to a History of Woodcut*. New York: Dover Publications, Inc.

Kurth, Willi (Hrsg.) O.J. *The Complete Woodcuts of Albrecht Dürer*. Privatdruck.

Musper, H.T. O.J. *Albrecht Dürer*. New York: The Library of Great Painters/Harry N. Abrams.

Nowak, Ronald M. 1991. *Walker's Mammals of the World*, Bd. II, Baltimore: The Johns Hopkins University Press.

Panofsky, Erwin. 1955. *The Life and Art of Albrecht Dürer*. Princeton, N.J.: Princeton University Press. – Dt. Übers.: 1977. *Das Leben und die Kunst Albrecht Dürers*. Darmstadt: Wiss. Buchgesellschaft.

Pinault, Madeleine. 1991. *The Painter as Naturalist: From Dürer to Redouté*. Übers. von Philip Sturgess. Paris: Flammarion.

Russell, Frances, und die Herausgeber von Time-Life Books. 1967. *The World of Dürer*. New York: Time Inc.

Siebert, Charles. 1993. »The Artifice of the Natural.« *Harper's*, Februar 1993.

Strauss, Walter L. (Hrsg.). 1980. *Albrecht Dürer: Woodcuts and Wood Blocks*. New York: Abaris Books.

Tudge, Colin. 1991. »Time to Save Rhinoceroses.« *New Scientist*, 28. September 1991.

Younger, R.M. 1988. *Kangaroo: Images Through the Ages*. Melbourne: Century Hutchinson Australia.

Im Rampenlicht

Altman, J.S. 1971. »Control of Accept and Reject Reflexes in the Octopus.« *Nature*, Bd. 229, Nr. 5281 (15. Januar 1971).

Ballard, Robert D., und J. Frederick Grassle. 1979. »Return to the Oases of the Deep.« *National Geographic*, Bd. 156, Nr. 5 (November 1979).

Cone, Joseph. 1991. *Fire Under the Sea*. New York: William Morrow.

Corliss, John B., und Robert D. Ballard. 1977. »Oases of Life in the Cold Abyss.« *National Geographic*, Bd. 152, Nr. 4 (Oktober 1977).

Edmond, John M., und Karen Von Damm. 1983. »Hot Springs on the Ocean Floor.« *Scientific American*, Bd. 248, Nr. 4.

Gunther, Klaus, und Kurt Deckert. 1956. *Creatures of the Deep Sea*. Übers. von E. W. Dickes. New York: Charles Scribner's Sons.

Hamilton-Paterson, James. 1992. *The Great Deep: The Sea and Its Thresholds*. New York: Henry Holt and Company.

Idyll, C. P. 1976. *Abyss: The Deep Sea and the Creatures that Live in It*. New York: Thomas Y. Crowell Company.

Lane, Frank W. 1960. *Kingdom of the Octopus: The Life History of the Cephalopoda*. New York: Sheridan House.

Lutz, Richard A., und Rachel M. Heymon. 1994. »Rebirth of a Deep-Sea Vent.« *National Geographic*, Bd. 186, Nr. 5 (November 1994).

Lutz, Richard A., und Janet R. Voight. 1994. »Close Encounter in the Deep.« *Nature*. Bd. 371 (13. Oktober 1994).

Newman, William A. 1985. »The Abyssal Hydrothermal Vent Invertebrate Fauna: A Glimpse of Antiquity?« In *Hydrothermal Vents of the Eastern Pacific: An Overview*. Hrsg. von Meredith L. Jones. *Bulletin of the Biological Society of Washington*, Nr. 6 (30. Dezember 1985).

Packard, Andrew. 1961. »Sucker Display of *Octopus*.« *Nature*, Bd. 190 (20. Mai 1961).

Purchon, R. D. 1968. *The Biology of the Mollusca*. Oxford: Pergamon Press.

Salvini-Plawen, L. v. 1974. »The Cephalopods.« In *Grzimek's Animal Life Encyclopedia*. Hrsg. von Bernhard Grzimek et al. New York: Van Nostrand Reinhold Company.

Voight, Janet R. 1991a. »Ligula Length and Courtship in *Octopus digueti:* A Potential Mechanism of Mate Choice.« *Evolution*, Bd. 45, Nr. 7.

——. 1991b. »Enlarged Suckers as an Indicator of Male Maturity in *Octopus*.« *Bulletin of Marine Science*, Bd. 49, Nr. 1–2.

——. 1991c. »Morphological Variation in Octopod Specimens: Reassessing the Assumption of Preservation-Induced Deformation.« *Malacologia*, Bd. 33, Nr. 1–2.

—. 1992. »Movement, Injuries and Growth of Members of a Natural Population of the Pacific Pygmy Octopus, *Octopus digueti*.« *Journal of Zoology*, Bd. 228.

—. 1993a. »The Association Between Distribution and Octopodid Morphology: Implications for Classification.« *Zoological Journal of the Linnean Society*, Bd. 108.

—. 1993b. »The Arrangement of Suckers on Octopodid Arms as a Continuous Character.« *Malacologia*, Bd. 35, Nr. 2.

—. 1993c. »A Cladistic Reassessment of Octopodid Classification.« *Malacologia*, Bd. 35, Nr. 2.

—. 1994. »Morphological Variation in Shallow-Water Octopuses (Mollusca: Cephalopoda).« *Journal of Zoology*, Bd. 232.

Wells, M. J., und J. Wells. 1972. »Sexual Displays and Mating of *Octopus vulgaris* Cuvier and *O. cyanea* Gray and Attempts to Alter Performance by Manipulating the Glandular Condition of the Animals.« *Animal Behaviour*, Bd. 20.

Wells, Morris M. 1928. »Breeding Habits of Octopus.« *Science*, Bd. 68 (16. November 1928).

Young, J. Z. 1962. »Courtship and Mating by a Coral Reef Octopus (*O. horridus*).« *Proceedings of the Zoological Society of London*, Bd. 138, Nr. 1.

Gärtnerei auf dem Mars

Baker, Victor R. 1982. *The Channels of Mars*. Austin: University of Texas Press.

Beish, Jeff. 1988. »A Mars Observer's Guide.« *Sky & Telescope*, Bd. 75, Nr. 5.

Beish, Jeff D., und Donald C. Parker. 1988. »Exploring Mars in 1988.« *Sky & Telescope*, Bd. 75, Nr. 4.

Bradbury, Ray, Arthur C. Clarke, Bruce Murray, Carl Sagan, und Walter Sullivan. 1973. *Mars and the Mind of Man*. New York: Harper & Row.

Burgess, Eric. 1978. *To the Red Planet*. New York: Columbia University Press.

Carr, Michael H. 1981. *The Surface of Mars*. New Haven: Yale University Press.

Carroll, Michael. 1988. »Digging Deeper for Life on Mars.« *Astronomy*, Bd. 16, Nr. 4

Evans, David S. 1976. »A Fancier of Mars.« *Science*, Bd. 193 (27. August 1976).

Gifford, F.A., Jr. 1964. »The Martian Canals According to a Purely Aeolian Hypothesis.« *Icarus*, Bd. 3.

Gordon, Rodger. 1988. »Martian Canals: Is Lowell Vindicated?« *Sky & Telescope*, Bd. 75, Nr. 4.

Haberle, Robert M. 1986. »The Climate of Mars.« *Scientific American*, Bd. 254, Nr. 5.

Hoagtland, Richard C. 1986. »The Curious Case of the Humanoid Face ... on Mars.« *Analog Science Fiction/Science Fact*.

Kaplan, Justine. 1988. »Of Mars and Men.« *Omni*, Juli 1988.

Lowell, Percival. 1895. »Mars.« Ein Artikel in vier Lieferungen (»I. Atmosphere«, »II. The Water Problem«, »III. Canals«, »IV. Oases«). *The Atlantic Monthly*, Mai, Juni Juli, August 1895.

Pittendrigh, Colin S., Wolf Vishniac, and J.P.T. Pearman (Hrsg.). 1966. *Biology and the Exploration of Mars*. Washington, D.C.: National Academy of Sciences/National Research Council.

Sagan, Carl, und Paul Fox. 1975. »The Canals of Mars: An Assessment after *Mariner 9*.« *Icarus*, Bd. 25.

Sagan, Carl, und Joshua Lederberg. 1976. »The Prospects for Life on Mars: A Pre-Viking Assessment.« *Icarus*, Bd. 28.

Sagan, Carl, und James B. Pollack. 1966. »On the Nature of the Canals of Mars.« *Nature*, Bd. 212 (8. Oktober 1966).

Salisbury, John W. 1966. »The Light and Dark Areas of Mars.« *Icarus*, Bd. 5.

Schmidt, Stanley. 1986. »Cold Feet.« *Analog Science Fiction/Science Fact*.

Soffen, G.A., und C.W. Snyder. 1976. »The First Viking Mission to Mars.« *Science*, Bd. 193 (27. August 1976).

Trefil, James. 1988 »Phenomena, Comment and Notes.« *Smithsonian*, Bd. 18, Nr. 10.

Webb, Wells Alan. 1956. *Mars, the New Frontier: Lowell's Hypothesis*. San Francisco: Fearon Publishers.

Der gespielte Henry Thoreau

Edel, Leon. 1982. »The Mystery of Walden Pond.« From *Stuff of Sleep and Dreams: Experiments in Literary Psychology*. New York: Harper & Row.

Harding, Walter. 1970. *The Days of Henry Thoreau*. New York: Alfred A. Knopf.

— (Hrsg.). 1954. *Thoreau: A Century of Criticism*. Dallas: Southern Methodist University Press.

Meltzer, Milton und Walter Harding. 1962. *A Thoreau Profile*. New York: Thomas Y. Crowell Company.

Shanley, J. Lyndon. 1957. *The Making of »Walden«*. Chicago: The University of Chicago Press.

Thoreau, Henry David. 1965. *Walden, and Other Writings of Henry David Thoreau*. Hrsg. und mit einer Einleitung von Brooks Atkinson. New York: The Modern Library.

—. 1965. *Walden, or, Life in the Woods and On the Duty of Civil Disobedience*. Mit einer Einleitung von Harvey Curtis Webster. New York: Harper & Row. – Dt. Übers.: 1972. *Walden oder Hüttenleben im Walde*. Zürich: Manesse.

—. 1962. *The Journal of Henry David Thoreau*. In 2 Bdn. Hrsg. von Bradford Torrey und Francis H. Allen. Mit einem Vorwort von Walter Harding. New York: Dover Publications, Inc.

—. 1987. *Cape Cod*. Mit einer Einleitung von Paul Theroux. New York: Penguin Books.

Gottes Schwäche für Käfer

Borror, Donald J., und Dwight M. DeLong. 1971. *An Introduction to the Study of Insects*. New York: Holt, Rinehart and Winston.

Colivaux, Paul. 1979. *Why Big Fierce Animals Are Rare: An Ecologist's Perspective*. Princeton, N.J.: Princeton University Press.

Connell, Joseph H. 1978. »Diversity in Tropical Rain Forests and Coral Reefs.« *Science*, Bd. 199 (24. März 1978).

Conniff, Richard. 1986. »Inventorying Life in a ›Biotic Frontier‹ Before It Disappears.« *Smithsonian*, Bd. 17, Nr. 6 (September 1986).

Coope, G.R. 1979. »Late Cenozoic Fossil Coleoptera: Evolution, Biogeography, and Ecology.« *Annual Review of Ecology and Systematics*, Bd. 69, Nr. 5.

Dial, Kenneth P., und John M. Marzluff. 1988. »Are the Smallest Organisms the Most Diverse?« *Ecology*, Bd. 69, Nr. 5.

Emsley, Michael. 1975. »Nature's Most Successful Design May Be Beetles.« *Smithsonian*, Bd. 6 (Dezember 1975).

Erwin, Terry L. 1982. »Tropical Forests: Their Richness in Coleoptera and Other Arthropod Species.« *The Coleopterists Bulletin*, Bd. 36, Nr. 1.

—. 1986. »*Agra*, Arboreal Beetles of Neotropical Forests: *mixta* Group, *virgata* Group, and *ohausi* Group Systematics (Carabidae).« *Systematic Entomology*, Bd. 11.

Erwin, Terry L., und Janice C. Scott. 1982. »Seasonal and Size Patterns, Trophic Structure, and Richness of Coleoptera in the Tropical Arboreal Ecosystem: The Fauna of the Tree *Luehea seemannii* Triana and Planch in the Canal Zone of Panama.« *The Coleopterists Bulletin*, Bd. 34, Nr. 3.

Gould, Stephen Jay. 1995. »A Special Fondness for Beetles.« In *Dinosaur in a Haystack: Reflections in Natural History*. New York: Harmony Books.

Hutchinson, G. E. 1959. »Homage to Santa Rosalia or Why Are There So Many Kinds of Animals?« *American Naturalist*, Bd. 93, Nr. 870.

Klausnitzer, Bernhard. 1981. *Wunderwelt der Käfer*. Freiburg: Herder.

Lewin, Roger. 1983. »Santa Rosalia Was a Goat.« *Science*, Bd. 221 (12. August 1983).

—. 1986. »Damage to Tropical Forests, or Why Were There So Many Kinds of Animals?« *Science*, Bd. 234 (10. Oktober 1986).

Mayr, Ernst. 1963. *Animal Species and Evolution*. Cambridge, Mass.: The Belknap Press of Harvard University Press. – Dt. Übers.: 1967. *Artbegriff und Evolution*. Hamburg/Berlin: Parey.

Miller, Julie Ann. 1984. »Entomologist's Paradise.« *Science News*, Bd. 125 (2. Juni 1984).

Park, Thomas. 1962. »Beetles, Competition, and Populations.« *Science*, Bd. 138, Nr. 3548 (28. Dezember 1962).

Sanders, Howard L. 1968. »Marine Benthic Diversity: A Comparative Study.« *American Naturalist*, Bd. 102, Nr. 925.

Simberloff, Daniel, und William Boecklen. 1981. »Santa Rosalia Reconsidered: Size Ratios and Competition.« *Evolution*, Bd. 35, Nr. 6.

Stanley, Steven M. 1975. »A Theory of Evolution Above the Species Level.« *Proceedings of the National Academy of Sciences*, Bd. 72, Nr. 2.

Wolf, Edward C. 1987. »On the Brink of Extinction: Conserving the Diversity of Life.« Worldwatch Paper 78. Washington, D.C.: Worldwatch Institute.

Beschränkte Wahrnehmung

Bartusiak, Marcia. 1988. »Wanted: Dark Matter.« *Discover*, Bd. 9 (Dezember 1988).

Chester, Michael. 1980. *Particles: An Introduction to Particle Physics.* New York: New American Library.

Horgan, John. 1990. »Universal Truths.« *Scientific American*, Bd. 263, Nr. 4.

Lightman, Alan. 1991. *Ancient Light: Our Changing View of the Universe.* Cambridge, Mass.: Harvard University Press.

Lightman, Alan, und Roberta Brawer. 1990. *Origins: The Lives and Worlds of Modern Cosmologists.* Cambridge, Mass.: Harvard University Press.

Menzel, Donald H., und Jay M. Pasachoff. 1983. *Peterson Field Guides: Stars and Planets.* Boston: Houghton Mifflin.

Riordan, Michael, und David N. Schramm. 1991. *The Shadows of Creation: Dark Matter and the Structure of the Universe.* New York: W. H. Freeman. – Dt. Übers.: 1993. *Die Schatten der Schöpfung – dunkle Materie und die Struktur des Universums.* Heidelberg: Spektrum, Akad. Verlag.

Rowan-Robinson, Michael. 1991. »Dark Doubts for Cosmology.« *New Scientist*, 9. März 1991.

Rubin, Vera C. 1983. »The Rotation of Spiral Galaxies.« *Science*, Bd. 220, Nr. 4604 (24. Juni 1983).

—. 1983. »Dark Matter in Spiral Galaxies.« *Scientific American*, Bd. 248, Nr. 6.

Sandage, Alan, und John Bedke. 1988. *Atlas of Galaxies.* Washington, D. C.: NASA.

Trefil, James. 1988. *The Dark Side of the Universe: A Scientist Explores the Mysteries of the Cosmos.* New York: Anchor Books. – Dt. Übers.: 1990. *Fünf Gründe, warum es die Welt nicht geben kann – die Astrophysik der Dunklen Materie.* Reinbek bei Hamburg: Rowohlt.

Tucker, Wallace, und Karen Tucker. 1988. *The Dark Matter.* New York: William Morrow.

Register

374

377

378